《新周刊》2015年度佳作

XINZHOUKAN 2015 NIANDU JIAZUO

相信力

《新周刊》杂志社 选编

漓江出版社

图书在版编目（CIP）数据

《新周刊》2015年度佳作·相信力/《新周刊》杂志社选编.—桂林：漓江
出版社，2016.1

ISBN 978-7-5407-5728-1

Ⅰ.①新…　Ⅱ.①新…　Ⅲ.①文摘—中国—丛刊　Ⅳ.① C55

中国版本图书馆 CIP 数据核字（2015）第 322242 号

《新周刊》2015 年度佳作·相信力

选 编 者　《新周刊》杂志社
责任编辑　张　芳　谷　磊
封面设计　石绍康
责任监印　唐慧群

出 版 人　刘迪才
出版发行　漓江出版社
社　　址　广西桂林市南环路 22 号
邮　　编　541002
发行电话　0773-2583322　010-85893192
传　　真　0773-2583000　010-85890870
电子信箱　ljcbs@163.com
网　　址　http://www.Lijiangtimes.com.cn
　　　　　http://www.Lijiangbook.com
印　　制　大厂聚鑫印刷有限责任公司
开　　本　715×960　1/16
印　　张　24
字　　数　400 千字
版　　次　2016 年 1 月第 1 版
印　　次　2016 年 1 月第 1 次印刷
书　　号　ISBN 978-7-5407-5728-1
定　　价　48.00 元

目　录

2015 年度佳作

2015 生活趋势报告

大理，让人变小 （插图／八旬）

2015 生活趋势报告

2015 年，退回生活本身。

随着国民经济进入"新常态"，国民生活也将进入"新常态"，但后者的支撑点，既来自以人为本的技术创新，也来自无孔不入的电商思维，更来自对更优质生活品质的集体追求和开发。

中国人越来越会生活了。

更多人到海外旅游时顺便看病，为健康也为面子。更多人享用进口食材，也上蓝带学习烹饪技能。更多人炒股、买房放眼海外，智能设备与全球同步。

虽然你已能一键控制所有家电，但还是喜欢亲手 DIY 家具。点头之交变成点赞之交，留学之旅变成游学之旅。海外大牌可以直邮上门了，你的外语是不是已经可以对付生肉（未添加字幕的外语片）？凡事要预约，凡事要自助，再拉风的跑车也比不上你的双腿。

最后，答应我，面对再多 24 小时的精彩也要保证睡眠。

所有的生活趋势只是参考，你需要的好生活，其实是融职业发展、品质消费、充沛感情、丰富精神于一体的流畅体验。这种体验，有赖于你的顺势而为。

关于 2015 年的 50 条预言

文 / 孙琳琳

有好几次，人类预言了自己的终点，2015 年是其中之一：1972 年出版的《增长的极限》认为，"人类社会发展的极限在 2015 年"。但真实情况并不算太糟，至少在 2015 年，苹果能够将乔布斯 30 年前预言的智能手表戴在 3000 万人的手腕上。

经济学家关注国计民生，生意人发现商机，迷惘者找寻坐标，我们则在预言中看清新一年的生活趋势。

1. 中国推进结构性改革，减缓经济增速。未来数年的新常态是，中国 GDP 增速在 6%—7%。

2. 央行再次降准降息，但期盼中的牛市还是帮不了账单和房贷的忙。

3. 存款保险制度一定会实行，不管是大银行还是小银行都只赔 50 万，存款"唯利率是图"即可。

4. P2P 理财继续出现倒闭潮，想以小钱博高息的人们报警无门，欲哭无泪。

5. 工薪族的工资还会涨，但收入倍增不可能。目前中国制造业的工资水平已经比东南亚高了六倍不止，Made in China 开始有危机感了。

6. 墙内赚钱墙外理财。炒境外股，供外国楼，买香港保险，只有时差可以稍微阻挡一下国人追求高回报率的心。

7. 油价会微调，但无惊无喜。国际原油价格坐过山车，跌宕起伏，但中国油价的上下波动必在发改委掌控之中。

8. 中国重启核电项目，沿海核电站纷纷开工，同时供应清洁能源和提心吊胆。

9.越来越多外企和大公司，会给在北京及雾霾严重的大城市工作的员工，发放雾霾补贴。

10.反腐持续进行，官不聊生，公务员跌出丈母娘最青睐的职业榜前三名。

11.只闻互联网笑，不闻房地产哭。中国会有下一个马云，但很难有下一个潘石屹。

12.4G资费下降，但你的话费不会降。

13.汽车越来越便宜，但车牌越来越难摇，车位越来越难找。

14.虽然发行量及利润持续下降，传统媒体2015年的收益还是不错的——至少会比2016年强。

15.马航MH370真相大白，航空安全再次受到全球关注。

16.更多航空公司开始提供机上Wi-Fi，登机不用再关闭所有电子设备了，但航空公司希望你不光埋头看剧，最好还试试机上购物平台。

1975年，埃里克·伯高斯特（Erik Bergaust）在 *The Next 50 Years on the Moon* 中描述了2015年月球上的样子

17. 更多国家向中国人放宽签证，但依旧坚持免税不免签，消费后记得出境退税哦。

18. 非洲成为"中国的第二块大陆"，千万人在中非合作的契机下赚到第一桶金，实现"非洲梦"。

19. 更多人选择坐高铁出行。尽管速度慢过飞机，车站远离市区，动卧票价贵过头等舱，但贴地飞越大好河山的感觉是其他交通工具给不了的。

20. 度假式旅游比组团观光更受欢迎。在国外租车自驾，睡网友的沙发，按主题展开修学交流，费用不拘，关键是到哪儿都像到家一样。

21. 不用打卡的公司变多了，下班不谈工作的老板变少了。既然不能禁止员工上班时间用手机，那就在下班后征用他们发呆的时间。

22. 95 后创业一再成为创业潮中的传奇，这些传奇基本在一周之内就会被扒皮或打脸。

23. 有很多女性创业者涌现出来，能讲出动人的创业故事；但其中一些人是由小三伪装成的，她们的背后是情男的资本、人脉和贴身指导。

24. 海归找工作更难了。如果在国外不能融入当地社会，回国后也难融入中国社会。中国是世界第一大留学生输出国，但就业市场不负责接收安置。

25. 使用 MOOC 课程的人越来越多，上网免费参加国际一流课程，还能拿到证书。自学是一种风气也是一种能力。

26. 移动支付、信用卡和现金三管齐下。很多时候你的钱包空空，信用额度耗尽，幸好余额宝里还有余额。

27. 不再去香港排队买名牌了，而是上网海淘，中国市场开始为西方的黑色星期五做贡献。

28. 网上挂号和支付宝付医药费更加普及，看病不需要跟黄牛党打交道了。远程诊断甚至手术也不是天方夜谭，医院迟早可以给患者 3D 打印一个肾。

29. 特快专递农产品成为白领流行，送礼更像送健康和送生活质量，当然小清新和文艺范儿的包装也很重要。

30. 内地电影票房破 10 亿是基本款，好片静静看，烂片弹幕看，看电影不光为娱乐，也是刷社会存在感。

31. 买网络电视机顶盒看美剧、日剧、韩剧、泰剧，假装在纽约、东京、首尔、曼谷。

32. 你家变成物联网，你是控制中心。在你身边绕来绕去的是扫地机器人而不是宠物，听你交代任务的是智能家电而不是钟点工。

33. Apple Watch 戴在 3000 万 iPhone 手机人的手腕上。而可以 GPS 全球定位和同步监听的儿童卫士，则被一部分女人戴在老公身上。

34. 使用 iPhone6 Plus 的人将 80% 的时间用在手机上，以致平板电脑进入休眠状态。记得定期为它充电，以免长睡不起。

35. 更多全球旗舰店落户中国中心城市，大牌必须专为中国顾客设计型号与色号，加小号和中国红可以配双倍货。

36. 微整形跟化妆一样普及、一样必不可少，玻尿酸让苹果肌和心灵都为之振奋。

37. 中国人知道爱牙了，植牙护牙广告长期占据电梯广告位，声波牙刷销量大增，美容型牙科比美容院生意好。

38. 段子和严肃文学都商业化了，都可以改编成电视连续剧。

39. 衍生品比艺术品更好卖，故宫将因为萌系文创产品而创收 10 亿元人民币以上。

40. 00 后成为娱乐圈新一代偶像派，他们有看脸时代热爱的童颜，主打"萌化了"风格，广泛出现在影视剧、广告、街拍、综艺节目中。

41. 尽管有更加严苛的禁烟条例，吸烟者并未减少，而抽雪茄的人又增加了。

42. 全球可可豆产量降低 30% 至 40%，黑巧克力不够吃了，但奇怪的是你更想吃黑巧克力了。

43. 更多人成为素食者，他们面临的主要健康风险是维生素 B_{12} 缺乏造成的暴躁烦躁，但好过吃下太多毒食。

44. 超市开架食材靠边站，自家阳台种的蔬菜才叫有机；餐厅大包间靠边站，一人食才够 bigger；水产市场靠边站，加勒比直供才叫海鲜。

45. 年青一代不拒绝一切威士忌、红酒、清酒、啤酒，但对茅台无感。你对原浆白酒情有独钟？暴露年龄啦。

46. 以下小语种神奇地获得了大语种般的追捧：有人为了看漫画而学日语，有人为了追韩星而学韩语，有人为了开客栈而学泰语。

47. 跟二次元文化、动漫有关的 App 浮出海面，进入大众主流消费。

48. 运动更时尚、更生活方式了，许多中国人爱上马拉松，花钱花时间跑遍全球赛事。

49. 每个女人手机里都有虚拟试衣 App，这满足了她们成为百变女王的心愿，但并不会降低错误购买的概率。

50. 只要你不睡就有人陪你到底，24 小时不打烊的不仅有购物网站，还有便利店、书店、医院、加油站，以及你的朋友圈。

2015 生活趋势之社交：点赞之交 "朕已阅"

文 / 何雄飞

互联网时代的社交，用媒体人王佩的话来说，就是：让梭罗隐居山林去吧，我们要在这个喧嚣的世界，跟千万人一起孤独。

互联网时代催生了这样一群新社交人：坛友、版友、博友、群友、点赞党。

过去，人们称泛泛之交为"点头之交"，如今，人们称泛泛之交为"点赞之交"，从微信、微博、贴吧到 QQ 空间，人们每天平均要点 50 个赞。

他吃了顿大餐要点赞，她给狗狗理个发要点赞；他去了趟泰国要点赞，她买了本新书要点赞；他搬了个新家要点赞，她拔了颗智齿要点赞；她甩了渣男要点赞，他成功成为备胎要点赞；她刚刚剃了腿毛要点赞，他家娃射出泡远尿要点赞……在鸡汤文、养生帖、代购广告泛滥的朋友圈中，当你点赞让那个大拇指图标竖起、红心点亮时，其实你是想说："朕已阅""呵呵""哈哈""我已签到""我还没把你屏蔽"。

网络社交生态中存在三种人，一种是宣泄者，一种是求温暖者，一种是跟风者。小小的一个赞，让社交退化到"顶"，其剂量适宜，既不委屈发言者，也不勉强表态者，宾主尽欢，彼此心照不宣。

这是一个属于点赞党和好基友和平共处的时代。

连苹果 CEO 蒂姆·库克都宣布出柜了，有人说"做苹果公司 CEO 的代价，要么是死，要么是出柜"。库克的勇敢无畏，赢得一片喝彩，Facebook 创始人马克·扎克伯格给他点了个赞："感谢库克向我们展示什么才是一个领导者的真诚、勇气和可信。"美国的科技公司对同性恋充满宽容，比如谷歌；中国的网络公司如美团网亦是如此，他们甚至专门推出了一个"同性恋告白日"活动，鼓励网友"组团告白"，呼吁社会站在人性立场真正关心这一群体。

在中国，曾有老年男同性恋者公开举行"婚礼"，曾有百余名"同志父母"联名致信全国人大代表，呼吁尽早修改《婚姻法》，让同性恋婚姻合法化。新浪的网络调查显示，近半网友支持，有 22% 网友表示不支持、不反对、不干涉、不歧视。网友"捺菟"评价："曾经由男人来决定女人该不该受教育，白人决定黑人能不能活下去，后来我们都认为这是荒诞的，如今我们却又让异性恋来决定同性恋能不能相爱！"

而当李银河公开自己在王小波过世后与一位 transexual（跨性别者，女变男变性者）同居 17 年后，亦收获了一片祝福。这在以前，根本无法想象。

因为小米公寓的出现，中国青年在成为房奴之外，有了新选择。

小米公寓的正式名称是"You+ 国际青年公寓"，据说有"三不租"：45 岁以上的不租，带孩子的不租，不爱交朋友的不租。这个设定据称是为了让年纪相仿、生活习惯相近、刚刚步入社会的青年保持社交的纯粹性，找到大学时代住集体宿舍的感觉。

小米公寓并非首创，这种互联网时代的新型群居模式很早就有了，譬如万科青年置业计划等小众地产营销模式。从涂鸦公寓、青年食堂到影视厅，青年公寓的一大特点是，将中国年青一代网友的社交潮流人从线上移植到线下，让他们只需支付廉价租金，就能在城市里享受到"开放、平等、协作、分享"的互联网精神，并催生创业激情与爱情。

2015 生活趋势之出国：把异乡当故乡生活

文 / 于青

用新式旅行观刷新世界的人们，正在尽全力将这个被旅行社与旅游景点毁掉的世界转入正轨——世界之美不是让你用来合影的，它是让你用来发现、尊重、融入和提升的。

2014 年的各大假期，在朋友圈中最傻的莫过于晒出与各国著名景点合影的游客型照片、在旅行社指定餐厅与酒店合影、在奥特莱斯里疯抢过时产品。能够让你显得聪明又有范儿的照片，是在典型的两层自住小楼的天台上晒太阳、在绿茵茵的后院里喂松鼠、在窗前有海棠树的开放式厨房里煎块培根。想拥抱这样一个避开连锁酒店与拥堵景点的去处，并假装过上了当地人的生活，那么你需要下载的绝非携程和去哪儿，而是能将全球民宿一网打尽的 AirBnB。

AirBnB 全称 Air Bed and Breakfast，是为出门旅行者与家中有空房者建立联系的一款美貌应用。在 AirBnB 上，旅行者与房屋出租者绝非简单的房客与房东关系，更像是在想方设法地刷彼此的"朋友值"：当你关注房东的自我介绍与房客的公开评价多于房间的地理位置与实际价格的时候，你就不仅仅是在租房，而是在通过租房的方式与更多人发生关系。当你真正进入这个暂时对你开放的房间，意识到在家中为你备好麦片、牛奶、转换插头与睡前读物的房东只是来自另一个国家的陌生人时，你才算是真正体会到了旅行的意义。

在汽车界与旅游界，中国人都是各国大佬特别欢迎的金主。将这二者结合起来，出国租车玩，则是金主们在近两年忽然热衷起来的事。想顺利实现，首先，你要过签；其次，要严格按照各国规定做好驾照公证，并且搞清楚中国驾照在哪些国家和地区不予通行，比如说日本。

为了照顾越来越多的出国租车客，Avis Hertz、Autoeurope 等大型租车公司有了中国分支，让旅行者在出发前就能订好车型，选好取车地点与异地还车处。上好保险并填好个人信息之后，就可以愉快地跟旅游大巴和公共交通说再见，在异国他乡与你的那辆心爱座驾甜蜜会合了。

拿到车的同时，中国司机也要在第一时间抛掉接近于丛林法则的驾驶习惯——"行人优先、汽车让人"是国外一项重要的交通法则，重要性等同于红绿灯；行经学校时请放慢车速，如果前方有校车停下，司机必须停车，让孩子先过；换线一定要打信号灯，转弯和换车道都要打；拼车道只有两人或两人同方向才能走，一人开车的话请别进拼车道；在欧洲自驾游的小伙伴就算坐在后排也请系好安全带，不然罚款很贵的；去德国自驾的小伙伴切记，德国国道、省道限速100 公里 / 小时，高速公路则不限速，时速 180 公里是常态，时速 130 公里等同于不道德。

不要再跟着平民博主学穿搭了，打扮好了，直接去纽约、伦敦、巴黎、米兰四大时装周博街拍。相信不少人都看过 VICE 那篇"我假装成时尚博主，穿得跟个傻 × 似的去了趟伦敦时装周，看看到底有没有给我街拍"——作者拿着每天 10 英镑的预算，穿着在慈善商店、红砖巷和垃圾堆里找到的粉紫色相间人造皮草、霓虹色墨镜、电插销做的项链、单只及膝高尔夫袜，在伦敦时装周秀场外成功吸引了众多时尚摄影师的镜头，并被争相询问她的博客地址与合作价码。你平时收集的那些所谓时尚博主的照片，很可能就是这么来的。

虽然叫得上名字的中国女星都没少砸银子在时装周和时尚网站上博眼球，但在四大时装周抓关注，可以花得比"双十一"还少——你只需去伦敦的

Portobello、巴黎的圣安图市场、米兰的 Navigli 市场、纽约的格林威治村淘些二手爱马仕、香奈儿和叫不上名字的二手货，再搭配成你能想到的最行为艺术、最出人意料的样子，就能酷着一张超模脸去时装周跟模特与主编抢镜头了。如果有摄影师问你的博客地址，请先把自己想象成安娜·温图尔，然后回答：博客太 out，我只为自己代言。

2015 生活趋势之消费："砍手党"买遍全世界
文 / 陈非

中国人的血拼战场早就冲出亚洲，但 2015 年，他们的血拼 style 将不再以沉默的方式进行，海外直邮将让更多中国人接轨国际生活，支付宝有望取代银联成为人民币的全球支付方式。

感谢自贸区，进入中国十年的"国际版淘宝"亚马逊终于要在世界最大砍手国有所作为了。2014 年"双十一"试营业的亚马逊海外直邮采用了在国际版亚马逊上购物、货品经上海自贸区进入国内的方式，除去低关税和直邮带来的运输加速，100% 海外正品概念也让充满了各种狸猫换太子传说的"海外代购"颤抖起来。

国内电商也迅速拿出解决方案，天猫国际和苏宁美国的海外直邮服务寄希望于国内用户忠诚度，但在供应链和由此促成的价格上，依然弱于亚马逊。而亚马逊海外直邮需要解决的问题也不少：首先要解决国内外质量标准不统一的问题，其次则要限制国内商家的大量二手倒卖并解决接踵而至的商业道德困境。不然，它不但会面临全球最大化妆品零售商丝芙兰如今的窘境，还将在中国延续又一个碌碌无为的十年。但可以肯定的是，各大海外直邮服务将让一大批中产的生活与国际无缝对接，并进一步促进国内网购商品的竞争力。

美国人用美运通走世界，中国人将用支付宝支付全世界。

在阿里巴巴（Alibaba）的用户代表集体敲响纽约证交所钟声之前，支付宝（Alipay）就已把触手伸到国门外。除去购买欧洲铁路公司、亚航和 Agoda 等在内的传统旅行产品，2014 年夏季，中国游客最爱的欧洲五大血拼国宣布启用支付宝作为退税方式之一，且最快 10 个工作日到账。短于传统信用卡，西班牙的连锁百货英格列斯推出了支付宝专用快捷退税通道，算得上是为 taobao.com 上的

"×丝"正名。至于中国人更爱的旅行地东南亚，门口标着"Alipay"的店铺也遍地开花，在 2014 年 12 月支付宝与东南亚四国推出"海外交通卡"后，"连银联都不带就可以出国门"的神话就快成真。

而 12 月 12 日的支付宝钱包线下支付活动才是马云要支付全世界的野心流露，支付宝的用户不再限于网购砍手党，而是每个用人民币的人。流传已久的支付宝信用卡也许将在 2015 年推出，但这对革新了中国人支付方式的支付宝而言，只是锦上添花而已。

除了饮料、书籍、成人用品和传说中的内衣，自动贩卖机正在卖给中国人更多不一样的东西，"卖"的地点也开始多样。青岛将在 300 辆公交车上推出饮料自动贩卖机，杭州则有了一台中国美院学生与制造商联手打造的雕塑品自动贩卖机，西安将盒饭自动贩卖机放进了部分小区，上海用来检验小区是否洋气的标准则是有没有农产品自动贩卖机——里面 24 小时提供新鲜包装蔬菜，冷鲜制品则可以提前一天网上预约，第二天在机器上取货。它的目标消费者除了对不上正常营业时间的"加班狗"，还包括"一人食"的寂寞孤独青年，他们再也不用面对"只买这一点点"的鄙夷脸色了。

中国生产的自动贩卖机已经出口到全世界，但贩卖机在国内的井喷，则随着 85 后和 90 后经济能力的崛起而开始：没有时间差、国际化、无须跟真人互动正是他们的消费特征。在 2014 年中国国际自助服务产品及自动售货机系统展上，75% 以上的制造商看好自动贩卖机的下一个五年在中国——当然，首要解决的是它在公共场所的抗破坏性。那样，离中国大妈最挚爱的金条自动贩卖机——它已在土豪成群的阿布扎比、莫斯科和新加坡等地风靡——来到中国只是短时间的事，而且，我们相信：它一定可以接受支付宝付款！

2015 生活趋势之自助技巧：不会？学学学！

文 / 杨杨

如果你需要做一件事情但尚未掌握相应的技巧，怎么办？外包、请人？你out 了。最新答案应当是：学学学！自己动手，丰衣足食——适用以下但绝不限于以下各情形。

自学转型的例子从来都有，现在的可能性越来越大。如果说有什么职业与这些转型的关联度更高，码农可能是其中之一。码农改变世界，而在线教育改变码农。作为与新技术新潮流关系最密切的职业之一，一方面，他们自身的知识不断更新；另一方面，新技术及随之而来的可能性，也让专业之外的人有机会进入这个行业，产生了一些转型案例和励志故事。

正如日本作家新井一二三所说，DIY 绝不仅仅是省钱的手段，更是开拓者的生活方式。在北美，人们习惯于自己组装家具、自己搬家等

在网络上流传的一篇分享文章中，@生物你好生物再见梳理了自己的自助学习历程：2012 年从新闻里看到 Coursera 和 Udacity，注册了 Udacity 体验了一下，互动性非常好，难度由浅入深，一周就学完了第一门课。从此 MOOC 自学成为一种常态。这个励志故事的结果是：正如他的 ID 一样，@生物你好生物再见一年内自学了近十门 MOOC 课程，成功申请到了计算机专业研究生。

另一个转型轨迹接近的例子来自"MOOC 学院"的网友小耿。这个去美国陪博士太太读书的神经生物学硕士，为了解决签证限制问题，决定转行计算机专业。他在 Coursera 上选择的第一门课，是应用面比较广的"数学生物统计学入门"，他付出时间、精力和购买签名认证（Singture Track）的 49 美元，收获的是对任何学科研究都有助益的知识，以及熟悉了网上上课、做作业和赶 deadline 的方法。

MOOC 上亟待发掘和认领的技能太多了：你想走音乐之路，学吉他、学编曲，课程都任你选择。

这也是一个真实的故事。2014 年 7 月，某 IT 公司的几位员工组建了一支乐队，成员包括四个陶笛手和两个吉他兼键盘手。乐队还有一个朝气蓬勃积极向上的名字"树新风"，英文名字叫作"Tree New Bee"。

一个月后，他们启动了众筹项目。在自我介绍中，他们宣称："也许你和我还有其他队员一样，从小身上没有感染过艺术细菌，唱歌五音不全，没有任何人称赞过我们的才华，历经旁人的打击和怀疑，但是你可能也和我们一样，依然能坚持自己的理想和爱好，坚持选择自己喜欢的生活方式。谁说看不懂乐谱就不能演奏乐器，谁说跑调就不能唱歌，谁说吹陶笛就不能组乐队？"看起来他们有漫漫长路要走。最新的消息是，他们将于新年前在原定众筹回报的三首歌（分别是《新年好》《铃儿响叮当》《祝你生日快乐》）基础上，多排练了一首《海市蜃楼》，比买三赠一更重要的是：这是一首原创曲目。

太燃了！自助学习技巧什么的，用树新风乐队的话说："We can, we up！"——你行，你也上吧！

想做个书架或衣柜？不如 DIY 一个。

拜万能的问答网站所赐，我们知道了，原来木工作为专业技巧，还有专门的考研专业设置：082902，木材科学与技术。可是有时候，我们对木工的志向也许只是想要一张桌子或一把椅子，并非做一名学术型人才。那么，建议你去逛逛"木工爱好者论坛"，这里可能有你想要的关于木工手作的一切知识：从木材性质分类，到工具罗列和选择，以及各种过来人的安全提醒。你也可以选择一些木头工作坊开设的入门课程，在北京、上海、杭州都已经有了类似的工作坊。然后呢？然后，别说书架或衣柜了，大到木工房，小到一枚可以在手中把玩的核桃或葫芦，想要你就 DIY。

2015 生活趋势之运动：不是在运动，就是在去运动的路上

文 / 唐元鹏

夜跑、越野徒步、骑车、瑜伽、登山、滑雪……各种运动正逐渐渗入都市人的生活。再懒下去看来是不行的了，将来很可能出现这样的状况：晚上，你约不到朋友唱 K、泡吧，却发现，他们都正在运动或者正处于奔往运动的途中。

2014 年的北京马拉松赛创造了纪录，一周之内有 6 万多人报名，然后通过抽签决定参赛的 3 万个名额。北马参赛人数的爆炸性增长，说明参加马拉松正成为时尚。北马的井喷式发展以 2011 年为分水岭——现代人越来越愿意为健身投入时间与精力。

关于夜跑，较早的媒体报道大概在 2009 年，国内某知名运动品牌在北京组织 2000 名跑步爱好者参加"超级晚"的夜跑活动。此后"夜跑"便时不时见诸

媒体，比如2010年北京、温州的"夜跑族"，2011年的成都"夜跑族"，2012年长沙"夜跑族"设定了五大热门线路。在短短三四年间，以北上广深等一线城市为龙头，成都、长沙、温州、郑州、西安等二三线城市跟进的"夜跑"潮流正汹涌而来。

"夜跑"一般有几个特点：以年轻人为主；以互联网为纽带，组成松散的"夜跑族"组织；夜跑带动了运动装备革新，装备不仅仅是一双跑鞋，还包括荧光识别、照明设备、计步器等先进装备，运动厂商也在这股潮流中推波助澜。

这股潮流正转变为趋势，年轻人在其中找到了"酷"的价值认同，正如《关于跑步的一切》作者菲斯克的名言："玩不仅让我们保持年轻，而且还维持我们对相关事情严重性的看法。跑步就是玩，就是解脱。"

据中国户外联盟的统计数字，中国有1.3亿人开展户外活动，2013年中国户外核心市场规模达153.8亿元，同比增长16.2%。这些数字为我们描绘了一个方兴未艾、蔚然成风的户外运动领域。

2014年，户外徒步进入中国。一开始，户外徒步被认为是一种旅行项目，直到后来成为运动的一种，由旅游观光的功能向运动转变。这种转变最大的推动是由户外品牌完成的。

牛津剑桥赛艇对抗赛始于1829年，如今成为英国乃至世界范围内的经典赛事之一

从最初的普通运动装备，再到如今的专业装备，冲锋衣、抓绒、越野鞋、快干衣、手杖，户外徒步拼的就是装备。投入大自然的怀抱，首先要投入金钱，因此户外用品商会不遗余力地推动这项运动的发展。而最早经营户外用品的那些人也成了各种户外徒步俱乐部的组织者。

城市化显著的特点之一就是人们兴趣爱好的多元化，像广播体操这种统领一切的运动早已消失，在现今的运动趋势中，各类热门以热点轮转的方式出现。

过去北方到了冬天除了滑冰，几乎没有其他任何运动，原因还是一双冰鞋毕竟不算太昂贵。现在北京周边的滑雪场已达 13 个，预计在 5 年内，北京与张家口之间的滑雪市场会达到 1700 万人次。随着城市生活水平提高，可支配收入的增长，滑雪这种每次消费在 500 元以内的运动项目必然成为新的趋势。

相比于北方滑雪，南方的运动具有可运动时间长、选择面广等特点。到了冬天，南方人仍然可以在户外跑步、骑车、徒步远足，但形式更趋多元化，比如潜水。目前国内只有海南有一些潜点，潜水爱好者只能前往东南亚，高昂的价格限制了潜水的发展。但如果做好相关开发，这类在国际上早已风靡的运动也将成为新潮流。

在高科技方面，美国运动协会发布的运动趋势报告认为，互联网社交方式（如微博、微信等）会对参加私教课程的人起到推动作用，让人更积极主动地参加锻炼。目前城市中许多运动小团体都是通过互联网社交工具聚合的，如"夜跑族"。

此外，专家建议，锻炼时最好使用专门的记录仪，详细记录每天的锻炼量、速度和燃烧的热量，目前几十到几百元不等的计步器正成为锻炼者的标配。而在锻炼的同时佩戴 MP3 以接受私人教练的实时指导也值得肯定。

2015 生活趋势之网上预约：约，让生活更有效率

文 / 唐元鹏

约不约？可能是生活方式，也可能是生活趋势。对于那些互联网下的蛋而言，"约"正成为生活的一部分——让本就繁忙的人生变得更有效率。

据说，过去为了阻止人们激情离婚，民政局通常会以携带证件不够齐全拒绝办理，让两人改天再来。现在有了更好的理由——没有预约。2013 年起，广州开始实行婚姻登记、解除的预约手续。从结婚到办理护照、港澳通行证，乃至想到

博物馆参观都要预约。约不约正成为普通市民生活必须考虑的问题。

在中国，预约正从商业领域扩张到公共服务领域。

以广州为例，在过去两年时间内，各种各样的公共服务预约机制逐渐建立并推广，从客观上缓解了市民排队的问题，提高了工作效率。比如在车管所办理过户手续，目前预约的时间提前将近两周，市民凭身份证、车辆登记证、买卖发票到现场或者网上进行预约，方可进行办理。而办理护照、港澳通行证等证件更方便，不仅可以网上预约，还可以预约其他区的办证中心办理。像番禺区公安局办证中心预约时间就比越秀区、海珠区等少一半。

预约的好处显而易见，但问题仍然存在。一方面由于地区资源不均，或者部门自身安排不合理等问题，造成某些热门单位网上预约堵车，现场办理仍然排队的情况。另一方面，由于宣传不够充分，许多市民仍然免不了在第一次办理时吃闭门羹。而对于那些根本不懂利用手机、网络的老人家而言，网上预约还是遥不可及。

有的预约则带来意想不到的结果。办离婚需要预约之后，竟然起到了降低离婚率的效果。

对于一些"冲动离婚"的夫妻来说，先预约再办理，中间有一点过渡时间，有利于双方冷静下来。在 2013 年预约制度开始的头三个月，有 40% 预约离婚的夫妻没有到现场办理手续。在浙江慈溪，本来有 650 对夫妻预约离婚，一周之后来离婚的只有 314 对，人数下降了一半多。

广州市民政局的结婚离婚业务从 2013 年开始需要预约。过去市民政局只有 7 名婚姻登记员，"按现在的工作量和人手，每天办理 30 对离婚已经是极限"。实行预约后，会让工作更有条理，保证工作质量，人们也可避免白跑一趟。

除了越来越多的政府业务，生活中还有许多业务都进入了预约时代。据说挂号网已经给 2000 多万人次提供了挂号预约服务。在中国这样一个医疗资源不平衡的国家，挂号网的诞生是必然的。挂号网号称有 3900 家医院的挂号资源，其中三级以上医院有 600 家。虽然它没有解决黄牛问题，但的确给患者降低了挂号排队的时间成本。

一些博物馆也需要预约才能进入。因为它们接待能力有限，无法接受海量观众的纷至沓来。比如国家博物馆，就规定每天只接待 1500 名散客，在其预约官网上，随时可以看到已经预约到的人数及剩余门票，你还需至少提前三天上网预约（可以预约 3 至 9 天），否则好不容易来一次的天安门广场旅游，会因为没做好准备而吃闭门羹。

国外许多发达国家的公共服务早就进入了预约时代。

新加坡人喜欢通过电子邮件咨询并预约政府公共服务，如签证、申请教育津贴等；在加拿大，小到朋友间的互相拜访，大到去政府机构公干，都会提前预约。此外，政府机关还会主动提醒公民在相应时段预约办证；而在美国，无论是政府办事，还是医院看病，都非预约不可。就拿看病来说，化验检查、住院手术都必须提前预约。但有个前提，不能轻易"爽约"，否则大夫就不会给你好脸色，认为你是一个很不讲信用的人。

当然，来自美国的预约机制给中国人最直接的感受，是美国使馆的签证预约。从 2003 年开始，签证面签首先要进行网上预约，然后经过 5 天到半个月不等的预约等待期，最后还要面对这样的通知："如果您按预约好的面谈时间提前或推后 30 分钟抵达使馆，我们将允许您进入使馆面谈。但是，如果您迟到超过 30 分钟以上（或预约在下午 5：00 后的任何面谈，或周三中午 12：00 后的面谈，凡在这两个时间段迟到 15 分钟者），您则需要重新预约一个新的面谈时间。请您准时！"

2015 生活趋势之旅行：经济新常态，旅行多元化

文 / 邝新华

经济进入"新常态"，2015 年的中国人会减少旅行费用的支出吗？来自益普索市场研究的《2015 中国奢华品报告》让我们意想不到。在经济下行年份，目前对于中国消费者而言，"尽管全球奢侈品牌在中国大陆市场表现疲软，旅游却成为高消费人群排名第一的奢侈品消费品类"。

这份报告的样本来自中国大陆与香港地区的 1933 名消费者，而这些消费样本都是中国奢侈品的主力消费人群——中国大陆受访者平均家庭年收入为人民币 77.4876 万元，而香港地区受访者平均家庭年收入为 98.33 万港元。2015 年，中国富人阶层最愿意花钱的奢侈品是旅游。

自助游成为全球化浪潮。任性不跟团，自己预订机票、酒店、门票、租车。自助游所占市场份额在亚洲为 30%—40%，欧美 70%—80%，美国高达 90%。据蚂蜂窝《2014 中国出境旅游用户行为分析》，重庆游客在全国最偏好出境自助游，2013 年的比例达到 35%，超过北上广。2014 年上半年，上海公民出境人数达到

403.25 万人次，经旅行社组织出境的仅 100.08 万人次，3/4 以上的出境游客选择了自由行。

台湾自从 2011 年开放陆客自由行，大陆已成为台湾自由行的最大客源地。大陆居民赴台旅游总人数将在 2015 年达千万人次，自由行也破 100 万人次。首都航空对丽江的航班做过统计：自由行旅客占到 57%，无计划的仅占 15%；预订酒店人数最多占 42%。

海南航空发现旅客到海南岛自由行的很多是年轻人，他们一般是去拍婚纱照、度蜜月，于是在 2014 年第一季度开发出机票加地面服务的组合产品，把酒店、邮轮、婚纱店或者高尔夫俱乐部的服务打包进从北京到海口或者三亚的机票里，并发现很多人都会在订机票的同时把酒店一块订了。

2015 年，中国人会走得更远，目的更多元。从原来的七天纽约华盛顿观光游，变成有主题的一个月时间的美国游学夏令营。旅行者可以入住本土寄宿家庭，可以参加诸多名校如斯坦福大学、加州大学等的课程。也有一些 IT 主题之旅，可以到硅谷看日落，到苹果总部体会同性恋文化氛围。

为了适应这些需求，一些美国直飞航线纷纷在 2014 年开通。6 月 20 日 13 时 50 分，中美建交 35 周年之际，全球第一条北京—波士顿直飞航线海南航空 HU481 航班在首都国际机场首飞。波士顿聚集了哈佛大学、麻省理工学院等在内的 100 多所大学，被誉为"美国雅典"，是我国游学旅行潮主要目的地之一。

APEC 会议后中国护照的升值将会加剧这种趋势。2014 年，法国、英国纷纷放宽中国公民的签证，美国 10 年多次签证的落实，都给中国人到美国的自由行以及游学带来更多便利。

出境购物仍然是中国人在旅游中最强烈的需求。《2015 中国奢华品报告》表明，在境外消费中，免税店已成为大陆和香港地区消费者主要的奢侈品购买渠道之一；在过去一年里，53% 的大陆受访者在免税店进行过消费。随着出境游的升温，该报告预计中国消费者将会持续推动境外奢侈品消费市场的增长。

中国是全球最大的出境旅游消费国，旅游与购物从来两不误。中国人在 2015 年仍然对全球的免税店保持强烈的兴趣，甚至有的人专门冲着香港和海南的免税店去旅游。

一些针对境外消费的退税金融服务也在 2014 年陆续诞生。很多在国外消费的中国旅客都知道税可以退，但很多人因为流程不熟悉或者手续太烦琐而放弃。

通汇货币公司的"退税宝"就在这年的 8 月 20 日发布。不用在外国机场排队，回国后把单据交给退税宝，3—5 个工作日即可收到退税。

与国人出境旅游的热烈相比较，外国人入境旅游显得更冷静。除 2011 年入境游人数同比增长外，自 2012 年开始，两年连续下跌。中国社科院旅游研究中心副主任刘德谦则认为，入境游市场将会呈现缓步回升态势。

外国人开始更多地了解中国，除了一些传统景点，如北京、上海、西安、桂林之外，他们也在寻找更有旅游质量的新目的地。自从海南成为国际旅游岛，很多老外把中国行的最后一站放在岛上——休憩或度假。

自从 2001 年海南航空开辟第一条国际航线三亚——首尔，并在 10 年后成为全球第七家五星航空公司，"不少外国人士知道海南岛，往往是从海南航空开始"。海航集团高层领导说，海航的国际航线开到哪里，哪里便会掀起一股"海南旅游潮"。

为了迎接来自全球各地的海南旅游潮，海航旅游在三亚打造唐拉雅秀品牌酒店。天津唐拉雅秀酒店就曾于 2012 年荣获美国优质服务科学学会授予的"国际六星钻石奖"，成为世界第六家、中国大陆第一家"国际六星钻石奖"酒店。2014 年世界旅游旅行大会就在三亚举行，逾 900 名来自 62 个国家和地区的旅游业界人士就住在这里。

海航集团董事局董事、海航旅游董事长张岭说："我们是一家倡导'旅行'的旅游企业。与'旅行'相伴的，是人们对未知世界的探索欲和好奇心。"

新周刊
NEW WEEKLY
2015 年度佳作

100 个相信

《祈祷之手》（德国）阿尔布雷特·丢勒（1471-1528）

100 个相信——从公信力到私信力

　　我们信什么，该怎么信？这是个问题。

　　骗子太多，不敢相信。标准太多，相信哪个？专家太多，没法相信。破坏规则的太多，相信会吃亏。

　　我们变成"老不信"，书本、媒体、公告、声明……几乎所有过去的权威皆被怀疑。

　　这是真的吗？它值得相信吗？

　　痛定思痛，我们或成为阴谋论患者，任何人和事都可能是掩盖真相的迷雾，也都可能被迷雾掩盖。我们或成为无厘头病人，反正就算信错了也不过一场呵呵，即使是那些看似不靠谱的小道消息，也体现着某种智商优越感。

　　与此同时，相信媒体，还不如相信朋友圈；相信教科书，还不如相信喜欢的老师；相信机构发布的质检报告，还不如相信某个熟悉的美食家；相信通稿，还不如相信一个个具体的用户体验……

　　必须面对上述事实，公信力下降，私信力上升。当原有的以公信力为支撑的信任体系开始出现问题的时候，人们只有回到自己，回到作为一个个体的"我"。

　　相信是权利也是能力，每个人都有权相信他/她愿意相信的东西，但这需要能力。

　　相信自己，就是相信自己的选择、自己的判断、自己的眼光，就是相信"我"也是福尔摩斯，就是有权也有能力选择自己愿意去相信的东西，也因此，人学会了为自己的选择负责。

　　《新周刊》梳理中国人的相信历史，邀请专家为如何重拾相信力开出药方，用现代契约论为相信力开路。

　　从100个相信开始，《新周刊》试图描绘一张中国相信地图，在100个相信背后是私信力的蓬勃崛起，个性的信、执拗的信、小众的信让相信变得多元而有趣，私信力的背后是价值观的解放，是90后的崛起，是网络的征服。

　　我们信什么，该怎么信？这不应该是问题，因为相信本身不用怀疑。

中国人如何重拾"相信力"？

文 / 何雄飞

你在家，接个电话，得先分辨一下借钱的是不是真老乡、同学、领导，通知中奖的是不是真的《非常 6+1》，要求转账的是不是真的公检法……

你出门，得先分辨一下躺在地上的是不是真乞丐，碰车的是不是专业碰瓷党……

你上网，会因为周克华、成都女司机、彩票大奖得主的"牛头马面"成为一名民间推理专家……

你怀疑专家观点、怀疑企业声明、怀疑媒体报道、怀疑法院宣判、怀疑官方辟谣，你成了"老不信"和一名"阴谋论患者"。除了自己，你到底相信谁？

2013 年，中国社会科学院社会学研究所发布的《社会心态蓝皮书》显示，中国目前社会的总体信任进一步下降，人际之间的不信任进一步扩大。有不到一半的人认为社会上大多数人可信，只有两三成人信任陌生人。

群体间的不信任加深和固化，医患、民商等社会关系的不信任加剧，不同阶层、群体之间的不信任加重。2014 年《社会心态蓝皮书》则称，中国最不受信任的社会机构是商业行业，而在商业行业中最不受信任的是旅游业和广告业。

"相信力"的减退是不争的事实，信还是不信，是拿出真诚还是彼此抱怨，这本来不是问题。但在价值多元、信息海量的今天，我们该信什么、该怎么信，却成了大问题。

当年，学生子贡问孔子如何治理政事，孔子答："足食，足兵，民信之矣。"当问不得已必须去掉一个时先去哪个，孔子曰，去兵。再去？去食。"信，国之宝也。"

有人做过统计，发现《论语》中"信"字出现了 38 次，频次虽然低于仁（109

100 个相信

次）、礼（74次），但是高于描述道德规范的多数词汇，如善（36次）、义（24次）、敬（21次）、勇（16次）、耻（16次）。

从古到今，信都是这个国家提倡的价值观，但之所以提倡，是担心缺失，我们的祖先形成了一套逻辑自洽的"相信力"体系。

中国传统社会是乡土社会，一个不相信陌生人的"熟人社会"，中国人的信任机制是"亲而信"，因熟悉而信任，这是一种"直接信任"、"人格化信任"。

马克斯·韦伯认为中国是低度信任社会，中国人的信任机制是"特殊信任"，西方社会是"普遍信任"。费孝通则提出信任的"差序格局"："西洋的社会有些像我们在田里捆柴，几根稻草束成一把，几把束成一扎，几扎束成一捆，几捆束成一挑……他们通常由若干人组成一个个的团体。我们的格局不是一捆一捆扎清楚的柴，而是好像把一块石头丢在水面上所发生的一圈圈推出去的波纹。"人们根据亲疏和利益关系来确定一个人是否是值得信任的"自己人"、"圈内人"。

长期以来，中国人依赖四大关系——师生、同乡、同学、同事，亲疏程度以此类推。

学者郑也夫在《信任论》中认为，中国人的信任实际上从未超出过家庭范畴，处处办事托熟人找关系即是一例。他认为熟人间的信任仍是中国社会赖以立足的基石。从"杀熟"成为中国社会一种普遍现象开始，我们赖以存在的最基础的信任结构开始瓦解。"杀熟"标志着不仅在陌生人中缺乏信任，而且熟人中的信任也日益丧失，意味着社会信任降到了最低点。

学者朱虹在《信任危机与中国体验》中说，信任危机带来的社会心理恐慌是中国人幸福感与安全感丧失的根源之一，也是当代中国人最深刻的"中国体验"之一。

熟人社会结构的松弛与瓦解发生在改革开放以后，高考、"返城"、下海经商、进城打工、下岗再就业等频繁的社会流动与"孔雀东南飞"式的地理迁徙，迅速改变了静态化的社会结构，人们的社会活动从封闭性的地域中抽离，传统的、稳定的、长久的、可预见的人际关系渐渐被易变的、短暂的、匿名的交往模式所取代。于是，以关系规范为约束力量的人际信任模式受到巨大的冲击，中国人开始体验到社会信任方面的不确定性。

"信任就是相信他人未来的可能行动的赌博。"（彼得·什托姆普卡）在"后工业社会"和互联网时代，中国人从过去熟人社会的"血缘型信任"过渡到陌生人社会的"契约型信任"，信任模式在其间必然受到冲突。

如果说公信力下降，而私信力崛起，这表明中国人的信任模式依然没有根本的变化，对于许多名人或者机构的信任，仍然是一种人格化的信任——直接信任。这种"直接信任"最真实、最强烈的方式就是道德洁癖。中国的君子首先信任的是"同道"的知己或知音，而对于不同道的亲友，则抱以"道不同不相为谋"的态度。

学者党秀云在《重建社会信任：中国社会建设的心灵之旅》中分析，中国信任衰退或信任缺失的替代品或行为表现主要有：宿命论；腐败行为弥散；冷漠与过度警戒，人人选择袖手旁观或见死不救；过分地诉诸诉讼；信任的外部化——对自身生存与生活环境的不信任或缺乏安全感转而把信任存放在其他的国家、组织或物品中，向海外移民，过分崇拜和购买洋奶粉、日本马桶盖等外国产品的行为即是典型表现。

"当一个人对世界完全失去信心时，早上甚至会没有办法从床上爬起来。"（卢曼语）信任是维系人与人之间关系的一种心灵契约，是人类精神的一种自律。没有信任的社会就如同一个没有灵魂的躯体，没有规范，没有信仰，没有希望，更没有未来。

一个充满信任的社会才是一个有安全感、有幸福感、有温度、有希望的社会。

私信力是这样一些形态的反映：譬如相信成就无数生命传奇的爱情，相信天网恢恢疏而不漏的法制，相信人类生产力的发动机、中国经济的催化剂——市场，相信自己的潜力能释放出传奇。

中国画家王少伦，《1978 年 11 月 24 日·小岗》。凤阳县小岗村 18 位农民秘密签下一份合同，把属于集体的土地承包到农户，18 人在合同上按下手印，立誓共同进退。这份合同拉开了中国农村改革的序幕

我们还是会相信这样一些人，譬如相信敢讲真话的人，相信勇于创新、有社会担当的人，相信洁身自好的人，相信用心灵歌唱的人，相信不畏牺牲、见义勇为的人……

我们还要懂得辨别，懂得如何去信，譬如基于某种规则建立起来的客观、透明的评价体系。正是互联网时代的到来，为私信力提供了无限的可能。

"人，在发觉诊治身体的药石业已无效时，才着急找出医治心灵的药方。"
（费希特语）重建中国社会信任是一场持久的心灵战役，每个人都不能做冷漠
的旁观者，而是要做积极的建设者。

100 个相信

文 / 宋诗婷、赵渌汀、杨杨、谭山山、邝新华、曹园、于青、陈婷婷、
　　朱甜甜、暖宝宝、木桑子、著微、许鹏飞、贝叔、成远、李奇、
　　杨帆、magasa、邓健、蒋宇宁

相信望远镜，不相信眼睛；

相信楼梯，但从不相信台阶；

相信翼，不相信鸟；

还相信你，相信你，只相信你。

相信恶意，不相信恶人；

相信酒杯，但从不相信烧酒；

相信尸体，不相信人；

还相信你，相信你，只相信你。

相信许多人，但不再相信一个人；

相信河床，但从不相信河流；

相信裤子，不相信腿；

还相信你，相信你，只相信你。

相信窗，不相信门；

相信母亲，但不相信九个月；

相信命运，不相信黄金的骰子；

还相信你，相信你，只相信你。

——塞萨尔·巴列霍

人

我相信白岩松 当一批批央视记者、主持人另谋出路时，白岩松依然守在央视这个传媒机构里。他深知体制内的弊端，却选择留下。"少一点畏惧，就会多一点真话。""央视的良心"所剩无几，白岩松是其中之一。

我相信罗永浩 在锤子手机遭遇危机时，他依然有大批拥趸。他们是海归，是文化人，是各个领域的行业精英——他们是学着托福、GRE，听着罗永浩的段子长大的。相信才华，相信自己生而不同，在不惑之年依然热血，做着改变世界的梦……罗永浩卖的不是手机，是情怀。

我相信王菲 她不讨好，却有市场。她懒，却有经典传世。她多情，却总能找到真爱。女儿和男友被她的光环笼罩，连前夫们都不能幸免。她是"传奇"，是"高中女生"，一切女人求而不得，得到也要付出代价的，王菲都以不劳而获的姿态恣意拥有。信她和恨她的其实都一样——她们羡慕或嫉妒，竟有人活得比梦更自由。

我相信春哥 她是中国第一位票选偶像，她把"中性审美"普及草根阶层，"帅"不再是男明星的专利。出道十年，专辑依然大卖，演唱会门票依然一小时售罄。"玉米"用实际行动证明，追星不是排解年少时无处安放的荷尔蒙，那是一项不老的事业，值得奋斗终生。

我相信韩寒 他是少年作家，是反应试小英雄，是冠军车手，是造假嫌疑人，是微博段子手，也是阶段性成功的文化商人。每次转型，他都失去些老粉丝，拉拢些新粉丝，赢得更广泛的关注与讨论。拒绝成功学也是种成功学，韩寒成功了，大批模仿者正在试图迎头赶上。

我相信郭敬明　三十出头的年纪，就获得了主流价值观中几乎全部的成功，郭敬明才是"中国梦"的实践者。文化人不喜欢他，搞艺术的不喜欢他，一切有情怀的人都不太喜欢他。但合作伙伴信任他，甚至依赖他。没有永远的兄弟，只有永恒的利益。他是商业社会最受欢迎的人——只要赚到钱，谁在乎你的身高和性取向。

我相信孟非　在《非诚勿扰》的舞台上，所有人都比他抢风头。黄菡知性，乐嘉犀利，孟非是最被忽视的人。"你说"，"等会儿，你说"，孟非才是舞台的控制者，是分配话语权的人。他有"卫视一哥"所必需的特质：睿智、幽默，值得信赖，不锋芒毕露，却细水长流。

我相信王思聪　作为"非典型富二代"，他的公众形象不纨绔，更不高冷，他一边炫富，一边在表达方式和关注点上与×丝同步。他黑人，也自黑，"国民老公"的微博影响力是很多机构官微的几十倍。财富自由赋予他说真话的权利，和相信随时会被利益绑架的公知相比，不差钱的"公子"更可靠。

我相信崔玉涛　崔玉涛医生为什么这么火？很大原因是他耐心和专业，值得妈妈们口口相传和信赖。

我相信我自己　相信自己一直是这个世界上最厉害的人。

我相信李健　他是2015年娱乐圈最轰动的话题，舆论的喧嚣更突显他的沉静。他喝手冲咖啡，读莱昂纳德·科恩，听黑胶，看文艺片……他的音乐是有诗性的，生活也是。在这个快时代，"李健"是田园牧歌式的存在，代表着对多数人来说已经远去了的安逸且悠长的旧时光。

我相信窦文涛　"话痨"窦文涛在屏幕里张牙舞爪，将近期的社会热点一网打尽：评刘翔，论窦唯，起底赵黎平，笑骂莆田系，再冷不丁开一小口黄腔。对社会问题的犀利解构，对热点话题的无情臧否，总是压线擦边，却又一次次得以安全着陆。窦文涛让我们相信，很多事情还可以这样另类解读。

我相信大幂幂 "自黑是一种很玄的东西，如影随形。从今天开始放弃治疗。"持续自黑的杨幂，修炼出令粉丝由黑转粉的功力，一时娱乐圈无人能出其右。在这个网友既不信说教，也不信辟谣的信息爆炸时代，大幂幂的自黑，结合其向网友"主动交心"的平民姿态，使得一个个黑子转路人，路人再纷纷转粉。不服不行，不信更不行。

我相信李毅大帝 ×丝都有自己的信仰，这个信仰就是李毅大帝。十年前，面对记者关于"迟尚斌下课"的提问，李毅大帝的一句"天亮了"，道出婉约派诗词情怀的同时，也收获了千万枚网络粉丝。十年过去，×丝文化已成网络文化重要一环。这些粉丝不信命，不信邪，就信李毅大帝。他们拒绝被喂心灵鸡汤，也拒绝一切刻板说教。李毅大帝是他们在网络世界里的耶稣。

我相信王朔 20世纪末，他率领"顽主"激情表白"我是流氓我怕谁"，高喊着"千万别把我当人"的口号上演了一出"无知者无畏"。"四海之内皆兄弟，五洲震荡和为贵，喝！"《阳光灿烂的日子》里，王朔客串的"大哥大"喊毕，众皆膜拜，将其抛起。总是操着调侃笔调写故事的王朔，让我们无比相信他笔下的每一场"过把瘾"。

我相信钟南山 "一说话就要挨骂，但还是要说真话。""两会"时钟南山院士的再开炮，批论文、批抗生素污染，一如既往地口无遮拦与侠骨柔肠，一如12年前那场全民抗击非典战役中，实事求是地对"衣原体之说"提出质疑。他的每次开口与发难，都道出科学界无畏的勇气，讲述着医学界无悔的良心。我们没有理由不相信一个说真话的人。

我相信马云 谈到马云你会想到什么？淘宝，支付宝，还是阿里网络银行？抑或是ET？也许更多人想到的是马云模式：如何从普通英文老师，摇身变为中国首富。"要想自己赚钱，同时也要让别人有钱赚！"很多人对此深信不疑。马云效应和马云模式，注定将在接下来很长一段时间让大家深信。

我相信连岳 他的情感信箱里，总是堆满问题。他总是把别人诉说两性间烦恼的"情感信箱"，变成拨云见日的"情感相信"。连岳的声音，是给情感纽带添加的那剂润滑剂。他的诸如"没有错的女人,只有错的爱情"的观点,总是被每个婚姻恋爱中的宝贝奉为圭臬。

我相信黄菡 她在婚姻节目里被无数人称为"黄妈"——既然叫了"妈",她的话,总得相信吧。这位心理学教授总是告诫女人"在爱情里为自己留个退路,否则受伤时会措手不及",并向直男癌患者建议"爱情,是需要用心经营的"。我们相信这位为情感把脉的专家,并在相信中、恋爱里不断升华自己。

我相信警察叔叔 现实中的警察真的像电影里那么勇猛吗?我在马路边捡到一分钱,还要不要把它交到警察叔叔手里边?有危难找警察!

我相信霍金 科学方面,霍金的研究领域是引力与黑洞,他主要有两个贡献:奇点定理与霍金辐射。从20世纪70年代到现在,引力与黑洞领域研究取得了长足的进展。科普方面,霍金作为当代理论物理的代言人,对于在公众面前宣传理论物理的作用是极大的。这一点应该无人能出其右。

我相信万峰 相信万峰需要勇气。这名"电波怒汉"会在一分钟内,像数落孩子一般急切地对你怒,但主要是骂。万峰的怒火烘干了很多人的心灵潮地,而骂声则惊醒了不少梦游在婚姻和两性关系里的迷路人。当你的电话打进《伊甸园信箱》时,话筒那端的这个声音已经在告诉你:"相信万峰老师,不要相信那个负心的男人!"

我相信崔永元 对于事物和话题的那股执着劲儿,崔永元一直都有。他的身份,从电视节目主持人、公益人,到知识分子、斗士,跨度很大,确实挺拼;他所做的事儿,从《实话实说》到《小崔说事》,从筹办口述历史研究中心到角力转基因调查,这位曾经银幕里最会说话聊天的人,让我们看到了执着的力量,并对这股力量深信不疑。

我相信王小山 有困难了吗?@王小山吧。有疑惑了吗?@王小山吧。有生老病死油盐酱醋婆媳关系失业就业妻离子散……都去@王小山吧。至少还有这样一个加V的微博主能回复你的忧愁,调侃你的寂寞。你时常丢失的东西,会不会就在那个不经意间甩在沙发上的包包里呢？后来我们渐渐发现，相信王小山，就是相信普普通通的生活经验。

我相信王小波　相信王小波能得到什么好处？无非是一点儿思维的乐趣、秩序的美感和逻辑的胜利。王小波说："作为一个前理科学生，我有些混账想法，可能会让真正的人文知识分子看了身上长鸡皮疙瘩。"王小波是一个会写代码的大极客，将写作视为"减熵"，规避捷径而选择更费劲的那条道路，我们为什么不相信他呢？

我相信李银河　不是因为她是名作家的遗孀，而是因为她作为女社会学家在性学领域的不懈研究。她与"大侠"的爱情故事，第一次让国人了解到"跨性别"（transexual）乃至"性别酷儿"（gender queer）的存在。如果不是李银河，对同性恋、一夜情、虐恋等的讨论永远只停留在肤浅层面。

我相信面相君　中国人一向在意面相，所谓"相由心生"，所谓"邪正看眼鼻，真假看嘴唇，功名看气概，富贵看精神"，所以面相君@面相与命运坐拥300万粉丝，甚至有粉丝求面相君鉴定@新周猫的面相。大师如此回答：眼神不错，鼻孔明堂素净，聪明，会有好命的。

我相信陆琪　陆琪是情感导师中的汪国真，自带鸡汤属性。他的自我定位是男闺密："大多数的人，在苦闷、悲伤、哀愁的时候，要的无非是一根救命稻草，一两句温暖的话。那就给她们吧。"也难怪，@陆琪最受欢迎的晚安帖，每条都能达到5000多次转发量。

我相信蔡康永　当你想看明星如何被打回原形，去看《康熙来了》就好了；当你希望拥有幽默感，去买一本《蔡康永的说话之道》就好了；当你觉得这个世界很残酷，去看他微博上的暖心语录就好了。作为一个会说话的人，蔡康永总有办法戳中你的心。

我相信我爸我妈　朋友/闺密会出卖你，另一半可能会分开，同事还是不要走太近，但父母是可以无条件信赖的，因为你知道他们永远不会害你，也永远会站在你这边（像周董那种只信自己连父母都不信的苦孩子就太累了）——这种东西就叫安全感，现代人都缺。

我相信老婆（老公） 曾经有这样一个说法：外事不决问谷歌（好吧，现在需要改一下），内事不决问老婆。同理，换成老公也一样。世界归根结底也无非外事和内事，外事管不了，把"内事"也就是自己的小日子过好了，比什么都强。

我相信中国大妈 只要给中国大妈一个支点，她们就能撬动地球！据说，中国大妈文能搓麻将，武能退流氓（真事，一大妈徒手夺刀，逼得抢劫犯束手就擒），跳得广场舞，入过暴走团，有道是，"大妈出手，宇宙颤抖"——大妈们，请收下我们的膝盖！

我相信熟人 我们生活在一个熟人社会，同学推荐饭馆，老乡推荐工作，亲戚介绍对象。因为他们试用过，我可以减少试错风险。熟人会为我着想，熟人不会欺骗我，我跟熟人经常处在一个利益共同体中。如果我们不相信熟人，我们就不是熟人了。

我相信陌生人 我们生活在一个陌生人社会，吃陌生人做的牛肉饭，坐陌生人开的出租车，听陌生人报的《新闻联播》。陌生人是很讲道理的，所有陌生人都生活在契约社会中，人人奉公守法。在人人平等的法律面前，我相信陌生人，因为每个陌生人跟法律都是熟人。

我相信未被社会浸染的孩子 天真无邪，想睡就睡，想哭就哭，想吃就吃，想拉就拉。没有掩饰，没有假装，没有世故。人之初，性本善。活在这样的天真之中，便是人生最大的幸福。我们要相信未被社会浸染的孩子，因为未被社会浸染的孩子都相信我们。

我相信理工男 理工男是一种什么生物？他们是大众文化产品中"刻板印象"的载体，是社交媒体上万年不变的被挤兑对象，可是，别忘了，社交媒体和传播大众文化的技术是理工男做出来的。文科男掌握了言语制高点，理工男不说话，他们只把文科男喝咖啡和抱怨的时间拿去改变世界。

我相信乔布斯　"Think Different"——特立独行、决不妥协，这是乔布斯一直信奉的信条。2007 年，他用第一代 iPhone 颠覆了人们对智能手机的看法，之后更是以 11 款经典产品创造了人类历史上最大的宗教之一——苹果教。乔布斯说，活着就是为了改变世界。他做到了。

我相信巴菲特　相信巴菲特，但不要过于相信他，因为你相信的巴菲特说过"在其他人都投了资的地方去投资，你是不会发财的"——恰恰因为如此，我们才更相信他。一个令人愉悦又上进的悖论，是不是？

我相信福尔摩斯　福尔摩斯首先是个有才有趣的人。他还总是有办法。当所有人一筹莫展，陷入困境，他总能察觉到别人不曾留意的细节。他是那种任何时候都会被需要的、关键时刻力挽狂澜拯救大家心理底线的角色。你当然可以说，他是虚拟的，他只存在于 19 世纪末英国侦探小说家柯南·道尔的作品中——是，那又怎样？

我相信 007　007 的故事上演了快五十年，詹姆斯·邦德永远不老——假如真有这么一个人的话，他简直可以被视作"黑暗男性"的典型：随时准备置身风暴、杀人、热衷新鲜事物，每一集都要换部高科技的汽车和新姑娘——007 故事是成人版科幻童话，是精神上的安全过山车，让你大开眼界，又平安返回。

我相信村上春树　"我喜欢你"还可以怎么表达？村上春树的说法是："春天的原野里，你一个人正走着，对面走来一只可爱的小熊，浑身的毛活像天鹅绒，眼睛圆鼓鼓的。它这么对你说道：'你好，小姐，和我一块儿打滚玩好吗？'接着，你就和小熊抱在一起，顺着长满三叶草的山坡咕噜咕噜滚下去，整整玩了一大天。你说棒不棒？——我就这么喜欢你。"太棒了。对，我们就是这么相信村上春树。

我相信陈丹青　相比"沉默的大多数"，陈丹青是个异类：看到不顺眼的地方，他会质疑、追问，用他自己的话来说，"不过是出来说几句真话的傻子"。我们需要这样的"傻子"，愤怒、敏感，就像跟风车搏斗的堂吉诃德，时时警醒着世人。

我相信斯诺登　人类社会越是发展，能让世界为之色变的人就越发不多，而斯诺登是其中一个。这个夏威夷一处国家安全局设施内的前系统管理员，牺牲掉曾经安稳的小日子，只因为他对美国政府的秘密监控工程感到良心不安。在 2013 年 5 月，他选择离开美国，披露一些秘密。他付出的是一些代价，他做到的是打碎一些神话。

我相信变形金刚 《变形金刚》的伟大之处可不只是变变变，更在于它陪伴了一代人的成长，并成为历史上最成功的商业动画之一。我们可能生长在不同地域吸收着不同食物营养，但我们分享着相同的"正义战胜邪恶"这一朴素价值观。

我相信哆啦 A 梦 作为一只机器猫，它怕老鼠，它的歌声比胖虎的还要可怕，它吃不到铜锣烧会脾气暴躁。可是，它有各种灵巧的道具，但它不作恶，它乐于助人，为了好朋友做事很拼命。相信它吧，相信哆啦 A 梦，就是在心里捍卫一场永远做不完的童年之梦。

我相信喵星人 / 汪星人 幼态持续！持续的年轻化是一种进化现象，显而易见的指标包括：相对更大的头，眼睛大且位置低，短而粗的腿，灵巧的呆板，笨拙的运动。人类赢了大多数生物。而现在的情势是：喵星人赢了人类。消灭人类暴政！请喵星人占领地球！

我相信抖森 他是从龙小学、伊顿公学一路飙到剑桥大学与皇家戏剧学院的大学霸。他相信现实艰难，未来只会比现在更糟，他也更相信和遵从内心的信仰与力量。他从不停止向上攀爬的脚步，并鼓励你也不要停止。相信汤姆·希德勒斯顿并不是相信正能量，而是相信人的努力可以突破天际。

（插图—胡晓江）

我相信莎士比亚　他写人性之善，亦写人性之恶。他写爱情，更写偏执与憎恨。他既写过"人生如痴人说梦，充满着喧哗与躁动，却没有任何意义"，也写过"接纳痛苦，并力求完美——让我们后会有期"。相信莎士比亚，就是相信一颗由光明与黑暗交织而来的美丽心灵。

我相信英国科学家　英国科学家是一个奇特的物种，他们脑洞够大，认为任何未知的事物都值得认真探究——是的，任何事物！包括到底是先有鸡还是先有蛋、一头恐龙有多重，等等。而他们的发现往往颠覆三观，比如：早上不叠被子更健康。感谢他们持续为我们带来八卦和欢乐。

物

我相信《新华字典》　陪着中小学生走过了无数个学期，被称为"启蒙神器"的《新华字典》代表了汉语言文字的行业标杆。10 年前它的发行量就已达到 4 亿册，仅次于《圣经》，它是中国人的文字信仰。最新发行的第 11 版，"晒工资"、"房奴"等时代新词被收纳，它既正统又与时俱进。

我相信钱　不管上面印的是毛泽东、本杰明·富兰克林还是伊丽莎白女王，拥有它就像拥有了整个世界。以物换物时代结束后，钱就是大多数人拼命工作和社交所追逐的一份安全感，毕竟有些爱情是买来的，有些健康是买来的，有些快乐也是买来的。

我相信我的狗　憨厚忠实是 Dog 的同伴们与生俱来的气质。你一回家，它会以百米冲刺的速度迎接你；它不会骗你，心情都写在尾巴上；它为你捡报纸、递拖鞋，为你坐，为你卧，为你表演装死；它不屈服于陌生人的一根火腿和隔壁阿花的无限挑逗。对它来说，最美好的两个字是"主人"。你的一生不都是它，但它的一生却都是你。

我相信凉茶　怕上火，信凉茶。不管是王泽邦还是黄振龙，只要能清热泻火、消暑益气，都是正宗好凉茶。不吃药丸，不碰针筒，街边倒上一杯苦凉茶，就能缓解多日积郁在你心中的火气。凉茶就是热带人民的信仰，它是药还是饮料并不重要。

我相信《大英百科全书》 从人文历史到科学技术，一切奥秘都藏在这里。它是"渊博"和"权威"的同义词，爱因斯坦、弗洛伊德、居里夫人等大家为其供稿，比尔·盖茨 9 岁开始阅读它。尽管纸质版已经停印，数字版的《大英百科全书》带着 247 年的纯正，继续领衔知识的大旗。

我相信可口可乐 除"OK"以外，世界上被大家最广泛认识的英语单词就是"Coca Cola"。这款堪称伟大的饮料，现在也广泛应用于刷厕所和去油渍。它不创造流行词，却用自身肉体传播流行词，纯爷们、天然呆、表情帝和高富帅，总有一款适合你。

我相信马桶盖 吴晓波一篇《去日本买只马桶盖》，直戳细节控对高品质追求的内心。于是继电饭煲和保温杯后，今年春节期间，马桶盖在日本供不应求，摇身变成一款相当有"钱途"的产品。它的秘密无非是用马桶圈加热和温水洗屁屁的技术使你尽情享受坐便快感。从今天起，爱护菊花，认真排泄。

我相信杜蕾丝 它致力于爱的事业，造福无数夫妻和 Pao Friend。它调皮隐晦却又无比安全，同时兼任段子界的高级玩家，让网友再也不敢直视"且"字。小杜让你坚信：男人和女人在一起什么都可能发生却什么都不会产生。正如它的一则广告：对不起蝌蚪们，前方是死路。让我们一起 love sex。

我相信 3M 口罩 "这世间最远的距离，不是生与死的距离，而是我在街头牵着你的手，却看不见你。"每个月总有那么几天，北京的大裤衩又看不见了。这个时候，戴口罩出门就像穿鞋一样自动而自然。雾霾之中，我们无处可逃，口罩就是最大的安全感。

我相信一切限量款 有些东西不是你想买就能买。任何商品只要打上"限量款"的标志，立刻自带优越圣洁光芒。限量款最大的狡猾在于，其数量和价格成反比。购买限量款，意味着需要付出更多的金钱、更多的心力——只有买限量款，你才好意思说，我是那谁谁的死忠粉啊！

我相信测谎仪 测谎仪是人机联动的，其中重要的因素是操作机器的人！应当是有丰富应用经验的心理学专家。可以搜索"武伯欣"，此人是咱们国家的测谎专家。经过训练的疑犯是可以部分对抗测谎的，不过准确地说，是对抗得过那个使用测谎仪的人。这是人与人之间的较量。

机构

我相信知乎 在充斥着八卦、谎言、段子的网络世界，知乎是一片友善的知识净土。这里有大牛，有干货，重科学，重理性。你可以了解到宇宙百科，也可以学会如何正确地吐槽。在这个有些"一本正经"的问答社区里，没有坏问题，只有好答案。一切，从回答的态度开始。

我相信蓝翔技校 蓝翔的挖掘机广告，敢于连续洗脑播放二十年；蓝翔的学子，敢于在冰桶挑战点名北大清华的学霸——"除了学真本事，蓝翔和北大清华没有区别"；蓝翔的职业化教育，使其在唯学历的就业市场上杀出一条血路。这不是一所技校。这，是一个帝国。

我相信果壳 泛科技知识＋满地节操＋俯拾皆是的脑洞＝？一个通往新世界的任意门。相信果壳就是相信未来，相信在人类之船上总是翘首瞭望的那群人。

我相信中纪委 十八大至今，短短两年半，中纪委不断刷新落马高官数据：调查人员 1172 次，其中查处国家中央机关干部及国企高官 61 人、查处副国级以上干部 5 人，涉及党政军、人大、政协等多个领域。"高官犯法与庶民同罪"，中纪委的战斗力，让反腐不再成为"运动式"。

我相信香港廉政公署 香港的大老虎，最怕的是被廉政公署请去喝咖啡，一杯下来，几乎难逃罪名。正如廉政公署的经典广告"香港优势，胜在有你和ICAC"，香港百姓至今有一个共识：廉署是香港的发展基础。执法 41 年，廉政公署以对贪污"零容忍"的态度为香港守护廉洁。

我相信 NASA 它发布夏威夷莫纳克亚山的月出，亦发布机遇号火星车在第

4000 个火星日中发现的细长陨石坑。它发布距离地球约 5000 光年的新发现小行星 HATS-6b，亦发布地球比土豆更不规则的"素颜照"。它的使命是"理解并保护我们赖以生存的行星；探索宇宙，找到地球外的生命；启示我们的下一代去探索宇宙"。相信 NASA，就是相信宇宙之中生命之内的美丽壮阔。

我相信豆瓣 它发布最新的电影、书籍、唱片与同城信息，它用电台会集原创独立音乐人，它同时容纳小清新、文艺癖、理中客、重口味、朋克党、金属党、时装精与哲学家，它培养未来的撰稿人、设计师、画家与音乐家。它构建了一个让文艺生活蓬勃发展的虚拟地盘。相信豆瓣，就是相信文艺能够让生活变得更美好。

我相信米其林指南 一家轮胎公司通过一本纸质指南，将餐厅、地图、加油站、旅馆、汽车维修厂等打包成一种新兴的汽车旅行生活方式，此后，它被"美食家"奉为至宝，被誉为欧洲的美食圣经，这一切得益于一群公正、苛刻的"美食密探"用挑剔的眼睛和舌头为吃货们把着关。

我相信 Discovery 频道 它致力于制作全世界最高品质的野生纪实、科技工程、历史文明、探险等主题纪录片，它教授你《求生一加一》，它带你《异想天开玩科学》，它将《战争引爆点》娓娓道来……它既是《抓鬼行动大队》，又是《流言终结者》——相信 Discovery 频道，就是相信人类智慧永无止境。

我相信《国家地理》杂志 美国《国家地理》将"开拓知识疆界、反映时代面貌、改变世界的传奇摄影、考察与探险大发现"合为一体。它不只为满足地理探索的好奇心。相信美国《国家地理》杂志，就是相信蔚蓝星球独一无二、值得无私守卫的珍贵美丽。

我相信恒大队 恒大俱乐部开创了一种"恒大模式"，为 2009 年反黑风暴后的中国足坛止痛、换血和疗伤。纯市场化的运作让恒大成为中国历史上第一支亚冠冠军……相信恒大，是相信市场规律，是相信中国足球明天会更好。

我相信穷游 想要去看看那么大的世界，你可以先上穷游看看。穷游里有无数的活雷锋，手把手教你如何办理英、美、日签证，图文并茂告诉你如何在西贡街头寻找最美味的米粉。穷游，让你带着脑袋展现你的坚韧与好奇，去发现一个更为壮阔富丽的世界。

我相信美图秀秀　美图秀秀以及所有的修图软件都隶属造梦产业。眼睛可以增大，脸盘可以变小，鼻梁可以变高，皮肤可以一键变白，细腰长腿可以液化……相信美图秀秀，相信一个只存在于希望中的美好世界。

我相信诺贝尔文学奖　它关注世界、人性、美、苦难、政治，关注挣扎的灵魂。它表彰辛苦的写作者、跃入灵魂深渊的创作者、展现世界之美的描绘者、历尽千辛万苦的回归者。相信诺贝尔文学奖，就是相信以灵魂之书。

我相信普利策　普利策归于卡特里娜飓风的报道者、国家安全局窃听事件的揭露者、众议员兰迪·宁汉姆的调查者、民权运动与国家觉醒的记述者……普利策奖不断激励人们设法看见一个真实世界。相信普利策，就是相信新闻人对真实的信仰。

我相信一切榜　这个世界上的一切事物都可能被纳入数不清的权威或不权威榜单，而位于榜单前列的名字就是你进入某类知识的敲门砖。相信一切榜，就是相信存在的一切均可待发现、意义万千。

我相信《纽约时报书评周刊》　它是美国最有权威的书评杂志，它会将新书分别寄往全国各地的高等学府，只为获得最为权威的意见。它尊重文字，尊重作者，更尊重读者——它在研究者与阅读者之间建起一座由严肃知识搭建起来的坚固桥梁。相信《纽约时报书评周刊》，就是相信文字的力量永无止境。

我相信《经济学人》　《经济学人》（The Economist）在互联网时代保持成功的原因何在？《经济学人》是给全球领导者看的意见性刊物。它能综合许多经过核实与考证的事实，分析和归纳各方意见，最后给读者一种"定见"式的结论，是一种典型的知识精英的编辑思路，信息综合、逻辑清晰、判断独到。在互联网时代，我们不缺大量的信息，而缺少这种几十个知识精英聚集成的编辑部给你带来的判断、意见和指引。所以每遇金融危机，《经济学人》的销量都大幅增长。

我相信维基百科　维基百科是这个星球上用户间协作做得好的产品之一。维基社群铸造了维基百科，他们是维基百科的建设者、灵魂、主人，他们愿意花很长的时间在维基百科上不遗余力地撰写每一个词条、检查每一次改动、帮助每一个新来的编辑者。维基的使命是将世上全部知识用当地语言传给这个星球的每一个人。维基社群的唯一目的，就是通力协作，创作这部无偿、自由、具备最高品质的百科全书。因着这些使命与目标，维基人对于维基社群的文明有高度的要求与基准，维基人需要彼此尊重、坦诚、沟通、友爱，来创设这个多元、自由、宽容、正直的维基社群与百科全书。经常有人问，维基百科是如何做到 / 改变 ××× 的？其实改变世界的不是维基百科，而是受维基百科感召的编辑者们，正如改变美国的不是马丁·路德·金，而是被他感召的数百万人。

我相信 Lonely Planet　Lonely Planet（简称 LP）是旅游指南纸质书时代的传奇，世界上大概每卖出四本英文旅游指南，就有一本是 Lonely Planet（这个垄断地位估计在中国很难被感知到）。它的地位源于四十年来不断深入目的地，用第一手的体验为私人旅行者提供平价旅行指导，同时，它的指南是遍历式、不留死角的百科书，一直力争用最严谨和齐全的撰写方式提供指导。

我相信微软　第一次看到 Modern UI 的时候被美哭了，微软脑残粉是怎样炼成的？相信随着科技的发展，人类不会走向灭亡，反而会愈加强大。微软正在做的是他们做梦也想不到的东西。说句不夸张的话："微软驱动了这个世界的发展。"

我相信奥斯卡　为什么奥斯卡不青睐高票房电影，艺术取向和价值取向偏向成熟的中产阶级趣味？

我相信德国制造　小到牙刷、牙线，大到汽车，德国制造口碑就是好！

我相信红点奖　红点作为工业设计领域的最高奖，当我们谈论红点奖时，我们谈论的其实大都是概念设计奖。我们对红点的趋之若鹜，除了名声、褒奖，还因为有很多让你身为工业设计师感到心满意足的地方。

观念

我相信中医神农氏　在尝尽百草后，终于死在断肠草的剧毒之下——既然杀人的药这么有效，那么救人的药也会同样有效。虽然我们不知道宋代针灸铜人中数百个穴位是怎么"GPS 定位"出来的，但"药好不好看疗效"的实验原则还是吸引了无数外国医生来学中医。

我相信西医　自从显微镜把疾病归因到细胞水平，巫医和偏方再也不能装神弄鬼。今天核磁共振可以"GPS 定位"全身每一个细胞的病变，即使病治不好，我们也知道自己是怎么死的。我相信西医，如果连西医都不相信，感冒了我们也只能在家等死了。

我相信法制　念斌案、呼格吉勒图案、杨波涛案……我们怀念纠正错案的2014 年，公平正义只要到来，多晚都不为过。我们从未如此相信法制的力量。庙堂之上响起依法治国最强音时，"迟来的正义"也彰显出法制的进步。相信法制，就是相信公平正义能够最终到来。

我相信市场　市场经济是继工业革命以后人类生产力快速进步的重要推动力，最早由经济学先驱亚当·斯密在《国富论》中总结为"看不见的手"——一股内在于社会生产和商品交易的平衡力量。相信市场，使人类迸发出强大的创造力；相信市场，也使中国变成世界经济的润滑剂。

我信命　阎王叫你三更死，谁敢留你到五更？这是宿命论者下的结论。这些结论被阐发为易经术数、面相测字、星座占卜……不但人的命运可以通过生辰八字或者水晶球测算出来，连人类的命运也可以在《推背图》中演算而出。不管你相不相信命，你都会去算一下。

我相信来世　来世可能是一个没有痛苦的地方，那里叫天堂，又叫桃花源。来世也可能是一个很痛苦的地方，那里叫地狱。来世所发生的，在这一世都已经发生。我相信来世，因为相信来世是这一世的升级美好版。

我相信真爱　真爱是所有人的生命之光，所有人的欲念之火。真爱令基因在伊甸园之河得以传递，而这正是我们之所以在这里写作、思考和论证为什么要相信真爱的基础。

我相信养生大师　养生大师至少不算欺骗你：绿豆本来就是吃了无害，11 点前睡觉本来就是正常作息，打打太极拳确实舒筋活络。对大师们的教诲之所以惊诧莫名，只是因为我们没有回归常识。我相信养生大师，因为他们讲的都是常识，即正确的废话。

我相信跑步圣经　为什么要跑步？不是因为你买了苹果表或者 NIKE AIR，而是因为跑步使你成为行为艺术家、英雄，跑步使你回到童年，跑步使你独一无二，跑步使你找回自我。跑步成为圣经最早从《阿甘正传》开始，在反复横跨美洲大陆后，有记者问他为什么跑步：为了世界和平？为了孤儿？为了环保？阿甘回答：我，只是想跑。

李子勋：信任需要被培养

文 / 宋诗婷

"信任起源于母婴关系，"中日友好医院心理医生李子勋说，"婴幼儿两岁以前从母亲那里得到的归属感和安全感对个体信任能力的发展有重要影响。"

对于襁褓中的婴儿来说，母亲是全能神：温暖、安全、可靠，能够满足物质需求，同时，在心理和情感上也能给予及时的回应。在这一阶段，如果父母对孩子投入足够的爱，让孩子感到安全和满足，就有利于孩子在人格形成的初期建立自信，从而容易在人际交往中建立起信任关系。

随着孩子的成长，在母婴关系中逐渐建立的自我就会外显出来，表现为孩子与自己的关系。李子勋说："人跟自己的关系是所有关系的基础。一个对自己缺乏信任的人，很难在社会关系中相信他人。"如果一个孩子在早期的母婴关系中没有得到足够的安全感，他就会不善于表达爱，对来自外部的善意也难免敏感多疑。

这种问题在亲密关系中体现得尤为明显。如果父母对孩子疏于陪伴，存在交流上的障碍，或有过被亲人嫌弃、虐打的经历，孩子就会对亲密关系保持警惕，在未来的恋爱和婚姻中，他们很难找到让彼此轻松、愉快的相处方式。

孩子五岁后，自我意识觉醒，逐渐从家庭走向社会。个体对他人的信任由母婴关系中依从、被动、及时满足的培养方式转向主动、自觉和有选择性的亲近与信赖。在李子勋多年的临床和研究经验中，孩子步入社会后，教育和整体的社会氛围对培养孩子在人际交往中的信任感起到更重要的作用。这种后天的影响甚至可以弥补早期母婴关系中的过失，修复孩子两岁之前造成的不善于处理亲密关系的缺陷。

"99% 的人可以在后期的成长过程中淡化不良母婴关系和不良家庭关系的影响。他们可以通过恋爱、建立友谊和婚姻关系修复早期创伤。这时候，社会的包容度就显得尤为重要。如果社会能够创造一个开放、松弛的环境，绝大部分不良母婴关系能自然修复。若社会环境不配合，个体又严重自我封闭，这种创伤就难以修复。这就是 PTSD（创伤后应激反应）的范畴了，需要心理治疗的介入。"

一个人对自己、他人和社会的信任建立在个体的心理需求上，因人而异，千差万别，很难找到一个标准的衡量尺度。但在具体的社会角色上存在一种信任标准，这个衡量标准就是——人际互动的有效性。

信任是分等级的。一个人靠不靠谱是最低等级；能不能合作是稍高的等级；是否值得依靠，能将自己交付于对方是较高等级；无条件崇拜与跟随、仿效是最高等级。这是信任与信仰的变化，信任成为信仰时，盲目性就增大了。

在社会性活动中，一个容易被信任的人需要具备几个特质。首先是表达善意的能力（对人关怀），其次是表现得正直（有好的道德能力），最后是克己（服从社会规范）。

我们会发现，在社交活动中，有些人更容易被信任，有些人则不具备这样的先天优势。李子勋说，这种"以貌取人"也来源于两个层面："人的生物性决定他有趋利避害的本能，人们倾向于信任那些看起来不具有攻击性或者给人以被保护感的人。但在今天，我们的'以貌取人'更多是社会文化层面的界定。西装革履、长相端正的人让人愿意接近，反之，则显得不尊重，让人想躲避。"

通常，在善意的人际环境中，人的信任度会增强。人与人的相处存在一种趋同性，共同遵守的规则、价值观、信仰和伦理是维系人与人之间信任的基础。发展信任是为了得到安全感，如果缺乏这些信任的基础，或遭遇特殊情况，人与人之间的信任就会出现游离不定的情况。

比如，两个人流落荒岛，彼此信任是最重要的，否则将无法生存。这时候，两个人的信任建立在共同利益之上。但当第三个人出现时，前两个人之间的信任关系就会改变，甚至瓦解。为了得到安全感，他们开始需要一种类似结盟的关系，彼此之间的信任开始依赖契约和制度。两个人先结盟，迫使第三个人选择依附或者背离，第三个人的信任感和被信任度就受到结盟关系的影响。"这就是人们为什么要选择政党、团体和组织的心理原因。"李子勋说。

信任也是可以被培养的。"当信任发生在一种依赖、依靠、利益、交换的人际关系中，经验就成为重要因素。"李子勋说，这种信任的培养训练在婴幼儿时期已经开始。比如，很多父母都与孩子玩过这样的游戏：父母把孩子面向自己抱在怀里，将孩子向上抛起，再接住，然后不断重复这样的动作。"这时候，婴儿的感受来自皮肤感觉和大脑前庭的平衡功能，抛动时有的婴儿会感觉刺激、舒服，有的会头晕紧张。害怕是正常的，但如果持续抛孩子，几乎所有孩子都会适应甚至喜欢这项游戏。原因在于，孩子对'抛起—接住'的信任补偿了安全感的不足。成年人也常用信任来维系安全感，团队的拓展训练就是相同的原理。"

女性比男性更倾向于用信任来补偿安全感。从生理条件来说，女性处于弱势，因此，她们需要更多的安全感来补偿生理对心理的影响。这种心理表现在生活中就是，女性比男性更在乎邻里关系、同事关系，她们需要在这种关系中实现对周围环境的信任。更极端的表现是，女性更容易轻信人，也更容易被骗。

当下，我们依然处在男权社会中，男人通常在社会中扮演更重要的角色，这让他们处在更激烈的竞争中，很容易将人看成对手，而非可以建立信任的伙伴。他们的辨识度更强，个人实力更强，较少靠盲目的信任来获取生活所必需的安全感。

"个人对社会体系的信任会影响处于社会中的人际间的信任。这或许能够解释中国人的人际信任为什么比较弱。"李子勋说，对于一个社会体系来说，法律和社会规范是人身安全和心理安全感的保障。这些不能通过口号和宣传实现，需要事无巨细的具体规则来提供保障。

现阶段的中国，从社会规则的制定，到对青少年的教育引导，通常都只提供了大的方向和目标，具体规则和方法论不完善，甚至缺失。

地沟油、不遵守交通规则、互联网暴力……因为规则缺失而造成的社会性问题会影响个体对整个社会体系的信任，从而导致人与人之间的怀疑和疏远。"人际交往缺乏必要的边界意识，这也是中国人缺乏人际信任的原因。"李子勋说，西方人对隐私有明确的界定，人际交往受限于一定尺度之内。两个在工作上争得面红耳赤的外国人，可能私下是非常要好的朋友。工作与生活有明显的边界，这让他们在某一范围内的人际交往中感到安全和放松。"但中国人不同，老板对你好，你也许会帮他接孩子。同事说你的衣服不搭，你也许会觉得他对你不怀好意，进而放大到工作中。当整个社会都缺乏这种交往中的边界意识，每个领域内的信任都难以达成。"

在马斯洛的"需求层次理论"中，对人身安全、家庭安全和道德保障的需求仅仅是第二层次的需求。"信任"是建立在这一基础上的更高层级的需求，安全保障不达标的社会体系让个体处处警惕，以至于整个社会的信任度处于较低水平。"中国人正处在从对安全的需求向更高层次需求转变的过程中，当尊重、友好和自我实现逐步达成时，整个社会的信任体系就会发生质变。"李子勋说。

沈阳：互联网改变人际信任模式

文 / 宋彦

作为新媒体的研究者，清华大学新闻与传播学院教授沈阳不是传统的传播学学者，他对传播与舆论研究的偏爱完全来源于对互联网的热情。

互联网已经改变了整个社会的交往方式。从人类历史来看，人的社交方式经历了农业社会、工业社会和信息网络社会三个阶段。《水浒传》中的草莽英雄凭花号在江湖中出名，这是一种典型的粗犷的农业社会社交模式。工业社会有了报纸和广播，从而迅速形成了现代明星模式，平台的可靠性直接决定信息和个人形象的信任度。

而在信息网络社会，社交方式变得更加碎片化和长尾化。朋友的概念呈现出四层含义：能够通过网络连接上的，连接后还能经常互动的，互动畅通的，互动到无话不谈的。"朋友的基础正在演变为网络连接，传统人际交往中的信任法则正在被重新定义。"

互联网虚拟生活成为真实生活的一部分，网络人际交往出现了透明网络社区和灰暗网络社区两种形式。在透明网络社区中，多数人是实名认证过的，网络形象与现实社会高度重叠。他的行为和言论受到现实社会道德和法律的约束，网络信任度来源于人们对其真实身份的信任。但在灰暗网络社区中，任何人都可以以匿名私密的身份参与网络活动。这时，人的行为几乎不受到社会道德的约束，法律的监管也难以生效，身处其中的人很容易表现出另一重隐藏的人格。

在互联网的信用体系、道德约束力和法律法规没有达成共识的情况下，现实社会的约束力依然是互联网人际交往最可靠的信任依据。"整体而言，互联网的规则和秩序将不可避免地与现实世界融合，互联网对现实世界的改变有多大，回力就有多大。"沈阳说。

几年前，微博的虚假消息和流言比今天泛滥，当时，平台的应对策略是实行实名制。此后，前台匿名，后台实名成为国内互联网社区的广泛规定。如今，互联网成为拓展线下人脉的重要途径，很多新社区开始推行前后台实名制。

2006年，出于研究需要，沈阳收集了大量饭否、Twitter和叽歪的数据。2010年，微博大热，沈阳和他的团队开始以微博为样本，进行互联网舆情分析的相关研究。

微博谣言是绕不过去的研究课题。从早期的养生到最近关于赵本山病危的谣言，沈阳和团队会定期收集整理数据，对谣言的传播路径进行分析。"总体看来，网络谣言的成因有两种情况。一种是信息在自然传播过程中发生变异，失真，成为谣言。另一种是某些人基于社会性或经济性的目的对信息进行篡改，主观恶意明显，从而制造了谣言。"今天，每个人都存在于不止一个社交网络，谣言往往表现为从微博引爆，进而借助微博、论坛和社交媒体进行二次充实和深度加工，影响又进一步扩大。

"当下网络谣言在传播中有四个特点：切中时弊，迎合网民心态；貌似合理的逻辑推理过程；存在着层次提升的信任链条；获得眼球吸纳粉丝的恶意造谣越来越多。"就像正在席卷微博的真真假假的拯救拐卖儿童信息，明星没有核实真伪的深情转发让谣言有了顽强的生命力。在互联网谣言中，大 V 和名人起到事半功倍的作用。

去年，沈阳把他的研究方向投入了微信领域，创办了"新媒体指数"数据平台，通过既定算法研究不同类别微信公众号的公信力、影响力和受欢迎度。在对微博和微信的持续关注中，沈阳发现，这是两个完全不同的平台。"微博是一个舆论场，微信是一个舆论圈。微信依赖人际传递，强调人际信任。微博是信源信任和内容信任的双重机制。微信的人际信任主要在于互动（点赞和评论）。"沈阳在研究中发现，在微信的信息传播中存在着严重的"回音壁"现象：放眼整个朋友圈，好友都来点赞，现实中的人际关系和平台调性让反对意见难以表达，因"点赞"带来的自信和愉悦会让人觉得，朋友圈的认同就是整个社会的认同。这种盲目的自信和他信，让人失去自我评价的客观性和警惕性。

在这样相对封闭的圈子里，谣言也缺乏"广场讨论"的自净机制，容易"传染"，容易沉淀后再激活。"微信谣言的传播广度不如微博，但影响的程度之深不容小觑。"沈阳说。

在朋友圈里，年纪偏长的使用者是谣言的主要传播者。他们对养生、鸡汤故事和公益行为缺乏判断力，对网络属性认识不清。对于爸爸妈妈们来说，互联网信息的传递方式与传统媒体类似，公开的"宣传"都值得信赖，"朋友"间彼此的信任更让他们放下警惕。这是传统社会观念移植到互联网的典型案例。

Airbnb 和 Lyft 等 App 的兴起，使网络"共享经济"盛行，但享受网络带来的便捷生活的前提是要相信陌生人

最近，微商和朋友圈代购的负面新闻被屡屡爆出。"坑熟人"的中国传统移植到互联网上，"传销"也找到了新的生存形式。这不仅是又一轮电子商务的诚信考验，也是熟人社区人际关系的一次离间和重塑。"商业行为夹杂在情感交流平台，平台属性开始异化。淘宝的成功在于，从一开始它就建立了一个相对可靠的信用体系，但微商没有信用体系。无论是现实社会还是互联网，法律和规定永远是滞后的，如果微信平台还不能尽快推出

可行平台机制，很多参与者会产生疲惫感，逃离这个圈子。"

在信任感的建立上，网络大 V 的手段和技巧很高明。"在网络中赢得口碑至少需要表达的艺术、价值观的稳定、言行一致（看起来）、善于占据舆论制高点，以及高频度地出现五个要素。"沈阳说，"刷存在感"是大 V 的必做功课，互联网讲究高频打低频，一个每天在你面前出现的网友，对你的影响可能会超过熟人朋友。

无奈的是，社会的改良和对意见的接受是缓慢而渐进的，从言论到行为的实现存在着巨大的现实阻梗。大 V 在万众瞩目下发言，很容易产生"金口玉言"的幻觉，这恰恰是大 V 失去信任的开始。再加上偶尔被曝光的线下丑闻，很多大 V 正在走下神坛。

网络是公平的，从建立信任到瓦解信任，互联网有着自己的发展规律。虽然，网络大 V 的"草根"属性是先天优势，但拥有一定粉丝后，粉丝数量赋予大 V 新的身份。在进入信息发布—传播环节，赢得网络口碑的五个要素比"草根"出身重要。

王俊秀：比人情信任更重要的，是契约信任

文 / 杨杨

社会需要信任，就像运转的机器需要润滑剂。

当你在大众媒体上看到太多对社会相信力的倡导时，可能未必是好消息。"当一件事情需要提倡，说明这实际上已经是一个需要引起重视的问题了。"《社会心态蓝皮书》主编之一王俊秀说。

自 20 世纪 90 年代以来，王俊秀一直从事"社会心态"的研究，涉及领域包括幸福感、安全感和信任——这些研究对象的共同点是：在世界上无处可寻，又无处不在。他的博士论文也与"信任"有关，或者说是关于"信任"的反面。

"我的博士论文关于'监控',人和人之间互相监视。摄像头泛滥,现在越来越明显——基础就是不信任。"

不仅大众媒体关注"信任",象牙塔中的学者也从各种学科和角度对"信任"进行研究和阐释。卢曼被认为是比较早提出"信任概念"的学者,在他看来,"信任是个体面临一个预期的损失大于预期的得益之不可预料事件时,所做的一个非理性的选择行为"。其他比较有代表性的包括心理学家莫顿·多伊奇:"所谓一个人对某件事的发生具有信任是指:他预期这件事会发生,并且根据这一预期做出相应行动,虽然他明白倘若此一事并未如预期般地出现,此一行动所可能带给他的坏处,要大过此事如期出现所带来的好处。"

"信任概念的理解与各学科和理论的视角有关,"在《社会心态理论:一种宏观社会心理学范式》一书中,王俊秀对这些观点进行了梳理,"心理学更关注个体情境反应、态度或个人特质视角下的信任,社会心理学和社会学强调作为人际关系的信任和信任的文化,经济学则把信任看作是一种理智的计算。"

国内曾掀起两次关于"信任"的研究高潮。一次发生在 20 世纪 90 年代。但在王俊秀看来,当时的"信任"概念和现在还有些不同。"当时的日本学者福山,他讲的信任其实是作为一个美德,跟我们现在说的'信任'不同。"

另一次则在近年,从某种程度上说,这暗示着现在信任度的确在下降。"信任是社会的润滑剂,缺乏信任会让社会的运转越来越困难——所以,从福山的角度看,还是要相信别人。这个属于价值判断:社会是可信的,你要相信别人,如果你不相信别人,别人也不相信你,如果彼此相信,会形成良性循环。"王俊秀说。

王俊秀认为,与 90 年代不同的是,现在的"信任"其实是处事的判断或策略,比如,不要和陌生人说话,老人跌倒要不要扶,一个人会去判断以及主动避免风险。但从人自身的认知来说,不让自己因为做了一件事情而受到伤害,是一种很自然的选择,不应当受到指责,更不应被强制做出某种选择。"现在是陌生人社会,你必须有诚信的机制,才能不让大家互相猜疑,社会发展程度和社会信任程度是有关系的。"

但价值观依然很重要。"就整个社会来说,'价值观'意味着要提倡一种什么样的风气,不强制,但你应该提倡这样的行为,比如诚信,你首先要自己做到,相信其他人也会这样,大家发现受骗上当越来越少。"

"社会还是需要有这样的价值观念来引导。"王俊秀很看重这一点,"如果没有价值观念引导,就只有策略或行为主义上的改变,而没有一点理想让社会改变的话，那这个社会就不可能改变，总得有一些人先相信去引领这个社会的方向。"

"从研究的角度讲，国内对信任的概念是混乱的。"王俊秀很看重对"信任"概念的厘清，认为很多时候人们容易将其与"诚信"混淆起来。"诚信是道德的角度，行为是否诚实可信，个人应该如何做，是个道德判断，跟我们现在说的信任是两个概念。"

在一项涉及信任的研究里，在"信任量表"中设计了这样的问题："请问您认为在与人交往时，大多数人是可信的还是要非常小心？""对陌生人的信任"被王俊秀视作一个衡量指标，"如果一个社会对陌生人都信任的话，那么这个社会的信任程度就是很高的了，你想，连陌生人都可以相信，受骗的概率很低，可能意味着社会的制度或道德程度已经达到了一定程度。"

或许，学者什托姆普卡的观点可以将一些概念做个归纳。他认为，信任由三个维度构成：作为人际关系的信任、作为人格特质的信任，以及被视为一种文化的信任。而如果要从这三个维度出发，比较提升信任程度的难度值，结果会是如何？

在王俊秀看来，最难的是"被视为文化的信任"。"因为'人际关系'这个维度是相对容易改变的，而'文化'这一维度，观念改变是缓慢的过程，比较难。而从'人格'这个维度看，个人成长会受整个文化的影响，慢慢形成一个人格，改变也是缓慢的过程，所以'作为人格特质的信任'改变难度值介于文化和人际之间。"

王俊秀喜欢援引淘宝网的例子来说明"针对人际间的信任和对组织机构的信任"。"马云的很多演讲，不是说他在建立一个商业的平台，而是说在建立一个社会的机制，他实际上解决了一个'信任'的问题——你和没有见面的陌生人交易其实是高风险的，但他用支付宝这个平台建立这个制度，让你们互相之间放心，你可以不信任对方，但都信任这个制度，这个交易就达成了。"

王俊秀曾参与过一个基于深圳、哈尔滨、黑龙江某垦区的对比研究，考察内容也包括"对契约关系的理解"。在他看来，对"契约"的不同理解既能反映传统和现代的区别，也会影响信任程度。

"传统社会更多是熟人之间的关系，互相了解，信任问题不突出；而现代社会中，'陌生人社会'取代了'熟人社会'，如果契约化制度还不成熟，信任程度就会受到影响。"但是，他也强调，恰好处于"从熟人社会到陌生人社会"的过渡时期，未必是"信任程度"受影响的原因。关于"信任程度"的变化，更多还是要从社会制度、道德和风气建设的角度来理解。

"如果这样看现在整个中国的信任，你我个人之间可以不信任，但如果有一个公共的秩序是可信的，所有中介的平台，包括执法部门、媒体，都是可信的，是可以变成一个信任程度提高的社会。"在王俊秀看来，这种对契约的理解和解决策略，或许可以推及更广阔的范围，"所以，人际之间，也需要一个这样可信的中介起作用，你想去改变，但没办法告诉所有人怎么去做，这时你可以通过制度去影响他们。"

鬼神、论语、乡绅和鸡血

中国史上各种"信"

文 / 柳展雄

在谈怪力乱神之前，先说一个著名的无神论者——范缜，他有篇传世名文《神灭论》，看标题就很劲爆，帖子发表后引起巨大轰动。统治者为了肃清影响，动员了王公、权贵、僧侣六十多人，发表七十多篇回帖来围攻，堪称古代最大的一次反科学宣传。

现在的教科书，把《神灭论》归入唯物主义思想的光辉典范，但范缜的无神论和现在的无神论可不是一回事。钱锺书在《管锥编》中谈到，范缜强调的是人死后不能变鬼，并没说鬼神不存在；他否认佛教里六道轮回、转世投胎的观念，但信奉华夏本土的有神论。

有神论长期统治着中国，在无法解释面前，人们选择相信，至少宁可信其有不可信其无，除了看不见摸不着的鬼神，老百姓把所有自己无法理解或者高不可攀的东西，捏合成了富有中国特色的个人宇宙结构。

自古以来，中国人就普遍相信这个世界存在神灵，早在战国时候，就有一批人占卜算命问凶吉，从事这一行业的人被称为"日者"，名字有点奇怪，但的

100 个相信

确就是这么叫的，在《史记》里专门写有一篇《日者列传》。

在现代人看来这些是迷信，可在古代算是一门技术活，占星的要懂天文学，排八卦的要通《周易》，普通老百姓只会种地，所以民间有本《日书》，教一般人如何与鬼神打交道，推择时日凶吉。

日常生活中的方方面面，婚丧嫁娶、衣食住行，包括夫妻间的嘿咻都有宜忌时日。书上写到"甲寅"日出生的孩子，长大后可当国家干部；"丁酉"日出生的，则会变成酒鬼；"丁丑"日到政府任职报到，会有七次升迁。

这本书屡屡出现在各地的考古发现中，从湖北的云梦睡虎地到甘肃的天水放马滩都有出土，可见分布之广，算得上是畅销书了。秦始皇焚烧诗书之际，特别规定这类书和医药、农业方面的书籍，放在一起，不予销毁。

根据《日书》的记载，各种禁忌无处不在："己巳"日出生的孩子不利父母，不要让他活下来；"庚辰"日娶老婆必定离婚；"戊申"日娶的老婆会逃跑；最可怕的是，不要在一些凶日收留外人，否则对方会谋财害命。看来魔鬼真的是藏在生活每一个细节里。

这本手册也会教你对付妖魔鬼怪的招数，用桃木、铁锥可以直接跟鬼 PK，或者用砂仁、砂糖等食物诱惑（可见妖怪里也有吃货），还有一种另类的方法，是用"狗屎"来洗全身。

如果说鬼神是虚幻的，那么世俗权威是实实在在的。在中国，有一本书成为治世良方，千百年来为人所顶礼膜拜，它就是《论语》。

这部孔夫子的言论集本是礼乐教化的书，当儒家思想占据统治地位时，它经过何晏、朱熹、刘宝楠等历代大儒的注疏、正义，再以北宋宰相赵普的"半部《论语》治天下"推向高潮。

在长达千年的历史中，这本书都是历朝历代考试的基本书目，自唐宋以降，至明清到达巅峰，想要金榜题名，《论语》不熟不行。

到了今天，《论语》改头换面，它在成功学方向成功地开辟新的战场，《论语》生活，《论语》职场，《论语》与成功，《论语》满血复活。有史以来，中国历史上从没有一本书像《论语》一般如此让人笃信。

当然，除了书之外，还有它的始作俑者——孔子，这位两千年前的老人经过历史演变最终成圣，进入神的级别，被塑成偶像放诸庙宇为人顶礼膜拜。从孔子到《论语》，这套儒家文化系统成为古代中国人信的重要根基。

孔子和《论语》是超越时空与朝代的，但历朝历代还有一些人或事是必然要为民笃信的。

天上玉皇大帝最大，地上则是皇帝最大。问题是一般人无法得见龙颜，拜神仙去庙里就行，拜皇帝还得跑到京城。为此朱元璋写了一本文集，发放全国，让老百姓足不出户就能学习领悟太祖皇帝光辉思想。

朱皇帝写的这本《大诰》，简单地说就是一本案例汇编，他把惩办过的历次要案，编纂成册，夹杂以个人感悟、道德说教。洪武十八年，朱元璋下令一切官民诸色人等，每家每户的正堂上，都要供着这套"宝书"。

这本书文辞鄙俗，体例杂乱，语病多得足以当小学语文的反面教材，但在朝廷大力推广下，居然印了数千万本，在当时是除《圣经》外全球发行量最大的出版物。洪武二十四年，朱元璋表彰民间学习《大诰》先进分子，并举行盛况空前的"讲用大会"，天下有 19 万师生前来参加。

满清入关之后，依葫芦画瓢，不过清朝皇帝不像朱元璋这么有耐心编案例教材，仅仅提"忠君爱国"、"父慈子孝"等简单易懂的训诫，顺治有"圣训六谕"，康熙有"上谕十六条"，雍正搞了"圣谕广训"，总之牢记皇上讲话精神，安安分分做子民。

然而山高皇帝远，中央的行政权力无法一竿子插到底，办理基层事务靠的都是乡绅、读书人、宗族元老，用现在网上流行的话，这些人是"土豪"。在古代土豪不仅意味着有钱，更是乡土秩序的权威人物。在老百姓眼里，这些都是有本事有权威的"能人"。

乡绅也是中国传统文化的主要维系力量。他们深受儒家文化教诲，知书达礼，同时也热心于乡村公益事务，尽责尽力，得到乡亲们的信任。

从超自然到人世间，中国人信奉的所有权威，可以浓缩成"天地君亲师"这五个字。从宋朝以来，每家每户都会设立"天地君亲师"牌位。鲁迅在《我的第一个师父》中曾说："我家的正屋的中央，供着一块牌位，用金字写着必须绝对尊敬和服从的五位：'天地君亲师'。"在近代化进程中，传统信仰的生命力依然顽强。

国粹抬头，武林风起云涌，人们都愿意相信高手在深山。

鸦片战争后，西方入侵激起了忧患意识，器物、技艺比不过洋人是铁板钉钉的事实，不服气的本土主义者试图在其他方面超过外国。在这种民族主义的情绪下，国粹涌现，武术、中医、京剧都带上"国"字，武术被尊为国术，中医被称为国医，京剧也被叫作国剧。

日军侵华后，民族主义者吹起了古老而诡异的论调：就像过去的蛮族侵占中原，野蛮人征服文明世界，但同时也被文明所教化。这场战争中，京剧就是"文明"的象征，但实际上被京剧所倾倒的日本人非常少数。

在国粹里，中国功夫号称源远流长，但是很遗憾，什么达摩老祖、武当真人多为后人附会，武术的发展史只有短短的两百年，历史上清政府收缴民间兵器，江湖子弟只能在拳脚上练功夫。大清倒台后，社会控制放松，再加上"强种强国"思潮的推波助澜，武学的繁荣期开始了。武林人士三天两头打擂台赛、办单刀会，仅1933年3月至11月期间，《武汉日报》有关武术方面的报道就有40篇之多。武术很快冲出亚洲，走向世界，1936年柏林奥运会上，中国武术代表队跑到纳粹的地盘上，一展花拳绣腿。

爱国主义成就了武学，也播下了衰亡的种子，真到上阵杀敌的时候，子弹可不管你是否有中华神功。长城抗战中吹嘘的"大刀队"，实际上不敌正规训练的刺刀阵，仅仅依靠奇袭才能获胜。战争结束了"武术强国"的神话，在1940年后，再无一本武学刊物出版，江湖从此平静。

但平静不代表消失，进入改革开放后，国术凭借着金庸、古龙等大师还魂重生，内力、掌法、轻功这些比国术更奇妙的武功一度成为年轻人笃信的存在。随着《霍元甲》《陈真》等港台电视剧的流行，各种国术蹂躏西洋大力士之类的段子横空出世，出没于地摊文学、厕所刊物的字里行间。

即使到了今天，如果你问问那些国术粉，他们肯定相信，在某些深山大川里必然藏着不世出的绝顶高手，只要他一阳指轻点，或者如来神掌拍出，纵然能打如泰森也必须灰飞烟灭。

新中国成立之后，《人民日报》成了中国人信息的主要来源。其他重要的纸媒有《解放军报》《红旗》杂志，传播力最强的还有中央人民广播电台，每天有数千万人守在广播前，收听早晨6点30分的《新闻和报纸摘要》节目，以及晚8点的《新闻联播》节目。

行政机关订阅的报纸，除了《人民日报》，还有本省的日报，文化事业单位会订《光明日报》，1966年后上海的《文汇报》也是有全国影响力的。还有不可或缺的《参考消息》，那是当时中国人了解外面世界的仅存渠道。这些报纸与电台是当时百姓最信任的信息来源。

60 年代中国造出两弹一星，大力提倡科学，但是对于蒙昧的老农民来说，卫星上天、潜艇下水都是神仙才能办到的事情，科学和巫术混在一起分不清。一些奇奇怪怪的土方，包装成现代科学的面貌，得到人们的追捧，现在看来这些属于黑科技。

大跃进时期，1958 年最高国务会议号召全民大炼钢铁，批判保守思想，鼓励非正规炼钢法，民间流行起土法炼钢。奇妙的是，有一家手工业社办事处炼钢炼出了创意，他们大胆试验，添加中药。他们在小土炉内，加入槐角、鸡内金和龟甲，这些中药可以起到去氧脱硫、调解碳素的作用。在传统药理学，槐角原本是治疗痔疮的，鸡内金则是治疗消化不良，把这两样东西放在一块竟然能够生产钢铁，中医之伟大果然不是一般人所能了解的。

这种全新的疗法蔓延开来后，中国的小公鸡开始倒霉了。大江南北出现了排队打鸡血的盛况，公鸡们被抽血后晕头晕脑、跌跌撞撞，人们注了一针后，全身畅快，血脉贲张。有部分注射者每隔一天打一次，打鸡血居然打上瘾了。鸡血不仅是养生的圣药，还是乌合之众的兴奋剂。1967 年到 1968 年，是打鸡血最盛行的时候。

改革开放的新时代到来后，以经济发展为中心，政治上的信仰很快被物质消费所取代，人们更渴望世俗意义上的成功，大部分人的内心还不够强大，需要修炼升级，成功学便孕育而生。

卡耐基人际沟通和口才学方面的书籍进入中国，最早在大学生中获得市场，高校学生是一个巨大的读者群体。他们需要从这些书里汲取营养，面对即将到来的人生挑战，把卡耐基奉为提高沟通能力和演讲技巧的偶像。后来，上班族、公务员、企业高管纷纷加入读"成功学"的队伍。

2008 年的金融危机，"裁员"成为达摩克利斯之剑，白领们钻入《杜拉拉升职记》等职场小说，寻求自保的方法。新兴的智慧学、心理学也和成功挂上钩，史蒂芬·柯维的《高效能人士的七个习惯》引入中国后，结果引发了一阵跟风热潮，类似"十大性格"、"八个诀窍"这类标题的成功学书籍层出不穷。

成功学发展到后期，甚至连英语教学都不放过，从 1997 年开始，一个叫李阳的前销售员，成为全国各地中学生的"恩师"，包头四十五中学生甚至集体下跪拜谢。

疯狂英语依靠个人魅力、煽动性的演讲实现冲动型消费。在高分贝声浪的海洋中，整齐划一的手势，搞一场学习总动员，顺带卖一套贵得离谱的英语速成教材。现场气氛确实热烈，但是在一星期后还能保持热度的班级，恐怕少之又少。

现代社会契约论

文 / 张丁歌

"信任就像一张纸，皱了，即使抚平，也回不到原来的样子。"实在找不到这句话的出处，但在一个真相匮乏的失真时代，这样的句子，也成大师语录，广泛流传于社交平台、三行情书，甚至时事评论。假想：如果这张纸，换作一纸契约呢？是不是就能够为信任护航，驶向彼岸？

有人会说：不一定。契约"皱"（毁约）了呢？你的船（对毁约的惩罚）保住了，可信任依然难逃溺水。乍一听像是一种尴尬悖论，但"言而无信"后的"有法可依"，确是现代社会契约精神的基本规则。

早在《万历十五年》中，黄仁宇就断言中国历史上有两大问题：一是缺少数目字管理，二是以道德代替法律。道德口号的分贝，在我们这片土地上，总是高过规则与契约的底线。如同胡适曾说，一个肮脏的国家，如果人人讲规则而不是讲道德，最终会变成一个有人情味的国家；一个干净的国家，如果人人都不讲规则而大谈道德、高尚，最终这个国家会堕落成伪君子遍布的肮脏国家。

干净与肮脏、人情味与伪君子之间，是否也只隔着一张纸？这张纸上写满规则，撑起一个理想社会该有的样子。何为规则？或许可有三层解释：契约、契约精神、契约至上精神。它们的不同，是观念的水位的不同。

公信力下滑，私信力崛起，这并不意味着我们进入一个更好的时代。我们需要那张纸，需要纸上不同的水位，就像需要一个真正意义的信时代。

你信吗？——此三字问句在中国的力量与意义，几乎已可等同于梁漱溟老先生当年那一问：这个世界会好吗？

社会学家齐美尔说：信任是社会中最重要的综合力量之一。没有人们相互间享有的普遍信任，社会本身将瓦解。现代生活远比通常了解的更大程度上建立在对他人诚实的信任之上。

坦白说，在中国讲信任、讲契约，都不是件容易的事。我们自古就有"君子一言，驷马难追"，我们也讲"言而有信"、"一言九鼎"与"一诺千金"。但在中华文化深处，崇尚谋略、厚黑学、潜规则与关系经济、江湖义气，等等，又都有着强大的存在基因。于是，中国人会一边打捞、标榜着仁义礼智信，一边也无奈、叹息着信任危机、价值观坍塌，契约精神缺席。

郑也夫在《信任论》中强调，信任是建立社会秩序的主要工具之一。同时也表明观点：中国社会依然是"低度信任社会"，中国人的信任依然停留在家族信任阶段。"在这套文化观念中，没有个人的价值和尊严，而只有严格的等级秩序。由于没有彼岸的'信仰'和此岸的'契约'，其结果便是一种奇特的'二律背反'——表面上形成了强大的中央集权体制，实质上整个帝国都是一盘散沙；表面上家庭成为社会纽带的核心，实际上信任从来也没有超出过家庭范畴之外。"

因为缺少安全感，面对社会的复杂性时，人们在本能之下，会倾向先选择不信。不信搜索引擎，不信排行榜，不信莆田系，不信开发商，不信学历与论文，不信长期存款，不信饭局，不信转基因，不信马桶与电饭煲，甚至不信实话实说，不信"3·15"……社会信任系统陷入一个畸形循环的怪圈。

人们在信任力上，开始选择投奔一个个"理想的个体"——他们（被信任的"大V"、公知、公众人物）其实一直在岸边，不厌其烦地告诉你真相与常识，讲解民主的细节与契约精神，分析这个社会会好吗，甚至告诉你如何去信或不信。他们一步步抬高着公共领域私信力的水位。

有意思的是，卢曼在《信任与权力》中，把信任视为一种将社会复杂性简化的机制。"在任何情况下，信任都是一种社会关系。它是人与社会复杂性遭遇时出现的一种心理状态。"

中国人的心态呢？在面对"中国式复杂性"时，已难以安心留在公信力的大船上，他们开始左右寻求更多"个体力量的划桨"，以期安全前行。

信任变了味道，私信力才会参与竞争。而真正的安全与自由，是既要在船上，又要有划桨，还要掌握游泳技能，合力进入一个契约型社会。

卢梭在《社会契约论》中早就论断：人们怎样才能生活在一个秩序的群体中，仍能自由如初？回答便是社会契约——放弃天然自由，获取契约自由。如果说信任是一个契约社会形成的核心要素，契约精神则是一个文明社会的基石。

学者刘瑜曾分享她在高校就业过程中体验的契约精神：去剑桥工作前，从面试、笔试到决定录用，前后8个月间，她收到来自校方、系里、学院的各种合同，将双方权利、义务描述得异常清楚。从住房安排、医疗保险、工资系统、课程教学、信息隐私到计算机坏了可以找谁，甚至参加学院活动该穿什么袍子……白纸黑字历历在目，大名一签，便意味着一切将有规可循、有法可依。

一纸契约，打破了信任受血缘、地缘的限制，筑起更高水位的自由。相反，她的两位在中国高校求职的朋友，得到的"最有人情味"的回复则是：差不多，到时候来吧！刘瑜后来把这种反差，评价为我们的"精神文明"与英美的差距。

无论在西方还是中国，人们从未消退研究和解释契约精神的热情：契约死亡了，契约再生了，契约危机了，契约至上了……这恰恰说明，一个现代社会对于契约精神有着多大程度的饥渴症。

即便是最古老的人格信任，也是一种人与人之间的心理契约。就像木心在诗中写的：从前的锁也好看，钥匙精美有样子／你锁了，人家就懂了。这份懂，是信任，也是信仰或信念，它是无约束机制的一种精神契约。只是，它洋溢着文明的味道，却未必能带整艘船驶向文明社会。

美国画家让·莱昂·杰罗姆·费里斯，《五月花号公约》。1620年11月11日，102名英国清教徒来到美洲大陆，他们在登陆前共同签署《五月花号公约》：以上帝之名，立誓依法自治。这是人类历史上最重要的契约之一

梅因在《古代法》中的观点，曾被视作现代性的一座里程碑：迄今为止，一切进步性的社会运动，都是一场从身份走向契约的运动。虽然在西方，身份与契约之间也历经反复转换，但这仍是现代社会的必经之路。

没有契约精神，你信谁都难得永生。

有人说，"中国式复杂性"还在于：多数人遵守契约，而个别人不遵守契约的情况下，不守约的人反而可能得到超额利润。久而久之，整个社会的交易成本会变得非常之高。信任力极大透支，谁还信，还信谁？

柏拉图在《理想国》中，就曾描述过"契约"与"正义"的关系："人们在彼此交往中既尝到过不正义的甜头，又尝到过遭受不正义的苦头。两种味道都尝过了之后，那些不能专尝甜头不吃苦头的人，觉得最好大家成立契约：既不要得不正义之惠，也不要吃不正义之亏。打这时候起，他们中间才开始制订法律契约。守法践约者，被叫作合法的、正义的。"

我们身边，吃苦头的人太多了，尝过甜头的人又不好说葡萄甜。从这个角度看，两种味道都尝过的人，或许越多越好。至少，这些"准契约人"，也是迈向契约社会漫漫长路的起步者。也有学者分析："在中国，所谓明规则和潜规则之间，也有真空地带。契约精神和契约至上精神之间的距离，就在于此。"

郑也夫曾分析社会中的"契约人"时认为，契约人就不再是自然人，须尽可能把感情与行为一刀两断，用条款和责任来约束行为。这样，缺乏人情是人生之憾，却不失为公法之幸，能使社会组织的机器低摩擦运转。

他以香港为例，描述了商业社会对契约精神的践行："面子不管用了，条子不管用了，亲切回忆不管用了，虽然隐形关系网难以完全绝迹，但朋友的经济意义大减，徇私犯科的风险成本增高。香港由此避免了很多乱象，包括省掉了大批街头电子眼，市政秩序却井井有条，少见司机乱闯红灯，摊贩擅占行道，路政工人粗野作业，行人随地吐痰、乱丢纸屑、违规抽烟、遛狗留下粪便……官家的各种'公仔'（干部）和'差佬'（警察）也怯于乱来。"

经济学家阿罗认为，"信任就是经济交换的润滑剂，是控制契约的最有效机制，是含蓄的契约，是不容易买到的独特的商品。世界上很多地区经济的落后大都是由于缺少相互信任"。

建立信任的基石就应该从一纸契约开始——口说无凭，字据为证。

一边是马云，一边是星云——中国人的 N 多面

赶了这么多年的路，中国人的生活进入了"新常态"。

每个人都碰上了相当于前人活好几辈子的巨变时代，也都期望同时能活出几种人生。

于是，看似撕裂的价值观，对立统一于同一个人身上；看似不可调和的冲突，毫无违和感地并行不悖。

一边以马云励志希望快速成功，一边学星云之道希望保持心灵平和；一边希望陪孩子成长享受家庭生活，一边争上位争业绩当加班超人当商务狗；一边内心端正自视清流，一边适应潜规则随波逐流；一边想悬崖勒马，一边又欲罢不能；一边用成功证明自身价值，一边又觉生命脆弱万贯身家终虚无；一边开导别人看开一些，一边告诫自己时不我待……

中国人的精神肖像呈现了 N 多面。往好里说，这体现了中国人平衡的智慧。况且，贪心也是进取的表现，欲望也是理想的表现，冒失也是成长的表现，世故也是成熟的表现，焦虑也是在乎的表现，面面俱到也是自强不息的表现。往坏里说，这种鱼和熊掌兼得的平衡术极易失衡，进而形成"什么都不真信"的社会思维。

有了马云，有了星云，释去愁云，享受闲云，不畏浮云——现在，中国人正全力以赴面面俱到，去憧憬着遇见那个最完美的自己。

结局将如何？只有云知道。

中产阶层的撕扯人生

文 / 桂旭江

《舌尖上的中国》第二季描写了一对年轻夫妻，放弃了大城市的高薪工作，移居在云南的一个小镇，种菜、做饭、骑车、在月光下读书写字，恬静淡然的画面诗一般的美丽。我相信，这样的镜头会触动无数人的心灵，他们内心深处一定或多或少向往这样的生活。

但是，我更确信，没有几个人能够像他们一样把向往变成现实。在这个时代的洪流中，向上不易，放下更难。

Anita，一位看上去柔弱娇丽的女子，十几年的职场打拼，已经实现的财富足以令她"美美容养养花，没事去趟温哥华"；已经获得过的影响全国行业规则的工作业绩，也足以令她此生骄傲。她曾经早早立愿 35 岁退休，做一个云游四方的老太婆。

可是，她几乎从来没有闲过，从一条战壕跳进另一条战壕，基本是零时差。刚刚读完 EMBA，就再一次把自己扔进创业的炼炉，成为一家名叫麻布袋的互联网金融公司的创始人，这家以农业为重点的 P2P 公司正在加速起跑的突破期，她像个性别不明的女汉子那样冲锋陷阵，顾不上花容失色，忘记了我本娇娥。已经记不清有多少个夜晚是盯着屏幕度过，有多少次会议控制不住地对着下属咆哮，又有多少次在享受喜悦的 5 分钟之后就开始下一轮焦虑。

丰衣足食，情怀小资，又为什么要这样"自讨苦吃"？

我知道这没有答案，这是一个群体的生存写照，一边是入世的成功，一边是出世的向往，人们在撕扯中挣扎着前行。

撕扯他们的，一边是马云、马化腾、王健林们的创业故事，财富、梦想、活着就是要改变世界的热血燃烧。种种成功学铺天盖地，如果没有事业，人生的价值如何体现？而另一边又是星云大师、净空法师们的劝世恒言，人生本修行，万般皆身外，何必苦苦相争？

（插图—夏阿）

一边是孩子，一边是位子。无数的文章在提醒：陪孩子一起成长吧，一生只有这一次。可是又有无数文章在提示，人生需要定位，更需要上位，想要老婆孩子热炕头，就腾出你的位置吧。

一边是老人，一边是超人。你会在夜里梦到老人离你而去，惊醒过来，泪湿枕巾。你恨不得从此陪伴他们身边，陪伴他们最后的旅程。可是，擦干眼泪，对着梳妆台，你又想起今天要安排的一件件任务，你得做个超人，向上下证明你的能力。问候的电话，还是晚上再打吧。

一边是上流，一边是逐流。你痛恨腐败、藐视权威、嘲讽马屁，你心里住着一位清高上流的你。但每当机会来临，你立即苦思可以利用的关系、向手握权力的人表达由衷的敬意，想方设法用最安全的办法把它"搞定"。你发现，此时上流的你，正在闭目养神，不闻不问。

一边是同学会，一边是追悼会。同学会的真正意义并非"拆散一对是一对"，而是人生比较和刺激。当年并排坐的小伙伴，如今已经分出了三六九等，有的春风得意，有的落寞失意。好在比赛尚未结束，赶紧迎头赶上，下次一定要锦衣豪车，把那些钱多人贱的土豪比下去。只有到追悼会，才惊觉生命脆弱，万贯身家终究黄土一抔。活着的意义又在心中翻腾，还要这么拼吗？

一边是在路上，一边是故乡。中国的职场人，最喜欢的歌曲一定包括《在路上》《爱拼才会赢》《飞得更高》，它们总能让"一颗不安分的心"澎湃沸腾。但下一曲，可能就是许巍的《故乡》或者李健的《心升明月》，有些伤感，有些迷茫，有些心生倦意。

但是，故乡在那里，何时能归去？

何生这几年总是向往归乡，他似乎已经厌倦身为一个企业高管的无奈，总是深情描绘他的理想生活：写歌、填曲、吟唱，了却一生的夙愿。

去年年底，公司不景气，何生与老板没有谈妥待遇问题，待业了。再见他时，阴云遮不住地浮上眉眼。我说你小子光北京的房产就三四套，吃租金就比得上一家两口小白领，这回正好圆一圆文艺梦了，祝贺你啊！

何生嘴角牵出一丝苦笑：文艺个屁，现在还不是时候。

"那什么时候才是时候呢？"

"我不知道，反正现在还不是时候。"

一个多月后，何生成功应聘一家食品公司的副总。再见他时，神采奕奕，不过话说三句又开始埋怨担子重压力大。

我本来还想嘲笑他几句，突然在他身上仿佛看到了自己，如果我是何生，真的能快乐地开始理想生活吗？该嘲笑的，又岂只是这个人。

我一直想，不断刺激我们奔跑的动力到底在哪里。成功、财富？我们并不肯全盘认领；自我价值的实现？生命的意义？实在有些宏大缥缈。

最赤裸的解剖其实是：人在摆脱温饱困扰之后，就开始寻找自我的证明，而证明的起点和终点是——比较。

对于人这种群居动物来说，"比较"几乎是所有的不幸和幸福的源泉。从生到死，我们永远活在比较中，比成绩、比学历、比升迁、比车房、比谁的关系更硬、比谁的对象更靓、比谁的孩子更出息。俞敏洪就对他的同学说：如果什么都比不过，我就争取比你们活得久。

比较的结果之一，是我们常常对未来产生莫名的恐惧，名义上是担心资产贬值、孩子教育、年老医疗，而本质上，是恐惧未来活得不如别人。

比较的结果之二，是我们不能接受掉队，我们总觉得身边的脚步隆隆，不断有人超车而去，我们不敢停下，生怕成为吃灰的落伍者，生怕成为被嘲讽或者怜悯的弱者。

比较的结果之三，是我们总在试图让别人尊重，不断要用成就来刷屏，向周围提示自己的存在。我们甚至已经想不起，到底想要成为什么样的人，所谓理想，原来全是想象成为别的人。

比较的结果之四，便是这数不清的撕扯。我们越来越发现事业、工作、成就之外那些事物的美好和重要，却又忍受不住比较带来的刺激，于是一边奔跑，一边回头，总想着弥补些什么，总以为下一站就是终点。

真的到了下一站，往往又变成新的起点。

这也许是一个阶层历史性的阶段，之前或之后，可能都不会如此大规模地体验这种撕扯的狼狈。

大体上，50后、60后这批人是不太纠结的，因为他们的词典当中本来就没有"放下"，他们像旋转的马达，不到断电，决不停息。

恰恰是70后、80后的两代——70后人到中年，80后渐成砥柱，这个群体已经成为中产阶级的主体。相比50后、60后，他们更多倾向于认为工作不再是生活的必须，奋斗也不再是生命唯一的意义。

但另一方面，他们又注定比不上更年轻一代的洒脱，他们还做不到"喜欢就好，无所谓功名"。他们一方面是上一代的反对者，一方面又对下一代心存疑虑；他们可以赞赏"浪费生命、虚度光阴"，却很难身体力行。

这出世与入世的撕扯，大概至少可以上溯两千年。一边是帝王将相、建功立业，一边是田园归隐、竹林禅意。中国文化早已约定了读书人不为相便学禅的路径，光宗耀祖、名垂青史是主旋律，而相忘山水也是一条退路。

更重要的影响，其实来自西方。那些在奥斯卡或者戛纳闪耀的影片，无论场景如何离奇震撼，人性、亲情、爱是永远埋藏的主题；那些在黄金海岸或者夏威夷漫步的中国人，亲眼见到了"外国人"是如何享受生活和生命。

但是，他们与上一代的告别还不彻底，更多的"觉醒"，只在微信的朋友圈里感慨流传，稍不留神就变成廉价的心灵鸡汤。

于是，我们一面向往成功，一面嘲笑成功；一面追逐金钱，一面耻于谈钱；一面向往自然与自由，一面深信自由的前提是财富；一面开导别人看开一些，一面告诫自己时不我待；一面向亲人抱歉，一面提刀上马；一面誓言早早退休，一面生怕门清庭闲……

当这样的撕扯与纠结成为一代人的集体困扰，所折射的，至少是这个社会大转型的一个侧影，就像沉重的列车在急转弯处，发出巨大的摩擦声。

吴晓波为他18岁的女儿写了一封信，大意是，只要你喜欢，就坚持去做，不要为别人活着，也无所谓成名成功。这封信有一个漂亮的标题，叫作"把生命浪费在美好的事物上"。

这算是一个60后对90后最深情的祝福吧。

也许，再过20年，当他18岁的女儿成长为这个社会的中生代，那列车的摩擦声会远去，愿意奋斗的奋斗，愿意浪费的浪费；财富与唱歌一样，并无轻重之分。那将是一个远离贫穷的时代，富足是常态，金钱与成功就像GDP一样，不再是衡量生活价值的第一标杆。在这个时代里，上一代的撕扯变得陌生甚至有些可笑，他们并不太能理解，选择为什么那么的艰难，工作与生活本该是统一的整体，为什么变成难以调和的矛盾体。

我并不确信这个时代是否会来到，但至少满怀期望。

中国人的 50 面

文 / 谭山山

一边为追名逐利义无反顾；一边是人心的焦虑导致拖延症、囤积症、选择障碍症、亲密关系恐惧症等奇怪病症出现。

一边是情怀；一边是商业。

一边是适应社会；一边是改造社会。

一边烧钱"申遗"；一边把"世界遗产"当摇钱树，过度开发。

一边骂着小三；一边寻找着红颜知己。

一边痛恨高考；一边教育孩子这是拼过富二代的唯一机会。

一边是"布鞋院士"李小文甘于淡泊；一边是"叫兽"，德行有亏，"诱奸"女学生。

一边是一毕业即创业；一边是"就算是死，也要死在编制里"。

一边抵制"洋货"；一边到香港抢购洋奶粉。

一边骂美国、骂移民国外的人"子嫌母丑"；一边想去美国抄底买房、定居。

一边鄙视受贿送礼；一边苦于攀不上关系。

一边是绝对的自卑，觉得自己是狗屎；一边是绝对的自傲，觉得别人都是狗屎（柏杨说的）。

一边自恋；一边自黑。

一边猛灌心灵鸡汤；一边对世界充满深深的不信任。

一边小清新；一边重口味。

一边理客中（理性、客观、中立）；一边鸡主极（鸡血、主观、极端）。

一边相信"梦想总是要有的，万一实现了呢"；一边哀叹"理想很丰满，现实很骨感"。

一边自嘲为 × 丝；一边发着土豪梦，或跟土豪成为朋友。

一边是韩寒，代表着忙碌又焦躁不安的部分；一边是郭敬明，代表着功利化、纵欲的部分。

一边是"每个人的故乡都在沦陷"，回到家乡却成了陌生人；一边是在城市矫情地抒发"乡愁"。

一边是随波逐流；一边是宁愿自己慢一点、笨一点，过得老派一点。

一边热衷于过洋节；一边不想回家过年，变成"恐归族"。

一边抛弃传统；一边集体怀旧——比如所谓"民国情结"。

一边是出国就变好人，不敢随地吐痰，不敢乱扔烟蒂；一边是回国又打回原形，大家都一样德行自己何必独善其身。

一边身体在国内；一边心灵在国外，电脑、手机和社交网络上统统用英文界面，并分享如何"假装在国外"的技巧。

一边努力保护自己的隐私权；一边热衷于围观明星八卦，成了鲁迅所说"无恶意的闲人"。

一边发誓"再淘宝就剁手"；一边忍不住"买买买"。

一边对所谓"人生赢家"羡慕嫉妒恨；一边在他们被"人肉"后英明地表示"早就知道会这样"。

一边鄙视那些韩寒、王思聪一发微博就喊着"岳父萌萌哒"、"老公么么哒"的人；一边在他们微博表态"岳父/老公、你看我说得对吧"。

一边在网络世界相互点赞；一边却从来不对任何一个话题深入交流。

一边频频出入饭局；一边频频健身减肥。

一边呼吁女性在经济上、思想上独立；一边有人开"女德班"教育女性"打不还手，骂不还口，逆来顺受，绝不离婚"。

一边是大龄未婚男被称为"钻石王老五"；一边是大龄未婚女被称为"剩女"、"灭绝师太"。

一边是坚定的丁克族；一边是早年"丁克"到了中年却后悔不早生一个的"悔丁族"。

一边是只能生一个时想生二胎；一边是可以生二胎时却不敢生、生不出。

一边看着电视上的亲子节目感动得一塌糊涂；一边忘了回头看自己的父母一眼。

一边是医患关系持续恶化，病人没有感恩之心；一边是医生们在手术室玩自拍。

一边在三四五六线城市过着平淡无奇、毫无起落的日子；一边在穿越小说创作中 YY 自己回到古代建功立业。

一边是阴谋论患者，"不惮以最坏的恶意"来揣测不明事物；一边却盲目相信一切道听途说的养生之道。

一边慨叹都市的孤独；一边拿着手机在饭桌上各玩各的互不理睬。

一边追逐一切热门的东西，努力与时代同步；一边无视自己已经糟透了的生活。

一边满身洋人范儿；一边是趣味上很中国——不学点茶道啥的，都不好意思出去见人。

一边是年纪轻轻就成为房奴，像中年人一样精打细算；一边是恨不得"我就是想停下来，看看这个世界"。

一边是数字中国，也就是日益富裕的中国：高速、高铁、高楼、GDP、国家实力、外汇储备、富豪榜；一边是网络中国，很多人都不快乐，郁闷、愤怒、骂娘，嚷着"撕毁一切"。

一边是 5000 年的历史；一边是寿命超过 50 年的建筑不多见——我国建筑的平均寿命是 25 至 30 年。

一边是鼓励"批量制造乔布斯"；一边是创新不足，仍停留在山寨阶段。

一边在现实中胆小怕事；一边在网络上义愤填膺（比如"键盘侠"）。

一边鄙夷着中国式填鸭教育；一边给孩子的休息日排满了课程。

一边想要田园生活的宁静；一边希望高速 Wi-Fi、iPad 一样都不能少。

一边对被撞倒的小悦悦不管不顾；一边爱心爆棚，在高速路拦车救狗、在公园放生。

一边在国外旅游时住廉价旅馆、吃便宜饭；一边血拼狂买奢侈品。

一边谴责别人插队"没素质"；一边自己也在插队、不插白不插。

一边抱怨空气质量爆表；一边忙于摇号买车。

一边是腰围随着钱袋子的饱满而日渐增长；一边是内心极速萎缩，参禅、修行等种种手段也无法弥补空洞。

一边胡吃着马云的成功学；一边海塞着星云的美丽人生。

中国人多变的处世云图

文 / 胡赳赳

在马云和星云编织的这幅"云图"中,有中国人所有的遐想和抱负。马云和星云,是我们时代的两个钟摆;庸常的中国人,就在这两个极端间摆荡。

你究竟有多了解中国人?或者说你究竟有多了解自己?

这个答案可能会一言难尽。西方传教士史密斯曾经写了一本书,叫《中国人的性格》。其中详细枚举中国人生活中的"不精确"、"得过且过"以及不太"杞人忧天"。哲学家罗素造访中国坐轿子,抬上山后,轿夫怡然自得地休息、喝酒、谈笑风生。罗素看出的是中国人的乐天知命,而鲁迅看出的却是中国人的麻木不仁。

或许如今,中国人早已刷新了我们对其的理解。

马云和星云:中国人的云图

"一边是马云,一边是星云。"是中国人对自我的最新总结,也是中国人纠结而撕扯的人生写照。

马云和星云,能同处一室,为大多数中国人所同时谈论、同时供奉,也有其中国特色。虽然他们二者都是中国人,但实际上一个是物质主义的代言人,一个是心灵主义的代言人。

中国人的内心,尤其是在经济地位上升、生活得到改善而社会境况没有"盼头"的中产阶层那里,充满着一种"迷思"。

这种"迷思"是一方面希望能通过自身的努力,尽量地让社会身份和社会地位提高,尽量地让自己和家庭物质化一些;但另一方面在这个过程当中,又屡屡遭受压力、挫折和磨损，每每又觉得得不偿失，感叹时间到哪儿去了，没有时间做自己喜欢做的事，常常弄得身心俱疲。

而且中国的社会特征，往往具有一个"绑定"的功能。假如你是创业者，你被你的创业伙伴和员工绑定了；假如你是个打工者，你又被一纸合同和老板"绑定"了；同时，"绑定"你的还有一堆档案、户口、人际关系。

中国人累，全累在心里；身体的累，尚可以通过休息缓解。无形之累，让中国人患心理性、精神性疾病的人越来越多。这也导致忧郁症蔓延，在一线城市，几乎每个人身边都能发现这样的朋友。

学马云，是成功学；学星云，是佛学。学马云，是做大；学星云，是做空。学马云，是入世；学星云，是出世。学马云，是饮鸡血；学星云，是饮鸡汤。学马云，是求洪福；学星云，是求清福。中国人口口声声地声称熊掌和鱼不可兼得，但中国人快马加鞭地在挖掘左右逢源的秘诀。

事情也没那么绝对，马云也搞太极禅（又将两个不兼容的事物打成一片）；星云也摄有庞大产业。故有人言：马云和星云本质是一回事。

在马云和星云编织的这幅"云图"中，有中国人所有的遐想和抱负。马云和星云，是我们时代的两个钟摆；庸常的中国人，就在这两个极端间摆荡。

中国人多变的历史基因

有些中国人是天生的"两面派"，从小时候起，他就知道"当面一套，背后一套"。他们面对长辈时恭敬有礼，背过身去，他们天性中的顽劣就表露无遗，时而有忘乎所以的倾向。他们遵从"儒家"的习训，"己所不欲，勿施于人"，贪小便宜的心理却又每每作祟，在面对利益和诱惑时，忘记了道德。因此，"止于至善"的规律往往演变成了"止于伪善"。儒家的道理往往变成了一种统治术：此种统治术希冀他人都做道德楷模，出让利益，以便自己得到实惠。在过去的几千年里，"外示儒术，内用黄老"，一直是中国皇帝御世的绝学。

有什么样的皇帝，也就有什么样的臣民。"达则兼济天下，穷则独善其身"。君仁，兄弟我则义；君不仁，兄弟我往山中一躲，还有个好听的名堂，叫"山中宰相"。南朝陶弘景就写过一首诗，谢绝了皇帝的出仕之邀，他说："山中何所有？岭上多白云。只可自怡悦，不堪持赠君。"他显得很清高，从理论和诗意的高度蔑视王权俗世。

这些，都养成了一些人的性格。一方面很入世；一方面又很出世。入世有儒学支撑，牛皮吹得绝响，"修身齐家治国平天下"，到了宋一代，还有口号喊得更响亮的，张载的话也成为千古名句："为天地立心，为生民立命，为往圣继绝学，为万世开太平。"但是一碰到挫折，一碰到阻挠，或者心情不好，总之"顶不顺"的时候，他们又兴起出世的念头，而且也有一大堆理论支撑，那就是道家思想。魏晋时，尚清谈，有了魏晋风度；南北朝时，一些喜欢自称作家的公务员，写作一类称为"游仙诗"的作品，以表达他们追慕神仙、厌离尘世的情绪。到了唐之李白，更是个绝大的两面派：不想干了，就说"安能摧眉折腰事权贵，使我不得开心颜"；要求职时，却对当年的荆州首长写过肉麻的话："生不愿封万户侯，但愿一识韩荆州。"入世不利，李白后来便喝酒炼丹，过起了隐逸的生活。

中国人做事情，都是一套一套的。无怪乎一个媒体人在微博中感叹："中国人都得给自己安两套操作系统：一套体制内，一套体制外；一套西医，一套中医；一套学校教育，一套自学教育；一套忍辱，一套自强；一套奴才主子，一套人人平等；一套规则，一套潜规则。"

中国人的多变性，有其复杂的历史承继，也有着其包容性。"中庸"一说，造就了那些平庸者的苟活。最终得利者，恰恰是如"去掉一个最高分，去掉一个最低分"之后的剩余物。历史存在一个"对冲"机制，对冲的方式可能是战乱、变局，也可能是技术性的变革，洗牌重来。在这个过程中，社会化的汰选和生物性的基因选择竟表现出来一样的目的性：即非优胜劣汰，而是掐头去尾。"对冲"的结果就是剩下"沉默的大多数"，也就是现今所言的"长尾"。这种古训至今还流传，如"枪打出头鸟""木秀于林，风必摧之"；也有那种自保之法，"好死不如赖活""宁为鸡头，不为凤尾"。

缺乏安全感，因此多变

现世之中，中国人处在一个少见的和平期，经济飞速发展，使许多人成了另一种"单向度"思维的人。因为穷怕了、饿惯了，中国人的思维或基因中，隐隐有对未来的担心，所以要不停地攫取、不停地贮藏、不停地"做加法"。生怕慢一点，好事就轮不上。因此，中国人到哪里，都是嗓门最大，一窝蜂，呈现出一种无序的布朗运动状态。

因为缺乏安全感，他们的灵魂需要安抚、精神需要安慰、身体需要安好、财产需要安全。这四点导致中国人惴惴不安：既希望像马云一样成功，为自己赢得一个世俗的段位；又希望像星云一样成就，为自己获得心灵上的一个段位。

中国人的学习能力最强，所以接受能力也高：能将不兼容的两个事物打成一片。所以每每放出豪言，如"古为今用，洋为中用"，或"中学为体，西学为用"。这也导致中国人仿佛有一个消化能力很强的胃。"本土化"是中国的最大一个特色。即便开餐馆，无论哪个菜系，到了一个城市，都得改良，都得本土化，否则，水土不服。西医到中国，变成了三大件：抽血、吊瓶、手术。

从马云到星云，看似是中国人的"跨度太大"，实则是中国人的一段处世"光谱"，五光十色的中国人的多变性格，在此光谱辉映下，变成了"云图照耀中国"。

马云版偶像制造手册

文 / 丁伟

2000 年互联网第一波泡沫时，曾经有一个经典的艰难选择：比尔·盖茨和保尔·柯察金，谁是"英雄"？

该年电视剧《钢铁是怎样炼成的》热播，火爆程度不亚于后来的《甄嬛传》。网络大潮跨世纪袭来，新鲜劲媲美今天创业风口上的猪。保尔和盖茨，一个是纯粹的理想，为革命无私奉献；一个象征着智慧和财富，推动社会进步。谁更是时代英雄、文化偶像？谁更符合主流价值观、更受尊重？

时代潮流汹涌向前，这场争论无疾而终。同样的问题，如今换成了百思不得其解，问了也无白问的"马云还是星云"。

弹指一挥间，舞榭歌台，风流云散。精英和小丑，良知和犬儒，奋斗者和投机客，暴发户和野心家，撕裂而纠缠在一起。每个国家在现代化的转型期，都经受过商业化的冲击，但没有一个像中国这样动荡惨烈。

在所谓的"镀金时代""攫财大亨时代""互联网原著民时代",只有雷军式的"唯快不破"的"葵花宝典",和马云版的"偶像制造手册",以及"中国梦"的丰碑,和星云大师的口诀,对于支撑一个国家的商业繁荣和社会升级是远远不够的。

互联网作为一种伟大的工具,原本可以释放更辽阔的力量。"90后"的朝气活力,应该使整个民族更青春勃发。全球化背景下的阶层进化、品味丰富,不应该加剧"左中右"的立场偏狭和对立,而应该促进文明状态的参差多样。

我们今天拆解"马云还是星云",其实既是一种忏悔录,也是一本笑忘书。

德国社会学家马克斯·韦伯最经典的一个理论是关于领袖或偶像的"超魅"和"祛魅"。

"超魅"的英文 Charisma(奇里斯玛),本意为"神圣的天赋",形容一个领袖的个人魅力无比强大,对追随者的吸引力如痴如醉,以至于产生了迷幻的光环。俞敏洪老师提供了形象的记忆法:如何记住 Charisma?"China rises mao"(中国出了个毛泽东)。

对于席卷当下中国大地的企业家追捧、公知及明星爆红等浮沉现象,还有什么比"超魅"和"祛魅"更恰当的描述吗?

同样是商界领袖、英语老师,马云历经多年被低估、被争议、被神话、被拉下神坛、被"祛魅"(Disenchantment,又译"解咒"),又被捧上云端,正处于"再再超魅"的人生巅峰。

全球最大电商平台,全球最大规模 IPO,超越李嘉诚成为亚洲首富,草根创业的福音,年轻人奋斗的榜样,"梦想还是要有的"奇迹,成功学和心灵鸡汤的滥觞,互联网民主化的典范,颠覆传统势力的创新案例……

马云 Charisma 光芒万丈,超越政治、商业、技术、财富、灵修等界限,几乎无处不在:在机场,他的创业箴言令人醍醐灌顶;在体育场,他像个摇滚明星;在名流俱乐部,他颠倒众生;在线上和线下世

《中国角色:马云二》,35cm×27cm,2014 年(插图—张晨初)

界，他控制着人们的衣食住行……从杭州到西藏，从法国到印度，从硅谷到华尔街到好莱坞，马云所到之处，用最新的字眼来说，望风披靡，寸草不生。

可能就差把马云头像印到邮票和人民币上面了——不，阿里巴巴集团跟中国邮政有战略合作，覆盖全中国最密集的服务网点；支付宝是中国最大的网络支付工具，其资金流动和诚信系统俨然是虚拟的货币，或可称"马币"。如果成功学门派有个圣坛的话，马云肯定是位列仙班的诸神之一。

信马云，得永生？

每个时代都有符号化和泛文化化的偶像，比如林肯、拿破仑、洛克菲勒、披头士、肯尼迪、巴菲特、切·格瓦拉、乔布斯……但马云这个超凡偶像之所以特殊，是因为他在曾经政治主导一切，士农工商排序的国度，树立了一个新经济时代的独立商人标杆，一个国家级企业家的受尊重形象。

他身上有着鲜明的时代特征及其局限性。他是历史土壤和经济体催化出来的阶段性产物，也是各种利益和复杂诉求共谋的结果。

他用个性化的风格、平台级的模式，极大改变了中国经济的面貌以及很多人的命运，也满足了转型年代纠结焦灼的饥渴心灵。每个市长都在问，为什么我们这儿诞生不了马云？每个凡人都好奇，马云成功的秘诀是什么？

但马云也是个凡人，成功并不自动向他走来，有一天他的光环也会消失。

50 岁的马云，就像一块商业活化石、断代史琥珀、福柯所谓的"文化考古学"，凝聚了 21 世纪前 20 年中国的世道人心变迁。在小个子马云之前，涌现过一批批时代流星；在外星人马云之后，新的小鲜肉仍将层出不穷。

即使时光倒转，马云不可能重复自己的跌宕辉煌。《马云偶像制造手册》扉页上写着"幸运"两个大字。下面附有"股神"巴菲特的注解："欢迎来到精子俱乐部……我 1952 年结婚，当时我就跟妻子说我会发财的。这并不是因为我有某种特殊的品质，也不是因为辛勤工作，而仅仅是因为我生在合适的时间、合适的地点，而且具备了合适的技能。"

很早就教外贸英语和接触互联网的马云则意识到，"信息时代就是中国人的时代，没办法"！10 年前，我采访马云，他说："我不是一个狭隘的民族主义者，中国文化里面的阴阳就是 0、1……"

网上有一本奇书《中国偶像：中国历史上的造神运动》，提出一个问题：对历史人物最有审判权的因素是什么？"审判者很多，但最有审判权的，是三个：统治的需要、情感的需要和时代进步的需要。"《马云偶像制造手册》的核心框架就包括这三个维度。

维度一："统治的需要"，是指驱动一家公司的价值观和战略方向。

1999 年，马云屡战屡败后，决定率团队回杭州再创业。他们在长城立下誓言："我们要创造一家中国人自己的、最伟大的公司。"

2013 年，马云卸任 CEO，对高管们说："价值观，30 年后一定还要讲，100 年后也要讲，这是我们的根本。为什么我们要做 102 年的公司？我们不是要做 102 年，而是要横跨三个世纪。"

维度二："情感的需要"，指公司的生存立根之本及企业文化。

拥有三四万员工、数亿客户的阿里巴巴集团，使命是"让天下没有难做的生意"，企业文化是"客户第一、拥抱变化"等。马云说他和公司都很有"福报"。他在一次内部会议上说："我觉得阿里巴巴最荣幸之事，是今天 60 年代的人可以退休了，70 年代的人来做领导者，80 年代、90 年代的人做一线，中国没有几家公司可以做到这点。"

维度三："时代进步的需要"，指时势造英雄，马云 Charisma 某种程度上也是历史机遇、公众、媒体甚至政府把他推到这个位置的。有时他也有难以承受之重。

我问过他，有过哪些转折性的事件让你发生后来的变化？马云很坦白："我具体不记得。反正一点一滴地改变，很多人以为一场大难让一个人开始彻底地变了人生，我觉得这东西很容易变回去，点点滴滴的小磨难让你会形成自己的思考。"

他对"伟大"、"历史名人堂"等保持排斥，反而戏称自己是像韦小宝一样的"小混混"："跟韦小宝是一模一样的，你别以为到爵爷的时候，真把自己当爵爷了，你还是那棵葱，对不对？必须把这个看清楚。你把自己圣人了，当伟人了，oh my god！别人认，你也不能认。"

历史规律是，只要有民众，就会有领袖，只要有崇拜，就会有偶像；反之亦然。但就像《权力的游戏》，偶像也会被架到十字架上烤火。

《马云偶像制造手册》还有后记。这部分超出了他个人能力范围。

"革命取得了胜利，旧制度分崩离析，新旧政权频繁更迭。但是，领袖的崛起却永无尽头。他们在历史上无疑总是可以扮演一个角色……我们都成为领袖的囚徒……"法国社会学家塞奇·莫斯科维奇的力作《群氓的时代》写道。

《群氓的时代》从群众心理学角度，破解"领袖的力量"的历史奥秘。也可以来理解今天各种混乱的偶像崇拜现象："在文化、社会和群体的所有不同领域中，产生了一种看得见的权力……庆典、游行和演讲等仔细排演的礼仪正在使英雄的神话死灰复燃，场面要远远超过古罗马或中国皇帝们组织的庆典……这是团结个人、支撑民众大厦的黏合剂，创造了一种喜剧性的欢乐气氛。"

偶像的"超魅"，无论是马云、星云、Lady GaGa，还是都教授、锋菲恋、姜文，在更大的历史坐标系下都是偶然和渺小的。

但至少，马云这代创业者躬逢盛世，或主观或客观卷入了一段激动人心的变革期的风暴眼。短短二十来年，使国家漫长的现代化之旅，压缩上演了西方几百年的文艺复兴、启蒙运动、工业革命、互联网转型、全球化洗礼。

马云之身 + 星云之心，也许可以成为中国下一个五年、下一波潮流的火种或催化剂。希望那时不再是"群氓的时代"，而是"人类群星闪耀时"。

最终，《马云偶像制造手册》还有腰封，上面写着马云自己的推荐语："我从道家悟出了领导力，从儒家明白了什么叫管理，从佛家学到了人怎么回到平凡……这些思想融会贯通，刚柔相济，就是太极。"

我们为什么误读了星云？

文 / 大有

两年前见星云，老人坐轮椅而来，临别时他硬撑着与我们一个个站着合完影，方挥手离去。

"心"是人最大的财富，这是星云的财富观。眼见的万事万物是财富，嘴巴能说好话、赞美、道理也是财富。他说，心如同储存财富的银行，是一片净土世界，内有慈悲、欢喜、思想；心宽大如世界，包容万物。那天合影，我正好拿了本《新周刊》的"心媒体"专题。

佛光山为法师化缘而建，蔚为壮观，原本却是个炸药厂所在地。山上有很多路牌，有指示也有类似"说好话、做好事、存好心"的语录，而最多的一则路牌是"向前有路"。

一个小伙子来问：下个礼拜去相亲，对方的父母不吸烟、不喝酒，还能拿什么？延参法师回复：拿茶。这是@延参法师在微博上的日常开示。

和尚不食人间烟火，却大谈生活之道，男情女怨。同样，贪官大多求神拜佛，与各类"大师"为伍。无论神佛或大师，都是不懂官场凶险规则的。同样的诉求也求到南怀瑾先生身上，人们来问的都是升官发财之事——这是国学大师能解决的吗？

科技无疑是进步了，一天互联网流量顶得上旧时代一年资讯，可问题还是那些老问题。星云提醒说，不要把宗教当作保险公司，神明不是经纪人。

针对俗世间万般诉求，星云给出的回应颇简单：与人为善，做个好人。星云的"三好四给五和"广播台湾社会，"三好"是说好话、做好事、存好心；"四给"是给人信心、给人欢喜、给人希望、给人方便；"五和"是自心和乐、人我和敬、家庭和顺、社会和谐、世界和平。有信有根，这恐怕是台湾社会和台湾人淡定的缘由吧。

这些大道理听起来容易但做起来很难。佛家语，论禅易，行禅难。"文革"时也有所谓口头革命派。但都是假信、小信，非真信，更没得着真理。

知易行难，其实这是误区，应是知难行易——得着真理了，真信了，还怕行不出来吗？怕只怕，你"知道"真理，也"会讲"真理，只是不信或三心二意。

知难行易，关键就在这个信字。星云们是真信，普通人只是挂在嘴上。一个是知行合一，另一个是说而不做。

道德不是挂在嘴边上约束他人的。"道德需要点亮内心的灯光。"

"喜乐"是星云常挂嘴边的一个词，也是他的"特异功能"，多年修炼而得，无论毁誉。

网上流传大悲寺与少林寺对比：

大悲寺是大乘佛教在中国大陆唯一不设立功德箱的佛寺之一。由一茅草棚和两位比丘起家，持比丘戒、菩萨戒，全体僧人终身不摸钱，穿百衲衣，托钵乞食。10年间共剃度比丘数百人，在此皈依三宝者数万。

而少林寺禅宗祖庭成为河南省主要的旅游景点之一，万金房尽游客心。少林寺方丈释永信被封为博士、MBA、CEO、政治和尚、经济和尚、精英和尚的称谓。人们质疑不持戒不会武的人能当少林主持吗？

这是个出世还是入世的话题，没有定论。参照一下，人间宗教可是台湾岛的"定海神针"。媒体八卦非常，政坛人事纷纭，但台湾人的心是定的。这个定，就缘自星云等诸大师的人间宗教。唯宗教人物能跨越党派纷争，弥合族群沟壑。

另一个话题是出镜还是远避，各自拿捏分寸。易中天曾感慨，春秋战国时期如果有电视这个东西，孔子也不会拒绝的。星云一度被指频频出镜，出家人应清净为怀。法师尤其喜见媒体，而且还自办媒体，曾经编过佛教的书刊和月刊无数，写过专栏 5000 余篇。他笑称办的《佛光》选择 4 月 1 日愚人节那天创刊。

还有就是高调还是低调的话题，该高调了想低调都不行。在谈及"慈善秀哥"陈光标时，星云大师认为，陈光标这样做可能有"好名行善"的成分，但是他毕竟真正做了好事，将钱款送到了需要的人手中。"我们要批评他，但我们自己也没有行善啊，我们自己没有（行善），没有资格批评他，这样的批评对他不公平。"

按星云的道理，只要做了就比不做强。如果 10 分为满分，陈至少在六七分。当然，标哥行善伤及穷人的尊严，人因尊严才得以提升，得以发展。这是现代性的基本概念。

现代性冲突表现了星云的认识。他用"仁"取代一切，"喜乐"取代一切。这是一个典型的东方式的理解。

星云说自己是"心系大陆"，"多情总有多情的苦"，但一肚苦水总能被愿力化解。

他一贯主张，中华复兴首先文化要复兴。佛教里讲的是五戒，不杀生，不偷盗，不邪淫，不妄语，不饮酒；儒家讲五常，仁，义，礼，智，信。佛家的道德和儒家的道德是吻合的，大家都守法了，都守戒了就是自由了。

他一直提倡发扬和谐精神。其实在释迦牟尼那里出家人一直要"六和"：戒和同修，在法制上人人平等；见和同解，在思想上建立共识；利和同均，经济上均衡分配；意和同悦，精神上志同道合；身和同住，行为上不侵犯人；口和无争，言语上和谐无争。

如若真能做到"六和"，岂非和谐社会、世界和平？

星云没变，变的是我们。

最近华中师范大学某女硕士剃度出家，出家前研究生专业是性学。于是网上污水滚滚。

同样的情形发生在李银河自曝"恋情"之后，也是污水与赞赏齐飞。

有人依靠某个组织寻求安全感，有人用攻击他人获得某种心理平衡。只是自己没有生活，所以议论别人成了生活。吐口水能让你舒服吗？生活质量更高了吗？

人行走江湖，被人误解十之八九，关键是你怎样对待别人的误解。否则就是一场没有输赢的争斗。

心乱了社会自然就乱。人活个心安。

无论对达官贵人，或对贩夫走卒，官场、职场、情场，莫不弥漫着某种不确定。眼见他逢场作戏，眼见他进去了。眼看他起高楼，眼看他楼垮了。权力和财富都不能带来安全感。有人求神拜佛，有人把成吨人民币垫在床下。

谁在为这个时代指点迷津？有时语言能带来安全感。于是，各种怨恨恼怒烦，各种断舍离，各种仁波切，各种看破放下自在随缘念佛，付诸心灵鸡汤。无论机场还是微博微信，心灵鸡汤都是最好卖的。

心灵鸡汤是当代中国的一大产业，可归为快消品，就像美图秀秀，属于"安慰经济"。灌满鸡汤时感觉不错，可不消一会儿就回到现实。

速朽时代，谁来安抚那些焦躁的灵魂？星云给出的解答是真信，真行，无他。

这么着，还是那么着

文 / 蒋方舟

人们喜欢看的是那些超越人性的纯净人，不喜欢在人性里打滚的暧昧不明的腌臜人。喜欢项羽，不喜欢刘邦；喜欢关羽，不喜欢刘备；喜欢武松，不喜欢宋江。

最近一次听到人物念叨 "to be or not to be"，是在电影《一步之遥》中，主人公马走日把这句《哈姆雷特》中的著名台词（通常译为 "生存还是毁灭"）翻译为北京话 "这么着，还是那么着"。他在电影里，前半部分 "这么着"——简单地说，就是一个招摇撞骗、混得风生水起的坏人；后半部分 "那么着"，简单地说，就是一个坦诚仗义、落得逃亡丧命的好人。

说到底，人们喜欢看的是那些超越人性的纯净人，不喜欢在人性里打滚的暧昧不明的腌臜人。喜欢项羽，不喜欢刘邦；喜欢关羽，不喜欢刘备；喜欢武松，不喜欢宋江。

先这么着，再那么着，灌点鸡汤。

戏剧舞台上有个奸臣的代表严嵩，他抹着一张白脸，被正派的好人打，骂他是 "卖国奸贼"，戏名叫《打严嵩》。观众看得好不痛快。不过，后世也有读史的人为严嵩辩护，说他并不曾卖国，在个人修为上，比绝大部分人还要明净一点，比如他生活俭朴，常教育儿子不能奢靡；只娶一位太太，从不好色。如果看严嵩的诗，则都是诸如 "禅堂" "柴门" "孤云" "渔歌" "天连一水，霜落千林" 等高蹈出世、修身养性的句子，断断看不出他对权力和私欲的追逐。

大奸大坏，大善大好的人，细细究其人生，都要在叙述和评价的时候加上

100 个相信

很多"虽然但是""尽管不过""表面上其实他",似乎没有善恶基因并存的人,不能算人类,不能取信于读者观众。假借黑帮老大杜月笙之名调出来的心灵鸡汤,总是比诗人汪国真的励志名句,更容易得到流传。就连《哈姆雷特》中的奸臣波洛涅斯,在送别儿子的时候,也说了一大篇诸如"对人要和气,但不要过分狎昵……尤其要紧的,你必须对你自己忠实;正像有了白昼才有黑夜一样,对自己忠实,才不会对别人欺诈"。这一锅心灵鸡汤灌给儿子,也灌给观众,让人们在唾弃其人品的同时,也对他的慈爱和人生智慧报以信任。

制造"三·一八惨案"的军阀段祺瑞,一度被喜欢翻案的人说"在悼念'三·一八惨案'死难同胞大会上,当众长跪不起,并立誓终生食素以赎罪"。似乎他翻身一变,比普通人还良善。其实吃斋念佛贯穿于段祺瑞的一生,他一边起名为"正道居士",做看破红尘状;一边时时观察时局,被奉承为"菩萨转世"、"重整河山之人"面露笑容。时机一到,就拵起枪来杀将出去;杀完之后,便闭目养神,敲起木鱼。这在中国人的人性里,一点也不奇怪。宗教和诗酒,一向是放在家门口用来洗手的水,脏了就可以泼掉。

先这么着,再这么着,喝点残酒。

《太平广记》里有个故事,讲唐代宋州刺史王璿,少年时仪表很美,被一只母狐狸迷住了。母狐狸也美,即便是对仆人和小孩都很礼貌尊敬。她自称是新娘子,言谈举止都合乎规矩,家人都喜爱她。逢年过节,这个狐狸精都会赠给家人礼品,并说:"新娘子祝某个郎君某个娘子长命百岁。"大家都觉得她说的话很好笑,几年间也没少从她那里得到好处。后来,王璿职务逐渐升高,狐狸精就不来了。《太平广记》中给出的解释是:一个人地位高了,就不能迷惑他了。

可是,这番解释未免牵强:官职高低和识别妖怪的能力从来就没有什么关系。更合理的解释是:王璿高升之后,越来越官样做派,狐狸精厌恶,就不再喜爱他。

狐狸精比人纯粹,慕色,不爱权财,不爱江山爱美人,图一时你情我愿男女之欢,鄙视尊卑伦理,嘲讽政治道德,轻蔑宗教僧道。狐狸精是真正的存在主义者——我选择我,他人即地狱。相对于妖怪,人的欲拒还休的虚伪未免显得太不可爱。

在《金瓶梅》里,"狐狸精"当然是潘金莲,重色不重财,典当自己的首饰给武大赁房。然而作为被诱惑者的武松,难道只是一个单纯老实,如他自己所说的"顶天立地男子汉"?

金莲雪中诱小叔，她让两杯酒，他筛一杯，递于妇人；他见妇人妖娆，却也不回避不告退，只是一味地低着头——文中另一处低头，就是金莲在西门庆面前低头；她把自己喝剩的半盏残酒递给武松，他夺来泼在地上，另一只手也不老实，把手一推，急些把妇人推了一跤。金莲爱小叔子，纯粹而热烈。而武松一系列相互矛盾，甚至略显夸张的反应与话语，都表现出他内心的矛盾：从《水浒传》中调戏孙二娘，就可以看出他绝不是木讷蠢笨的男子，可他也反复告诉自己"不是败坏风俗伤人伦的猪狗"。

他的暧昧冲动，最后化成对潘金莲惨烈的杀害，把她剥干净，香灰塞口，以打虎的力气杀掉一个妇人。就连作者也忍不住感慨："武松这汉子，端的好狠也！"他的暴烈残忍，难道不暗含着潜意识里性暴力的冲动？

先那么着，再这么着，饮点砒霜。

老虎可以慈眉善目地念佛，念佛的老虎也可以一翻身就杀人。

《红楼梦》中的王夫人平时爱好舍米舍钱救济别人，银钱事务一律不经手，不仅虔诚念佛，行为言语也是有教养的夫人。但是一发威，则"翻身起来，照金钏儿脸上就打了个嘴巴子"。嘴里也骂着污言秽语："下作小娼妇，好好的爷们，都叫你教坏了。"金钏投井自杀，王夫人则又变回面慈心软的日常样子——这一种更吓人，不知什么时候，鸡汤就变成砒霜。

《水浒》中的文学形象宋江，是扶困济危、仁义道德之人，对下是"及时雨"，对上是"呼保义"，除了手刃一个素质不高的同居女友，并不曾杀人，还是个特别爱垂泪的软心肠人儿。不过老百姓从自己的社会经验中知道，这只是文人的塑造。历史上真实的宋江，和其他强梁贼寇没有什么区别，他在梁山排名第一，恐怕不是因为仁义，而是因为贼寇的特性和手段更强些。

莫里兹·瑞驰，《浮士德与梅菲斯特下棋》。象征着人类的浮士德时刻在与象征着欲望的梅菲斯特在对弈

鲁迅说，中国社会有水浒气。读史的今人刀尔登说："贼与英雄，在老价值观里，不过是一线之别。在官方

而言，只差着合法性，在民间，只需要有一点点理由。有了这点理由，便可大大方方地杀人放火。（中国人）随时可以为贼，在道德观上，并无障碍。民国间有几年，豫皖数省，宋江多如牛毛。有的农民，农忙时下田，农闲时上山，反正闲着也是闲着，就算不能发大利市，至少给家里省些花用，而其所抢劫的物色，从脚下布鞋到头上毡帽，不走空就行，有失贼体，实介于山大王与破烂王之间。"

不这么着，也不那么着，喝点面汤。

说回《一步之遥》里无法讨好观众的马走日。他说着和哈姆雷特同样的话 "to be or not to be"，却不能引起和哈姆雷特同样的敬意和同情。因为他坏的时候没有其他人坏，好的时候也不是高大上的好，死得又不英勇，也就是出去领受了几颗早就属于他的子弹。

既不这么着，也不那么着，这就是大多数中国人的写实，A 面 B 面模糊不清，既不是英雄，又不是枭雄；既不是君子，又不是小人；既吃不饱，也饿不着。要保持这样的生活状态，就得学会一点精明世故，偷奸耍滑；也保持一点诚实朴素，良知未泯，其结果也无非是随波逐流，为无法左右自己的命运而自怨自艾。

这么写实的人性，照照镜子看看自己就行了，谁还要跑到电影院里，或者翻开书本去找寻呢？

信马云，也信星云
我们都是云合体
文 / 陈艳涛

信马云，还是信星云，要入世的成功，还是怀抱对出世的向往？这不是个非此即彼的问题。有时候，星云和马云们会在某条路上相逢。有时候，星云们谈的，恰恰是马云们在做的事情。

中国人为什么丑陋？最简易的答案是：没有信仰。

其实并不是没信仰，看看微信朋友圈就知道中国人信什么。一面，是"马云们"的一言一行，用来效仿，并且励志，学习创业及管理真经，这是最简单易行的成功学；一面，是星云、仁波切各种大师的心灵鸡汤，让你修炼自身，也规诫旁人，向着恬淡完美、在家修行的大师路上迈进。

网友们一边关心着世界风云和反腐大计，一边转发着各种劝世恒言——兼济天下和独善其身，在互联网里，中国人一样不少。

"你有什么梦想？"从《中国好声音》现场移到了校园和互联网。

他们一边信马云，一边信星云。一边潇洒地声明"相濡以沫，不若相忘于江湖"，一边在酒桌上殷殷嘱托"苟富贵，勿相忘"。一边憧憬在纽交所敲钟，一边相约归隐在乡村田园。

只是，他们信的马云，是简单化了的马云，是笑傲其他互联网大佬，让十几亿"剁手党"爱恨交加的马云；是谈资里长相奇特、天赋异禀的马云，是"学了十几年外语，练了十几年太极"的马云；是酷爱武侠世界，让办公室和下属名头都武侠化的马云；是敲钟的马云，是坐拥千亿资产帝国的马云；是连华尔街都标榜为"传统的美国版励志故事"的马云。而不是推着自行车推销黄页起步，历经三十多次失败的马云，也不是作为公众人物一朝发言有误，会被网民和公知网上追杀的马云。

他们信星云，信的是抽象化了的星云，神一般的存在，云淡风轻地指点，在云端里看一众俗人为名利厮杀。他是熬煮心灵鸡汤，随口甩给世人闪闪发光的金句。而不是40年前喊出"人间佛教"口号，被当时的台湾教界攻击丑化，贴上大逆不道、离经叛道标签的星云。

信与不信不是重点。信什么？怎么信？才是重点。

敲响史上最大规模IPO阿里巴巴上市钟声的，不是马云和其他阿里巴巴高管，而是来自国内外的8位阿里巴巴客户。为什么让这8个草根敲钟？马云在纽交所说，阿里巴巴努力15年的目的，就是"让他们（阿里巴巴的客户）站在台上"，"希望他们成功"。

马云这一举动的意义似乎超越了他暴增的财富。8个敲钟人的励志故事极大地刺激了中国草根的创业热情。这个没学过 MBA、没学过计算机、不懂软件，自称"创业靠的不是技术而是观念"的首富，一夕之间似乎让创业既降低了财富门槛，也降低了才智门槛。在《新周刊》2014年度新锐榜上，新浪名博主 @ 花总丢了金箍棒调侃说：今年我身边有三个朋友的公司上市，6个朋友去创业。

2014年也成了90后创业爆发年，中关村甚至出现"21岁"创业热潮——"你有什么梦想？"从《中国好声音》现场移到了校园和互联网。

《福布斯》中文版将年度商业人物授予马云，因为"他改变了一代中国人的生活方式，是最富有时代精神的中国首富"。这个首富是如何改变一代中国人的生活方式的？从前，也许是改变了中国商业模式，诞生出数以亿计的"剁手党"，今天，则是催生出一个草根创业的新浪潮，改变了无数人的职业及生活轨迹。

只是，这个号称互联网教父的人，也曾笃信过王林那样的大师。所有的商业模式，也是自数条歧路上一路探索而来。你信马云，信的究竟是什么？

一个300万会员组织的管理，其困难及复杂程度并不亚于一个同等规模的公司。

人们用对星云大师们金句的转发和穿布衣布鞋表达对出世的向往。但其实，大师们都是入世的主儿。星云大师倡导"人间佛教"。他的理想是：佛教一定要走向人间化、生活化、现代化、社会化、大众化、文艺化、事业化、制度化，乃至国际化。

星云大师的主业，并非熬煮心灵鸡汤，佛学大师之外，他是畅销书作家、出版家，是在美国、中国台湾等地创办众多中小学、大学的教育家，也是慈善家，他创办的佛光山福利项目从医疗服务、养老育幼、辅导教化，到社会关怀、临终安慰等大小项目十余个。他也是创办有日报、电视台、电台的传媒人，还不时投书台湾主要报纸发表政见。

在某种意义上，星云也堪称企业家。佛光山有各种机构数百个，遍布全球五大洲，出家僧众和义工数万，信徒几百万。2012年的博鳌亚洲论坛的慈善分论坛，第一次请的佛教界慈善人士，就是佛光会中华总会秘书长觉培法师，如何让一个庞大到多达300万人的机构有组织有效率？觉培法师娓娓道来的细致经验，让人印象深刻。

2008 年汶川地震时，佛光会派出了一支很高效的队伍。觉培法师介绍说，他们用了四合一的机制来完成救援任务：一是成立救援队，而且是一支时刻准备着的训练有素的救援队。第二支是包括有骨科、皮肤科医生在内的经验丰富的医疗队。第三支队伍运送民生物资，让伤病者吃到饭。第四个是人道关怀。

他们的经验是第一年救回来的人，在第二年会有高度集中的自杀潮。在此前台湾的 9·21 大地震之后，佛光会的义工前后陪伴了地震灾民 15 个年头。在 15 年里，不仅帮助他们走过恐慌，鼓励他们活下去，也帮助他们找到生存的价值。

觉培法师还提到，星云大师到了灾区，告诉灾民说，我不是来救灾，我是来报恩的。因为在他看来，一个公益者，"要非常能感同身受，非常的谦卑，要让被照顾的人有尊严"。

一个 300 万会员组织的管理，其困难及复杂程度并不亚于一个同等规模的公司。觉培法师介绍的管理组织的经验，和如何凝聚团队人心的方法，对企业家也有相当的借鉴意义。而且，有时候，星云们谈的，恰恰可能是马云们在做的。

2009 年，星云在接受《南方人物周刊》采访时曾谈到他的财富观："佛教当然讲因果。有人说我们吃素，我们拜佛，我们怎么没有发财？那是错误的，你拜佛、吃素，那是道德上的因果。你要发财，要讲本领、勤劳，要有投资的智慧，要搞清楚市场经济，你才能发财啊。"

要入世的成功，还是怀抱对出世的向往？这不是非此即彼的问题。

星云们并非活在云端的出世者，他们以他们的方式进入并参与改造着我们的生活。有时候，星云和马云会在某条路上相逢，或是在企业家之路上，或是在公益慈善事业上。在 2014 年 10 月底胡润研究院发布的《2014 中国大陆慈善榜》上，马云以 145 亿元捐赠额成为"2014 中国最慷慨的慈善家"，这也是内地首富第一次成为首善。

信马云，还是信星云，要入世的成功，还是怀抱对出世的向往？这不是个非此即彼的问题。

据说观音大士曾经化身为一个美貌的妓女，并不自估身价，而是凡有来客，无不接纳。但所有曾与之交合过的男子，其后都没有了色欲之心。一日，她无疾而终，邻里为之买棺下葬。有高僧路过，才道明这是观音见世人欲心太盛，才来化身度世。众人半信半疑，开棺验看，发现尸骨已节节化为黄金——世人称之为"黄金锁子骨菩萨"。

看来神通广大的观音也拿世人对财色的欲望无法，她想唤醒、救度世人，也只能依靠美色与法术。她想让愚昧之人信服，也没有什么办法，只有把尸骨化作黄金。这是无可奈何之处，却也是观音深谙人性之处，想升华世人境界，还得从其最易接纳的财与色入手。

观音尚且度不了世人，何况马云、星云？况且，什么才是入世的成功？什么才是出世与修行完善？

马云在财富上的成功毋庸置疑，但他在若干场合念念不忘、忧心忡忡的话题却是环境和食品安全。在2013年他宣布退休的阿里巴巴大会上，他甚至以单膝下跪的郑重姿态，拜托众人一起努力，让水清澈，让天空湛蓝，让食品安全。他更信誓旦旦认为"下一个能超过我的人，一定出现在健康产业里"。

在2014年乌镇举行的世界互联网大会上，马云再次提及空气、水、食品安全："不管你获得了多少财富，如果你发现身边的空气是不行的，你的水是不行的，你的食物是不安全的，就一点意义也没有，我们要回到人本质的需求，实现了理想进了医院又有什么意义呢？"

这是首富马云所追问的生活意义，在让人忧心的空气里，吃着让人糟心的食物时，创业和投资、资产和财富、工作和生活，我们苦苦追求的，到底还有什么意义？

既然已投身到"好脏、好乱、好快活"的这方土地，只好既信马云，有创业和致富的梦想和动力；又信星云，有面对现实和艰难困苦的勇气，"改进、净化、向上向前"（星云语）。

在"一切都是神马，一切都是浮云"的时代，我们要安静地，成为云合体。

　　毛公鼎拓片。毛公鼎藏于台北故宫博物院，是西周宣王年间所铸造的青铜鼎，腹内刻有499个金文铭文，字数为举世铭文青铜器中最多。鼎是在商周时代数量最多、地位最重要的器类

克己复礼——礼的两个走向：内化与物化

国家有礼制礼器，社交有礼仪礼节，个人有礼貌礼道。

人人向往"礼仪之邦"，可惜因历史原因，"礼"在纸上多于"礼"在身上，"礼失而求诸野"的时代多于礼行天下的时代。

管子说："仓廪实而知礼节，衣食足而知荣辱。"今天的中国人，比历史上任何时候都更有条件恢复礼道。

个人礼道如何行？君子堪为典范。君子于礼，必先克己，内化为德、才、志，外化为真、善、美，物化为以示尊重的仪表、与礼相衬的衣食住行之什，礼轻情意重之礼物。

今天的君子，在温和坚定中实现理想，在知识之海中追求独立，在接受先进文化的同时保有自我认知，在低调内敛的同时谦谦有礼，在拥有财富的同时热衷慈善，在拼搏向上的同时保有赤子之心，在追求事业的同时用心生活……君子，不唯书、不唯上、不畏直言，永不丢弃生而为人的责任。

《新周刊》于此盛世，重寻复礼之道、描摹君子之行，建构"一个人的礼仪养成史"，邀集于丹、朱大可共议君子之风。"如果没有一个关于君子的理想，我们会沉沦得更厉害，自私得更黑暗。"（窦文涛语）

世界因礼变得更加良善。我们因礼变得更有尊严。克己复礼，向完美进化。

礼的当代复兴
"仓廪实而知礼节"的时候到了

文／唐元鹏

礼在中国是一个古老的字，又是一个新字。它的古老在于几千年的沉淀，它的新在于礼要复兴。

在一个有《礼记》、有孔子、讲究礼尚往来的"礼仪之邦"谈礼的复兴，是一件荒诞的事，但现在我们不得不面对这样的情况。

曾经，我们只谈同志情，谈阶级斗争，没法谈礼；改革开放后，我们谈发展经济，谈挣钱，顾不上讲礼。就这样，礼在这个国家缺席了50年，直到今时今日，当物质大大丰富之后，我们猛然醒来，礼去哪了呢？

当我们重新将视野转移到礼的时候，却发现礼仪、礼节、礼义已经淡化，只剩下礼品、礼物、送礼。礼被物化了，被商品化了，被市场化了。幸而我们有"仓廪实而知礼节，衣食足而知荣辱"的古训，是时候在物质的快车道上稍作停留，扪心自问了，我们是否该重拾那曾经让中国人引以为豪、作为整个民族核心价值观的礼？

祭天敬神为礼，孝悌忠义为礼，尊卑有序为礼，待人接物有礼，婚丧嫁娶有礼，风俗习惯有礼。礼是仪式、是秩序、是关系、是和谐，它曾经是渗透在中国人生命中的一部分，是那样的根深蒂固。

自从辛亥革命一声枪响，两千年的专制皇朝时代终结，礼开始了它的现代化进程，平等、自由、民主等来自西方的价值观渗入了传统的礼之中，女权运动、移风易俗在实际生活中，礼也随着现代化的进程发生变化。

1949 年新中国成立之后，中国也进入了新的时期，来自苏俄的革命气氛充满了整个国家，人与人之间的关系，也进入革命时期。旧的礼被认为是封建的、陈腐的，在"破四旧"、批林批孔等运动的大旗下已成昨日云烟。在新形势下，也建立了以同志情、革命情为核心的新型的礼，这种礼在组织、集体的框架下模糊了个人、家庭，具有很明显的红色时代特征。

改革开放以来，一方面拨乱反正，一方面把精力放在经济发展上，在社会转型中，礼是什么，反而被忽略了，有时候可能是"五讲四美"、"五爱三讲"。但在历史局限之下，礼被时代物化了。

礼从仪式、秩序、关系，变成了礼品、送礼。前者是"没有钱是万万不能的"价值观的异化，礼轻情意重被扔到了故纸堆中，价值直接由金钱衡量，礼物的贵贱高低，成为调节关系的重点，互相攀比，厚此薄彼，心不够钱来凑。同时由于利益的需要，商家也推波助澜，各种礼品礼物的规格档次与金钱的合谋，演变出一个极其庞大的礼品市场。

后者的送礼，则变成了人际关系的核心，人与人不再追求交情，而是只讲人情。求人办事，关系人情，都要送礼，甚至被一些官员衍生成了权钱交易，滋生了腐化的土壤。

在物化之后，礼变成了嘴上有心中无，无法融入实际生活中的精神。本来礼的核心价值——尊重，逐渐消失。代之以表面的平等，表面的个人独立，事只分对错，人只比高低。即使接受了一些西方思维，也只停留在表面。更可怕的是，没有接受好新的，还扔掉了祖宗留下的优良传统。

管子说："仓廪实而知礼节，衣食足而知荣辱。"这是礼存在的条件，社会发展到今天，当中国人终于可以说自己仓廪实、衣食足的时候，礼的复兴是必然的。

在物化的社会风气下，克己复礼是礼的复兴的方法论。"克己"是克制自身的欲望，是以身作则；"复礼"是恢复礼的精神，也许有许多礼仪、礼制已经无法复制了，但其内涵核心仍然急需复兴。

毫无疑问，这是一个张扬个性的时代，每个人都成为社会的中心，谈论着我的需求、我的欲望。礼本该是调节人际关系的中介，一旦个人欲望超越了边界，自然会侵蚀礼的势力范围。

今天的社会，我们一方面渴望得到别人的尊重，另一方面却无视他人，出言不逊；我们一方面期待别人理解，另一方面却无法宽恕别人。

其实只需回归最基本的概念，比如人皆有之的恻隐之心。对于弱势群体、社会底层，能否保持一种恻隐之心，纵然这个社会盛行着"可怜之人必有可恨之处"的说辞，但推己及人，当自身处于困境之中的时候，希望得到善意的帮助还是落井下石？

己所不欲、勿施于人，礼的一个很重要的内涵是这种推己及人的思维方式，当你不希望别人轻视，当你渴望别人的尊重之时，有没有想过首先需要做的，恰是尊重别人？

比如恪守本分，中国传统礼的核心是秩序是等级，虽然在讲究平等的今天，等级让人生厌。但在任何社会中等级的存在都是无法避免的，家庭中有尊卑，社会上有长幼，单位里有上下级关系。中国人有看不见的规矩，没有规矩绝成不了方圆。

比如为人表率，让每个人都呈现出最好的自我。上位者为下之表率，长辈是晚辈的表率，前辈是后辈的表率。即使在社会中地位再卑微，也至少是自己孩子的表率，想想那双永远盯在你身上的孩子的眼睛，至少，你的行为不该让他羞愧。

中国礼的演变史

文 / 张丁歌

有人曾观中国人下棋，视景象为奇。先走的须说："鄙王小卒先走两步。"然后，对手要说："鄙王小卒也走两步。"对手再说："鄙王的士要吃尊王的卒，走到九宫中鄙王卑贱的象位。"一局棋下来，过招二人客套话一箩筐，却与棋的输赢毫无关系。观棋者认为，对中国人来说，客套就如棋局本身，不懂这些客套就等于不会下棋，这是礼仪。

观棋的是美国学者、牧师明恩溥。他曾侨居中国半世纪，于 1894 年写出一本《中国人的气质》（后译《中国人的文明与陋习》），名噪一时，几乎成为最早探讨中国国民性的外来视角。"观棋"，便是书中《东方人的礼貌》中的一帧镜头。

中国典籍上"礼仪三百，威仪三千"，即礼仪准则有 300 条，行为准则有 3000 条，明恩溥慨叹：一个民族背负着如此多的礼节，很难想象怎样延续下去。但是，中国人做到了，他们设法把恪守礼节熔铸成了一种内在的本能。

中国古代典故，夫妻如宾（插图／FOTOE/CFP）

孔子当年修订《礼记》，一生倡议"克己复礼"时，怕未曾想到，两千年后，有位美国人会这样剖析解读中国之"礼"。而"礼"之于中国，从一部《礼记》、一个礼部，到一个由礼构成的城邦社会，恰就像棋盘上的格局。

礼是什么？《礼记》第一句话是毋不敬，俨若思。南怀瑾在《论语别裁》中解读孔子所倡之礼："我们要随时随地很庄严，很诚敬。这个敬，并不是敬礼的敬，而是内心上对自己的慎重，保持克己的自我诚敬，表面看，像是老僧入定的样子，专心注意内心的修养。所谓礼，就是指这个境界而言。对人对事处处有礼，那是礼仪了。《礼记》的这一句话，是讲天人合一的人生最高境界。"孔子的理想是要恢复尧、舜、文王、武王时的礼仪等级。他把《礼记》之"礼"，看成修身、治国、安邦、平定天下的基础。

"不学礼，无以立"、"质胜文则野，文胜质则史。文质彬彬，然后君子"、"非礼勿视，非礼勿听，非礼勿言，非礼勿动"。《礼记》49 篇，从古代风俗、服饰、饮食居住，到婚丧嫁娶、家庭礼仪、师生关系，几乎构架为一套上古礼仪宝典。

南怀瑾解读，"克己"的克，就是剋，剋伏下去，有心理争斗之意。庄子叫作"心兵"，心里在用兵，所谓天理与人欲之争，以现代语汇来说，是感情与理性的争斗。克己以后，就恢复了"礼"的境界。

复的哪部礼？孔子是要恢复周公之礼（《周礼》）。"吾不复梦见周公矣。"他曾以此言，叹息周代礼仪文化的失落。孔子希望可以根据周公的原则，建构一个有礼有节的生活模式与人伦关系。

周公制礼，是要人们在礼崩乐坏的时代，拾起敬畏。他重制礼乐，将人们的行为举止、心理情操都纳入尊卑有序的模式之中，亦是一套国家制度体系。那时，即便乡野之人，都以上层人之礼要求自己，彼此守礼，以礼义相标榜。《周礼》，其实是中国流传至今的第一部礼仪专著。

春秋时，晋厉公会盟天下，周王室代表刘康公说："国之大事，在祀在戎。"国家最大的事无非祭祀与战争，祭祀尤在战争之上。礼部便是隋唐以降负责祭祀，以及由此延伸开去的所有国家礼仪的政府职能部门。

礼部，南北朝北周始设。隋唐以后，为六部之首。它主要负责管理国家的典章制度、祭祀、学校、科举和接待四方宾客等事之政令，即主管考吉、嘉、军、宾、凶五礼。相当于今天的文化部、教育部、外交部和国家新闻出版广电总局，甚至还有科技部部分功能。

礼部既撑起一个国家的面子，也关乎一个社会的里子。掌管礼部的大臣，为尚书，相当于现在的部长。礼部下面设四司，明清时分别为：仪制清吏司，掌管嘉礼、军礼，以及学务、科举考试，即礼部试；祠祭清吏司，掌管吉礼、凶礼事务；主客清吏司，执掌宾礼及接待外宾事务；精膳清吏司，相当于隋唐时的膳部，专门掌管筵飨廪饩牲牢等事务，就是吃吃喝喝，大宴酒膳所用。

在清代，设有铸印局，负责铸造皇帝宝印和官员印信。另有会同四译馆，负责接待各藩属、外国贡使及翻译等事。

礼部至清末废部，改设典礼院，成为专管朝廷坛庙、陵寝之礼乐及制造典守事宜，并掌修明礼乐、更定章制的机关。

明恩溥一方面欣赏东方人的礼节，另一方面也表达了不适："客观地说，中国人对外国人所表现出来的礼貌（与他们之间表现的相同），首先考虑的不是客人的感觉，更多的是为了显示自己懂得礼数，会接人待物。"并做了个比喻：礼貌就像气垫一样，里面虽然什么东西都没有，却能有效地减缓颠簸。

所谓礼仪之邦，不至于像《镜花缘》所述君子国那般，"圣圣相传，礼乐教化，八荒景仰"。但两千年的"礼"之路，已然让这个社会建构于隐形的礼文化下。礼于当下，如同一个人隔代的基因，一片土地深层的血脉，一个动作或念头深处的下意识，一声失传已久却仍能听辨甚至脱口跟随的乡音。

中国是礼社会，亦是人情社会。史学家孙隆基有言，"人情"是中国人的主要精神形态，在传统的天道观中，中国人甚至连天地都加以人情化，"我们就不难看到中国式的人情与西方追求自我或者说个人的权利的巨大差异"。

人情不仅指人之常情，也指礼之常理。你说它假意虚情，它也叫讲礼讲范儿。只是，礼仅停留在"范儿"，便真如气垫，气一漏就什么都没了。

一个人的礼仪养成史

儿童期：长辈表率，知行合一

文 / 窦浩

在传统礼的秩序中，儿童处在金字塔的最底端，首先他们要学，学习礼仪，学习礼制，学习礼貌，从《三字经》开始，礼就渗入儿童生命的开端；然后要实践，天地君亲师，敬天地、忠君上、爱亲友、尊师长，将这种秩序埋藏在骨髓命脉之中。人们认为如此一来，儿童长大后，礼便养成了。

现如今，这样的秩序已经完全颠倒过来，独生子女家庭结构变成了421的倒金字塔，在此中"礼"被颠倒过来，父母、祖辈将孩子供在了金字塔的顶端，成了"小太阳""小皇帝"。祖宗在过去的家族中是尊崇的存在，但现在却成了备受娇宠的独生子女的代称。

父母祖辈是孩子的第一个老师，但现在许多孩子却被这些老师娇宠坏了。含在嘴里怕化了，顶在头上怕晒着，两个家庭都在为一个孩子忙乎。千依百顺之下，孩子自然知道自己是家庭的中心，想要的唾手可得，想做的为所欲为，很自然就失去了敬畏之心。

最典型的一点就是目中无人，具体体现为礼貌的缺失，首先从家人开始，对父母长辈称呼随意，说话无礼，对自家人如此，更别提对外人。这种状况必然是被娇惯及父母没有做好表率的结果。

自私也是目前独生子女的大问题，结果就是缺少友爱谦让，长辈缺乏以身作则，是其根源。教育专家杨雪梅认为："由于独生子女受众人的疼爱和服务，易产生唯我独尊的心理状态。而多数独生子女缺少和同龄人共同生活的经历，也就缺少友爱谦让的精神，大多数都有自私自利的行为。"

在儿童的生活中，模仿是他们首要的学习手段，这种模仿最多的来自身边最亲的人，所以儿童学礼，成人须做表率。

《"不听话"的孩子怎么教》一书中提供了这样的思路：一、父母要使孩子的言行有所遵循，切不可言行不一。二、空洞的说教所起的作用往往微乎其微，在日常生活中，谨言慎行，以身示教，凡是不良的言行，首先要杜绝在自己身上发生。三、父母一旦答应了孩子的事一定要兑现，兑现有困难的事不要轻易许诺。

在中国古代儿童礼仪中，最重要的理念是"孝"。在儒学文化浓厚的韩国，孝道的教育至今保留。每到寒暑假，韩国孩子要听"忠孝教育"讲座，接受"忠、孝、礼"等传统伦理道德的教育。孝敬老人、赡养父母是韩国孩子的神圣义务，一旦哪个不尽孝者被曝光，将被社会唾弃和排斥。

无论忠义还是孝悌，归根结底还是归结到"尊敬"二字之上，可以说尊敬是儿童礼仪的核心，只有学会了尊敬才能暗合礼的真谛。

在中国传统文化中，培养礼从知入手，以行为径。首先从童蒙教材开始，就有《颜氏家训》《三字经》《千字文》《童蒙须知》《弟子规》等。熟读之后，便为知礼。

接下来要让孩子参与家族生活，祭神、祭祖、拜年、家庭聚会、走亲访友、礼尚往来。让孩子们在实践之中更深地体会礼仪，是为习礼。在这个过程中，长辈们会随时指出其中问题，教训不仅嘴说，而且有时候还会棍棒加身，这便是家教。

礼的核心是孝道，清华大学礼学专家彭林教授把孝道分成不同层次：首先要关心老人的生活起居，然后要听双亲的教育，比如《礼记·曲礼》说的"冬温而夏清，昏定而晨省"，《弟子规》里说的"父母教，须敬听，父母责，须顺承"。

其次，做错了事也是不孝。比如《孟子》里说的五不孝："惰其四支（肢），不顾父母之养，一不孝也；博弈、好饮酒，不顾父母之养，二不孝也；好货财、私妻子，不顾父母之养，三不孝也；从耳目之欲，以为父母戮，四不孝也；好勇斗狠，以危父母，五不孝也。"总之，只要是让父母蒙羞的行为都是不孝。

彭林说："儿童思想单纯，身上坏习气比较少，只要引导得法，好的品行不仅与日俱增，而且根植于心田，正如孔子所说，'少成若天性，习惯成自然'。"

青年期：要做事先做人

文 / 窦浩

成功学也许是对当下年轻人影响最大的"学问"，纵然有争议，但任何一本成功学教程都不会忽视一点，教年轻人如何处世，归结起来就是一条，做事要先做人。

做人看似简单，但其中包含了很多礼的内涵，与人相处，与人沟通，调节关系，在复杂的社会环境中，不懂礼可说寸步难行。与同学、朋友之礼影响着社会资源，与领导之礼影响着升迁机会，与异性之礼更是影响终身大事。

精力旺盛，初生牛犊不怕虎、锋芒毕露、才华横溢、愤世嫉俗都是与年轻人密不可分的词，有的词是褒义，有的词是中性，但总体上都能表现出年轻的特点。

但另一方面还有一些词语也同时存在，年少轻狂、眼高手低、心比天高命比纸薄。找不到自己的位置可能是年轻人经常会犯的通病，初入社会，浮躁的心态之下，往往会忘记礼的精神。

许多年轻人都是独生子女，在家里唯我独尊惯了，独尊的尊在社会之中往往变成一种自我为中心，只希望得到别人承认，却忘记了尊重他人。

自尊是年轻人最重要的品质，与人相处时，保持一份不卑不亢的状态，既不卑躬屈膝，又不被人侮辱歧视。这是现代年轻人最重要的心理诉求，也是85后、90后自我意识的表现。

但在社会实践中这种自尊很有可能转变为自负，字典中只论对错、黑白，不论方式方法，所有人做的都是错的，只有我是对的。但世界上许多事情并不能简单分对错，适当的沟通，甚至礼让都是解决问题的方法。

自尊是好的，也是年轻人必须保持的状态，但过犹不及，进一步就是自负，在自尊与自负中找到平衡是青年之礼的基础。

礼在中国最初的状态就是秩序，人应该找到秩序中所处的位置，不逾矩便能达到礼最初步的要求。遵守秩序至今仍然是人守礼的初步，对于刚刚步入职场的年轻人尤为重要。

社会礼仪很重要的功能就是让社会交往有明规则可以遵循。而职场中有很多规则是潜伏着的，我们需要用更多的试错来学习。

举一例子：某刚毕业的职场新丁工作表现积极，某次与部门经理、总经理和董事长四人一起出外办事。董事长平易近人亲自驾车，新丁很积极地赶紧地坐到汽车副驾驶的位置。董事长瞟了他一眼，表情凝重。总经理和部门经理只好坐后排，一路无语。到达后新丁问部门经理：今天董事长、总经理怎么都不太高兴呢？部门经理苦笑：你坐了总经理的位置！让领导先走，这是有中国特色的职场规则。

职场中人，见同事的时间比见老婆孩子的时候还长，如何处理好办公室的礼仪，直接关系到自己的生活质量。

打招呼是与同事最频繁的交往，也是最能体现秩序的行为。如果在电梯里遇见大 BOSS，千万不能装作没看见，也不能假扮送快递的，特别是电梯里只有你们两个人的时候，应该主动打招呼："× 总，早上好。"

一些有肉麻成分的称谓最近也在职业流行，如"心爱的""老大""Dear""亲"。女性职场新丁最好不要对男领导用此类称呼，以免引起不必要的麻烦。在这样的语言中，职场新丁要保持的是恰如其分的度，在进退之中显示出做人的本分。

不论是早上到公司、中午歇息吃饭去或者下班离开公司，都要向部门领导打声招呼，让他知道你什么时候来的，什么时候走的，每天都在做什么。"来无影、去无踪"是职场大忌。

职场工作免不了各种饭局。很多人的工作就是组织饭局，他们的工作就是吃饭，吃饭也是在工作。要把主席位置留给老板或者客户的老板。菜要先点好，酒要先喝一轮，人要一个一个敬到位。饭局上的职场礼仪往往比办公室里的还要重要。许多细节直接影响到老板对你的印象，有些直接影响到客户对你的印象。

现如今，人们都说职场如战场，但职场也如饭局，年轻人学会了在一个饭局中游刃有余，有礼有度，就算初步掌握中国式职场之礼了。

中年期：修身、齐家、治国、平天下

文 / 唐元鹏

走过职场的青涩，以及各种人际关系的历练，人总要走入婚姻，组织家庭。在中国，家庭是一个上有老，下有小的家庭概念。在传统文化中，讲究孝悌，本意是对父母长辈尽赡养义务，视为孝，对兄弟姐妹友爱和谐视为悌。父母、儿女、兄弟妯娌共同组成家庭，要求君子能处理好其中错综复杂的关系，家庭和睦是君子的首要责任。

而在西方，情形不尽相同，《圣经》里说，人要离开父母，与妻子连合，二人成为一体。由这个古训，西方形成了以夫妻为核心的家庭观。这种观念强调夫妻的独立与互助，家庭礼仪的结构更多是夫妻间的相敬如宾为主，与父母兄弟姐妹的关系也是以各自独立的家庭为核心的。

一位君子首先要表现出浓厚的家庭观，爱自己的老婆孩子，要为家庭付出一切。所以一般的西方政客都要在这方面做出表率，一旦家庭有问题，仕途也就甭想了。

修身、齐家、治国、平天下，这是老祖宗给中国人描绘的路线图，即使没有治国平天下的大志向，修身、齐家也是年过三十的男人必须经历的。到了这时，他不仅要达到自身的和谐，更重要的是齐家，作为上有老下有小的家庭中的表率，彬彬有礼，处处周到。

《观棋不语》/《草草杯盘供语笑，昏昏灯火话平生》/《相对忘贫》（插图—丰子恺）

一个正常的男士在 30 到 40 岁开始步入人生最厚实的阶段，工作渐入佳境，成家立业，而父母也开始退休，进入闲适的生活。但这个时候，男人必然更加繁忙，家庭工作充盈着家庭全部，那些无所谓的声色犬马逐渐远离。

家庭的责任成为生活的主角，挣钱养家成为生命中最重要的部分，白发开始逐渐爬上鬓角，皱纹无可避免地刻印额头，在压力之下，如何齐家绝非易事。

在中国古典道德规范中，家庭的礼是由孝悌展开的，作为家中的顶梁柱，男人需要孝敬父母，这是目前许多中国人的困局，在日益繁重的工作事业的压迫下，很容易忽略对父母的孝道，总觉得等我有了钱就能更好地照顾老人。却不知，已经走入夕阳的老人更需要照顾与关怀，这是心灵的沟通，无法用金钱衡量。但人们经常忽略，因此才有子欲养而亲不待的遗憾，时间都去哪儿了的追问。

那么此时，可能更多的要学会感恩，在父母花费一生精力，养儿育女之后，这份恩情厚重沉甸，时刻抱着一颗感恩的心，才可能让人停留下来，用心入孝。

悌是与兄弟姐妹的友爱，但这只是古典家庭伦理中的美好，在现实社会中，庞大的独生子女，根本感受不到这种情愫，他们只能在上有老下有小的压力中孤独前行。但这种兄弟姐妹的友爱，可能会转移到朋友、同学、上司、同事的身上，虽说人在江湖，谁不挨刀，但如果无法构筑和谐的人际关系，挨的刀子可能更多。

《礼记》的第一句话是"毋不敬"，敬可能是这个时期调节人际关系最大的礼。年纪渐长，棱角磨平，将锋芒收起来，脸上少一点狰狞，多几分笑容，伤人的言语到嘴边切记三思。将尊敬放在他人心头，也许人情、事情就更容易周旋。

此时，作为为人父的男人，所作所为并非一己之私，而是孩子眼中的表率。作为孩子最亲密的人之一，父亲必须要有成为榜样的自觉。

在孩子形成三观的过程中，言传身教是比课本更有效率的教育范本。你不能指望一个平时粗言滥语的父亲有一个文质彬彬的孩子；也不能指望一个颐指气使、简单粗暴的父亲孕育出有礼貌的孩子；更不能指望一个不孝敬老人的父亲，在未来能够得到孩子的孝顺。

这是一个因果必然的循环，因此，每个步入中年的父亲都必须时刻有表率意识，在孩子面前收敛起污秽之气，在孩子面前表现得彬彬有礼。如果没有，那么装也要装得像一点，这不是装逼，也不是装蒜，而是为孩子塑造未来。

中年之礼就是这样以孝悌和睦为核心的平和之美，道理谁都懂，做起来却很难，我们可能被这样那样的俗务弄得疲惫不堪，可能被这样那样的人搅得心绪不宁，一时的懈怠在所难免，但没有办法，责任二字让你无法逃避，所以中年男人必须挺住。

老年期：中正平和，老而弥坚

文 / 唐元鹏

　　60岁是人生的一道坎，是进入老年的门槛，子曰：六十而耳顺。耳顺者，解释很多，可以是听得进逆耳之言，也可以是听人言而知是非，无论哪个解释，都说明了一点，老年人已经磨平了所有棱角，变得中正平和，兼听则明。这是一种智慧的表现，也是老年人得到年轻人尊重的重要品质。

　　然后就是"七十从心所欲，不逾矩"。这是孔子所说老人最理想的状态，当年过七十，人的思想与道德已经规范在合理范围中，即使随心所欲仍然合乎理性。礼在这一刻便浑然天成。

　　从古到今，根据孔子的指点，中国人都把老人作为榜样，作为仲裁者，作为精神依靠，他们是一个家庭、一个群体，乃至一个国家的中心，只要老人把舵稳住了，天就塌不了。

　　但在目前的中国，一股歪风不胫而走，老年人的负面新闻层出不穷，伴随着到底是老人变坏，还是坏人变老的质问，到底是老年人为老不尊，还是年轻人脱离了孝敬之礼，类似争辩有愈演愈烈的趋势。

　　老人的歌声让学生无法听课；广场舞的大妈赶走停车的居民；摔倒的老人赖上搀扶的学生；要求让座的老人一屁股坐在少女身上；直到最近，因为公车停站较远，一位盛怒的老人将手榴弹扔向公车司机。

　　即使在素有尊老敬老传统的中国，人们也不禁想问，这些老人到底怎么了？一个无中生有的命题悄然而至，关于老年人的负面新闻正在增多。人们众说纷纭，到底是老人变坏，还是坏人变老。

　　但从另一个角度看，老人的坏可能只是一个伪命题，在老年化与自媒体发达的时代，许多事情被放大了。

　　中国老龄委员会1999年宣布中国进入老龄化社会。至今，1952年前后的生育高峰期人口全面进入老龄化。

　　这不仅仅让中国人口比重发生拐点，也导致了社会资源的争夺。比如在早高峰的上班时段，也是老年人晨练时间，老年人与年轻人争夺着有限的公共交通工具；随着老年人口增加，他们的活动空间也在扩大，他们的活动、声响也超越了原先资源的边界。

当然这种老龄化社会带来的问题，不能成为个别老人任性的理由，只剩下"从心所欲"肯定不行，重要的是"不逾矩"。

有看法认为，目前正在进入老年的年龄段，正好是 1952 年左右出生，完全生活在新中国之下的一批，他们所有的人生都是在这样那样的运动中度过的，这些运动给他们的生命带来了极其负面的烙印，就像浙江扔手榴弹老人，那手榴弹就是"文革"时候遗留下来的。

内因外因双重作用，加上自媒体的发达，顿时让某些问题老人曝光在人们面前。只是这些老人毕竟是少数，无法代替整个老人群体。

当广场舞的音乐惊天动地，当早晨的公车总有老人冲锋在前，当身边的白发旁若无人地大声聊天。我们不要轻易责怪他们，或者是要走很长的路，或许是年纪大了耳朵不太好，对于正在走入夕阳的老人，都该多几分理解和关怀，这是他们最需要的。

按照孔子所说："幼而不孙弟，长而无述焉，老而不死是为贼。"这里讲的正是一位老人应该做到的模样，就是年轻时讲孝悌，年长了能正身，年老了能耳顺不逾矩，方可以成为年轻人模仿尊敬的对象。

在中国人眼里，老人应该是明事理、辨是非、德高望重的。他们面目慈祥，说话平和，处事规矩，待人以礼，以德正身。

他们规定着家庭中的礼，以身作则，教育年轻人坐有坐相、站有站相、食不言寝不语。

他们不怒而威，不会轻易口出狂言，但只要一个眼神，一声咳嗽，拐杖一戳，晚辈便老老实实不敢造次。

他们应该是镜子，所有人都在他们身上照亮自己的缺点，找到自己的长处，学习老人勤勤恳恳的工作态度，认真负责的处事原则。

他们始终是一个家庭，一个群体，乃至国家的擎天博玉柱，架海紫金梁。

虽然在这个物质到异化的社会里，不少老人还需要晚辈赡养，但只要德高望重就不会因为物质需求影响他们的社会地位。

在这样一个几千年来崇尚礼的国家，老人既是礼的开始，也是礼的终点。我们的长辈，在我们心中永远应该是中正平和，老而弥坚。

当代十大君子榜

君子需要有何种品格？在温和坚定中实现理想，在知识之海中追求独立，在接受先进文化的同时保有自我认知，在低调内敛的同时谦谦有礼，在拥有财富的同时热衷慈善，在拼搏向上的同时保有赤子之心，在追求事业的同时用心生活……君子，不唯书、不唯上、不畏直言——君子就是永不丢弃生而为人的责任。

胡适　追求学术独立的学界君子
文 / 谭山山

不止一个论者说过，看胡适的照片，比看胡适的文章还有意思，因为胡适的长相，"完全是君子相，完全是学者相"（陈丹青语）。

学者张中行曾描述胡适的相貌："中等以上身材，清秀，白净。永远是'学士头'，就是留前不留后，中间高一些。永远穿长袍，好像博士学位不是来自美国。总之，以貌取人，大家共有的印象，是个风流潇洒的本土人物。"其实胡适并非"永远穿长袍"，他也穿西装，不过，无论长袍还是西装，他都穿得熨帖自如，透出骨子里的斯文通脱。

世人多半会比较鲁迅和胡适，认为鲁迅是真文豪，但性子失于尖刻；胡适是真雅士，性子亲切平易，令人如沐春风。当年林语堂曾在杂志《论语》上宣布，给本刊撰稿的作者不许开口"我的朋友胡适之"、闭口"我的朋友胡适之"——这都是因为胡适的朋友，或者是自称他朋友的人实在太多。

"我还不曾见过如此一个厚德君子之风，抱热忱以鼓舞人，怀谦虚以礼下人，存慈爱以体恤人；使我置身其中，感觉到一种奋发的、淳厚的有如融融的春日般的安慰。"在《师门五年记》中，罗尔纲这样回忆在胡适门下五年的感受。罗尔纲家境贫寒，最初到胡适家是担任抄写员。每次有客人来拜访，胡适总不忘向客人介绍罗尔纲，"随口便把我夸奖一两句，使客人不致太忽略这个无名的青年人，我也不至于太自惭渺小"。胡适对学生的体贴之心，让罗尔纲每念及此都"感激到流起热泪来"。

不仅如此，胡适跟贩夫走卒也能做朋友。一个卖芝麻饼的小贩，写信向胡适请教君主制和民主制的优劣，胡适不仅回了信，还跟这个小贩成为朋友。这个小贩经常到胡适办公室去看他。就如同胡适在北大任校长时，学生随时可以到办公室找他——他办公室大门对所有人开放。

傅雷　具有东方教养的西化君子

文 / 谭山山

《约翰·克利斯朵夫》等译著以及《世界美术名作二十讲》中所呈现的傅雷，是一个喝咖啡、抽雪茄的西方绅士；而《傅雷家书》所呈现的傅雷，则是一个深受东方文化熏陶的君子。

他这样写道："我的东方人的根真是深，好像越是对西方文化钻得深，越发现蕴藏在我内心里的东方气质。西方的物质文明尽管惊人，上流社会尽管空谈文化，谈得天花乱坠，我宁可在东方的街头听嘈杂的人声，看人们的笑容，感受到一股亲切的人情味，心里就化了，因为东方自有一种 harmony，人和人的 harmony，人和 nature 的 harmony。"

harmony 有和谐、圆融之意，而和谐，正如季羡林先生所说，是中国文化的精髓。中国文化里所讲的和谐，不仅要人与人和谐、人与自然和谐，还要人内心和谐，这三种关系处理得当，人就幸福愉快，否则就会痛苦。所以傅雷说，"西方人的整个人生观是对抗性的，人和自然对抗，人和人对抗，艺术家和听众也对抗"；而东方人的观点完全相反，"我们是要化的，因为化了所以能忘我，因为忘我所以能合一"。

傅聪 7 岁学琴，傅雷"把他从小学撤回"，英文、数学、几何这几门课请家教来教，语文课则由他亲自来教："从孔、孟、先秦诸子、国策、左传、晏子春秋、史记、汉书、世说新语等等上选材料，以富有伦理观念与哲理气息、兼有趣味的故事、寓言、史实为主，以古典诗歌与纯文艺熏陶结合在一起。"

而在对中国画家的臧否中，可见傅雷为人的率直，比如他评张大千："大千是另一路投机分子，他自己创作时，充其量只能窃取道济的一鳞半爪，或者从白阳、青藤、八大那儿搬一些花卉来迷人唬人，往往俗不可耐，趣味低级……"这才是真正的君子之风，激浊扬清、正义直指。

周有光　有社会责任感的老派君子
文 / 谭山山

这是一位特别令人尊敬和钦佩的老人，2015 年 1 月 13 日，他刚刚度过 109 岁生日。周老这一辈子，相当于别人的几辈子：50 岁以前他是个银行家；50 岁到 85 岁，他是语言文字学家，是"汉语拼音之父"（其实他不希望别人这么称呼他）；85 岁以后直至现在，他是启蒙思想家，笔耕不辍，《百岁新稿》《朝闻道集》《拾贝集》分别在他 100、104、105 岁时面世。

"85 岁时，我从办公室回到家里，工作和思考是我生活中的最大乐趣：我比以往更关心中国的发展和走向、关心整个世界不断出现的变化。我一直关心中国，我希望中国会变得更好、更有前途。虽然许多事还不尽如人意，但我还是相信人类发展具有某种客观规律。当然，我希望人们保持耐心和信心。"在《逝年如水——周有光百年口述》的《尾声》篇中，周有光这样评价自己。

学者张森根认为，周有光的第三段人生，甚至比第二段人生还了不起。张森根用三句话来概括周有光：第一句，他是说真话的大师。说真话不容易，但中国现在奇怪的是，老一代人比年轻人更敢讲真话。第二句，他不讲主义，只讲规律，是研究规律的大师。第三句，他最了不起的地方，就是批评精神。他提倡"不怕错主义"，认为一个人只有接受批评才能进步。他自己正是这么做的：他把自己写的文章称为"狗屁文章"，顶多算杂文，看完就可以扔了。而且他就喜欢看别人骂他的话，其子周晓平回忆说，"骂人话夹在好话中间，有时候我嫌烦，就都给他打印出来，已经打坏三台打印机了"。

正如刘再复先生所说："周老最让我惊奇的不是他的高龄，而是他在 100 岁之后却拥有两样最难得的生命奇景：一是质朴的内心；二是清醒的头脑。"

杨绛　低调内敛的隐士君子

文 / 谭山山

"我和谁都不争、和谁争我都不屑；我爱大自然，其次就是艺术；我双手烤着生命之火取暖；火萎了，我也准备走了。"这是杨绛先生早年翻译的兰德的诗，也可以说是她对自己这漫长一生的自况。

早在 20 世纪 50 年代和钱锺书同时供职于中国社科院（被戏称为"翰林院"）开始，杨绛就一直以低姿态处世。她在"翰林院"的后辈柳鸣九回忆道："在公众场合，季康先生从来是低姿态的，她脸上总是挂着一丝谦逊的微笑，像是在每一秒钟对每一个人都表示着她尊重对方，与人无争、谦虚礼让的善意，她对人不仅是彬彬有礼、和蔼可亲，而且有时近乎谦恭。"

但杨绛并非一味低姿态。"文革"中，钱锺书被人写大字报污蔑，夫妇俩当天晚上打着手电贴出反驳的小字报，而在批斗会上，杨绛揽下了所有责任："聪明的夫妇彼此间总留些空隙，以便划清界限，免得互相牵累。我却一口担保，钱锺书的事我都知道。"她的学生董衡巽评价她："杨先生这个人，没事，绝不去惹事；有事，也绝不怕事。"

女儿和丈夫相继去世，当时杨绛已 87 岁。"钟书逃走了，我也想逃走，但是逃到哪里去呢？我压根儿不能逃，得留在人世间，打扫现场，尽我应尽的责任。"她本来大可以什么都不做，但她却开始了整理钱锺书 30 年代到 90 年代所写的中外文笔记的工作，使《钱锺书手稿集》得以出版；同时笔耕不辍，不仅写出《我们仨》《洗澡之后》等作品，还选了非常难译的柏拉图的《斐多篇》来翻译，"我就想把精力全部投入进去，忘了我自己"。

她最大的困扰就是，打扰太多，尤其是电话，"我真担心自己的时间是不是就这样被消耗掉"。她说谢谢大家的关心，但"千万不要过来看我"。她是我们时代的隐士。

钟南山　不唯书、不唯上、不畏直言的医者

文 / 何驰

他是中国抗击非典的"大功臣"，是敢"放炮"的人大代表，是一心呵护公

100 个相信

众健康的守护神。

2003年非典，一句"把重病人都送到我这里来"的豪言，和两度对科学和真相的坚守，让中国人记住了钟南山这个名字。

他保有一个知识分子应有的良知和胆识，坚持真理，敢于质疑，敢于追问，发出不同的声音，提出不同的判断。在"非典"初期，他坚持实事求是的科学精神，以非凡的勇气质疑权威机构发布的不实消息，维护了科学尊严，赢得了国人敬重。抗击SARS疫情时，他有临危不惧的英雄气概，带领团队率先投入战斗，主动要求收治危重SARS患者，积极倡导国际大协作，创建"合理使用皮质激素，合理使用无创通气，合理治疗并发症"的方法治疗危重SARS患者，获得了96.2%的国际最高存活率。

他说："我不唯书，不唯上，不唯权，只唯实。如果说非典成就了我钟南山，我宁愿没发生那场灾难……"

他做人大代表和委员，敢讲真话，敢放炮，敢为民做主，他既是医疗界的"深喉"，又是议政界的"人民代表"。他敢炮轰"歌德式"的开会现象："我们开会，前面8分钟是在歌功颂德，对报告歌功颂德，对自己歌功颂德，剩下的没有时间了。"敢于当面质问国家药监局局长一年批一万多种新药的弊病、敢于公开联名呼吁禁烟、敢于质疑H1N1甲型流感瞒报……从医疗乱象到食品安全，他都能刚正不阿地直陈厉害，屡屡"高调问政"，频频出头当"炮王"，有人说他爱作秀，其实他是真言敢言的公共利益的"发言人"。

李安 温和并坚定实现理想的谦谦君子

文/谭山山

如果把李安的故事比喻成一部电影，片名应该叫什么？有人说，叫"纯真的力量"；有人则说，叫"谦谦君子，温润如玉"。

其实都对。李安曾表示，成长的痛苦即是纯真的丧失，对纯真的怀念是一种不能丧失的情怀。《少年派的奇幻漂流》男主角苏拉·沙玛在拍摄期间过18岁生日时，李安这样教导他："人生有好就有坏，但你只要做自己就好。不要被任何事影响，也不要让自己变。"这也是李安一直坚守的信条：不管生存在何种环境和背景下，一定要保有纯真，这样就能保持内心的平衡。因此有台湾媒体认为，"他的奇特，就是他的纯真"。

出现在公众场合的李安，总是那么谦和。受到称颂时，他脸上总是挂着羞涩腼腆的微笑，似乎不知所措。比如被问到创作电影的深意时，他的反应是这样的：不自觉摸着头，回一句："其实，我也不知道该怎么说……"也难怪美国一个电影专栏将李安称为"世界上最不酷的伟大导演"。

而"谦谦君子"，是家人（如弟弟李岗）、合作者（如周润发）、观众对李安的共识。李岗说李安做电影如做人，是典型的中国君子。"他很真诚，对自己的电影非常诚恳。替电影公司拍摄电影，基本态度是一定要尽其所能做到最好，不胡乱用投资人的钱，而现在的一些导演只管自己拍摄开心，不管别人死活。"

李安对身边的工作人员也非常讲诚信，现在台湾很多女明星说哪怕露点也愿意上他的电影，那是因为大家对他的作品与做人做事的信任。所以李岗用《论语》里这句话来概括兄长的君子之风："为人谋而不忠乎？与朋友交而不信乎？传不习乎？"

一方面纯真好奇，一方面通达世事，李安的身体里住着一个纯真的少年和一个从容的智者。

陈坤　有赤子之心的心灵行者

文 / 何驰

他是演员也是一名心灵行者。

2011 年，陈坤和他发起的"行走的力量"公益活动，获得《新周刊》2011中国年度新锐榜"推委会特别大奖"，评语是："出道 12 年，因外形被认知，凭演技被认可，以绯闻绝缘体姿态跻身一线；名满天下，依旧拥有赤子之心，爱演戏，更爱公益，以'行走的力量'开辟人生新篇。他给喧嚣的娱乐圈带来清新之气，让偶像概念更具深度，自己也成为明星公益的新标杆。"

"行走的力量"是陈坤创立的心灵建设类的公益项目。旨在号召人们通过最简单和最本能的方式，在行走中安静下来，与自己的内心对话，获取正面的内心能量。

从 2011 年至今，陈坤行走 4 年，从西藏、青海、喜马拉雅，到敦煌，历时1465 天，参与 454 人，徒步 565 公里，最高海拔 5349 米，温度 –18℃ ~ 43℃，他发现人们最大的困难是保持初心。

对于陈坤来说，每一次艰难的行走，都是一次短暂的修行，回到城市，他发现"很多东西比以前更有勇气去尝试，成跟败、顺利不顺利在我心中的界限和框架越来越少。心打开后，你会发现世界没那么大，情绪没那么大，烦恼没那么大，人也没有那么大"。

起初，陈坤给自己的处女作《突然就走到了西藏》取名"丑陋的陈坤"，他把曾经受过的痛苦屈辱秘密以及羞愧都告诉别人，"真实的丑陋远比打扮的反要美丽一千万倍"。

高仓健　谦谦有礼的东方君子
文／何驰

他是令人心生敬仰的伟大演员，是男人中的男人。

他死于83岁，但死讯延迟一周才发布，等葬礼和周忌都结束后，才告诉大家：他走了。张艺谋钦佩他的那种"士"的精神，即便在他去世时也有体现，那就是不给人添麻烦。

高仓健曾一度是中国人眼中的男神，你能在他的身上想起所有形容男性美的词：伟岸、坚毅、冷峻、隐忍、敏捷、沉着、寡言、勇敢、善良、责任、柔情、有礼。

张艺谋回忆高仓健时评价："他是一位古代的谦谦君子，我们在文学上描写的士的情怀，全在他身上体现……默默为你奉献，默默承受，不让你知道。我很景仰他。"士的精神表现在拍《千里走单骑》时，他收工看到导演和工作人员还在工作，便在山地拐角处默默站了三个小时，等人都走时，远远鞠躬。一位民工给他打了三天伞，他为表感谢直接摘下几万元的手表送给他。

张艺谋执导北京奥运会开幕式，高仓健一人冒雪驱车数小时去东京郊区寺庙祈福，还专程飞到北京送来一把宝刀。高仓健大孝，几十年来，他无论去哪儿都带着母亲的照片供起来。"很多事他不想让你知道，不是做给你看。"

高仓健看上去是硬汉，却充满柔情，凡是与高仓健一起共事过的人，说起高仓健时，人人都怀念他的周到有礼、体贴细腻。"尽管是电影界毫无疑问的权威，但不管对谁都是彬彬有礼，诚挚的态度充满魅力。"影评人川内天子说。

墓地管理人说，高仓健每年都会给他前妻扫墓。高仓健沉静寡言，但言行中透露的谦虚、温和、善良比剧中任何一个形象都更有魅力，让人钦服。

有观众问：我们怎样才能成为像你那样的男人？他说：能遇到一些好人就可以。再问：什么是人生的幸福？他答：当触摸到人的善意和温情的时候。

109

比尔·盖茨　最具慈善精神的世界首富

文 / 何驰

他是哈佛大学最成功的辍学生，是世界首富兼最大慈善家，更是这个世界上"最受钦佩的人"。

他凭借将微软打造成软件帝国而成为世界首富，他对计算机和软件的理念，改变了整个世界。如今，他从一个商人化身慈善家，成为拯救世界的"蝙蝠侠"。

他的父母都是热心肠的慈善家，他和妻子也将余生精力用于 2000 年成立的"比尔与梅琳达·盖茨基金会"，致力解决全球极度贫困问题，与各种疾病根源做斗争：疟疾、轮状病毒、艾滋病。他还积极投身于科技进步，凭借自身的财富、影响力和智慧，推动农业、银行业、教育、卫生设施、非碳能源以及可以扭转全球变暖趋势的地球工程学等相当宽泛的一系列领域加速创新步伐。

他奔走世界各地激情演讲，从政界和商界那里为发展中国家争取到更多的人道主义援助，并为贫困地区提供实用发明：新型马桶、手动曲柄牛奶巴氏消毒器、储存冰冻疫苗的超高效瓶、激光灭蚊器、水凝胶超薄避孕套、能将污水净化为直饮水的净水装置……

他和沃伦·巴菲特签订"巴比捐款誓言"，承诺将把至少一半的个人财富用于慈善事业，并说服更多的亿万富豪放弃个人财富，投身慈善事业。截至 2012 年，他已捐献资产净值的 48%，约合 280 亿美元用于慈善事业，其中最大的慈善之举是致力于消除疟疾和治愈小儿麻痹症，挽救了超过 500 万人的生命。

他在最新的一封公开信中宣称还要再做 20 年慈善。他不喜欢招摇过市，最大的爱好就是打打桥牌。"我有漂亮的办公室，还有漂亮的家……我并不排斥好东西，我只是恰巧没有奢侈的爱好。""消除不平等始终是人类最大的目标。世界上最衣食无忧的人是否应该了解那些挣扎在死亡边缘的人们的生活？"

费德勒　家庭事业双优秀的网坛君子

文 / 朱坤

网球选手柳比西奇曾感慨："我们要做的，就是勇敢地杀入决赛，然后输给一个叫罗杰·费德勒的人。"

罗杰·费德勒，瑞士人，网球运动员，现世界排名第二。有人说，上帝一定是费德勒的球迷。在给予他金钱、冠军、爱情的同时，甚至连双胞胎都赐给他两对。

虽已缓慢走下巅峰，但33岁的他依然令每一个对手恐惧、折服与敬仰。他拥有史上最好的正手、最潇洒华丽的单反、最经济实用的脚步以及最无人匹敌的职业生涯。费德勒拥有ATP史上最长连续单打世界第一周数（237周），17座大满贯男子单打冠军，男单决赛连胜最长纪录（24场），都被认为是空前绝后的纪录。

早在盛年，他就已经被认为是网球史上之GOAT（Greatest Of All Times），甚至被认为是人类有史以来最伟大运动员的有力竞争者。就像篮球界的迈克尔·乔丹，高尔夫界的泰格·伍兹一样，他是个活着的传奇。

或许，将来他的一系列纪录将会被后来者超越，但难以超越的，却是他优雅精湛、赏心悦目的君子球风。费德勒是全面型球员的代表，被公认为能适应任何场地、任何比赛、任何节奏、任何类型对手的球员。他的身体状态好得惊人；球艺就是新版教科书，纯净到一尘不染；精神状态也处在巅峰。在超越桑普拉斯成为网坛第一人之后，费德勒开始享受网球，进入了艺术创作的境界，有人称他为"网坛达芬奇"。

网球之外，费德勒生活中也是谦谦君子，他精通三种语言（德、法、英），性格随和，和几乎所有对手都是好朋友。他的家庭生活更是人生赢家的典范，同样曾做过职业网球运动员的贤妻米尔卡，是事业好拍档与生活好伴侣。

更难得的是，米尔卡更接连为费家诞下两对双胞胎。在感叹上天如此厚爱这个男人的同时，有人不禁开始畅想若干年后的某届大满贯上："男单、男双、女单、女双、混双冠军全部被费家摘走的奇景。四位长相酷似的男女选手先后捧起了五尊奖杯，他们全部都叫费德勒！"

于丹：君子的意义就是终生的精神成长

采访 / 胡赳赳

何谓君子？君子是中国传统文化中一种理想化人格的表征。君子提供了一种做人的"范式"，在这种理想化人格的辉映下，君子成为一种完善的人的特指。也就是说，当人进化到一种"理想的人格"时，便称其为君子。

于丹这样理解"君子"："由于他能够自省，所以在行为上可以自律，由于他会自律，所以他拥有自尊，由于他的自尊拥有得比别人多，所以他在世道中有更多的自由。"

于丹认为：中国的君子实际上是一种解构的"状态描述"，我们唯一清晰的就是它一定以"修己"作为一个逻辑起点。

君子首要的是"德行"。即便一个人可以身无分文、家徒四壁，仍然可以像陶渊明所说"君子披褐而怀玉"。

德行是衡量君子的首要标准，故《论语》中有："君子怀德，小人怀土；君子怀刑，小人怀惠。"《大学》第十章中则有引申："君子先慎乎德，有德此有人，有人此有土，有土此有财，有财此有用。德者，本也；财者，末也。"

这些告诫，皆是让人不要舍本求末，要做君子，勿做小人。如荀子言："君子以德，小人以力。"《周易》则千古不易地说："君子以厚德载物。"

及至当代，茅于轼先生曾在《中国人的道德前景》一书中将之归纳为四象限：损己利人、损人利己、损人损己、利人利己。他的结论是中国当代人的可悲之处是能匪夷所思地去做"损人不利己"之事。于是就变成"小人之德草"了。

人和人的关系除了上升到"成人之美"的"美学"思想之外，还有人和大众的关系。对此，孔子也是论述甚多。虽然千古变迁，但人追求成为理想化人格

100 个相信

的德行未变。他说："君子周而不比，小人比而不周。"

这句话需要翻译一下：君子对每个人都很好，但不拉帮结派，搞朋党；小人则喜欢拉帮结派搞朋党，难以平等地对待每一个人。怕学生不理解，孔子又补充说过："君子矜而不争，群而不党。"他对此有严厉的规范："君子和而不同，小人同而不和。"

这样一对比，今人可能都在"比而不周"了。大到君主，搞一个国家，设疆立界，也是"比而不周"。国家主义的至上，也是小人之德的。可见，"小人"、"君子"、

戊戌六君子，他们甘愿为变法流血牺牲以唤起民族觉醒，是顶天立地的大丈夫

"大人"等等说法，皆是"相对"而言。若有一个绝对的"君子"存在，则必是内里所发出"仁"的光芒来，因此而超凡入圣，进入圣贤之流。

于是，在气概上，在言貌行为上，"君子坦荡荡，小人长戚戚""君子之德风，小人之德草，草上之风，必偃"。君子的喜怒不显于色，不显于色的原因是内心平静，"喜怒哀怒未发谓之中"，内心调柔，故波澜不惊。于是孔子在《论语》中形容："君子泰而不骄，小人骄而不泰。"

而于丹则更看重"君子"的"零门槛"。她说："从某种意义上来讲，君子的这种人格，是一种零门槛。"

"它是由内而外，找到人跟天地，跟自然永恒合一，并且以自己的道德激发起人性跟是非判断的基本满足。"

于丹认为，"君子"和"士"是两个阶层，"士"有门槛的，"士"是受过教育，有操守，有更大的信仰和担当的一批人。"士"以后是要去做"大夫"的，他们是家国天下的一批人。

于丹说："君子文化"和"士文化"构成了理想人格中"初级班"和"高级班"这两个层次。"士文化"是有门槛的，"君子文化"是零门槛的。某种意义上，"君子文化"，是在中国只有皇权但缺乏宗教信仰的民族养成过程中替代了宗教的，

它完成了一种由道德自律到唤醒尊严的一条路。宗教是由外而内的一种约束和救赎，而君子是由内而外的一种修养和尊严的唤醒。

于丹教授说："即使走到 21 世纪，每一个人在这个时间里边特别分配不好的，就是多元角色的平衡。"她解释说，第一、我们都有社会角色，得安身立命；第二、我们都有个伦理角色，这是自然属性；第三、现在还都有个自我角色，得意识到你个人人格的成长。我们怎样去平衡这三者？于丹说：当现代人以一种妄想和贪婪，给这三个角色不断锦上添花的时候，你会发现圣人无非告诉你雪中送炭——职业角色就一个"忠"字；伦理角色就一个"信"字；个人成长就一个"习"字。

《礼记》说：君子是中庸的，小人则反中庸。中庸不是我们所误解的"折中主义"，搞"平衡"。中庸的全指是"极高明而道中庸"。中庸之上有个"极高明"，然后才是"道中庸"。勉强可以用孔子的话来解释，"极高明"就是"随心所欲"，"道中庸"就是"不逾矩"。所以，中庸的全指就是"随心所欲不逾矩"，这是个极高的境界。或许，庄子的逍遥游描述的便是这等境地。

在君子的自律之后，确定了与己、与人、与大众的关系与规范之后，又有哪些方式去"待人接物、洒扫庭除"呢？这便涉及"君子"与"礼"的关系了。

古之"礼"是指周礼，也就是从殷商文化过渡之后的周礼传统，它代表着中国人的伦理秩序。那时以礼治天下，德风浩荡，后来世道渐乱，王霸相杂，百家皆出，加之统治思想日重，"礼"也由"天人合一"之礼变成了统治术的"国礼"，渐渐变成日用其间的民俗之礼。

仪礼（官礼）、俗礼（民礼）、物礼（礼物）从三个层面上渐渐随着时代更替，而有所不同。但"礼从心起"、"由礼表心"、"尽礼即尽心"的象征意味则从来未变过。

《左传》言："君子贵其身而后能及人，是以有礼。""无礼无以立"是《左传》反复强调的。"礼"是表明心迹的外在形式，通过"礼"的传递、带动、教化，人们的德行、教养和心灵得到升华。

孔子说："礼之用，和为贵。"一个"和为贵"，说出了"礼"的本质。行为上的"敬"、"让"、"给"，构成了个人之"礼"，也由之达成了人间之"和"。这便构成了儒家思想的金科玉律："己之所欲，施之于人；己所不欲，勿施于人。"

而很难理解的是"君子不器"这句话了，孔子说完，未做更多解释。难道是

"君子不成器"吗？非也。大略可以理解为君子不能为器物所拘的意思。君子不能仅仅成为一个"技术知识分子"或"官僚知识分子"，若沉溺其中，便成器了，和工具没什么区别。

荀子还发展了君子面临逆境时，如何知耻而后勇的行为方式，他说："君子耻不修，不耻见污；耻不信，不耻不见信；耻不能，不耻不见用。"

这一段话犹需现代人好生铭记，因为现代人往往在几个方面栽跟斗，伤脑筋。前人已经给出答案了，后人还在为问题绞尽脑汁，岂不可笑。

荀子的意思是说：君子之耻，耻在自己不修，不耻别人诬陷；耻在自己失信，不耻别人不信；耻在自己无能，不耻别人不用。

于丹教授说："我还是相信君子文化，从'修己以敬'，到'修己以安人'，到'修己以安百姓'，这三件事完成了个人修养、伦理建构、家国天下这三个阶段。它中间不断层，因为它坚定不移地以一个词作为发轫，那就是'修己'。所以在今天君子的意义是什么呢？我认为就是终生的精神成长。"

朱大可：与其做一个古典式君子，不如做一个现代意义上的正直者

采访 / 张丁歌

朱大可认为中国人的问题，是先要解决基本的做人问题，也就是确立人类价值的共同底线，而后再来谈论本土传统道德文化的继承，否则，就只能陷入沙上建屋的困境。"比如说，在没有建立博爱和人人平等、彼此尊重对方自由和人格尊严的前提下，大搞所谓孝道，甚至进行集体磕头的公开表演，结果只能沦为道德笑话。在今天，与其做一个古典式的'君子'，不如做一个现代意义上的正直者，因为后者的标准更加清晰，也更容易掌握。"

朱大可曾研究过甲骨文中"君"的形象："是器皿上有一只手握着杵棒，其原始语义不详，可能是用粮食加工的过程，来喻指精神的营造。"

朱大可说，在中国话语史上，君子最初是对王者的政治称谓。而在孔子那里变成了道德称谓，《论语》里，"君子"变成了"成德之人"。"在儒生的眼中，君子是其理想化人格的代表，应当符合'五常'，也就是'仁义礼智信'的标准。在现代人眼里，孔夫子无疑是'君子'的代表，从《论语》的训诫里可以推测，他可能拥有世界上最完美的道德。其他著名的儒家君子，比较容易联想的，还应当包括孔子的得意门徒颜回和亚圣孟子。"总之，在漫长的中国古代史上，"君子"是一个由儒家垄断并授予的桂冠。

中古时期，君子的含义又一次扩大到对所有成年男性的社会称谓。新文化运动鄙视儒家，也不屑于拥抱传统的君子，所以在这场运动之后，"君子"或"君"的叫法，就被"先生"代替了。而到了 1949 年之后，"先生"又被"同志"代替。这就是关于"君子"语词和语义变化的基本线索。

无论如何，每个时代都需要有一个属于自身的称谓，来命名那个受到世人尊重的人群。

朱大可不太喜欢使用"君子"这个语词，这不仅是因为它为儒生专用，其他人无权冒领这项荣誉。而且是因为，我们被太多的伪君子所欺骗，以致谈论它会心有余悸。他在《流氓的盛宴》一书中的观点就是，中国是居民社会和流氓社会的叠加，而流氓是最喜欢盗用君子名号的。

当然，我们不妨把正直的人翻译成"君子"，以此来称呼那些品行端正的现代公民。

朱大可所指的"流氓"，只是指身份丧失者，而不是道德丧失者，所以它无法跟"君子"构成对位。在现代语境下，跟"君子"相对的应该是"小人"。它们才是真正的"原配"。道德一旦高尚，人的形象就高大起来，所以君子成了"大人"或"贵人"，而人格卑下或见识浅陋的，则沦为"小人"。

至于"君子风度"，好像跟"君子"还不太一样，它是指一种谦卑忍让的个人风格。这与其说是一种美德，不如说是一种教养。当然，从某种意义上说，教养也是美德马车上的一个轮子。

作为一个现代的普通公民，首先要符合人类共同价值的标准。在做到这个之后，某些热爱传统文化的人群，完全可以用儒家的"君子之德"来展开进一步的自我道德塑造，把普通公民打造成"模范公民"。普通公民人格是基础，而君子人格是升华，它们在本质上并不对立，但需要做必要的阐释和对接。只要说明"君子"是"模范公民"的一种古典称谓，我们就可以毫无障碍地接受它，让它成为新文化新道德的一部分。

朱大可在《孤独的大多数》一书中，写过一篇《中国人的礼貌》。那篇旧文在今看来仍然有意义。文中，他对新儒家对礼教的复兴，并不乐观。且对"教养"——种族文明的个人表达，提出自己的价值观要求，也看出带有愤怒的无力感。"西方人用了300年才养成的事物，我们要耗费更多的时间去重构。这是一种无可奈何的事实。时间，也许是摆脱这场文明噩梦的唯一道路。"

教养不是政治规训和德育美育课程的结果。如今，由于互联网的匿名效应，粗鄙化正在变本加厉。近年以来，第三代儒家崇尚恢复礼教，民俗学家号召保卫民俗，企图用磕头之类的礼仪来改造国民，提升国民的文明礼貌程度，却是缘木求鱼、舍本逐末之举。

政治灌输方式易于引发民众的逆反心理，而恢复磕头礼节，则只能滋养新的奴性。此外，举止谈吐固然是灵魂的显现，但终究是教养的表皮，犹如那些华丽的衣物，可以脱卸和伪饰。只有教养本身才能直达灵魂，从内部解决文明的危机。

儒家是华夏农业文明的一种文化产物。旧文明衰败之后，中国全盘接受和克隆了西方工业文明。而在这样的情形下，传统文化的意义就变得重要起来。如果没有传统文化，那么这种克隆的文明就变得毫无特色。传统文化的功能，就是为千篇一律的工业文明，抹上一层独特的本土色彩，并为那些怀旧者提供一个记忆的家园。

另一方面，既然如此倡导儒学和传统文化，就不妨把"君子"作为组织部选择干部的主要尺度。我们需要"君子党"。如果党的干部能够率先成为"君子"，成为百姓的道德榜样，那么中国社会的伦理修复，就有了六七分的希望。否则，任何关于"君子"的谈论，就只能是一堆无效的巷议而已。

礼的毁灭、改良与重生

文 / 于青

人类社会之中"礼"的发展与演变，基本是与社会阶段的演进所平行的。

《公共关系与现代礼仪》一书分析，在远古时代，基本不能理解一切带有灾害性质自然现象的人，相信在天地之间，除了有超越自然的神掌管着世间万物与人之命运，还有形形色色的鬼在作祟。而没有任何超自然能力的人，只能以虔诚的态度，用各种形式向神鬼跪拜敬礼，祈求祥福。所以在远古时代，人们"行礼"的对象主要为神鬼，并在长期持续的祭拜活动中，将各种程序与形式逐渐完善与固定下来，形成了最初的礼仪。

在私有制与阶级、国家等制度出现之后，奴隶社会取代了原始社会，人类文明开始出现，礼仪也随之从原始性的敬神仪式，发展至以阶级为基准的伦理道德观念。诸位神明变成了一种精神寄托，奴隶主贵族则取而代之，成为具有绝对权威的"行礼对象"。也正是在这个社会阶段，古代华夏族以丰富的礼仪文化成为"礼仪之邦"，并有"夏礼、殷礼、周礼"三代之礼。西周时代更是中国的"礼治"时代，由周公主持定下的《周礼》更是成为中国最早和最为重要的礼仪论著。

进入春秋战国时期，也就是进入了一个学者辈出的时代。孔子、孟子、荀子等学者都在更加深入地去挖掘和阐述礼的起源、本质和功能。在孔子这里，"礼"就是治国安邦的基础，主张"为国以礼，克己复礼，约之以礼"。在孟子这里，"辞让之心"与"恭敬之心"是礼的发端和核心，而构成道德规范的基础，则是仁、义、礼、智四点。在荀子这里，礼为"人道之极"——礼是人之所以为人的根本目的和最高理想。而衡量一个人的贤愚与高低贵贱的标准为：是否识礼，以及是否循礼。

100 个相信

随着人类文明的进一步发展，进入封建社会后，礼具有了严格的阶级属性，主要作用变为维护封建社会的等级秩序。《周礼》《仪礼》和《礼记》成为封建社会的礼制经典，从唐朝开始即被定为科举考试的基本科目，位列九经中的三篇。宋朝之后，朱熹将解说《周礼》与《仪礼》的《礼记》重新编撰，并将其列为儒家五经之一，进入科举考试科目。封建时代的礼更像是一门"人治之法"，能够通过礼稳固世袭的阶级结构，在保证整个封建社会的稳定发展与交替的同时，在人与人之间建立为人处世的良性规范。

如果说中国封建社会之礼是建立在君权和父权的基础之上，那么西方封建社会之礼则建立在君权和神权的基础之上。而这两者也因为"君权神授"的观点有

《唐顿庄园》剧照。成为一个好的主人并没那么简单，要时时刻刻把所有的嘉宾都照顾周到，确保每位客人都受到热情款待，享受聚会时光

所关联。相对于神权，人们需要"虔诚"。相对于君权，统治者需要"征服"，被统治者需要"忠心"与"服从"。所以，在西方历史之中被歌颂的统治者，一般都是极具征服力的国王，比如亨利五世与路易十四。而在骑士文学之中被大肆宣扬的骑士精神，则是以骑士对君主的绝对忠诚与服从作为美德歌颂的。与此同时，"忠诚服从"亦与荣誉和尊严挂钩，养成了西方注重个人价值与自我实现的个人主义观念。

在封建社会式微、新兴资产阶级兴起时，西方掀起文艺复兴运动，将在封建社会占统治地位的"以神为本"转换成"以人为本"。以出生定阶级、以阶级定行事标准的礼仪系统，以及贵族与仆役之间不相容亦不平等的"互相对立"的人际关系，在文艺复兴时代均被重新审视。贵族并不天生高人一等，仆役亦有

权选择学习与实现阶级上升。属于封建社会的"阶级式礼仪标准",被逐渐转换成为"人人平等式礼仪标准"。

进入西方资本主义萌芽时期之后,新兴资产阶级在经济领域充分继承了封建君主的"征服"美德——大批海外殖民地的开拓、与老钱阶级相对应的 new money(暴发户)群体的出现,使得看似"人人平等、自我实现"的资产阶级式处世之礼有了变化:在英国与法国,出现了一批用钱买贵族名头的"伪雅族",在美国,出现了用不同价钱隔离不同收入人群的商业形式。虽然一度只为特权阶层服务的奢侈品产业,在根据"人人平等"的原则进行了大规模的阶层下放,但它也同时转换成了"有钱才能买到"的新式礼仪准则:财富取代了阶层,成为新的"敬仰"对象。

资本主义社会商品经济的盛行,使人类社会进入了新的阶段:消费主义社会。在这个神权不存在、阶级被消灭、人本主义盛行的阶段之中,无处不在的商品造就了以金钱为基准的新式社会阶层:贫穷阶层,中产阶层,以及富人阶层。而因经济危机与抢夺资源催生的两次世界大战,则让人们开始反思以金钱为本的社会体系之中,曾经被神权与阶级所压制的人权是否又陷入了对于人性新的压制怪圈:消费至上。

两次世界大战与战后时期,消费主义与反消费主义同时盛行,精英团体与嬉皮士团体相安无事。在经历无数次的社会与文化解构之后,需要正装出席的礼仪场合依然存在,只是"正装"的概念变得五花八门——你当然可以穿着三件套配双运动鞋,也可以套着华美长裙外搭一件朋克小皮衣。多形式的生存理念、多方式的生活选择,都被逐渐地尊重和扶持起来——在这个时代,礼所构建的基础并非社会付诸与人的一切名头与称号,而是人类彼此之间所天然拥有的尊重、理解与相互独立。

从人类文明发展的不同阶段我们可以看到,"礼仪"的养成永远与一个时代的气质与变迁有关。奴隶时代的敬神礼仪被封建时代毁灭,并建立一套以人之阶级为重心的礼仪系统。封建时代的等级礼仪被资产阶级毁灭,在保留王室的基础上进行了看似"人人平等"其实"尊重资本"的新式礼仪系统。两次世界大战又让人们全面反思资本对于人性的毁灭,重新建立一套以尊重他人为基础的礼仪(日常礼貌)系统。不同时代,"礼"所需要尊敬的对象、"礼"的概念的构成也有所不同。但它永远是人类的执念,是让人性能够被不断塑造与完善的"更高级技能"。

新周刊
NEW WEEKLY
2015 年度佳作

95 后，我们可以谈谈吗？

像素人

95 后，我们可以谈谈吗？

长江后浪推前浪——现在，95 后是后浪。

中国的 95 后与互联网时代共同成长，经历了千年一遇的经济高速成长期，获得了良好的教育环境和全球化生活方式；在品牌和投资者的瞩目中，95 后已被视为中国最具消费潜力的人群和最值得投资的创业新军。

在他们面前，60 后、70 后、80 后统统变成"老年人"。"老年人"唯恐年轻人不带自己玩，不吝赞美甚至不惜讨好——据说"讨好 95 后就能赢得未来"。

或者，先别忙着赞美和讨好，跟 95 后对等地、心平气和地谈谈？

《新周刊》走进 95 后的世界，还邀请了各年龄段的人与 95 后分享自己的人生经验。相信分享每个年龄段、每个人的处世感受，会有益于 95 后的成长。

年轻真好，"狂拽炫酷 × 炸天"也行，但"如果青年只是重复上一代的虚张声势与言不由衷，继承上一代的狭隘与欲望，那便不配获得掌声。如果青年不断降低自己的标准，以便能够适应社会的要求，那么也不配获得掌声"（蒋方舟语）。

95 后，我想和你谈谈

文 / 胡赳赳

80 年代远去，偶像进入黄昏。"迭代"加速度地涌来，95 后长大成人。

以 10 年划分一个时代是不够的，"熵增"使得发展越来越迅猛，"代沟"越来越明显。85 后不屑于与 80 后相提并论，90 后不懂 95 后的亚文化。

95 后是这样一代人：当他们出生时，赶上了城镇化生活最幸福的时代，他们的父母住得还安稳，房价压力尚未袭来；当他们开始学习时，赶上了第一拨互联网浪潮，就此在全球化的信息潮中泡大；此外，他们赶上了 1997 年香港回归、2000 年世纪之交、2008 年北京奥运会，以及令人悲痛欲绝的"5·12"汶川大地震——这些对他们心灵的影响是显而易见的，他们可能比他们的父辈更易成为爱国者，且有着一种民族主义的天真的冲动。

但事实上，他们正在成为"精致的利己主义者"，"个人主义""个性主义"这类词加到他们身上毫不逊色。

打开 95 后的正确方式

他们用两只分裂的眼睛看世界：一只眼睛看到的是现实社会越来越板结，机会越来越少，人们身上的体制烙印和消费野性都在向极端发展，而他们也是在这种教育环境和社会环境下生长起来的，这令他们害怕，害怕成为自己所憎恨的人；另一只眼睛看到的是在互联网的另一端，最高水准的各种知识、学问、见地几乎可以尽情吸收，各种字幕片、大学公开课、专业类知识可以满足自我教育的需要，世界丰饶而充满可能性。

95 后，最大的到 2015 年已经 20 岁了，最小的也已经 16 岁，进入少年懵懂的雨季。不管你愿不愿意承认，他们这一代是离社会最近的"接班人"，正是中学到大学时期。再过两年，他们将像潮水一般"掩杀"而来，接管所有的文化、消费和行业。他们将成为时代的主力军。

95后有自己正确的打开方式。他们也许与这些关键词有关：二次元、ACG（动画、漫画、游戏的总称）、萌摄、日摇、漫展、韩娱、广播剧、电影、摇滚乐、电子核、社团、个人成长，等等。

比如一位高三女生，是24小时守候偶像的狂热追星族。她喜欢少女时代，喜欢EXO，喜欢TFBOYS，经常去各个地方看自己的偶像演出。

比如一位大一男生，在日语、吉他、钢琴间刻苦辗转，因为《银魂》开始喜欢OP的演唱乐队SPYAIR，开始翻墙上Niconico关注并追随，之后决定前往日本学习音乐。

比如一位二次创作社的二次元少女社长，曾举办过VOCANESE校园行、CP火种计划等，多次邀请画手来学校传授经验。

95后，不管外界的眼睛怎么看，他们都走在"自我"乃至"超越自我"的路上。

95后，你们已经被"盯"上了

95后，你们很荣幸，你们已经开始被广泛谈论，要走入属于你们自己的聚光灯。

95后，你们很不幸，注定你们将高调出场，被媒体、商业公司、文化潮流迅速盯上。80后已经是"伤仲永"的一代，而到了95后，你们更是"人人都能成为仲永"的一代。

时代迫不及待地需要潜力股、价值股、概念股。时代吞噬你，也豢养你。在你身上，你如何克服这个时代？

95后，你们已经被盯上了。创新工场投资了TFBOYS、暴走漫画和SNH48等年轻公司，其联合创始人汪华如此定义95后的商业特征："他们出生时，这个国家正处于新经济繁荣的时期，并一步步地成为世界第二大经济体。而他们成长时，又恰好是互联网兴起与智能手机发展的时代，他们几乎无缝对接了这一切。"

95后，你们不仅被盯上，而且被商业人士解析："未来能抓住年轻个体的、具有同理心的品牌，是那些能够与年轻人互惠互利重建关系的品牌。这恰恰是阿里巴巴、小米等企业的崛起之道。"

原因很简单：95 后正逐步迈入 20 岁成人的行列，他们有的上了大学，有的已进入社会。95 后已经在中国社会物质丰富的时代迅速长大，经历着强大的中国崛起的时代和全球化浪潮加速的背景，因此，95 后比任何"前辈"的消费欲望都强烈，已成为值得企业关注的当今中国最具消费潜力的人群。

95 后群体，无疑比 80 后更加喜欢流行、时髦和新奇东西，他们更加风格独特、个性前卫，也更加自我。

95 后更是网络时代的重度依赖者。网络几乎是他们生存与交流的一个天然平台，网络是 95 后重要的生活元素，在网上与朋友建立联系、聊天交友、听音乐、看电视剧、看视频都是 95 后的典型网络行为。

而且，95 后处理不同社交网络的能力更强。在不同社交网络中切换对他们而言不是一种负累，而是在真实解决相应的社交需求，也因此，一些细分类社交平台在大众眼中代表的是亚文化，而它们其实是流行于 95 后群体的主流文化。

95 后，我想和你们谈谈

你们玩自拍神器，在 Instagram 上秀照片。你们逃避沉重，生来妖娆。你们自给自足，自尊自爱，自我沉溺。你们受欧美和日韩文化影响多过汉语的影响。但是你们不带我们玩，不带大叔玩，不带父母玩。你们好整以暇，好自为之。

你们穿丝袜配乔丹鞋，爱男友的篮球衣，而且所有人都知道王思聪。但是你们内心酝酿的风暴，仅止于内心；你们想改变世界，却又有一种无力感。你们自我边缘化，满足于所建构的非主流圈子，但又不得不到主流圈子讨生活。你们纠结，纠结完毕却又缩在自己的领域里，你们不按常理出牌，也不玩别人玩过的牌。

你们一学期一万元生活费还不够花，你们更关注海外代购，你们买手办添道具，有为远方的偶像殉情的冲动。你们对未来有期许，但却并不期待。你们把理想矮化、情欲钝化、情怀利化、情况虚化。你们有自己的二次元，足以抵挡世情的三次元。

反正你们享受到成长红利，也就是"高人均 GDP、低出生率"，社会上钱多人少，父母宠叔叔爱。所以你们对谁都爱理不理，你们爱谁也都以不理来检验。对你们来讲，不理是检验真理的唯一标准。

你们中也有穿 Nike Air Veer，选择 P2P 贷款买"肾 6"，玩小清新、森系，继承杀马特的特质。你们唱《小苹果》、听庞麦郎、追鹿晗。你们可不是"重返20 岁"，你们是永远 20 岁。你们怎么做都有道理，让我们为你们让路。

你们是卖萌高手，你们是 ACG 一代。你们延续了 70 后、80 后的"未完成"，作为"代际补偿"实现了他们的梦想。你们待在自己的角色扮演中，终于可以不看上一代人脸色了，于是上一代人看你们脸色。

你们是喵星人，脑洞系互联网与二次元社群文化的主体。你们自成体系、自我抱团。你们的情绪更为脆弱，但表情更为空洞。你们属于黑夜，而不属于白天。你们的网络语言更为难懂，更像火星文字，但事实上你们对视一笑，鄙视这样的说法。

你们最能读懂《自私的基因》这本书。没有多少人能激发你们的"爱正良"。但其实这些基因一直都在，只是有些时候你们可能发觉那是成人社会的骗局。

你们要跨入社会，但社会却越来越高度认可"金钱和美貌是踏入上流的通行证"，限定"男人社交一定是为接触异性，女人社交一定是为展示自我"。我们要向你们说声对不起。

95 后，我想对你说——

不要放弃表达，不要局限于自己的圈子，不要因为不愿人云亦云而人云不云，要勇敢地大声地我云人云。95 后，我期待你"出风头"。

不要绕边走，不要鄙视精英。鄙视精英最好的方式就是自己成为精英。要对不满控诉，要向不对说不，要向不爽说 no。这精神原本就是你们的，要更加强悍。

不要内心脆弱，不要让自己受委屈，更不要让身体受委屈。我们教不好的一种教育是生命教育，我们教不好的一门课是身体课。我希望你们苗壮成长，少谈抱负，多去拥抱。

你们是一代人，一代人有一代人的使命。

祝你们使命达成、天性舒展、人间快乐。

葛霭雯：请相信，
我们会成为更好的后浪

（葛霭雯 21 岁，荔枝 FM DJ）

我们年轻，我们会犯错，甚至会让大家失望，但请原谅我们。

当我们初出茅庐，一次次跌倒、一次次抱歉之后，

就会成为那个更好的，那个能够在这个社会游刃有余的后浪。

其实收到编辑邀请的时候觉得有点无从下手，因为我很年轻，没有那么多人生经验可以分享。但我觉得编辑说的一个词特别棒——"态度"。那我就来说说"态度"吧。

相比于同龄人，我离开家、步入社会算是比较早的，自然而然成了工作单位的"小姑娘"。当人人都感慨"你好小"的时候，内心真的很复杂。刚开始很排斥，觉得因为年纪小就得不到重视，得不到认可。后来发现前辈们其实是感叹"年轻真好"，想当年自己年轻的时候如何如何，我才开始享受这样的"褒奖"。对，没错，我就是很年轻，我还有大把时间去做自己喜欢的事情，有太多资本可以经历挫折，经历失败，经历那些随着年纪增长我不得不顾虑的一切。

以前的我对自己要求很严苛，怕犯错，怕走弯路，给自己的人生设定就是：我必须走所谓对的那条路。现在呢，不能说成熟了，但是我真的成长了。我知道，我不应该给自己太多束缚，不应该在如此美好的年华里把自己框住；我也不希望在未来的某一天回想起来，才懊恼没有把握住青春——我必须有年轻人应该有的态度。

在朋友的眼里，我算是一个个性分明的角色，称得上敢爱敢恨、敢怒敢言。工作之后，我意识到，这个社会有才华的人太多。同龄人吧，大家都活了二十

多年，你浑浑噩噩地过，就有人勤勤恳恳地过。记得之前流行一句话，"21世纪最缺什么？——人才"，可是我觉得，缺的是真正有个性的人。不过，好像不知不觉间，我们90后就已经被贴上了"个性"的标签，甚至是"非主流"。该怎么理解？应该不尽是讽刺吧。个性，是因为我们更敢于表达内心的欲望；个性，是因为我们当中不乏不走寻常路的人；个性，是因为我们有对待这个时代的态度。

说到所谓"寻常路"，我一直觉得这就是症结所在。太多的规矩，太多的理所当然，太多的设定好的轨迹。一旦偏离了轨道，立刻就有人跳出来抨击。这是为什么呢？因为出乎所料？因为有违常理？因为不被大众所接受的就一定是不好的？我最常和听众朋友说的一句话就是，"开心就好"。这绝不是敷衍，人生在世，短短几十年，只要不做亏心事，不做违法的事，我们坦坦荡荡大大方方随心所欲地做着让自己快活的事，潇潇洒洒地活，有何不可？

既然这封信是写给95后的，那么我面对的，应该是刚刚进入大学或者还没进入大学的朋友们。每逢毕业季，总有高考党或大学毕业生来问我，未来何去何从？这是一个关于"选择"的问题。选择这事儿，说大了是价值观的取舍，说小了就是当你想象未来的自己在向别人做自我介绍时，更希望自己是什么样的。我不太喜欢干涉他人的生活，但我更愿意送上一句：随心吧。如果十几二十岁的人总在思考自己该如何迎合这个社会，那就太累了；或者少年们对未来的定义只是钱和权，那我们这些做心灵鸡汤的就没有存在的意义了。我以往做节目，总是大张旗鼓地宣扬一个文艺青年该如何以梦为马、浪迹天涯，因为在我看来，这不是理想主义，也不是晚安心语，而是信仰，是现实压力之下的宣泄，是对那个美好世界的无限畅想。到达那个世界很难吗？当然不，只要你敢想，只要你能在每一个抉择之际拿出你的态度，告诉大家，我年轻，这一次，我来。

读到这里，相信很多人脑子会蹦出"叛逆"这个词吧。Whatever，似乎"叛逆"也是我们的代名词。少年们关心的，不仅是学习、生活，还有爱情。我的私信和邮箱里塞满了各种惊天动地荡气回肠的爱情故事。我不想像所谓前辈那样告诉你们，长大了一切都会变，我只想说，享受当下吧。我知道怦然心动的感觉很美妙，难以抗拒，那就享受吧。不是死去活来，不是丧失斗志，而是每一次我们都可以为那个击中心房的人而努力变成更好的自己。哪怕错过，哪怕失落，这期间的美好和收获都将是未来回忆的片段。有句歌词写得好："我从不怕爱错，就怕没爱过。"这样的情感可能不被理解，成人社会会说这发生在不该发生的时候。但请记住，不论该不该，拥有这样情感的你是幸运的。

再来说说亲情吧。家庭，父母，多么妙不可言的宿命，没有经历大风大浪，就体会不到这个避风港的重要性。无论我们多么有个性，多么有态度，多么想证明自己，请一定一定要好好爱父母。这样的话太大，但是不说真的就无以阐述亲情的意义。多说无益，还需自行体会。

最后，还想告诉认识或者不认识我的朋友们，叛逆、个性、有态度不代表我们可以肆意妄为地伤害自己、伤害那些爱我们和我们爱的人。说到底还是得传播正能量，我们的态度必须积极向上、阳光健康。当所有人都在强调 90 后的自我意识和标新立异时，我们还得为自己代言，对这个社会说：请把这些当成我们的优点，我们年轻，我们会犯错，甚至会让大家失望，但请原谅我们。当我们初出茅庐，面对成人社会，一次次跌倒、一次次抱歉之后，就会成为那个更好的，那个能够在这个社会游刃有余的后浪。95 后的朋友们已经可以呐喊：请不要小觑我们的力量。

史航：你们是棉花，我们是铁

（史航 44 岁，编剧）

棉花里有缝隙，缝隙里有空气，但铁里不再有缝隙。

我们这些老炮，可能读的书更扎实，但我们已经没有缝隙了；

年轻人呢，可能还有点潦草有点肤浅，但他们有更多缝隙，还有更多转化的机会。

我想起一部电影——《肖申克的救赎》。但我要谈的不是安迪，而是那个老黑人。州政府的假释委员会问他，你是不是改造好了，可以放你了。他前几次都乖乖的，最后一次，他说：你知道我看见什么了？我看见，就像在洞的另一头，一个浑小子，无法无天，虚度青春，糟蹋一切。他那个态度我觉得特别好：你们还能给我什么呢？我自己都看到那一刻了，你们爱假释不假释，这事儿跟我没关系——他看到了自己年轻时代是什么瘪样子。我觉得，这老头那一刻才算长大了。

我虽然好为人师，但其实没有做人师的资格。我像95后如今这么大的时候，更纯也更蠢。如果现在让我选，像从前那样活，还是活出另一种20岁的样子，我会选择前者。那只是因为惯性，不想因为新的选择错过20岁那时认识的人，但我绝对不以为20岁的史航比今天20岁的别人活得牛 × 、有意思。

每个人的青春都有同样的价值。就像小时候做的数学题：一斤棉花和一斤铁哪个更沉？答案是一样沉。但我记得很清楚，有本科普书里说，要较真的话，其实是棉花更沉。因为棉花里有缝隙，缝隙里有空气，但铁里不再有缝隙。我们这些老炮，可能读的书更扎实，但我们已经没有缝隙了；年轻人呢，可能还有点潦草有点肤浅，但他们有更多缝隙，还有可能把缝隙里的空气转化为自己的质量的一部分。

我是1988年进入大学，在中央戏剧学院学编剧。如果你怀里揣着一本书经历了一场暴雨，暴雨不会把你淹死，但可能会淋湿这本书。经历过大阵仗，人常常会幻灭，我用了两年试图从书里寻找答案，最后用一部写"竹林七贤"的毕业作品和茫然总结了这一切。我并不希望年轻人一次性经历这么大的幻灭。

我遇到的年轻人，85后或90后，可能二十个里有一个会对历史感兴趣。他们可以不知道历史，但知道是非取舍就够了。我给学生上课，特别爱举的例子是《牯岭街少年杀人事件》：有一次，哈尼来见小四，说在台南的时候，实在无聊，拿了武侠小说来看，那本书是《战争与和平》。他并不知道这不是武侠小说，但他知道，如果满城的人都跑了，有一个人去堵拿破仑，这个人是很 × 的。没有知识和不懂历史的人一样可以作出判断，这种大无畏精神就像孟子说的，"虽千万人，吾往矣"。这些东西是基因，什么都没读过，也有这种取舍。

趁机推荐一本书，刘慈欣的《超新星纪元》。这本书特别重要，像《蝇王》《大逃杀》一样，是对年轻人成长的寓言，告诉年轻人，要付出很大代价，才能学会好好活在这个世界上。这本书可以是很好的破题：这么多成年人排队来和95后说话，如果说完后就不存在了，成为地球上一个绿色亮点儿，然后熄灭——95后，这个世界归你们了，那么，你们打算跟这个世界待多久？这其实是一个很动人心魄的问题。

我有一个侄女，史晓僮，1994年生的。如果被送走之前，我要给她留下点什么——我不觉得留书有什么用，哪怕是求生手册也未必用得着特定的一本——就留点旧照片吧。因为照片里的信息很复杂的，不像说教信息是指令性的。照片永远没有任何指令，照片不会给你任何负担。想着自己的前辈，看一看就行。

我的好朋友王刚有一句话说得特别好：不要用你的角度去俯瞰年轻人，那样你就真成了个老家伙了。平等，我觉得平等是最重要的帮助和尊重。我不喜欢摆老资格，同样也看不惯一些老年人过于谄媚年轻人，流露着"可别不带我玩儿"的心态。

有本书名叫《一句顶一万句》，有那么两句话对我来说特别重要。一句是杨德昌说的"没有动机，哪有作品"。当时吴念真给杨德昌发邮件，说你几年才拍一个电影，你要多出作品啊，杨德昌这样回答。这句话特别感动我。我们现在常说，咱们凑个班子就搞起来，时机、档期太重要了。但对杨德昌来说，有钱难买"老子愿意"，没有动机，谈什么作品？

还有金世杰和侯孝贤的一段对话中的一句。金世杰说自己以前演戏不放松，有一次到了一个天体营海滩，上万个屁股在面前，就蒙了。当时他要去买啤酒，追着卖啤酒的跑，跑着跑着，就不看别人的屁股也不在乎别人看自己的屁股了。之后金世杰好像明白了很多，再演戏就觉得挺舒服的。侯孝贤说："这样才对嘛，人不应该怕人嘛。"

这两句话对我来说，特别重要。可能从大的概率看，某些族群会怕人或让人怕，于是你企图让他们平等起来互相不要怕。但我觉得，人不应该怕人。如果有人怕别人，怕去吧，死去吧；如果有人想让别人怕他，那也死去吧。

大学的一天，我读《红楼梦》读到大哭。"龄官画蔷"之后，贾宝玉说自己终于明白，从今往后，各人只得各人应得的眼泪罢了。那一刻可能是我自己的大幻灭：原来这个世界是不可能统一的，一个人不可能得到所有人的芳心，世界是一个联邦而不是帝国——就像自作多情者的人生转折，从此，一个贪心的少年真的成为一个知道点天下道理的青年。

冯仑：历史给你智慧，关系合理安排

（冯仑 56 岁，万通控股董事长）

> 从小孩变成大人，过去可能要三五年，等到 20 岁才算成人；
>
> 但现在，互联网的虚拟社会让这段时间加速了，
>
> 可能一年时间他们就了解了成人世界的规则。

你只要不退休，就会什么年龄的人都会遇到，包括年轻人。从公司的新员工，到我自己的小孩，我有时会受他们的影响，更新词汇库——我读人文科学，对词汇敏感，容易吸收。更新词汇库，就像软件更新，老机器一样可以当新机器用。

和这些年轻人在一起，工作上有沟通，工作之外就玩，吃喝唱歌旅行，但没玩过"说秘密"这样的游戏——他们的秘密我一看就知道。

现在的年轻人成熟更快。一个是自然的成熟，营养好，身体发育早，信息时代知道的信息也多。再一个是社会化程度加快。"青春期"其实是一个社会概念，从小孩变成大人，过去可能要三五年，等到 20 岁才算成人；但现在，互联网的虚拟社会让这段时间加速了，可能一年时间他们就了解了成人世界的规则。我有些朋友的小孩，在家里可清纯了，你到网上去看，早他妈江湖大哥一样，该干啥干啥了。

我是 1959 年生人，1978 年年初在西安上大学。我 20 岁的时候在上大学二年级，正好是改

冯　仑

革开放初期。1978 年 12 月召开了三中全会，1979 年正好思想解放。当时北京涌现出了很多东西，比如解冻文学、伤痕文学、朦胧诗和北岛的《今天》、星星画展……这些对我们影响其实挺大的。

一个人想事情的心智，往往跟境遇有关。我当时最大的变化来自社会。那时候突然发现：原来那些端庄的、包装给你看的宣传，其实是假的，这会让你非常震撼。好在我扛住了，勉强不崩溃——一般人都会这样，且怀疑，且寻找，不会一下子就崩溃，但的确有个逐渐崩溃的过程。

后来随着历史发展的进程，更多历史真相曝光，包括后来否定"文革"，等等，我才明白：原来这不是社会发展进程中顺利的部分，而是曲折的部分，历史在这里停顿了一下，拐了个弯。比如，你会发现，原来所谓"文化革命"，其实包含着荒诞和无耻、野蛮和愚昧，这些都是在过程中慢慢检讨，然后发现，可能有体制原因，也有人的因素，也有人对社会发展的历史无知、探索和试验的成分。

我 18 岁以前受的教育里，这些东西被包装得完美无缺；20 岁时，这些东西开始像墙一样剥离，继而坍塌，我看到的世界和 18 岁以前不一样了。

这个逐渐崩溃的过程持续到我硕士毕业，那是 1984 年。这段过程中，我有机会到北京读中央党校，发我一个证件，能看到省部级内参和反动期刊——以前看的历史都是打扮过的小女孩，由此我看到了另外一面。于是开始怀疑这些东西，要探讨一个我认为的真实的历史什么样，进入了思考和再造历史观和价值观的阶段——这特别重要。

我觉得，一个人的历史观和价值观有密切联系。历史观其实就是从过去看现在、看未来，是一个重要的参照。人的生命都是有限的，在有限的生命里，大部分时间都在重复前一代人做的事情。如果你熟悉历史，就会看到哪些是真的、哪些是假的、哪些是创造的，以及哪些是重复的；另外也可以看到哪些路是应该走的，以及哪些是应该避免的。历史会给你很多智慧的启迪，告诉你，哪里有风险，哪里可以这么走，哪里不能走。懂历史的人会让人感觉到深刻，无非就是像照相机，景深大，看得清楚。

我在书里写，不跟政府官员发生密切关系，这也是历史教我的。我们刚做生意的时候，研究胡雪岩，发现他的靠山就是火山——这就是历史给你的智慧。我也看过很多跟民族资本、民族企业的历史等有关的东西，从中了解它们在历史上的定位，前辈们都是怎么做的。这些都是前人用失败、牺牲、挫折带给我的人生经验，你看，我有了这么多历史经验，那我当然知道自己怎么做可以不出事。

至于现代社会还要不要"拼关系"，我认为，现实社会，人和人都是通过利益关系、精神关系、亲缘关系等各种各样的关系组成了社会——社会本来就是各种关系的集合体。所以，绝对地说"不靠关系"是不对的，关键是，你要善于运用正当的关系，发展合理的亲密关系，而规避掉一些危险的关系，防范可能带来麻烦的关系。比如，我们说"近朱者赤，近墨者黑"，那么，你可以和"朱"发生关系，而避免和"墨"发生关系。

　　"政商关系"也是。不是不能和官员交朋友——当然可以和好官员交朋友，至于一些贪官，上来就要钱，那就不理他了。好官员还是很多的。我的同学很多是官员，没问题啊，就正常交往。所以，你要清楚这些关系该如何合理安排。尽量回避掉，即使是同学，也不跟他们做生意，就可以淡然地处理事情。

　　人的关系，一定要分清楚。要发展对人生有正面意义的积极关系，回避那些和你价值观不一致，甚至可能带你到危险境地的关系。这也和价值观有关。比如，有的事儿如果非要钱才能办，那这事儿就危险了。当年我和王功权一起去贵州收购一个企业，当地官员用面包车把我们接到郊区，在车上说，只要我们给香港打几百万，这事儿就可以谈。我们觉得这事儿不靠谱，太危险了，回去就拒绝了——这好比，来了人口贩子甜言蜜语拐卖你，你自己也得会判断。

人生不是商业模式

文 / 窦浩

　　95后，出生在一个人人讲商业模式的时代，以至于很多人产生幻觉：人生就是商业模式。

　　这是一个急躁的年代，21天完成49斤减肥计划，100天完成100万销售任务……这些都已经不是互联网速度了。一秒变女神与一秒变土豪才是互联网时代追求的所拍即所得。

家长们认为，童年要赢在起跑线上，钢琴、芭蕾、奥数都少不了。年轻人认为，个人成长等于商业模式的建立。如果到了三十而立还没有成功迹象，基本上就可以安心去做一个备胎了。大众传媒的推波助澜使这种简单化与标签化的社会认知更为严重。

北京某大学一份研究生创业意向调查显示，71% 的学生将"创业能使个人获得不断的成长和发展"和"最大限度地实现自我价值"列为创业最大吸引力。

名校辍学创业成为人们对 95 后最刮目相看的标签。

带坏头的人都在美国。微软创始人比尔·盖茨、Facebook 创始人马克·扎克伯格、戴尔电脑创始人迈克尔·戴尔等，都是辍学创业成功的人。但中国最早的辍学创业失败者，却已经没人记起了——他们倒在 2000 年的中国第一拨互联网创业泡沫里。

那五名辍学创业的清华大学学生是：鲁军、童之磊、马云（不是那个马云）、陈曦、刘颖。总裁鲁军是清华大学停学创业第一人，经济学硕士研究生，因创建易得方舟公司在 1999 年 7 月 18 日办理停学。他们的举动在当年引发热烈的讨论。

与马克·扎克伯格类似，五位清华学生当年花了六个月时间把他们的"化云坊"运营成教育网内最大的个人网站。停学一个月后，第一轮近千万元的投资使这个不到 10 人的团队迅速膨胀成有 60 多名员工的企业。不幸的是，他们遇到了 2000 年 6 月纳斯达克股市大跳水以及接下来的互联网冬天。资本无情撤走，到 2000 年年底，公司五人核心团队走了三个，公司账上只有几千元余额，剩下 40 多名员工的工资根本开不出来。

是否辍学创业，这对学生和家长来说都是一个揪心话题。某卫视一档节目，某期的主角就是一个打算辍学创业而遭到家人强烈反对的男生，评委们却对男生同情有加，深觉这种无畏的企业家精神正是中国经济的未来。

他们是中国经济的未来吗？一腔热血就能让一个学生走上人生巅峰吗？

辍学创业的结果，在国外与国内为什么经常有天壤之别？天奇阿米巴投资合伙人黎俊辰探讨过其中的原因，他认为，关键区别在于中国很多创业者的项目创新太少，如果创新性不足，比拼的还是资本、经验，辍学创业自然没有优势可言。

赛富亚洲投资基金创始管理合伙人阎焱说得更直白："我有时候在学校里看到一些 90 后特别热情地去创业，我跟他们讲，你最好把书读完，这是第一。能够不读书，一夜之间创业成功的，大部分是天才……在我投资 20 年的经历里，碰到的天才是极少的，傻 × 居多。"阎焱劝诫辍学创业者，别"把爹妈赚了 30

年的钱给糟蹋了"。

有数据表明，大学生创业失败率高达 99% 以上。

一个在美国读了 MBA 回来的外企高管说：如果没有创过业，都不好意思回学校跟师弟师妹交流经验。什么事情让圈子里的人最兴奋？那就是一个教授抛下自己的学生去创业。

成功学还在流行，只是换了一个更洋气的名字出现——创业。以前，诸如"北大学生卖猪肉""清华学生当保安"的新闻，是一种对社会现象的讽刺；而今，北大硕士毕业后去开米粉店，被视为新潮行为。虽然伏牛堂主张天一刚开米粉店时，曾经因为不知道怎么向家人、老师和朋友解释而几宿睡不着觉，但后来那些收到各种高大上工作录用通知书的同学，最终被他的名气淹没。

某些资本追逐 90 后创业者。IDG 设立了 1 亿美元的 90 后基金，专门投资 90 后创业者以及针对 90 后生活方式的创业项目。IDG 资本创始合伙人熊晓鸽称，90 后创业者时代已经到来，还预言下一代的马云、马化腾将会从这些人里出现。

某些资本嫌弃 90 后创业者。一位风险投资人认为媒体给 90 后加的标签是一个伪命题，"任何一代人都有自己的个性和特点，在我看来，90 后并不是一个整体很牛 × 的群体"。

西少爷肉夹馍创始人孟兵自述："我 2013 年开始创业，做的产品挺多，比如智能家居、App、移动互联网、IT 培训，有赚到钱的，但大部分是死掉了的。"

年轻人就一定要成功吗？一定要到北上广锻炼自己吗？一定要加入逻辑思维粉丝团以增加自己的脑容量和"Bigger"吗？

美国波士顿萨福克大学历史系副教授薛涌写了一本书，名字叫《年轻可以一无所有》。他以自己的经历现身说法："我在北大读本科时扫过厕所，在耶鲁读研究生时从垃圾站捡旧家具……希望我自己的后代学会。"

薛涌在书中举了美国年轻人的例子："大学毕业后有所谓'先到纽约的地下室和老鼠当同屋'的说法。这其中包括许多富家子弟。乔布斯创立苹果前，居无定所，靠捡易拉罐换几个钱，周末到教会慈善机构蹭饭。只是大家觉得这样很酷，社会也对之尊重，不会称之为 × 丝。乔布斯自己回忆起来，也称这是最美好的一段生活。"

雷军说：站在风口上，猪都可以飞起来。创业成功，一朝上市，迎娶白富美，走上人生巅峰。什么赚钱做什么，这是当下很多年轻人的心态。

前微软中国区总裁高群耀对年轻人的急功近利深有体会，他认为"大腕们都没大学毕业"的假象让很多年轻人产生了误解，"成功不需要努力，明早睡觉起来没准儿就行了，这是挺危险的想法"。他告诫年轻人："没有一个成功是天上掉下来的，至少我没见过。比尔·盖茨和巴菲特跟我共事那么多年，他们的成功背后，有多少次重复、多少次努力、多少次执着、多少次失败，谁知道？"

"如今的很多年轻人，不仅要早早买房，还要买大房。买不起就到处泄愤，仿佛别人欠着他们的。"薛涌在书中描述年轻人的这种心态："你们老得太快，因为你们对自己成长的期待太急切，因为你们沉溺于虚拟世界，忘了真实的生活是什么样子。"

马云说：风过去了，摔死的还是猪。

虚拟塑造 95 后现实
他们早就进入了游戏的那个社会

文 / 陈漠

现在再说电子游戏（以下简称"游戏"）是亚文化，就可以直接入土了。

中国战队 Newbee 拿下 DOTA2 世界冠军，抱回了 3100 万元奖金；主机迷在苦苦期盼 PS4 国行版；"怒鸟"系列动画电影部部票房暴收；微信一夜之间让"全民打飞机"；路牌广告处处都是游戏，就连公车上的大妈也在玩三消。

这早就是个游戏的世界了，游戏的规则，游戏的思维，游戏的生活方式。但对于出生在游戏当中、浸泡在游戏当中的 95 后来说，游戏才刚刚开始。

上世纪 90 年代大众媒体曾对游戏有过一拨声色俱厉的声讨，现在看来无非是主流意识在面对亚文化时的惊慌失措。也有大众媒体在讨论游戏的时候，总是要把它泛化到文体游戏（丢手绢、官兵抓强盗之类）的大范畴，以为在人类学上得分而自鸣得意。这种狭窄的视野显然没有看到电子游戏在构建社会、确立规则、树立美学上的可能性，这一切都源自一个架空的虚拟基础。正如让·鲍德里亚所说，拟像是无本源的摹本。

和其他亚文化最大的不同是，游戏所带来的不仅仅是形式美学，还有整套社会体系。这一点在游戏从单机类游戏向 MMORPG 的惊险一跃中，体现得最为突出。

世界第一款 MMORPG 游戏 UO 中，玩家之间、玩家和世界的互动开创了游戏史的新纪元。谦卑、正直、怜悯、英勇、公正、牺牲、荣誉，基于基督教教义和中世纪的骑士精神，玩家为追求八大美德而在游戏中生活。我们不难看到 UO 和 D&D 规则以及 J.R.R. 托尔金的关系，这一套西方奇幻传统已经形成了完整的世界观和规则体系，直到现在我们在欣赏大片《霍比特人》系列的时候，也能看到剧中角色在这八大美德中的各自追求。

再以十多年前席卷中国的"泡菜网游"为例，丛林法则和资本法则成为当时的两大游戏规则。游戏金钱和游戏装备通过地下渠道变现，因而成为生意，刷级代练和人民币玩家变成主流，而原本应该提供幻想的虚拟世界却摔碎了玩家的幻想。

《魔兽世界》是最值得一提的 MMORPG，它不仅在视效、世界构建、文化内涵、剧情、任务上打造出世界顶级的精美氛围，更让玩家沉浸于游戏本身的可玩性，还有完备的游戏规则体系。玩家的乐趣在于组队下副本，磨炼团队配合、培养团队感情。但即使这样，也会出现像"对刷"这样的小小纠葛。利用规则漏洞获利和自我的道德约束，两者永远都有争议。

其实，在游戏中讨论道德一直是一个不讨好但又无法避免的事情。像 GTA5 这样的大型主机游戏，也因为其对现实的高度仿真而引发争议。问题是，对现实的仿真是否是原罪，游戏是否应该建设成一个洁版的现实世界？

撇开这些不谈，我们要注意的是，游戏所建设的世界，已经是一个完整的思维、形式、美学的独立世界。更为重要的是，对于 60 后，这个世界不存在；对于 70 后、80 后，这个世界很精彩；但对于 90 后、95 后，这个世界就是他们目前的全部。

是的，我们常说他们现在还没有进入社会，但是，他们早就进入了游戏的那个社会。

这件事很重要，所以要说三次。

现在的大众媒体当然不会和上世纪 90 年代一样对游戏口诛笔伐了，有趣的是，他们现在对手机口诛笔伐——主流意识随着话语权的代际转移而发生变化。现在的主流人群是当年玩红白机成长起来的 70 后、80 后，但他们在面对智能移动设备的时候，同样惊慌失措。

手机破坏了人际关系，我们当年面对面才是真正的交流；刷朋友圈都是虚假的，我们当年从来不美图；微信群都在拉关系，我们当年都是纯洁的友谊。

当年……

对于 95 后来说，这些真的是问题吗？他们中的绝大多数拥有的第一款智能设备就是手机，如果说上一代人是从 PC 开始走进虚拟世界，他们则是从手机迈出第一步的。

相比 PC，手机对他们来说具备更多的私密性。这是第一个他们独自拥有、独立掌握的世界入口，在这里他们开始获取信息。手机也是他们第一个消费平台。很多人以为消费力集中的人群是所谓白领，而学生的经济来源是受家长控制的。这时候你应该去看看你儿子的手机 QQ 上点亮了多少颗钻，点开看看他的游戏，去了解一下"氪金"（课金）这个词。手机同时也是他们的第一个交际平台，他们的社会关系几乎都由同学构成，除此之外，他们对陌生世界的好奇和对陌生人社交的需求也在迅速生发。他们可不是上一代人，在大学之后从师兄师姐才开始认识第一批陌生朋友。

手机当然不仅仅是工具，在这个小屏幕所构造的虚拟世界里，规则体系也和用户互相影响。在这个小屏幕上，他们理解的第一条规则不是生产力规则，而是娱乐规则。聊天是娱乐，自我展示是娱乐，探索世界是娱乐，游戏当然更是娱乐。在这个屏幕上，他们天生对 App 互相理解，如同上一代人和网页的关系。App 之间各有各的功能和 UI，聚集不同的兴趣。

"母上大人在用电脑，所以我在玩手机。"一个 00 后如此解释他的世界。

曾经让 70 后、80 后用作武器来攻击上一代人的"后喻文化"，现在可以用在自己身上了。请让下一代人来帮助你理解手机的意义，帮助你理解小屏幕为何是他们生活的重心。

现实世界中有着众多的对虚拟世界的拙劣模仿，而少有人去真正理解在这些 ACGN 产品体系背后的精神体系。

正如 1 月初发生的"舰娘国（私）服事件"，当《舰娘国服》试图以"舰 C 官方"名义在中国运营游戏时，他们低估了舰 C 死宅的行动力和忠诚度，最后酿成一场网络狂欢，以失败告终。我们当然也可以提到前几天刚发生的 MT2 事件，玩家因为对运营方的改动不满，不仅有惯常的爆吧、罢玩等抗议行为，还采取了在 App Store 里刷一星的战法，把 MT2 的星级生生刷到了一星。

由 ACGN 所构成的二次元文化，在主流意识中是亚文化，对于 90 后、95 后来说，这却是主流文化。要理解他们的想法，这个入口必不可少。

二次元的语言模式不用多说，在语言模式之上，消费、交际、生活三大行为模式都呈现出网络化、虚拟化、圈层化的特点。他们围绕着二次元作品和元素为交流点，以追番、同人、本子、宅舞、空耳、捏他、音视频变造等为娱乐方式，以大大小小的漫展、游戏展、only、宅物店、女仆店等场所为现实聚集地。他们的消费也更加精神向，虚拟物品、动漫、游戏及衍生品的消费绝大多数都是因形象和价值观需求而产生。

建基于行为模式之上的审美模式，二次元众也表现出鲜明的精神特征外化的特点。妹控、攻受、呆萌、傲娇等行为性格都演化成了审美趣味，而呆毛、瞳色、萌音、猫耳、条纹、蓝白、绝对领域、绝对空域、死库水等具体的物体则成为审美爆发点。

所有模式的升华，则成为思维模式：去中心化、消解权威、消费符号、同构幻想。这一切都标志着虚拟世界日益完整和成熟，这不仅仅是二次元人群构建的"粉都"（Fandom），更是90后、95后共同的"场域"（Field）。

这代人是天然出生、成长和生活在这个场域里的一代人。想理解他们？

那么请先进坑。

里尔克给年轻人的十个建议

辑 / 谭山山

1902年深秋，不满20岁的卡卜斯把诗作寄给里尔克，向他讨教。几个星期后，他收到了时年28岁的里尔克的第一封回信。此后，二人书信来往，里尔克在信里解答年轻人可能面对的困惑，包括性和爱、寂寞和怀疑、生活和职业等。这些回信，后来辑成《给一个青年诗人的十封信》一书。

关于写作

没有人能给你出主意，没有人能够帮助你。只有一个唯一的方法，请你走向内心。探索那叫你写的缘由，考察它的根是不是盘在你心的深处；你要坦白承认，万一你写不出来，是不是必得因此而死去。这是最重要的：在你夜深最寂静的时刻问问自己——我必须写吗？你要在自身内挖掘一个深的答复。若是这个答复表示同意，而你也能够以一种坚强、单纯的"我必须"来对答那个严肃的问题，那么，你就根据这个需要去建造你的生活吧。

关于性

"性"，是很难的。可是我们分内的事都很难；其实一切严肃的事都是艰难的，而一切又是严肃的。……身体的快感是一种感官的体验，与净洁的观赏或是一个甜美的果实放在我们舌上的净洁的感觉没有什么不同；它是我们所应得的丰富而无穷的经验，是一种对于世界的领悟，是一切领悟的丰富与光华。我们感受身体的快感并不是坏事；所不好的是：几乎一切人都错用了、浪费了这种经验，把它放在生活疲倦的地方当做刺激，当做疏散，而不做作向着顶点的聚精会神。

关于爱

爱，很好；因为爱是艰难的。以人去爱人：这也许是给予我们的最艰难、最重大的事，是最后的实验与考试，是最高的工作，别的工作都不过是为此而做的准备。所以一切正在开始的青年们还不能爱；他们必须学习。……爱的要义并不是什么倾心、献身、与第二者结合（那该是怎样的一个结合呢，如果是一种不明了，无所成就、不关重要的结合？），它对于个人是一种崇高的动力，去成熟，在自身内有所完成，去完成一个世界，是为了另一个人完成一个自己的世界，这对于他是一个巨大的、不让步的要求，把他选择出来，向广远召唤。

关于情感

凡是使你集中向上的情感都是纯洁的；但那只捉住你本性的一方面，对你有所伤害的情感是不纯洁的。凡是在你童年能想到的事都是好的。凡能够使你比你从前最美好的时刻还更丰富的，都是对的。各种提高都是好的，如果它是在你"全"血液中，如果它不是迷醉，不是忧郁，而是透明到底的欢悦。你了解我的意思吗？

关于忍耐

里尔克在巴黎的寓所中

对于你心里一切的疑难要多多忍耐，要去爱这些"问题的本身"，像是爱一间锁闭了的房屋，或是一本用别种文字写成的书。现在你不要去追求那些你还不能得到的答案，因为你还不能在生活里体验到它们。一切都要亲身生活。现在你就在这些问题里"生活"吧。或者，不大注意，渐渐会有那遥远的一天，你生活到了能解答这些问题的境地。

关于寂寞

哪有寂寞，不是广大的呢；我们只有"一个"寂寞又大又不容易负担，并且几乎人人都有这危险的时刻，他们情愿把寂寞和任何一种庸俗无聊的社交，和与任何一个不相配的人勉强谐和的假象去交换……但也许正是这些时候，寂寞在生长；它在生长是痛苦的，像是男孩的发育，是悲哀的，像是春的开始。你不要为此而迷惑。我们最需要却只是：寂寞，广大的内心的寂寞。"走向内心"，长时期不遇一人——这我们必须能够做到。居于寂寞，像人们在儿童时那样寂寞，成人们来来往往，跟一些好像很重要的事务纠缠，大人们是那样匆忙，可是儿童并不懂得他们做些什么事。

关于职业

你先进入一个职业，它使你成为独立的人，事事完全由你自己料理。你耐心地等着吧，看你内心的生活是不是由于这职业的形式而受到限制。我认为这职业是很艰难很不容易对付的，因为它被广大的习俗所累，并且不容人对于它的问题有个人的意见存在。

……我不能排解你的苦恼，我只能劝你去想一想，是不是一切职业都是这样，向个人尽是无理的要求，尽是敌意，它同样也饱受了许多低声忍气、不满于那枯燥的职责的人们的憎恶。你要知道，你现在必须应付的职业并不见得比旁的职业被什么习俗呀、偏见呀、谬误呀连累得更厉害；若是真有些炫耀着一种更大的自由的职业，那就不会有职业在它自身内广远而宽阔，和那些从中组成真实生活的伟大事物相通了。

关于困惑

如果有一种悲哀在你面前出现，它是从未见过的那样广大，如果有一种不安，像光与云影似的掠过你的行为与一切工作，你不要恐惧。你必须想，那是有些事在你身边发生了；那是生活没有忘记你，它把你握在手中，它永不会让你失落。……你要知道，你是在过渡中，要希望自己有所变化。如果你的过程里有一些是病态的，你要想一想，病就是一种方法，有机体用以从生疏的事物中解放出来；所以我们只须让它生病，使它有整个的病发作，因为这才是进步。

关于怀疑

就是你的怀疑也可以成为一种好特性，若是你好好"培养"它。它必须成为明智的，它必须成为批判。——当它要伤害你一些事物时，你要问它，这些事物"为什么"丑恶，向它要求证据，拷问它，你也许见它仓皇失措，也许见它表示异议。但你不要让步，你同它辩论，每一回都要多多注意，立定脚步，终于有一天它会从一个破坏者变成你的一个最好的工作者——或许在一切从事于建设你的生活的工作者中它是最聪明的一个。

关于信念

像是蜜蜂酿蜜那样，我们从万物中采撷最甜美的资料来建造我们的神。我们甚至以渺小、没有光彩的事物开始（只要是由于爱），我们以工作，继之以休息，以一种沉默，或是以一种微小的寂寞的欢悦，以我们没有朋友、没有同伴单独所做的一切来建造他，他，我们并不能看到，正如我们祖先不能看见我们一样。可是那些久已逝去的人们，依然存在于我们的生命里，作为我们的禀赋，作为我们命运的负担，作为循环着的血液，作为从时间的深处生发出来的姿态。

不要只是因为你年轻

文 / 蒋方舟

杀死中年的，并不是气势汹汹的90后，而是不肯老实尊严地做个中年人的自己。尊重年轻人，讨好年轻人，其中只有一线之隔。

14年前，刚刚退学的韩寒，带着自己刚刚出版的《三重门》参加央视一个叫作《对话》的节目。

在整个节目的录制过程中，他被当作一个犯罪嫌疑人一样对待，主持人咄咄逼人，社科院的专家认为他只是昙花一现，还有一个扎着麻花辫的女观众说韩寒是"土鸡"——理由是韩寒用聊天室聊天，而不是像她一样用OICQ和ICQ。甚至，为了反衬韩寒的失败，他身旁还坐了一个成功的范本——考上北大的少女黄思路。

14年后，我去参加央视一档节目的录制，内容是"非一般年轻人"的演讲，其中大部分是90后，有科学家，有创业者。

演讲者都朝气蓬勃，而我很快就发现自己的位置非常尴尬，我和一群从 30 后到 80 后不等的"老年人"，坐在观众席中被架得很高的白凳子上，脚不着地，举着一块写有自己出生年份的荧光板，带着诡异的慈祥笑容，听这些年轻人上台演讲。

我们这群"老年人"，并不像当年《对话》节目中的专家一样，是年轻人的评委，而是对年轻人丧心病狂的赞美者。

我们在每个演讲之后发言，场景介于中学生演讲比赛和"感动中国"颁奖典礼之间，每个人都生怕溢美之词被他人抢去，因而抱着话筒无休止地进行排比句造句："青春是一颗种子／一朵花／一棵树／一根蜡烛……"最后声嘶力竭地以诸如"青春无敌，做你自己！正能量！耶！"作为结束，非常累。

中年人在话语权的争夺中，成了弱势群体。

那次录制，我印象最深刻的是某个应用软件的 CEO，90 后，非常瘦小。他抱着一个大狗熊玩偶上台，一上台就把狗熊扔到台上，说："我觉得这个让我抱熊的导演特别傻。"

他的演讲里不乏豪言壮语，例如"明年给员工派发一个亿利润"之类。而台下的大学生，则在每一次听到"第一桶金赚了 100 万""阿里巴巴用千万美金收购"这类句子时，羡慕地齐声哗然。

他的演讲，虽然充满了明显的夸大和对他人的不屑，可却获得了当天录制时最大的掌声，以及最热烈的溢美。

前辈们的兴奋，在于终于找到了自己心目中典型的 90 后，就像亲眼看到外星人时，发现它就是自己想象中的银色大头娃娃。那个年轻的 CEO 符合社会对于 90 后的一切想象：轻狂、自我、浑不吝。

节目播出后，他的演讲视频在社交网络上风靡，配以这样的标题："90 后的话，惹怒了所有的互联网大佬""90 后的一番话，让全世界都沉默了"。

当我看到播出的节目里，所有被侮辱和轻视的中年人，都像受虐狂一样大力地鼓掌、卖力地欢笑，我忽然想到 14 年前参与韩寒节目录制的中年人，当年台上的那些中年专家。他们还在么？他们依然怒不可遏吗？还是成了举着写有自己出生年份的老年人，一听到"追逐梦想""初生牛犊"几个字，就在煽情的音乐中热烈鼓掌呢？

95 后，我们可以谈谈吗？

风水轮流转，中年人在话语权的争夺中，成了弱势群体。

讨好年轻人，是社会的通病。

不久前，北大教授钱理群在一篇文章里宣布了自己的"告别"——他将告别学术界。而一直与年轻人为伍、为师的他，同时也宣布自己跟青年的关系结束了。

他这样写道："对60后、70后我有点理解，80后多少有点理解，对90后我完全不理解。网络时代的青年的选择，无论你支持他、批评他、提醒他都是可笑的，年轻人根本不听你的。所以我再也不能扮演教师的角色，我必须结束。最好是沉默地观察他们。"

钱理群老师以惊人的真诚与坦率，承认自己并不了解年轻人，而且，年轻人也已经不需要被了解。

可大部分中年人，依然在吃力地去解析青年人。

"年轻人"的形象被各个广告公司和商家以动画、PPT、视频等各种工具描绘。他们青春、朝气、梦想、活泼。PPT里的年轻人，他们穿着裤裆快贴到地上的牛仔裤，戴棒球帽，有时脑袋上还挂着一个巨大的耳机，背景板上是二次元的漫画和已经过时的火星文，配以凛冽的泼墨字体："我就是我！""我就是任性！""青春无极限！"

讨好年轻人，是社会的通病。

一方面，因为青年是巨大的消费群体，青年对于文化产品和商品的喜新厌旧的选择，对市场产生至关重要的影响，所以商家和媒体企图用文案大号加黑的网络流行语，来拉近和年轻人的距离，似乎不说"约吗""挖掘机到底哪家强"，就会被远远地抛在时代后面。他们忽略了那些网络流行语已经令人深恶痛绝的事实。其产生的效果，就如同父母一定要加你的微信，并且在朋友圈发标题含有"×炸天"字眼的视频一样令人尴尬。

中年人对年轻人毫无原则的赞美，大概一方面为了证明自己未老，一方面也出于愧疚：他们并没有为下一代建造一个理想的生活环境。

不久前，"少年不可欺"成为互联网上被热烈讨论的事件，原委是优酷作为视频网站的巨头，剽窃了几个少年的创意。所有人都声讨优酷，不仅仅是为青年鸣冤，某种程度上，也是因为自己都有过由于年轻而不被认同和重视的经历。

70 后、80 后都曾有过急于获得认可的青年时期，因此，他们满怀愧疚，使得当今 90 后几乎一出世，就具备与生俱来的被认同感。

作家阿城写过："儿童时便真实地做一个儿童，不要充大；青年时便热情地做一个青年，狂一些也没关系；中年时便认认真真地做一个中年人，为家庭为国家负起应负的责任，自有中年的色彩与自豪。非要挤进青年行列，胡子刮得再干净也仍有一片青，很尴尬。"

杀死中年的，并不是气势汹汹的 90 后，而是不肯老实尊严地做个中年人的自己。尊重年轻人，讨好年轻人，其中只有一线之隔。

时代永远给年轻人机会，但是，只给一小部分年轻人机会。

年轻人将要生活的时代，真的因为有大量的赞美和认同，而变得更好了吗？

高校成为励志演讲者聚集的地方，年轻人激动地在本子上写下"不忘初心，方得始终"。所有人都念叨着马云的语录："梦想是要有的，万一成真了呢？"汪峰坐在转椅上，像从阿拉丁神灯里冒出的妖怪一样说道："你的梦想是什么？"好像你只要敢说，他就能让你实现。

1931 年，广州，岭南大学开设女子家政课

这是时代为年轻人制造出来的一种幻觉：只要有梦，追逐几步，就能成功。

打开电视或者网页，你会发现满世界都是"梦想成真"的人：歌唱比赛得了冠军，创业获得了 B 轮融资，实现了环球旅行，等等。整个社会热情地向你伸手，邀你做梦。

这是一个最好的时代吗？不，但也并不是最坏的。

时代永远是一样的，时代永远给年轻人机会，但是，只给一小部分年轻人机会。时代永远迎接小部分人，却拒绝大部分人。时代只允许小部分人成功，而让大部分人像亨利·梭罗所说的那样——"处于平静的绝望之中"。

梦想泡沫下的世界，并不是蔷薇色的。年轻人要面临的未来，环境前所未有地恶化，经济增长正在放缓，技术进步带来人力需求急剧减少。同时，还有修改这个社会游戏规则的无力感，政治和社会参与的无力感。

一代代青年的责任，并不是继承来的，而是从世界中获利，把坏的推倒，改造出一个更好的世界来。如果失败，下一代再来。

台湾作家张铁志曾写道：台湾年轻人已经从"物质时代"进入"后物质时代"。当他们发现开一家咖啡馆、旧书店、面包店的"小确幸"也难以实现的时候，就开始争取更大层面的进步，比如环保、公益、政治环境等。

如果青年只是重复上一代的虚张声势与言不由衷，继承上一代的狭隘与欲望，那便不配获得掌声。如果青年不断降低自己的标准，以便能够适应社会的要求，那么也不配获得掌声。

不是所有的梦想都值得为之奋斗、让其实现。年轻，也不是被赞美的全部理由。

（插图 /Alashi）

熊孩子历险记

　　生活在熊孩子世界的大人的确很危险，熊孩子们在他们不断制造的麻烦，甚至酿成的灾祸中释放出来的破坏力，大大超出了成年人的想象力，熊得简直要突破天际。

　　生活在熊大人世界的孩子似乎更加危险，社会对熊孩子的容忍度触底、穿底——

　　一方面，那些被熊孩子们惹毛的情绪激动的大人，总是在键盘前津津乐道、慷慨激昂地讨论着各种"修理""暴打"等严管之道，社交媒体各种"手撕熊孩子"的文章也总能获得多到惊人的点赞、打赏，众人拍手称快……另一方面，由来已久的护犊心态，令不少家长用加倍的溺爱和纵容，将孩子们在"熊"的道路上越推越远——就像某篇网络热文中所写的那个第一次犯错后被大人们夸赞"干得好"、被鼓励"再接再厉"而用可乐洗掉价值60万元钢琴的孩子那样。

　　成长其实是一场历险。熊孩子是麻烦的制造者，也是这个缺乏教养、安全感不足、浮躁和充满戾气的社会的受害者。每个人的童年或许都曾有"熊"的一面，孩子们的行为都能从大人身上找到根源，他们的行为不同程度上也是成人社会的投射。

　　救救熊孩子，说穿了，就是要首先救救我们自己，救救由我们每一个人所组成的这个社会。在批评、讨伐熊孩子之前，先自我检讨，重新学习做一个好大人、一个好家长、一个好长辈，然后，和孩子一起不断成长。

　　陈丹青曾经感慨，现在的年轻人没有遇到好的长辈，他庆幸自己遇到了木心。木心在《文学回忆录》说：爱，原来是一场自我教育。

成人世界的爱和害

孩子们为什么这么熊?

文 / 邓娟

《了不起的盖茨比》有一个文学上的经典开头:"我年纪还轻、阅历不深的时候,我父亲教导过我一句话,我至今念念不忘。'每当你想要批评任何人时,'他对我说,'你就记住,这个世界上所有的人,并不是个个都有过你拥有的那些优越条件。'"

可就是有这么一类人,每当你试图对其进行批评,非但找不到任何优越感,反倒深感沮丧和无奈——他们打不得、骂没用,讲道理根本听不懂;弱小更让他们先天占据道德制高点,手握免责金牌;而你引以为豪的心智和武力在他们面前也只是暂时胜出,你虽然如日中天,但他们是八九点钟的太阳,你的人生基本定局,而他们的未来无可限量。

这群全方位挫败你的,正是传说中比"坏人变老了"和"广场舞大妈"更具杀伤力的"熊孩子"。

熊孩子,在北方方言里原本泛指讨人嫌的顽童,但在近年层出不穷的网络段子中,被苦大仇深的网友们进一步界定为不守规矩、难以管教的孩子,他们破坏公共秩序并入侵你的私人领地,"他会删掉你的存档,摔坏你的模型,划烂你的屏幕,甚至还死乞白赖地要抢走你心爱的漫画、游戏、玩偶……他们的叫喊声回荡在每一家饭馆和每一节车厢里";哪怕关在家里,他们抽风的小宇宙也能伤及无辜——去年贵州一个熊孩子,因为窗外施工的电钻声影响自己看《喜羊羊与灰太狼》,生气地用刀割断了 8 楼的安全绳,导致工人危险悬空。

100 个熊孩子可能有 1000 种熊法,社会新闻层出不穷:有的偷开公交车,撞

95 后,我们可以谈谈吗?

歪工棚，吓坏了熟睡中的工人；有的拧开消防栓，水淹 5 个小区 15 部电梯……比起来，那个"刮花 300 万豪车"都算最没创意的。

熊孩子，听起来萌，现实中却叫人头疼。熊孩子现象的背后，是一个个教育失败的家庭和管理失序的学校。

孩子们如何夺了权？

这个社会对熊孩子的容忍度似乎已经触底。网友们对"熊孩子被教训"题材喜闻乐见，还有人整理成合集，其中最受欢迎的一个故事是这样的：

新浪博主"阮公子先呵为敬"在公交站等车，被一个胡冲乱撞的熊孩子推上马路，撞倒了骑电动车的大姐，两个大人挂彩，更险的是后边跟着三辆公交车，而熊孩子的家长毫无歉意，全程用母爱的光辉欣赏着自家的娃。愤怒的博主动手了，电动车大姐和摆摊的"煎饼侠"都加入了战斗，最后熊妈和熊孩子在路人的谴责中败退。

没有月黑风高的场景，没有一波三折的悬念，也没有"事了拂衣去，深藏功与名"的调侃，这篇故事元素平淡的文章，破天荒地获得了 800 多万的阅读量、987 次打赏。

在熊孩子的话题上，舆论的"众神狂欢"，看似被触发了情绪的 high 点，实则被戳中了痛点，成人在网络上的发泄，暴露的是现实中的孱弱。

孩子们越发无法无天：妈妈不让吃冰激凌，4 岁女孩报警称"妈妈死了"；爸爸不让涂指甲油，10 岁女孩报警称"爸爸虐待"；爷爷不给零花钱，12 岁孙子向奶奶告状称"爷爷出轨"。如果只坑爹妈也就罢了，有些孩子对他人造成的伤害，让你不得不怀疑《三字经》的前六个字。

什么时候，孩子夺了大人的权？

以果壳网一篇热帖对熊孩子"下至 3 岁，上至高中"的年龄划分，如今大行其道的熊孩子，其父母绝大多数是 70 后和 80 后，这两代人的成长回忆，多半充斥着父亲严厉的管教、母亲失望的眼泪；隐私被父母当成糗事和三姑六婆分享，自尊心被父母挂在口中的"别人家孩子"击溃；那些"我都是为了你""辛辛苦苦把你养这么大"的唠叨虽然可以理解，却也无异于以爱为名实施让孩子内疚、自责的亲情绑架。

也许正因为感受过这样不快乐、沉重甚至痛苦的家庭教育，当 70 后和 80 后为人父母时，恨不得一股脑儿打破几千年的沉疴，把自己曾经缺失的都弥补给孩子——尤其是只有一个娃的情况下。

但这些父母同时是赶上社会转型期、经济压力最大的两代人，他们扛着疯涨的物价和房价，日复一日地忍受拥堵交通，奔波于家庭与职场，无法给孩子充分的陪伴。最常见的家庭模式，要么是男人在外打拼，女人在家带娃；要么夫妻双双把教养任务让渡给老人——前者的问题在于缺乏勇气、担当的父性教育，所以"爸爸去哪儿"成为近三年最热门的亲子话题；后者的弊端更不言而喻，隔代教育最大的特点便是溺爱。

爱可以培养孩子的"能"，过多溺爱可能惯出孩子的"熊"。上帝说要有光，于是便有了光，如今一些熊孩子的家庭地位甚于上帝，要有糖便有糖，要有钱便有钱，权利被无限放大，孩子当得像老子，老子当得像孙子。

熊孩子最可气的不是犯错，而是犯错后永远不用负责任。

卡佛在《自行车、肌肉和香烟》中讲了一件小事：男孩罗杰因为自行车被伙伴诬陷，对方的父亲出言不逊，最后被罗杰的父亲狠揍一顿。罗杰因此崇拜上父亲的肌肉，而这个中年落魄、正为戒烟苦恼的男人，忽然想起了小时候自己爸爸手上的烟味。

抛开作者的主旨，这个短篇让我们看到，面对人生的第一个老师，孩子所受到的影响，会如同气味般无意识和潜移默化，又像基因一般根深蒂固。

这在心理学上称为"自居作用"，成长中的孩子对父母有较长的依赖期，会不加鉴别也没有能力鉴别地模仿父母的言行、态度，形成相似的行为模式，并最终影响价值观和道德标准。

这就是为什么熊孩子越来越多、越来越熊——每个熊孩子背后，都有几个熊大人；孩子行为的熊，都能在大人身上找到根源。

没有人不会犯错，但熊孩子最可气的是，犯错之后永远不用负责任。熊父母不但没教会孩子责任，甚至推卸自己作为家长的责任。

你一定听过这些熊家长语录："等你有了孩子就知道了""孩子还小不懂事""你一个大人跟小孩计较什么"……

他们懒得去想，对事实的认知以及是非对错，与有无孩子何干？每个人都是在哭闹中来到世上，没有人天生懂事，正因为孩子还小，才需要大人担当起规则制定者甚至"惩罚者"的角色——惩罚当然不等于体罚，惩罚的意义在于帮助孩子认识哪些行为在哪些环境下是不合适的。

不要小看调皮鬼们的学习能力，他们最擅长试探父母的底线，无度的宽容其实是危险的种子。许多年轻父母为了建立新型亲子关系，一味追求"爱的教育"，生怕一严格就损害了孩子的天性。事实上，即便在尊重儿童天性的西方教育理念里，自控和责任仍然是最重要的学习内容。

《爸爸去哪儿3》里，公认最会和孩子沟通的加拿大父亲夏克立，会在女儿犯错误后罚站；混血儿诺一的法国妈妈安娜，早早就培养儿子的独立意识和"保护妹妹、保护妈妈、保护女人"的责任感，所以不到5岁的诺一能在无父母陪同的情况下带着3岁多的妹妹参加节目，而这些并不妨碍他仍然是最相信童话、保留纯真天性的孩子。

疏于管教的熊孩子，在网络热文里，他们的命运除了被"痛打"，还有另一种走向：一个熊孩子拿水往亲戚家的钢琴琴键上倒，孩子爹妈以"哎呀，小孩子不懂事"推脱，还反说"好心帮忙洗琴"。亲戚不好发火，于是笑眯眯夸熊孩子干得好。后来熊孩子再接再厉，在商场用可乐"洗"了一架60多万的进口钢琴，被索赔19.8万折旧费。

在厌恶熊孩子的读者那里，这个故事的结局比"痛打熊孩子"还要"大快人心"。有人"神评论"：对熊孩子最好的教训方式是赞美和鼓励，这样他一定挺不过18岁……

这样的结果，远远比孩子被打骂更残酷。负责的家长会在外界惩罚降临前树立孩子的是非观念，不负责的熊家长，却只会索求别人的包容和退让。

但家的边界不可能无限延伸，外厉内荏的熊孩子，总有一天要走进并非"普天之下皆你妈"的社会。

学校是每个孩子必经的缓冲带，熊孩子通常在集体生活中找不到位置。

离开家庭之后，踏入社会之前，学校是每个孩子必经的缓冲带。他们被输入这架巨大的机器，根据分数给贴上优良中差的标签，最后推向社会。

在集体生活中，熊孩子通常找不到自己的位置，从小被父母疏于规则教育的他们，陡然面对标准化的学校纪律，不会乖乖顺从，而是百般抗争。

两个月前，BBC 的纪录片《我们的孩子足够坚强吗》重新点燃了对中外学校教育的争论。五名中国老师被派往一所英国中学进行为期一个月的代课，面对十三四岁的英国熊孩子，这些来自国内的模范教师遭遇了前所未有的挑战。

34 岁的数学老师邹连海在讲解三角函数时，英国学生的反应是：为什么要学这些？我觉得一生都用不到，还不如教我们怎样缴税。教中文的赵老师则语重心长地传达中国式的教育观：读书是为了糊口，因为生活是如此艰难。

尽管最后的考试，中国老师代课的班级在成绩上毫无悬念地胜出，但那所中学的校长却并未真正认同，因为他发现英国孩子不太可能会有中国孩子的那种绝对驱动力——"作为中国人只有一条出路，那就是成功"。

有毒的成功学渗透了校园，打着"德智体美劳"旗号，却习惯用苦大仇深的方式，灌输着出人头地的理念，这类偏重自我实现的教育，只强调了"自己"而忽略了"他人"。

传统的学校管理有时候简单粗暴，标准化的大生产模式通常会削掉所有棱角，从校服到发型，从外表到心灵，把每个成品都磨得平整，否则就会成为另类。

这样的校园生活，恐怕连乖孩子也很难真正快乐，那些成绩不好还调皮捣蛋的熊孩子，感受不到学习的乐趣和希望，无法得到平等和尊重的对待，就这样被放逐了。

每一个熊孩子的养成，既有个体原因，也受到环境的综合影响，他们是麻烦的制造者，也是浮躁和戾气社会的受害者。

通往成人世界的道路危机四伏，也许今天某个熊孩子会成为未来的爱迪生，也许大多数曾经调皮捣蛋的熊孩子终会安全成长，成为大千世界的普通人；但也会有一些熊孩子，错失了被对症下药的治愈机会，在可恨可悲的阴影路上一路狂奔，而他们原本生来无辜。

一个博士后的乡村教育课题侧记

乡村"古惑仔"的日常江湖

文 / 李涛

"真不想给你们班上课了！"九年级的英语老师肖翩和数学老师李刚，下课后不约而同地向班主任刘阳抱怨，"你们班如果再不采取强制措施，仅有的几个有机会升普通高中的学生绝对没有希望了！"

刘阳随后走进教室，向全班同学发出警告："说了多少次了，你们如果谁要是不想读了，就直接背起包包走人，别在这里给我当混世魔王，你浪费自己生命就算了，别浪费其他人生命……"

"拜托，谁浪费谁的生命？麻烦'熊猫哥'（九年级学生给刘阳取的绰号，因为他的体形很像电影里的'功夫熊猫'）别来浪费我的生命！"台下有人小声调侃。这群学生就像什么事都没有发生一样，继续该玩玩、该乐乐。

这里是云乡学校，西部一个偏远农业县的一所农村九年制学校，我带着"中国城镇化进程中西部底层孩子们阶层再生产发生的日常机制及策略干预研究"课题来到这里，进行 3 个月的驻村研究和后

作者（李涛）对一位乡村教师进行访谈。在底层学校，教师并未获得持"读书无用论"的学生们的尊重（插图由被访者提供）

续跟踪。

英语老师肖翩实在不想给这帮"讨厌"的云乡少年上课了，一再请我帮代课一周。当我第一次走进九年级课堂，新鲜感让平时上课只是睡觉和打闹的 38 名孩子，竟然集中起注意力。但两天后，他们又恢复了正常节奏，我刚转身在黑板上写下一段长句，他们就在背后将一瓶白酒传来传去，一人喝一小口，等我转身，又装出一副什么都没有发生的样子。

随后，有人睡觉且打呼噜；有人摆出各种不屑的姿态，或望着窗外的高山发呆；有人窃窃私语；有人折各种纸花；有人津津有味地看动漫口袋书；也有人故意迎合课堂节奏，等待着一个词语或一句话从老师口中说出后，无厘头地来一段调侃，故意博得全班哄堂大笑；还有人把课堂提问的机会当成个人喜剧表演时刻。

我算了算，一节 40 分钟的课，至少需要花费 30 分钟以上维持课堂纪律，而仅有的稍微安静的几分钟，不过是少年们玩累了的时候。大部分人并不在意讲了什么，能专注听完一节课的寥寥无几，还常常受到其他同学的干扰。

我和肖老师交流后获知，原来这些学生已经很给我"面子"了——在肖老师的课堂上，他们敢于公开抽烟、喝酒和顶撞。

乡间少年瞧不起他们所能接触到的唯一的"知识代言者"——底层教师。"他们算什么呢？在这个社会里绝对属于被淘汰下来的'产品'了，在社会上也没什么尊严，所以就只有在我们面前装装权威耍耍威风而已。我敢保证，在他们那批同龄人中，我们老师绝对是成绩最烂的差学生，否则他们也不可能到农村学校里来当老师。"九年级男生张洋用蔑视的口吻说。

"他们在我们面前总是自以为高人一等，以为他们的价值观都是正确的，其实傻得很。这个社会成功就是看你钱多钱少，说那么多也没见他们赚多少钱，还总是自以为是地让我们向他们学习。说实话，他们每天赚的钱还不如我们村里出去给人做'刮大白'的赚的多呢，他们一天在学校里'装'得多累啊！"也是九年级的男生叶顾这样描述他的老师。

乡村少年的叛逆，比英国社会学家保罗·威利斯在《学做工》中所描述的工人阶级子弟更甚。农村老师收入待遇和身份地位，强化了学生们"读书无用论"的逻辑。

对于这群不爱读书的孩子，如威利斯所言"乐子总之是可以解决几乎所有问题的法子"，云乡少年"找乐子"的本事一点也不逊色于英国小子和北京子弟们。他们不仅擅长与不同学科的老师周旋，还知道如何在犯错后顺利过关或从轻惩罚。

这天中午，九年级的杨朗因为和女同学分手而在宿舍"借酒浇愁"，下午的英语课上，他酒劲发作，越来越难受，而距离下课还有难熬的 20 多分钟。正好老师肖翮在讲解一个从句的用法，用的案例是杨朗所熟悉的《泰坦尼克号》主题曲，杨朗于是借着酒劲站起来大喊一声"music"，便边跳边唱并迅速地向教室外的厕所移去。师生们刚开始很惊诧，但很快被他夸张的舞蹈逗乐，在哄堂大笑中杨朗成功跑路。

当他再次回到教室时已经下课，肖老师单独盘问他，并察觉了他喝酒的事情。但杨朗有自己的法子，他将这件事绘声绘色地描述成了一段类似《神雕侠侣》中杨过学习"黯然销魂掌"的"侠骨柔情"的段子，很快就将年轻的老师逗乐了，办公室中紧张的气氛烟消云散，杨朗顺势央求老师不要告诉班主任老师。

但常规的"找乐子"显然不能满足云乡少年。他们故意敲碎门窗玻璃、用石子打坏走廊上的灯、用热水浇死宿舍区的树、把墨水泼到教室外的白墙、在教室黑板涂"502"胶水……这些都是为摆脱无聊而寻求刺激的"好办法"。

2013 年 11 月，在县教育局安排下，云乡学校安装了 8 个摄像头。连少年们平时最喜欢待的纯粹私人空间——厕所外围和厨房后边的一块空地，也都分别被摄像头 24 小时监控着。

公开说法是为了保护师生的人身和财产安全，但私下里，张校长告诉少年们："无论你在哪里做什么动作，我都能看着你，所以你必须给我好好学习、不要违规，否则你明白后果。"张校长打算在每个教室里也安装摄像头，这样就可以在全校师生大会上宣布："你们时刻都处于被监控的状态下，所以请诸位好自为之。"

摄像头的存在威胁了少年们的日常行为，他们开始警惕自己是否真的处于监控范围。过去，他们喜欢在厕所外和厨房后边那两块空地上，拿出一支烟点上并彼此传递吸上一口。摄像头安上以后，真正的违规行为被压缩到了厕所之内。

他们会故意用行动来表达对空间权威的不满，比如故意朝着摄像头扮鬼脸、打耳光或者竖起一根中指以表侮辱，有的则故意装作没有看到摄像头，从怀里掏出一支类似香烟的糖，叼在嘴上以吸引老师来"抓捕"。但当老师真的过来抓这位"烟民"时，少年就轻蔑地对老师说："拜托，老师，这是糖，要不你也来一支？"

摄像头下故意的公共性表演，将整个学校变成了一个类似于让·雅克·卢梭所描述的"巴黎剧场效应"一样的巨大"剧场"，而少年们扮演着不同的角色，用一种表演的方式，表达对官方规训的嘲弄与反抗。

在云乡这样的底层学校，更让人头疼的是学生中暴力化的帮派现象。

这是一所寄宿制学校，全校 200 名学生来自不同村落，住宿生活中时常发生暴力冲突和财物丢失事件。高年级学生欺负低年级学生，强迫他们打水、洗衣，夏天甚至让他们到宿舍给自己扇风，冬天抢被子来盖，低年级学生只能两三人挤到一张床上取暖。

为了抵御高年级的欺负，低年级学生施展"弱者的武器"以示对抗。其中一项就是建立"小帮派"，在小范围内集体抗拒高年级学生，但"小帮派"又进一步刺激高年级学生组成"大帮派"来集体镇压。

他们会郑重其事地给对方发送"挑战书"或"邀请函"，并确定本方参与群架的时间和人员，同时要求对方在"应战书"上签名并按下手印。同年级和同班之间的厮杀更为激烈，"兄弟帮"就是在这种同辈群体间相互斗争中组建和壮大起来的。

"兄弟帮"的创始人之一、九年级的李元元说，"兄弟帮"是他在读七年级时成立的，当时班上同学经常被高年级欺负，他们和九年级的"霸王团"因为抢热水打过群架，和八年级的"流氓会"因为晚上打呼噜和讲话也打过群架。

打完群架后，七年级建了一个"兄弟帮"。最开始成员都是自己班同学，后来陆续加入一些经常被高年级欺负的低年级同学。

李元元和同学们建立了一个 QQ 群，群名就叫作"行侠仗义——兄弟帮"，现在规模大约维持在 35 人，其中九年级全班 38 个同学中就有 24 人"入会"，其他 11 人则分别来自八年级（7 人）和六年级（4 人）。

"兄弟帮"没有明确的入帮或退帮规则。李元元说，最开始大家在一起玩闹，混熟了就跟低年级同学说，我们有个"兄弟帮"，你加进来吧，有福同享，有难同当。平时谁被欺负，帮中其他成员要帮忙，如果谁见死不救，就会被清出 QQ 群，算退帮了。

所有成员都要服从帮里的"大计"——必须每天有人出来违规与犯错，以此不断挑战班主任。比如今天把垃圾桶直接丢到学校外边，昨天打坏后门的玻璃，前天把粉笔全部折断丢垃圾桶了……"因为班主任老师对我们管得实在太苛刻了，把我们当机器一样，我们要反抗！"

这学期开学时选班长，在"兄弟帮"的推举下，老大齐磊当选。班主任也没有办法。

如今，"兄弟帮"事实上已经成为新的"欺负者"和"镇压者"，而更多需要抵抗"兄弟帮"欺负的新帮派，正在隐匿中如春笋般不断创生。

（作者为中国社会科学院社会学研究所博士后，北京师范大学政府管理研究院、东北师范大学农村教育研究所、西南大学教育政策研究所兼职研究员。文中所提人名、地名均为化名。）

《悟空传》创作者今何在：
请不要再妖魔化"熊孩子"了

文 / 曹园

15 年前，网络作家今何在塑造了一只无法无天的猴子；15 年后，他反而看不懂网络上"痛打熊孩子"的群情激愤了，他觉得所谓对付熊孩子的方法，本身就是熊孩子式的做法，"弱者愤怒抽刀向更弱者"。

"外国人看见打小孩的就报警，中国人看见打小孩的居然点赞。"网络作家出身的今何在，对如今一些网帖感到很诧异。

8 月 21 日，微博网友阮公子先呵为敬发布文章《不以善小而不为，不以娃小而不撕》，描述了偶遇熊孩子、被熊孩子冲撞，最后"手撕熊孩子"的过程，获得了近 5 万个点赞、3 万多条评论，绝大多数都在叫好。

面对舆论对熊孩子的群情激愤，今何在连发 8 条微博，站在主流网友的对立面给熊孩子"站队"。有读者闹着要脱粉，有人觉得他是"为反对而反对"。

但是今何在觉得自己的观点没错："所谓对付熊孩子的方法，本身也是一种熊孩子的做法。其实大家都是熊孩子，但都认为对方才是。"

他把"人若犯我，我必犯人"归结为一种"熊"的思维方式："每个人在生活中都会遇到很多不顺心的事情，压力很大、情绪不好时常有之。碰撞、剐蹭，这样的冲突每天都在上演。但我们从小受到的教育是，虽然你和别人有矛盾，但并不代表你就可以动手，打架不能解决问题。如果你老是觉得讨厌他就要教训他，这种想法很可怕。"

这位因写了一只惩恶扬善的猴子而曾经大获欢迎的作家，人到中年，反而对时下的网红帖很不解：打小孩的人貌似都没有什么后果，不会被人追究，可以逃之夭夭，甚至发篇文章到网上被人点赞。"直到后来大家会觉得，原来打小孩是一件很爽的事情，是可以用来发泄情绪的一种行为。你面对的不是歹徒，就算是，我们也会劝你不要自己单独一人搏斗。这不是李逵的时代了，考虑后果的人不会这么冲动。"

他抛出另一个问题：假如你面对的不是小孩和妇女，而是一个真正强大的流氓，你是否会去打他？是否还打得过他？

如今的现象，其实不是"你弱你有理"，而是"我打得过你，我就有理"，今何在说，这是"放弃了合法性和正义性的一时痛快"。

"不管这个小孩有多么讨厌，一个真正的男人和侠客绝对不会动手。"接受采访时，今何在正忙于《悟空传》电影的拍摄工作，据说彭于晏演孙悟空。编剧今何在从会议室溜出来，"侠客"这个词出现在他口中如此自然，好像本来就存在于生活之中一样。

对于网络上各种"暴打熊孩子"的段子，他引用鲁迅的话说：强者愤怒抽刀向更强者，弱者愤怒抽刀向更弱者。

"熊孩子没有年龄界限，最可怕的是不自知。"

在 8 月为熊孩子说话而"炮轰"网友之前，今年 5 月，今何在就写过一篇《如何忽悠熊孩子》的长微博。

触发他的是知乎一条热帖，他认为那篇文章以先入为主的方式，将一个小孩自动代入"熊孩子"的身份，顺应了群众的心理，站在制高点将熊孩子"吊打"。

擅长写网文的今何在对原文进行改写，以另一种口吻描述了相同的事实，却呈现出完全不同的"画风"——小孩被熊大人欺负，十分可怜。

这就是文字的作用，今何在说："熊孩子已经被网络妖魔化了。"他厌恶执一面之词的网络段子，写作者有选择性地隐藏和夸大，忽悠读者，熊孩子正在被网文和一群不明真相的群众"塑造"得相当"丰满"。

"就算是法院在处理案件时都会让双方陈述，如果一方发言，另一方沉默，事情将会很片面。每个人都觉得自己无比正义，哪怕是杀人犯也有理可辩。网上这种爽文，变成了专门给大家发泄情绪的文章。"今何在说。

对于另一篇大热的网帖，那个犯错后得到亲戚"鼓励"而在商场用可乐洗琴，面临 19.8 万赔偿的小孩，他认为那是恶意报复，"你会觉得很爽，但你发现他做错时，却教他做更错的事，这么做比那个孩子更加恶毒"。

欺负弱小，并且炫耀自己做了一件解气的事情，这和今何在受过的教育背道而驰。"打架总是两败俱伤，哪怕你能赢，也不是件光彩的事情，拳头硬不代表你有道理。我会觉得打小孩是我情绪失控了，虽然小孩做得很不对，但我这样做也是。"

他甚至不会太苛责网文中那些"放弃教育"的母亲，因为他发现，比熊孩子更可怕的是那些"长大后觉得自己不是熊孩子，但所作所为都缺乏教育和法律意识"的成年人。"熊孩子没有年龄界限，最可怕的是不自知。"

教育孩子的方法很多，"打"是最偷懒的一种。

"我有一个梦，我想我飞起时，那天也让开路，我入海时，水也分成两边，众仙诸神，见我也称兄弟，无忧无虑，天下再无可拘我之物，再无可管我之人，再无我到不了之处，再无我做不成之事。"

今何在的小说都是关于青春成长的，主角无一例外都是富有抗争精神的少年。对于自己创作出来的形象，今何在说，他们虽然顽皮，但包括那只无法无天、自由自在的孙猴子在内，没有一个是熊孩子。

15 年前他创作了"大陆第一本红起来的网络小说"《悟空传》，新鲜的思想和文字击中了一批读者的心，连王家卫都"觉得很温暖"。

他在书中对孙悟空写道："你要记住你是一个猴子，因此你不用学做神仙，你的本性比所有神明都高贵。"他否定的是天庭神仙，将他们塑造成自私和霸道的代表，玉帝、王母和如来都有丑陋的一面。"巨灵神那一类，只敢欺负弱小，碰到真正强大的对手，他就怂了，这才是真正的熊孩子。"

今何在的成长经历也曾叛逆，逃课打游戏被老师抓回办公室训导，但父母从未那样骂他。"我感受到的是父母很爱我，我知道他们是对我好，这样才让我学会了同理去对待别人，而不是因为粗暴和无理。"他觉得严厉不等于"小兔崽子"式的打和骂。教育有很多种方法，但打是最简单、粗暴，也是最省力、偷懒的一种。

即使在最不懂事、爱吵闹的童年，他也没有被打过，"最重要的教育是让你明白道理和分辨对错。所谓家教严厉，是当你第一次做一件事时会明确地告诉你对错，但绝不是用打的方式"。

在他看来，被爱引导的熊孩子，长大后是可以变优秀的，比如《九州·海上牧云记》中将军的儿子穆如寒江。这个"富二代"从小疏于管教，个性顽劣，像小混混一样打架，"但长大了的他变成了真正为国为民的侠之大者"。

《爸爸去哪儿 3》启示录
一帮中国家长被两个外国家长教育了

文 / 咪蒙（作家、编剧）

夏克立和安娜培养了夏天和诺一，这两个孩子简直是美好人格的范本。可以从西式教育中借鉴什么经验、汲取什么能量？这就是《爸爸去哪儿 3》给我们的重大命题。

有人说，作为一个教育节目，《爸爸去哪儿 3》的本质就是，一帮中国家长被两个外国家长教育了。

这两个外国家长，一个是加拿大人夏克立，一个是刘烨的法国老婆安娜。

夏克立教育出最没有公主病的小公主夏天。公主不是等于刁蛮任性、骄奢淫逸吗？夏天说，爸爸告诉她，公主的意思是，要有礼貌、懂得分享以及帮助别人。

而安娜教育出最完美的小王子诺一。如果说其他孩子参加的是《爸爸去哪儿》，诺一参加的则是《宝宝去哪儿》。当被分到烂房子，刘烨忙着吐槽，诺一则吭哧吭哧生火去了。刘烨躺床上，诺一叮嘱他，这是分给你的

从夏克立五彩斑斓的指甲就能看出来，夏克立是个好爸爸。而中国的爸爸和孩子，更像上级和下级，更极端点的，像典狱长和囚犯

牛奶和你玩的橡皮泥。还好刘烨比较懂事，带着他上节目，诺一也算省心。

夏天和诺一简直就是美好人格的两种范本。

为什么我们身边，这样的孩子非常稀缺？

"中国很多小孩是单亲家庭吗？为什么很少看到他们的爸爸？"

中国爸爸在很大程度上就是隐形爸爸——在小区游乐场、在公园、在学校家长会上，最常出现的，都是妈妈（以及外婆、奶奶、保姆组成的亲友团），爸爸成为一种稀缺的存在，以至于很多外国人来中国都会提出一个质疑："中国很多小孩是单亲家庭吗？为什么很少看到他们的爸爸？"

《爸爸去哪儿3》的第一集就阐释了这个命题。一上来，4个中国爸爸都坦承平常陪孩子的时间不够。密室考验，中国爸爸多少都有点儿不知所措。

胡军跟康康有过一次很走心的谈话，胡军告诉康康，他并没有偏心姐姐，他也很爱康康，然后承诺："以后爸爸争取多陪陪你，好不好？"康康："嗯。"然后他掏出爸爸的手握紧。

康康表达的，不过是很多中国孩子的共同心声，希望得到爸爸更多的陪伴。

一项调查显示，七成以上的中国孩子认为爸爸陪伴他们的时间远远不够，平均每天都没有超过一小时。爸爸的时间成了孩子们的奢侈品。一个孩子说：爸爸你现在陪我1天，将来我还你100天，好不好？另一个孩子说：爸爸除了忙就是在家接电话、看电视或者上网，偶尔逗我玩一下，他简直不像我的爸爸，像

邻居家的叔叔嘛。

在中国，陪不陪孩子，从来就不是评判一个男人是否成功的标准。

中国爸爸为什么不陪孩子呢？因为他们丝毫不认为自己有啥错。他们信奉的是，我喝酒、我应酬、我玩手机、我打游戏，但我知道自己是好爸爸。

在中国，陪不陪孩子，从来就不是评判一个男人是否成功的标准。不陪孩子、跟孩子不熟，不仅不会成为一个男人的污点，反而是一大功绩——人家为了工作都到了六亲不认的地步了，多"伟大"、多"崇高"啊。大禹治水的故事不是还广为传诵着嘛，三过家门而不入，听上去是敬业啊，大家争相模仿着，这背后，有多少被稀释的父爱，又有多少患有爱饥渴的子女？

另外一方面，陪孩子的男人不仅不被赞赏，反而与窝囊、娘炮、没出息等负面词汇相关。按照直男癌的说法，一个男人要多 low 才会成天待在家里陪孩子啊，这不是娘们干的事吗？我陪孩子了，我老婆干吗？这不是抢她的活儿吗？

所以，成功男士不陪孩子，因为忙。×丝也不陪孩子，因为不屑。

潜意识里，他们似乎觉得跟孩子若即若离，还显得挺酷。因为在大部分中国男人看来，为孩子赚钱，比亲自陪孩子，更成功、更高级、更有面子。

男人真的忙到一分钟都没有吗？忙是不在意一个人、一件事的借口，像早教专家小巫说的，没有任何一份工作能把人 24 个小时都赔进去，只有重视与不重视。如果你把孩子当成最重要的会议，再忙都能抽出时间。

当爸爸必须要做出价值选择——最重要的是时间上的选择。

反观欧美，爸爸要陪小孩，这是社会公认的价值观。在欧美，抱孩子的、牵孩子的，往往是爸爸。看看明星街拍吧，中国男明星几乎没有拍到跟孩子在一起的，而贝克·汉姆、布拉德·皮特、汤姆·克鲁斯这类全球顶级帅哥，常常是以标准奶爸的姿态出镜。就连奥巴马，都会动不动提到自己女儿，显得自己是个多好的爸爸，可见在西方，家庭在价值排序中占有多重要的位置。

夏克立就说，他花了很多时间陪夏天。当爸爸必须要做出价值选择——最重要的是时间上的选择，把留给工作、留给朋友、留给自己的时间，压缩掉，留出更多时间给自己的孩子。当他决定要小孩的同时，就非常明白，宁愿牺牲掉工作上的成就，也要给孩子充分的爱。

事实上，上世纪 80 年代之前，欧美社会跟我们现在一样。社会学家罗伯特·格雷沃在《美国父亲的责任》一书中提到，美国父亲也并不认为应该把精力放在孩子身上。那时候，父亲还是 father——工作、赚钱、有事业、有责任，是一家之主。最近二三十年，父亲们则越发"贪恋"孩子与家庭生活，对照顾孩子与做家务津津乐道。

很多人说，林永健的教育方式简直就是童年阴影。而这就是中国式父亲的典型状态。

夏克立为什么是个好爸爸？从他五彩斑斓的指甲就能看出来。有几个中国爸爸愿意让孩子给自己涂指甲油，并且涂得乱七八糟？他们会说："我是疯了吗？"

疏离才是威严，威严才是爱，这是中国式父爱的标准。所以中国爸爸在孩子面前，总是端着。

因为他们要扮演那个"正确"的爸爸。正确是什么？一本正经、不苟言笑。是他提出命令，让孩子服从。爸爸和孩子，更像上级和下级，更极端点的，像典狱长和囚犯。

康康非常大气懂事，可作为一个孩子，很多时候让人心疼。因为他哪怕在最亲的人面前，在胡军面前，他的状态也不松弛，特别隐忍。因为胡军也总是端着啊，于是营造了一种"来吧，让我们一起高冷吧"的气氛。林永健就更夸张了，所以当林大竣犯错，他训斥一番，头也不回就走掉。当大竣不敢下泥潭，林永健的选择是强迫他，恨不得把他一脚踢进去。

很多人说，林永健的教育方式简直就是童年阴影。而这就是中国式父亲的典型状态。

他是故意要这样吗？他不是，他只不过按照自己常规的理解去当一个父亲罢了。在传统的观念里，在孩子面前严厉了，凶狠了，就能树立权威。然而有一种更高级的权威，是人格魅力，是和孩子打成一片。孩子信任你、依赖你，所以愿意听你的意见。

夏克立就一点也不凶。密室考验那段，他和夏天玩魔法游戏，他是夏天最好的玩伴。夏天也不敢下泥潭，夏克立用讲故事和鼓励的方法劝她，他是夏天最诚挚的朋友。

聪明的爸爸，懂得在孩子面前卖萌，懂得示弱。他们展示的是人性最完整的部分，而不是一个硬邦邦的机器。所以说，爱不仅仅是陪伴，更是高质量的陪伴。

如果林永健和夏克立分别代表中西教育两大极端，那么，邹市明则是这次中式教育中的一个惊喜。他尽职，但放松，情商很高。所以轩轩特别乐呵，有种西方小孩的傻乐感。最喜欢的一个细节是，邹市明去卖果馅，路上有个爷爷解开了裤腰带掏钱，那里本来有点儿尴尬，但邹市明很自然地说："哇，老爷爷您的钱一定很珍贵。"

其实，当我们在评判这几位爸爸的时候，不正是时代在进步的标志吗？我们已经把是不是好爸爸作为评价一个男人的参数之一了，不是吗？

夏克立以前在《康熙来了》主持节目被说太聒噪，现在他简直是零差评；对许多观众来说，邹市明是谁呀，现在大家都知道，他是个情商很高的好爸爸。所以说，要改变中国爸爸们的观念，我们需要的是时间。

希望中国爸爸能记得：

不要等到孩子伤痕累累，才给拥抱。

不要等到孩子变陌生，才想起陪伴。

如何让熊孩子爱上阅读？

家长不妨扪心自问：我爱读书吗？

文 / 黄纷纷（童书研究者）

童书也好，育儿书也罢，都不是"包医全科"的灵药。并不是任何儿童心理、教育问题，都能通过书本来解决。最关键在于找到问题症结——"熊孩子"的根本问题，绝大部分是出在家长身上。

可以说，除了很少数孩子是先天性的反社会人格或者精神问题，大部分"熊孩子"的养成，是因为家长的教育方式出了问题。"熊孩子家长"的共性通常如此：对孩子的不好品质，比如小气、自私、贪婪、霸道，认为是"孩子还小"、不必教育；对孩子抢东西、打人这些不当的行为，采取默许的态度，甚至暗自高兴孩子"不是个老实人"，认为这样孩子以后才"不会吃亏"、"不会被人欺负"。

就像那句"你永远无法叫醒一个装睡的人"，如何让"不认为自己的孩子是熊孩子"的家长改变他的育儿观？在这个意义上，书本当然是一点用都没有。但对于善于学习和自省、愿意改善自己的家长来说，书本绝对是最重要的"进步的阶梯"。如果家长发现孩子有了"熊孩子"的苗头，或突然痛悟自己的娃是"熊孩子"，只要想找解决的办法，任何时候寻求书本的帮助都为时不晚。

对于想从书里获得教育方法的家长，我认为他们要弄懂三个问题：我自己在情绪 / 性格 / 人际关系上有什么问题？孩子心里在想什么？该怎么样和孩子打交道？很多时候，家长的教育方式出了问题，都是因为他们没有发现自己存在问题，或没搞懂孩子的心理，或用了错误方法应对孩子。所以，学习心理学知识对育儿的意义重大。心理学可以帮助家长认识自己，也认识孩子的内心，更加自觉、理性地育儿。

我在这里推荐两本书，一本是国外学者的作品——《孩子·挑战》，这本美国心理学家鲁道夫·德雷克斯的心理学著作诞生于 50 年前，但最近才被翻译到国内。作者强调，在现代社会里，父母应该以民主的心态对待孩子、尊重孩子，给孩子平等自由，并让孩子遵守规则、承担责任——父母不再居高临下，而是努力与孩子成为合作者。这本书有大量的实例，可读性非常强。

另一本是本土作者的作品——《和熊孩子过招的心理战术》，作者王宏，是心理学者与心理咨询师。书里挠到的都是咱们的痒处：孩子宁愿激怒家长也不愿意被忽视、孩子用磨蹭来吸引父母的注意等。这些案例离家长很近，很能引起家长的共鸣，不是吗？

但阅读爱好并不是短时间就能培养起来的。多数家长都面临同样的难题：我的孩子根本不喜欢读书，那么，如何让熊孩子爱上阅读？

家长不妨扪心自问：我爱读书吗？

只要留心观察，你就会发现，孩子非常喜欢模仿父母的一举一动，哪怕是细微的动作和语气。那么，作为家长——你在家里爱看书吗？如果你很少看书、家里根本没几本书，怎么能要求孩子热爱你买的童书？如果你的空闲时间都在追剧、搓麻将、打游戏，孩子当然也和你一样，不会把读书当成有意思的事情。

其次，如果家长爱读书，请经常陪伴孩子，并且让他知道你的爱好。

曾经有位朋友苦恼地问我：我的两个孩子很不爱看书，有什么办法？我非常吃惊，因为这位朋友学富五车，绝对是爱书之人，他的孩子居然会不喜欢看书？一问才知道，这位朋友长年和妻儿分居两地，两个孩子由母亲一人抚养，平日辛劳无比，几乎没时间看书，所以两个孩子并没有机会养成阅读的习惯。孩子上小学了，父亲才发现这个问题。所以，家长如果只是自己爱读书，但疏于陪伴孩子，没有机会让他们了解你的爱好，孩子也很难养成阅读习惯。

如果你有意识地常常陪孩子读书、创造各种阅读的条件，你又是否知道怎样让孩子真正享受阅读？

有家长说："我要求孩子读完书后，讲讲书中的内容，他总是不肯。"也有家长说："我孩子只喜欢看自然类的书，我想他多看一些世界名著，他就是不愿意。"我对他们的回答是："不要强迫孩子说'读后感'，不要强迫孩子读某一类书。读了书就有收获，并不需要像语文考试那样归纳出来。孩子有读书的兴趣方向是好事，应该鼓励他读这个方面更优秀的作品，而不是强迫他改变阅读的方向。"其实，这些家长都过于急切地想看到孩子阅读的"成效"，或者希望孩子朝自己设定的方向进步。但这些行为不仅不会达到效果，还会影响孩子的阅读兴趣或与家长沟通的兴趣。

家长应该做的是，从小培养孩子对读书这件事的爱好，提供尽可能多样的童书选择，给孩子一个宽松的阅读环境，让他觉得做这件事是依据自己的喜好而不是为了满足别人的要求。然后，当他找到阅读兴趣方向时，尽可能地支持他发展兴趣，而不是压制他的爱好。给孩子一个宽松自由的环境，相信他不会让你失望。

哪怕是对熊孩子，也应该秉承这样的原则，培养他阅读的兴趣。家长更要考虑他们的特性，多选择一些符合他们天性的童书，更有利于他们发泄多余的精力，或满足无穷的好奇心……我也尝试列一个书单，也许可以更容易地让熊孩子爱上阅读。

95后，我们可以谈谈吗？

给大人的书单

《大自然是最好的课堂》

［韩］郑真姬著，王佳译，中国画报出版社 2014 年 4 月版，38.00 元

书里介绍了 80 多种在自然中游戏的方法，树叶、种子、泥土、石头都可以做游戏，保证让熊孩子玩个过瘾。

《和孩子一起 DIY：85 件绿色环保玩具》

［韩］郑志莹著，朱健桦译，电子工业出版社 2013 年 4 月版，58.00 元

85 种用环保材料——也就是家里常见的东西——制作玩具的方法，非常简单实用，很容易就能和孩子玩起来。

《孩子·挑战》

［美］鲁道夫·德雷克斯、姬·索尔兹著，甄颖译，生活·读书·新知三联书店 2015 年 1 月版，48.00 元

既有理论建设，又有实操指导，教你如何应对熊孩子。

《和熊孩子过招的心理战术》

王宏著，清华大学出版社 2015 年 1 月版，39.00 元

很"接地气"的育儿指导书，告诉家长如何结结实实地和熊孩子过招。

给孩子的书单

《野兽国》

［美］莫里斯·桑达克著，宋佩译，贵州人民出版社 2014 年 6 月版，36.00 元

绘本大师桑达克的成名之作。用隐喻的方式告诉孩子如何克服坏情绪。

《男孩的冒险书》

［英］康恩·伊古尔登、哈尔·伊古尔登著，孙崭译，广西科学技术出版社 2013 年 9 月版，58.00 元

如何搭建树屋，如何用纸做一个水"炸弹"，如何折出世界上最好的纸飞机……书中所教的技能足以折服每一个爱折腾的熊孩子。

《长袜子皮皮》

［瑞典］林格伦著，李之义译，中国少年儿童出版社 2013 年 1 月版，28.00 元

自由、勇敢、力大无穷、敢于挑战权威的长袜子皮皮，是半个多世纪以来无数男孩女孩的偶像。

《丁丁历险记》（共 22 册）

［比利时］埃尔热编绘，王炳东译，中国少年儿童出版社 2009 年 12 月版，440.00 元

一百年前，丁丁就带着他的小狗白雪走遍了全世界，经历无数历险故事。

在教育熊孩子之前，大人请先以身作则

文 / 谭山山

加拿大 6 岁女孩"教育"自己妈妈的视频红遍网络——妈妈雪莉再一次和前夫爆发争吵，6 岁的狄安娜打断了他们，坐在楼梯上，一本正经地开始跟妈妈讲道理："妈妈，你准备好和他（雪莉前夫，狄安娜的爸爸）做朋友了吗？那么，试着不要用高高在上的姿态做朋友，我希望你们都能'放低'（姿态）……""我不希望你们相互那么刻薄，连朋友都做不了。""我希望妈妈你、我爸爸以及所有人都是朋友，我希望大家脸上都挂着微笑。"

这段视频感动了万千网友。人们惊叹于小姑娘的成熟，也有人由此比较中外亲子关系的不同：在国外，父母子女之间是平等的；而在国内，不少父母抱着"我是你爹 / 妈，你就得听我的"的心态。刚上《爸爸去哪儿 3》时的林永健就

是因为这种心态，被儿子林大竣称为"魔鬼"。这提醒我们，在对孩子没辙、称他们为"熊孩子"之前，是否应该反省一下，自己是不是"熊大人"或者"怪兽家长"呢？

关于"怪兽"，小姑娘狄安娜也有自己的见解："如果我们活在一个大家都坏坏的世界，到最后大家都会变成怪兽。如果这世界只剩下一点点好人，我们还把他们吃掉了，怎么办？那这世界就没有好人了。"所以，她的结论是：我们都要努力当个好人，这世界才会好。

"怪兽家长"（Monster Parent）的说法来自日本，用以形容那些对自家孩子呵护备至甚至为此向老师提出种种无理要求的父母。日剧《怪兽家长》就集中体现了这些家长的奇葩行为：

有个妈妈冲进球场质问老师："为什么我家孩子一直当后备队员？"

有个爸爸控告班主任老师勾引他读小学三年级的女儿，因为老师在作业本上写了句"老师最喜欢了"。其实那是老师写的评语，原话是："努力学习的孩子，老师最喜欢了！"

有个爸爸觉得班主任老师太帅，会让女儿学习时分心，要求学校换老师。

还有个妈妈因为自家孩子玩耍时不慎摔伤，为免学业落后，竟然向校方要求孩子就读的班级停课，直至孩子痊愈……

在美国，类似的说法是"直升机家长"，指那些时刻在孩子头顶盘旋，希望掌控孩子一举一动的家长。几年前，美国曾出现21岁女大学生控告"直升机家长"的案例：艾利兰是独生女，在远离家乡的俄亥俄州上大学。她父母除了经常驱车近一千公里到学校探望，甚至在她的手机和电脑上安装监控软件。正是后者让艾利兰忍无可忍，把父母告上法庭。

这对美国"直升机家长"在中国能找到不少同道：他们不仅送孩子到大学报到（每年开学季记者总能拍到家长们在大学体育馆或食堂过夜的壮观照片），甚至辞职（多半是妈妈）在大学附近租房，以全方位照料和

1996年，王朔电影处女作《我是你爸爸》的剧照。这部电影讲述了一个丧妻的机关小职员与儿子之间日趋紧张的关系——时而滥施暴力、时而称兄道弟。但最终父子之间仍然存在着不可逾越的鸿沟

173

监督孩子的生活。不同的是，中国子女们不会因此控告自己的父母，反之，他们甘之如饴，觉得父母的照顾是理所当然的——想想为了让自己儿子在后排睡得舒服点，让六旬母亲坐到后备厢的江西男士。

香港资深媒体人屈颖妍承认，自己有了孩子、当了全职妈妈后也渐渐变成了"怪兽家长"。在她看来，"怪兽行为"源于溺爱，爱没人会嫌多，只是大家都没看到过度溺爱的后果——"怪兽家长"培育出来的儿女，可能精通琴棋书画、会多门外语、有这个证那个证，一屋子奖状和证书，偏偏没有一张是会做人的；伴随着生活自理能力的低下，社交能力、抗压能力、自我管理能力、独立决策能力等也全面告急。

作家 D.H. 劳伦斯说："如何开始教育子女，第一原则是：不要管他。第二原则是：不要管他。第三原则是：不要管他。这就是一个完整的开始。"但"怪兽家长"们会回他一句：等你有了孩子就知道了。

不知道"怪兽家长"们会不会同样对鲁迅先生表示不服——1919 年他写出《我们现在怎样做父亲》时，也还没有做父亲。但他总结的关于父母对待子女的三原则，在今天仍然适用：健全的产生，尽力的教育，完全的解放。

鲁迅说，当好父母"是一件极伟大的要紧的事，也是一件极艰苦困难的事"。在他看来，中国流传的教育子女的成法，谬误甚多：其一是锢闭，"以为可以与社会隔离，不受影响"——金星在上《鲁豫有约》时，理直气壮地表示，自己养女儿是按照传统方式来的，"我女儿放在我们家四楼，给放在闺房，平时不许下楼的"，但她儿子不用关在家里。

其二是教给子女恶本领，"以为如此才能在社会中生活"——香港戴姓男教师在网络开设专页"90 后教师决战怪兽家长"，吐槽"怪兽家长"，其中就有家长教女儿吸烟减压，以及叫儿子发信息骂老师吃屎。

其三是给子女"传授些周旋方法，教他们顺应社会"——比如在子女"竞选"干部时代写演讲稿、出谋划策甚至出钱"拉票"的父母。

以上举例的种种父母，无疑属于"熊家长"。作家马伯庸说过，其实"熊孩子"只是个错觉，实质上都是"熊家长"。不想养出"熊孩子"，那你就不能当"熊家长"。比如台湾作家杨照的女儿经，就是不能把女儿宠坏。他母亲也就是女儿的奶奶说过，小孩不能宠，宠坏了就麻烦，害了自己还会害人。所以，对他来说，"不把你宠坏，是我做爸爸最基本的责任，是对你的责任，也是对将来要跟你相处的人的责任"。那么到底该怎么做？杨照经过多年的思考和试验，认为最有效的方法是明确告诉女儿，什么是自己认为被宠坏的小孩会有的行为，然后每隔一段时间就问女儿："我是不是把你宠坏了？"他发现女儿会认真对待这个问题，也会认真地回答："没有吧！我并没有……"

而杨照这样理解"养儿防老"："小孩可以保存我们年轻时的理想、梦想。""当遗忘理想、梦想时，对我们提醒：'你以前不是这样教我的！'当我们可能动摇，可能受到诱惑走上不正直的路时，对我们抗议：'不可以这样！'"年轻的小孩回过头来保护父母，不至于被时间侵蚀，遗忘或遗失了自我，这才是"养儿防老"。

这确实是父母子女所能达到的一种理想状态。有了这样把人生经验、原则倾囊相授的好大人，下一代才不会变成"熊孩子"。

杨心远油画作品《微鲸一号》

微鲸一代——互联网原住民生活方式报告

当 Internet 将时代一网打尽，原先板结的、同化的社会便无法避免地粉碎破裂——微、碎、独成为这个时代的特征。

80后，这群把主要成长历程融入互联网的中国人，成为第一代互联网原住民。

人是渺小的，我们生来孤独。在网络的潮涌中，80后变成了节点，交往幻化为数字，他们曾有"形单影只"的童年，从小就是"独立的个体"，童年被关在屋子里看电视，青年只能在互联网上孤独前行。

他们被迫宅在家里，学会和自己说话，似乎天生就会用电脑；他们渴望交流，也拒绝交流；他们赶上了物质急速富裕的快车，却又只能凭着自己的力量在车上艰难觅食——房子、车子还有婚姻，生活很诱人，代价很昂贵。

但80后仍然顽强地找到了自己的生存原则，微弱，但有着独特的人生观；孤独，却可以聚合出左右世代的力量。最重要一点是，他们正成为社会的中坚力量，他们叫"微鲸一代"。

《新周刊》通过对"微鲸一代"的深度剖析，试图找到这个时代的某种特征，展现他们千姿百态的个性生存，从而走入80后的灵魂深处，并试图由此揭开这个时代的底牌。

互联网催生微鲸一代

文 / 宋彦

世界上最著名的一头鲸，可能是赫尔曼·梅尔维尔笔下的"白鲸"。《白鲸》这部作品曾激发海明威写出《老人与海》。正如偶露峥嵘的鲸的性格一样，《白鲸》发表时是 19 世纪，一直为世人所忽略。直到 20 世纪 20 年代它才"显露"其巨大的身躯，并被称为"美国资本精神"的体现。

该书讲述了亚哈船长与白鲸的生死搏斗，在经历无数次的大航海冒险以后，以双方玉石俱焚而告终。人们将作者惊呼为"美国的莎士比亚"，并且在这部宝藏式的著作中各取所需，都能找到自己想要的部分。

社会学家认为，这部作品发生的时期，是以"资本和利润"为推动力的历史新开端，征服和占有大自然成为题中应有之意。

美国心理学家弗罗姆在《占有还是生存》（1976）一书中对此有过深刻的论述，他认定"18 世纪的资本主义逐步地发生了一种深刻的变化，经济行为与伦理学和人的价值观念分离开来"。

他认为资本主义已是"一个有着自己的动力和规律的运动着的系统"。他分析了"重占有"和"重生存"这两种不同的生存方式，他说："这两种生存方式的区分以及爱活物和爱死物这两种不同形式的爱，是人类生存的至为关键的问题。"

"爱死物"（占有）一旦合法化，就能为整个资本主义体在更大的海中无休止地占有，清除征服者的心理障碍。

从"鲸"到"微鲸"，被互联网改变的生态。

如果说"白鲸"是资本主义初期的象征物，也就是工业化大革命时代的精

95 后，我们可以谈谈吗？

神图腾，其冒险、嗜血、激情、占有的本能得到极大的释放，那么在如今这个资本主义后期，技术化的发展从"工业革命"进入"信息革命"（周有光称之为人类社会的第三次巨变：从农业社会、工业社会到信息社会，且每一次周期都缩短），"鲸"是否仍然是其象征物呢？

答案是显而易见的，"资本"与"鲸"似乎有天然的联系，它既是庞然大物，又有着高智商。而且"鲸"样式可爱，不像"大鳄"那样令人害怕。

而在互联网时代，"微"、"碎"则是其形态，从底层"涌现"是其本质。互联网时代的"迭代"，是"数量"的变化：当某一种"微碎"的力量发展到一个临界点之后，即产生"质变"，从微小变得庞大；另外，从"时间"上的变化来看，时间也是越来越快，"摩尔定律"在不断提前。

因此，类似于"微"和"鲸"这样的结合，的确是互联网时代的产物。处处都有"微鲸"在游动、掠食。并且，当它一夜之间长大并浮出水面时，是让人惊呼的事。

从动物行为学来看，整个自然界演化的过程，"智人"的出现即是"微鲸"的一代。因为只有人满足了"体型不大、脑容量很大"的特点。而这就是"微鲸"的特征。那些体量庞大、智商也很高的陆地动物如恐龙早就消失了，因为它们个头大，"抗饥饿"的能力低。而据说是人类远祖的"鲸类"（哺乳动物），则回到海洋中"潜伏"下来。

如今的"微鲸一代"，则是那些成长于互联网环境下的年轻人。他们的代际模板是80后和90后的一部分。他们在嗷嗷待哺的时候，恰逢"世界是平的"，他们接受的信息和营养来自全世界。家长、学校和本土环境并不能局限他们，他们从一开始就懂得地球是一个"地球村"。

有人将各个代际人群做了个比喻："或许60后是猛虎，经历过动荡的时代，自带沧桑感和侵略性。70后是狡兔，经历过贫穷，也享受过市场经济的红利，不分对错，只问利弊。90后是刺猬，自带防御武器，内心脆弱柔软，却外表带刺，不愿彼此接近，沉迷于自我的小世界。"

不管这种说法对不对，至少80后经历过两个截然不同的时代，在大时代里他们显得微小，但互联网和改革开放却让他们有了发声和改变社会的力量。

微鲸一代曾经被忽视，但一夜之间他们成为庞大的主体。

他们是"微鲸一代"的典型群体，这二三十年来的变革让他们随时代漂泊，他们曾被称作"蚁族"和"飘一代"，是微不足道的个体。但近几年，他们的互联网思维和国际视野开始起作用，他们虽微小，却有着前辈不可相比的巨大潜力。

曾被评为"新激进分子"的一代已经开始集体致青春。2004 年，作家春树登上《时代》周刊亚洲版封面。那年，春树 20 岁，她穿着黑色皮夹克，上身前倾，冷漠地望向镜头和读者。在杂志内文《新激进分子》中，写作者春树、朋克青年李扬、黑客满舟以及令教育界头疼的韩寒成为主角。他们辍学、早恋、少年成名、崇尚自由主义，他们是西方媒体眼中的"中国 80 后"。

在相当长的一段时间内，春树和韩寒等一批少年作家成了"中国 80 后"的代言人。社会学家和媒体用"另类"来形容他们，这一如今看来早已过时的词汇，在当时代表着叛逆、消极、自我中心……

和今天的 90 后一样，80 后在质疑声中成长。专家和媒体用审慎的眼光盯着这群他们制造出的"独一代"。温和者说，他们是拥有独立思想的一代。激进者说，他们是道德沦丧的一代。一个 80 后有六个人宠爱，他们却和电脑、电视更亲近。报告文学说，他们是"中国的小皇帝"。

11 年后，32 岁的春树已为人妻，虽仍抽烟喝酒，但已不留恋 live house 里的摇滚青年。韩寒 33 岁，做过少年作家、知名博主和赛车手，如今是"国民岳父"和高票房导演。他不再与作协吵架，转而卖腐、晒女儿。退学少年李想不像人们料想中那样昙花一现，这位 34 岁的汽车之家 CEO 已经拥有 18 年的创业史。

"微鲸一代"曾经有"形单影只"的童年，他们从小就是"独立的个体"：他们是独生子女政策的直接受益人和受害者。家庭财富和关注力的全面集中，让他们中的大多数过上了衣食无忧的生活。尽管他们也坐过爸爸的 28 凤凰自行车，住过父母的职工宿舍，玩具的种类也曾少得可怜，但这些和 70 后共享的记忆在 20 世纪 90 年代后基本结束。

随之而来的是孤独的童年和少年时光。身为 50 后、60 后的父母尚不懂儿童心理学，他们把孩子反锁在屋子里，家门外的世界不安全，独苗一棵，不容有失。

"微鲸一代"习惯了"孤独指南"：80 后是被迫宅的一代，他们学会了和自己说话，学会了给电视机降温，也学会了偷用父母的电脑，用简单的 DOS 系统，画出左右对称的单线条图形。他们从交笔友变成交网友，他们渴望交流，也拒绝交流。

"微鲸一代"有自己的谋生、谋食、谋取财富的方式，但本质上他们是缺乏安全感的，因此他们四处游弋：他们在改革开放和市场经济的变革中感受到了金钱的价值。他们或多或少地收到过亲戚从深圳带回来的新玩具，抿过苦涩的咖啡，玩过质感粗糙的大哥大。他们在少年时至少搬过一次家，从拥挤的职工楼到相对宽敞的商品房，终于拥有自己的

2013 年 8 月，南京模幻天空航空科技公司无人机展览，吸引了很多 80 后航空迷

独立天地。他们中的一些人经历过父母的下岗或下海，或尝过世态炎凉，或体验过物质急速丰裕所带来的优越感。因为赶上过物质贫乏的尾巴，他们比玩着苹果电脑、进口玩具的 90 后更渴望财富，更缺乏物质层面的安全感。

"微鲸"们同样面临严酷至死的教育环境：80 后接受了特别拧巴的义务教育，他们的学习压力空前大，经历过教育断层的父母把全部希望寄托在孩子身上。他们赶上了千军万马挤独木桥的时代，学奥数、学新概念、学应用题大全。他们偏偏又赶上了空有口号的素质教育，学不踏实，更玩不明白。

从这一代起，高等教育从精英化向大众化转型，高校每年都在扩招，大学学历不再值钱。他们或许会是中国历史上研究生和博士最多的一代——大学生过剩，就业岗位有限，只好不断刷学历。

是什么造就了"微鲸一代"？

然而，是互联网将他们培养成"微鲸"。他们中的一部分是中国互联网的第一代原住民，透过眼前的屏幕了解世界。BBS、聊天室和 MSN 让他们找到属于自己的族群。"网瘾少年"四个字曾经常见诸报端，每个中学教师都有把学生从网吧揪出来的经历。

那时，很少有人意识到，从 80 后这一代起，互联网将成为和白米饭一样的生活必需品，一大批 80 后、90 后将因互联网而一夜成名。

中国的自费留学潮也是从 80 后开始的。父母完成了原始积累，一部分 80 后

不需要再挤高考这座独木桥，有钱的学霸去美国，有钱的中上等生去英国，有钱的中等生去澳大利亚，有钱的都能去新西兰。在国外，他们不再是穷酸的公费留学生，他们旅行、混酒吧、交外国朋友，他们真正开始尝试用西方人的价值观和思维方式权衡世界。

因为互联网以及走出国门，他们开始热衷于美剧、好莱坞和日本动漫，他们把《老友记》和《成长的烦恼》视为陪伴自己成长的少年记忆——像那些真正的美国人一样。

他们在 BBS 上圈地，建立自己的权威，第一批"网红"从西祠胡同发迹，榕树下培养出的作家不比新概念作文大赛少。

他们也是中国第一代"二次元人类"，在与三次元平行的世界里一砖一瓦地构建了属于自己的天地。

30 岁上下的"微鲸一代"已经逐渐成为社会的中坚力量，连门槛最高的政坛也为他们敞开大门。微小的他们开始掌握话语权和制定规则的权利。

他们找到了成本低廉的表达方式和自我实现方式。他们在微博上扯淡、编段子，也在微博上参与公共讨论，草根大 V 的影响力不容小视。

他们先追求自我实现，如果自我实现的同时能有点社会意义就再好不过。小而美是他们信奉的哲学，他们开沙拉店，顺带影响中国人的饮食习惯。他们卖化妆品，推崇成本低廉的美丽。他们开手作店，在快销的时代找回慢的美德。

即便是公务员和普通的工作岗位，他们也开始克制官话和等级观念。他们不像 90 后一样直接对抗权威，他们只是不再那么容易被洗脑，独善其身的同时，做点情理之内、力所能及的改变。

他们不容易被情怀和理想主义煽动，他们不愿加班，除非给他们足够的钱。

他们的家庭观念也远不像专家学者预测的那样不靠谱。和 70 后相比，他们中的一些人甚至有早婚的倾向——离不离另当别论。

成为中坚力量的"微鲸一代"正在经历另一轮过渡期——从物质主义价值观向后物质主义价值观转变。前者以经济增长为最高目标，后者对环境、公共事务、实际福利和个人感受更为关注。

在吸引眼球的 90 后面前，对于 80 后的争议正在平息。关注少了，误解就少了。当下，定义"微鲸一代"的价值还为时尚早，他们的影响正由显性向隐性过渡。或许，十年之后，他们又将被重新定义。

蒋方舟：走过无数次的路，从未到达

自述 / 蒋方舟

蒋方舟生于 1989 年。作家，《新周刊》副主编。

2008 年，日本导演押井守拍了一部动画片，叫作《空中杀手》。

故事讲述的是在没有战争的和平年代，为了让人们了解和畏惧真正的恐惧，发明了用于观赏的表演性战争。驾驭着战斗机参与空中作战的是一群特殊的战士。他们叫作"Children"，是一群"永恒之子"，肉身永远停留在少男少女的阶段，心智却因为不断的成长而变得万分疲惫；他们吃喝嫖赌昏天黑地，唯一的结局，就是在战争的对决中死去。然后，新的克隆少年出现。

永恒之子的命运不断循环。他们并非被圈养的傀儡，却始终无法成年。

就动画片而言，《空中杀手》的题材未免过于沉重。整个画面笼罩着东欧电影一样缓慢而阴沉的色彩，节奏慢得经常会有人误以为卡住了，在 B 站上观看时，不时有弹幕发出"还有人吗？"这种孤独的召唤。

可当动画临近结束，主角妄图和这循环的生命抗争，却依然失败，葬身于天空之时，画面中只剩下青天之下一只狗，却让人无法抑制地怅惘。

拍摄这部动画片时，押井守已经年近六十岁。他选取这样的故事来拍，因为他意识到自己已经成了青年人的长辈，有些话，想对下一代说。

他没有选择拍一个热血的故事，也没有去追忆让人惆怅的青春之美，更没有摆出导师的姿态用隽永的语调教导这一生该如何过才好，而是为青年人摆出一个几乎无解的终极难题，并且残酷地告诉他们：别相信"世界因你而不同"的谎话，趁早放弃梦想吧。

押井守说："在现代生存着的我们，衣食富足却不知礼节，身边充斥着各种各样的事物和信息。由于基因技术的进步，连永远的生命都可能得到的我们，到底应当在这缓慢度过的一生中如何生存呢？知道这个问题的答案的，不是我们大人，而是将在未来生活的年轻人——那些不停地寻找生存的意义，怀着对大人们空虚语言的迷惑，不得不在混乱的未来生存的年轻人。他们就是拥有永远时间的'永恒之子'。"

他们就是永恒之子，我们就是永恒之子。

我仿佛卡在一个巨大玻璃瓶的瓶颈之中：既脱离了瓶底封闭的少年时代，也无法向瓶外的成年世界妥协。

我身边有一大批和我一样，不愿长大，也无法长大的年轻人。我们既不愿意接受成年世界的规则，也无法心安理得地享受社会对于年轻人的赞誉。

我今年 26 岁，跟 90 后相比，已经是上一代人。前段时间，我频繁地去大学跟学生交流，发现自己不得不承认一个事实：两代人之间永远隔着一道讥讽的帘子，几乎没有任何经验能够穿透这层透明的薄纱。大学生们希望从我身上获得成功的经验，当发现我能说的只是某种古老生活的陈词滥调时，他们难以掩饰失望的眼神。

我的成长是由书本构成的，小说是第一和唯一的现实，任何与文学准则相悖的生活，在我看来都是琐碎且无意义的。而我所崇敬的对象，也是最书生气的一代。比如等一块布变旧的胡金铨，等一朵云飘来的侯孝贤等。

忽然有一天，我发现这一代创作者的生活和创作方式，竟然已经被粗暴地宣布为"失败"和"落伍"，而他们自己也放弃了抵抗。

去年冬天，我去看一个导演的作品首映。在电影播放之前，导演带着笑嘟囔了一句："这个时代都这样了。"观众带着同情和理解，笑着附和。随即开始播放电影，一对俊男美女所主演的"充满了时代气息"的电影，迥异于这个导演之前的作品。

在感觉到文艺的力量式微时，这个导演代表了一种选择：时局太坏，破罐破摔。娱乐至死，至死方休。

他们迷失得很真诚，而曾经把他们视为方向的我，是该放弃过往的准则，还是继续匍匐前进？我仿佛卡在一个巨大玻璃瓶的瓶颈之中：既脱离了瓶底封闭的少年时代，也无法向瓶外的成年世界妥协。

那些不愿意完成转身的年轻人，只能遁身于虚无的正能量之中。

我坐地铁时经常看到一幅有趣的场景：地铁墙壁上贴着巨大的广告画，画上是反戴棒球帽，手指上旋转着篮球，脚下还踩着一块滑板的年轻人，旁边配以"无极限"之类的宣言。正对着广告画的，是同样的年纪，疲惫地走在上班或者下班路上的年轻人。

每到这时，我就会怀疑所谓"充满活力的年轻人"只是商家营造出的幻觉，现实里只有一群厌倦的年轻人。

仿佛是押井守动画里的画面重演：高楼大厦，精密仪器，有条不紊的交通工具，然而行走在其中的每一个人都疲惫而空洞，千人一面。生活在"过度使用的乌托邦"中的年轻人。生活在"没有末日的末日"中的年轻人。

押井守的青春在 20 世纪 60 年代度过，那是革命青春最激情的时期，左派青年投入各种抗争：反越战、反美帝国主义、反体制等。当时采访过学运领袖的记者川本三郎，后来把他那个时期的经历写成《我爱过的那个时代》。

他在书中写道："那个时代，有死，有无数的败北，但那个时代是无可替代的'我们的时代'。不是自我中心主义，而是我们主义的时代，任何人都试着为别人设想。把越南被杀的孩子们想成自己的事，对战争试着表达抗议的意志，试图否定被编入体制内的自己。我只想把这件事珍惜地留在记忆中。"

他爱过的那个时代，是思想能直接转化为行动的时代，是犬儒不再是答案的时代。

而到了押井守拍摄《空中杀手》的新千年，这个时代早已逝去。

这和当下何其相似，我们这群生活在繁荣与进步中的青年，被剥夺了改变世界的能力和责任，无法靠个人的力量改变现实。

我认识一个大学时常写针砭时弊的文章，也想过当"意见领袖"的年轻人，如今已经成了"创业领袖"。他说："我衡量人的标准就是你赚多少钱。"

他成功地完成了转身，从抗争规则的"Children"变成了鼓吹规则的成年人。并且，他让自己的转身，成为成功的范本。

而那些不愿意完成转身的年轻人，只能遁身于虚无的正能量之中，手握彩笔涂那本永远也涂不完的《秘密花园》，消除并不存在的"压力"，以重复动作代替了思考。

写得越久，就越了解自己，觉得能改变的其实甚少。

我写作已经很多年，写得越久，就越发觉得自己像一只鼹鼠，用打洞扒出的土造山；写得越久，就越了解自己，觉得能改变的其实甚少；写得越久，就越容易被自我怀疑所侵蚀。

而这些年，我听过最励志的"心灵鸡汤"，亦是来自《空中杀手》。主人公在最后一次和成年世界决战前说道：

"即使是走过无数次的路，也能走到从未踏足过的地方，正是走过无数次的路，才会景色变幻万千，这样还不够吗？"

顾晓明：80 后的生活方式需要重新认识

采访 / 曹园

如果要给 80 后描绘集体肖像，一半是父母辈艰苦时期遗传下来的愁眉苦脸、自卑、天赋和后天皆不足的模样，一半是后来互联网时代能学、能玩也能创业的模样。

范畴化和类别化是很恶劣的社会现象。从文化大革命一直到现在，最坏的东西就是把人分类。星座分类也好，生肖分类也好，血型分类也好，把人的类别分得很细小。那么，到底是按星座分类合适还是按年代分类合适？其实不管你是 90 后还是 80 后，水瓶座就有水瓶座的气质，AB 型血就有 AB 型血的特征，所以我不太赞同

顾晓明（复旦大学教授）

简单用年代来概括人群的方法，这是前提。80 年代出生的个体各式各样，人数那么庞大，不能简单分类。

互联网不全是 80 后的，比他们小的 90 后也开始同步接触。

不同年代出生的人，面对的物理环境和知识环境完全不一样。我是 40 后，出生时看不到电视，但 80 后一出生就有了屏幕。我的儿子生于 1981 年，和 IBM 个人电脑同时出生，所以 80 后这个年龄段的人，伴随着个人电脑的成长而成长。而 2010 年出生的孩子，所面临的外部环境是各种平板电子设备和互联网，他们对此非但不大惊小怪，而且认为理所当然。我的上一辈人基本没有太多文化知识，但 80 后的父母一般来说都有些教育素养，尤其是城市人口，育儿方法、健康卫生教育已加注意。所以，80 后的不一样，不仅仅是他们出生后物质条件的不一样，还有他们家庭文化遗传的不一样。

80 后也并不是最早接触互联网的一批。我在 1989 年开始关注互联网，1993 年，美国就已经可以上网，我免费用了 Prodigy 网络一个月，回来后主编了中国最早的网络文学《草鸡看世界》。我女儿是 70 后，她上网也很熟练。70 后是开始流行网络文学的一代，她是第一代网络文学青年，算是韩寒的师姐。我儿子是 80 后，他在美国时经常逛 Egghead 电脑软件零售店，自己琢磨各种软件，学得很快。我家收集了很多 CD-ROM；家中的电脑从长城机开始，随着时间不断更新换代，孩子在其中成长。虽然未必典型，但也是缩影。

互联网 1995 年以后逐步开始普及，到了这时，80 后才有可能真正上网。而当 80 后开始上网时，比他们小的 90 后也开始同步与互联网接触。严格来讲，真正大规模地上网是 2000 年以后。那时，网络文学作品《悟空传》开始火热，我推荐给出版社出版，但他们还不太认同。整个中国的网络文学氛围还很滞后，但 flash、cosplay 等开始流行。后来我儿子编写了韩国动漫 Mashimaro（流氓兔）和中国娃娃的纸面本、《中国动漫十年》、《网界辞典》等书。

我在 1999 年发表的一篇文章里谈到，从 1919 年到 1999 年，中国由白话文进入网话文时代。网话文始于 1999 年，用 6 个字解释它，就是"万联、即时、互动"。人类书写方式的变化，引起了文化形态和心理结构的突变。在中国，最早从没有文字到甲骨文，心理和文化能力快速成长；然后繁体字出现，书同文、大一统；再后来有了白话文，中国进入了现当代时期；而现在有了包括火星文在内的网话文，全媒体的移动的社交通信及其文化和物质生产的方式，则是新互联网时代到来的一大标志。

80 后刚刚使用互联网时，需要花费的地方很多，装机很贵，网费不便宜，只有简单的门户网站和一些小型网站可以浏览，所以他们当时不会大规模地使用网络。互联网不全是 80 后的，但 80 后可以说是钢琴的一代！这一代人弹钢琴蔚然成风，虽然家里不富裕，但不少父母开始让孩子学习这门艺术。他们还是考分的一代！70 后表现不明显，80 后开始变质，到 90 后就已经以分数挂帅，教育完全堕落。从这个意义上讲，80 后的标志并不在于他们是否属于互联网的一代人，由于环境的变化，他们还会呈现出其他不一样的特征。

80 后是喜欢装机的技术控，美剧《生活大爆炸》里的人物很像这一代人。

使用网络还比较昂贵时，80 后中的先进分子会尝试研究各种软、硬件。因为买不起整机，他们的互联网消费习惯是喜欢装机，以及玩主机游戏机，这是那一代人做得比较多的事情。虽然不是很高级的技术控，但他们还是很爱钻研电脑。所以，80 后这一代人大多比较一本正经。生活在同样的思想环境里，就会有同样的某种心理素质。他们学编程语言，学装机，某种意义上讲，美剧《生活大爆炸》里的人物很像 80 后这一代人。

2000 年后，我女儿何从编写了一本书——《80 年代的宝贝们》，由二十一世纪出版社出版，是全国第一本关于 80 后的书。同时，她主编了任职的青春杂志中的一个专辑，标题为"很爱很爱钱"。这句话可以概括 80 后这个年龄段人群的某种状况，即在拮据的家庭生活中出生，到了青少年时期，可以谈钱甚至可能自己想办法开始赚钱了。

中国网络文学有两个儿子，一个是韩寒，另一个是郭敬明。韩寒还保留了 80 后的一些内在气质，开餐馆，办读书会，玩赛车，无论是爱技术还是爱写作，他都很符合那一代人的特征。但他的心态已微妙变化，自我意识增强，出现"玩世不恭"、自我调侃的心绪和幽默感。

80 后虽然享受着全球化带来的自主性、包容性和多元化，但他们更多面临的是 90 年代以后社会风气的快速恶俗化和腐化。房地产泡沫、金融危机等悉数出现，很多电视剧和家庭娱乐节目正在变味。看网络文学、听流行歌曲都是 80 后一代人喜欢做的事，但那时他们去看歌星的演唱会，往往没有任何功利地去喜欢一个人，但现在年轻的 90 后歌迷多半被媒体、广告和演出公司绑架利用了，所有的营销都针对他们，灌输享乐主义。虽然不能一概而论，但 90 后中出现大量上一代所说的"脑残粉"，绝非偶然。

80 后已懂得"生命币"的重要，一方面"蛮拼的"，一方面也重视健康和快乐。

80 后的父母是很苦的一代人，经历了"文革"、上山下乡和大饥荒等压抑窝囊、牢骚满腹、贫困潦倒的时代。所以 80 后保留了长辈艰苦奋斗的生活痕迹和勤俭持家的一面，即使去买奢侈品也很精明，他们会选择去当时兴起的马路集市淘货。后来生活慢慢好起来，有了各种尝试和可能，他们也在不断学习。但大部分 80 后还没有能够妥帖安排自己的小日子到享乐的阶段，他们也不像许多 90 后那样幼稚地痴迷时尚，当下的他们正是进一步尝试创造和创业的年龄。所以，如果要给 80 后描绘集体肖像，一半是父母辈艰苦时期遗传下来的愁眉苦脸、自卑、天赋和后天皆不足的模样，一半是后来互联网时代能学、能玩也能创业的模样。

当 80 后步入中年时，他们中的大部分已逐渐成为家庭的经济支柱。优秀的 80 后勤俭持家，能精明地安排很多事务，关注技术、重视学习。另外，他们开始打点自己的生活，知道自己生命的价值。用我的理论来讲，他们已懂得"生命币"的重要。晚上熬夜干活，就是在消耗生命币；去好好地喝杯下午茶，去学英语，都是生命币的增值。所以，80 后开始关注生命的价值，一方面，他们蛮拼的；另一方面，他们也重视自己的健康和快乐。

这一代人的"小"与"大"
孤独并骄傲，纯真并现实
文 / 于青

作为没有经历过极端环境的、成长于新中国的第一批"正常青年"，80 后生于改革开放，熟于物价暴涨。他们还没摸着书本把故事看完，就不得不重新学习如何适应互联网。他们抱着考进大学就是天之骄子的美好愿景，只赶上了一拨又一拨的白菜线大学扩招。他们赚着点儿钱出外周游了一圈，见识了更为自由精致的生活，体会着西方世界的全线经济紧缩，在上完学旅完游之后继续回国为房价做贡献。

80 后是这么一代人。他们要面对父母冷眼，还要面对 40 后与 50 后重复无数遍的"想当年我们吃过的苦"。80 后基本属于城市动物，对物质有所要求也对梦想有所追求。80 后不善于相信大众传媒铸造的"时代成功学"，却愿意欣赏记录个体成功历程的真人秀。这一代年轻人拥有双重气质：他们懂得坚持的重要性，也懂得现实的不可抗拒性。

尽管总是处于现实与幻想的夹缝之中，基本没经历过阶级斗争与各类肃反的 80 后，也不是那么想要去闲着没事儿批斗谁——他们不想用所谓的集体观去打压他人的兴趣与生活选择。他们更喜欢自己的日子自己过。

80 后不太习惯将自己划为一群人中的一分子，而只想成为自己想成为的那一个。

相对于习惯宏大叙事、总有着家国情怀的上一辈人，出生于 1980 年后的一代年轻人更像摇滚乐中出现在同一时期的"盯鞋派"——他们对改变世界不太感兴趣，对时事发展也没那么多话要说。他们不太习惯将自己划为一群人中的一分子，而只想成为自己想要成为的那一个。从这个意义上来说，时代风潮对他们意义不大。

80 后没赶上 20 世纪 90 年代兴起的重商主义大潮，反而接纳了碎片化时代的小型创业风向——不论是在白领密集的北上广，还是在嬉皮遍地的大理双廊，开遍各种小型美貌咖啡店、客栈、时装店、精品店的，基本都是出生在 1980 年之后的家伙。而新千年网络时代的到来，没有让 80 后陷入某种怀旧式的集体焦虑——他们接纳了网络，学会了与世界同步更新。网络进一步击碎了具有地域特色的集体观念，年轻人不再需要苦恼于自己在某一个地理界限内的与众不同，在网络世界里，再小的个体，都不缺志同道合者——栖息于意识之中的小个体，被放入了没有时间与国界限制的超大型数字世界。

身为第一代独生子女，80 后曾经陷入舆论旋涡，被普遍戴上小公主与小皇帝的统一面具。没有兄弟姐妹的扶持，从各自的孤独童年中走向课堂，友谊变得极为重要。中国老一辈的"熟人至上"观念，在 80 后这里阴差阳错地彻底瓦解：以农村谱系社会为主的"有地域有血缘"熟人亲戚团体，演化成为以课堂、同学、兴趣爱好等纽带扩散而出的"无地域无血缘"朋友圈。在80后的人际交往观念中，你来自哪里，比不过你喜欢什么；你何等出身，比不过你我兴趣相投；而你选择什么样的生活，我除了选择尊重之外，与我无关。

宠溺的抚养会带来骄纵的性格。同时，孤独的成长也养成了独立的人格。极端同龄化的校园化交往圈，第一次让中国的年轻人建立起只属于自己的亚文化圈——动漫粉与摇滚迷如同雨后春笋迅速成长。而在跨入成人年龄之后，80后带着从家庭之中托生而出的骄傲与独立，跨入机会不再均等、社会越发板结的现实世界，却并没有陷入愤世嫉俗的怪圈——他们带着一颗饱经误解与失望的心，渴望见识与发现更广阔的世界。

集体观的大幅瓦解，为新一代创造了很多"小"机会。

80后有其自身断代般的生活经验。他们对时尚潮流无师自通。他们恶补西方经久不衰的青年运动。他们接纳各式各样的亚文化、解构文化、自我进化与恶搞颠覆。他们一边成长一边面对社会结构的激烈变革，在成人之前就已迎来同代人的内部分裂——这一代人拥有更为丰富多样的同龄身边人，也拥有更加敢于反叛传统、与国际主流或非主流接轨的生活习惯、价值观和世界观。

集体观的大幅瓦解，为新一代创造了很多"小"机会。集团化大企业不再是唯一保险的选择，曾经被老一辈认为是"不务正业"的"歪门邪道"，正在成为能够让80后安家落户的"新大陆"——动漫与特效产业、独立音乐人与策展人、小型应用研发公司、可以依托于网络而发展的小众时尚设计师品牌……大型公司也渐渐采用谷歌式的运作模式：各个开发团队独立运作，内部高度透明化，可以互相竞争资源，一个大公司成为一群小公司的集合体，只为同一个目标集中起来。

小机会创造的是小生活。不同于以工作单位为半径的交往方式，80后的交际方式更加趋向于"稳准狠"。由于个人兴趣、风格与目标的日益集中和明确，80后更不善于忍受大而空泛的"集体式交流"，各界人士的拼桌式饭局基本不会出现在他们可控的交际活动之中。他们有意识地缩小自己的交际范围，更有意识地在精准的范围之内寻找志同道合者。他们不需要毫无营养的谈话、酝酿满腹的牢骚，而更愿意在小而精致的饭桌上谈论最近发生的新鲜事、更加有趣的生活方式、彼此都感兴趣的新知领域……生长于信息泛滥的碎片化时代，80 后的一项生活本能是：筛选。筛选信息，筛选人群，筛选自己所处的小世界。他们在小范围的交际空间内，交换更大范围的有效（有趣）信息。

生活在信息爆炸年代的 80 后真的不关心时代大事吗？美国正在经历的新闻改革潮证明，他们只是不关心老派的新闻报道方式、善于指点江山的专家式评说。2014 年 4 月上线的新闻网站 Vox.com 就重新赢得了新一代年轻人对于新闻事件的吸引力：虽然 Vox.com 主要的报道内容依旧为严肃新闻的深度报道，但它不做长期性的硬新闻报道，只追踪即时发生的特定事件。它会利用链接的形式把所有相关帖子连接在一起，将某一个事件的所有相关报道建成一个生动的"报道流"，为读者提供"聚合式"阅读。

与此同时，Vox.com 还善于扩展事件的分析逻辑，打破同行之间残酷竞争的壁垒之墙：在"波士顿马拉松爆炸案开审"专题中，你除了能看到 Vox.com 自身所做的相关报道，还能看到美联社、《纽约时报》、《华尔街日报》等媒体通过"审理过程"、"目击证人"、"律师陈述"等不同角度所做的深度剖析——新闻不再是扁平而转瞬即逝的，它变成了立体而生动的。

80 后是这个时代的孩子：孤独并骄傲，纯真并现实，经历绝望，却又不放弃希望。

曾经选择逃离北上广的年轻人，有一大部分又因为追梦回到了北上广。热衷自贬为蚁族、×丝的年轻人，有一大部分并没有放弃手头正在继续的事业。看似拿着手机面无表情的年轻人，无时无刻不在利用网络扩展视野、打击不公、发表见解。

作为时代的孩子，80 后就像生活在浩瀚的蔚蓝深海中的哺乳动物，他们眷恋海水的柔软与丰饶，却又离不开另一个世界所提供的光明与氧气。他们就像微小的鲸鱼一样孤独并骄傲，纯真并现实，在经历绝望的同时，从未放弃希望。

我们是互联网原住民，我们更是世界公民

文 / 丁个

两百年前康德提出的"世界公民"这个概念，今天成了一个流行语。它超越一切国籍，成了最具价值导向的世界观。在任何一个具有国际影响力的论坛上，都会听到有人带着其出生国的口音，坚定地说：我是一个世界公民。在中国，这也是自胡适以来，知识分子和有志之士愿意彰显自己世界观与格局的最彻底的表态。

最近一次稍微正式地听到它，来自去年与马云捆绑的一则新闻：全球数字娱乐联盟把首个"世界公民"称号授予马云（难道它还是全球世界公民认证机构？）。理由为：不仅因马云"创造了1000万个创业机会"，更"凭借自身巨大的影响力造福社会"。

这家中英合作、成立于2013年年底的"全球数字娱乐联盟"，官方介绍是一个全球范围包含数字媒体娱乐领域内企业、创新者、学者和金融家的联盟，聚合了数字娱乐行业最顶尖的国内、国际公司。有人说，应该调查一下这家公司内，有多少比例的80后、85后、90后、95后。作为互联网的原住民一代，他们才是不需要授予称号的、真正意义的世界公民。

只是，这些原住民自己的声音呢？或许是：我谁都不是，也谁都可以是。

微鲸一代是互联网世界的 native speaker。

这些年轻的互联网原住民，也被更专业地描述为：数字原住民（Digital Natives）。这一称谓，来自美国教育领域的知名学者、游戏化学习的倡导者马克·普兰斯基（Marc Prensky），他在2001年时便称：数码原住民指21世纪

193

数字环境中成长起来的青少年，因为他们的全部生活都被电脑、游戏、数字音乐播放器、摄影机、手机及其他数字时代的玩具和工具所包围，并无时无刻不在使用它们。移动终端正发展成为他们身体的延伸，如同一个器官。

他们的父母，以及那些年长于他们的"大龄青年"，则被称为互联网移民或数字移民（Digital Immigrants）。他们之所以成为两种人，甚至与年龄无关，而关乎其与互联网的接触程度和相处形式——一种近乎本能、膝跳反应式的互联网思考方式，另一种则是后来的介入者、间接的习得者。两大族群，不仅在穿着、说话、行事风格上泄露"身份"之别，他们内在的信息处理过程、思维模式和看待世界的方式都发生了巨大的变化。

微鲸一代，成了对第一代互联网原住民的最新写照。他们被社会学家界定为：25 岁至 35 岁区间的 80 后。"60 后是猛虎，70 后是狡兔，90 后是刺猬，80 后则是微鲸。"显然，无论微鲸或刺猬，他们不在乎这些被贴上的标签，甚至怀揣潜台词：无所谓，这是你们 60 后、70 后为了贴近我们 80 后、90 后才造出的标签。他们连反抗都不屑，忙着用最新的语言，在墙内墙外搭建一个不同的世界。

互联网星球中，原住民的基数也愈加壮大。"微"的年龄与"鲸"的力量，在不断向上下两端延展、扩张。CMI 校园营销研究院的一项研究显示，在其所调查的北上广等大中型城市里，有 70% 的 90 后在小学和初中便开始接触互联网，互联网在 90 后中的普及率为 100%。他们是互联网世界的 native speaker。目前被称为互联网原住民的 80 后有 2.4 亿，而 90 后达 1.6 亿。00 后呢？尚处于 mini 版的未来微鲸，也在滚雪球般成长中。

60 后经济学家敏感地发现：一个三岁的孩子（10 后），用手去摸电视时，发现屏幕画面没有变大，会说这个电视坏了——他们是用手指划着 iPad、按着 Home 键抵达世界、在变化中长大的一代人。如哈佛大学法教授约翰·帕尔弗所描述：生于数码（Born Digital）。前辈们所不能被满足的，或不断期待的，要靠微鲸一代去解决和实现。他们是微鲸中的微鲸，是搅动渊面的未来。

世界是你们的，也是我们的，但归根结底还是他们的。

微鲸一代，能带来什么呢？耳边挥之不去的一句话来自张朝阳。在互联网大会上他说道：当今的互联网形态是一帮五十多岁的 CEO，领导着四十多岁的高管，指挥着三十多岁的员工，给十几岁的孩子做产品。

微鲸一代不遗余力地创造着新世界，新世界又随时被更新的世界不断更新着。而他们全力打造的，是服务于新一代微鲸的生存空间。

我的一位70后同事，去年辞职了，从编务总监的位置跃入一个"二次元"世界。在那个叫作"次元"的平台上，他带着一群"小微鲸"，操练着他的同龄人已经听不懂的语言。他说，那是给95后甚至00后创造的虚拟世界。为此，他已经拿到了二轮投资。

一个布满"创业荷尔蒙"的晚上，四位生于20世纪70年代末却自称大叔的前媒体人、作家聚在一起，分析互联网原住民以及投资方为何会迷恋及选择鹿晗、李易峰、吴亦凡以及TFBOYS，并在严肃讨论BP之余，切磋了如何准确辨识他们的面容和气质。

一位80后投资人，在朋友圈开始介绍他的90后弟弟：一个人新做的公众号，80天40万粉，每天阅读300万，日增粉高达6万。——当然也有人称，这种公号奇迹，因为他们具备了90后特有的"破坏性的创造力"。

几年前，那个在网上出售龙猫的00后少年被写进新闻时，中国社会科学院信息化中心秘书长姜奇平便及时更新了自己的推论："我曾经说过，出现具有创新精神的企业家的最佳时期，在美国是27岁之前，中国是12岁到24岁的青少年，现在这个纪录被打破了，看来9岁到10岁就开始了。"

这是微鲸一代的力量。微，向着更微深、更具体、更个体延伸；鲸，向着更庞大、更蓬勃蕴积力量。他们就像纵隔在这个大时代中的新鲜、饱满甚至粗粝的一天，又一天。

王朔那句"谁没年轻过啊，可你老过吗"，在微鲸一代这里，其震慑力已经远远小于对狡兔一代的刺激。他们也不会极端到说着"去找你那个1989年的老女人吧"。他们只是不跟你比——你玩你的，我玩我的，原住民有原住民的玩法。他们更愿意听到乔布斯那句——Stay hungry, stay foolish。

天使投资人徐小平不止一次强调，面对互联网原住民，要敢于做精神上的乔布斯，"互联网需要这样的基因——自黑、自贬、自嘲，让自己归零，重新降落到ground zero上。在这场知识和信息的暴风雨中，我们这一代人，还是安安静静做一个傻瓜吧，把需要转型的工作，交给那个'知道鹿晗就举手'并为了你的企业拼命的人"。

世界是你们的，也是我们的，但归根结底还是他们的——未来是微鲸一代的。

他们是精神上的自媒体，是真正意义的世界公民。

我真正切身体验到"互联网原住民"的概念，并非来自上述任何一位学者或专家，而是来自三个瞬间：

一、在一个以艺术家、摄影家、知识分子为主的微信群内，一位知名哲学家的太太某日说：××要求入群，怎么办，批准一下吧。××是他们9岁的儿子，以伶俐闻名，新一代社交媒体资深用户。二、一位著名八卦历史作家的女儿，早已习惯每晚用微信收听某著名光头叔叔讲故事，一次活动现场见到活人版后，开始用微信发送符号语言，同偶像交流心得。女孩6岁，江湖人称弩姐，熟悉多种 App 应用。三、某位美籍华人画家的儿子，善用 iPad 画画，喜欢大卫·霍克尼的画风，用 iPhone 拍照并删除照片，会算好时差独自打开微信与美国亲人聊天。他差一个月4岁。

这三个瞬间，只是这一代互联网原住民的日常，却是微鲸一代的注意力方向。

5年前，摩根士丹利一位15岁的中学实习生用一份薄薄三页纸的报告，便引来了无数基金经理、公司总裁和财经媒体的好奇。这份报告分析了青少年群体——当时的90后——是如何消费媒介产品的。别小看这三页纸，它们可能影响着全球万亿数量级资金的去向。

如今，微鲸一代，也不曾小看类似上述三个瞬间。这是微鲸概念下，微的细节，或微的未来。

微鲸一代始终相信：Tomorrow is another day。他们是精神上的自媒体，是真正意义的世界公民。他们看似微小，却注重个体意识，不屑于高大空，对自由与创新有着天然的敏感力。看似波澜不惊，却酝酿着社会列车的悄然提速。

在互联网的集结下，微鲸一代，微足以道。

2015 年度佳作

创业是个什么鬼？

(插图/masha_tace)

创业是个什么鬼？——全民创业的狂热与迷失

"你创业了吗？"正成为全新口头禅。

"亲爱的，我们去创业吧。我带着你，你带着钱。物联网也好，可穿戴也罢，横穿大数据的风口，暴走云端。"一首创业歌在朋友圈里疯转。

在这个全民创业的季节，空气里到处都是钱在烧的味道。

一杯 3W 咖啡，让中关村创业大街成为热血青年的新延安，从北京、上海、深圳、广州、杭州到成都，处处都有创业街、创客空间、创业咖啡馆，墙上的一张张小纸条在召唤你："苦 × 的兄弟，还在打工吗？入伙吧！做联合创始人！"

创业正成为一场全民运动，每个人耳边都有一夜暴富的创业传奇。"发财要趁早！""21 岁现象"、90 后创业"明星"不断涌现，创业热正成为考研热、留学热、公务员热之后的第四热。

所有这一切都提醒着我们：创业很可能是一粒新的成功学毒药。

浮躁、炒作、过度包装、欺骗、伪概念弥漫在创业圈，与此同时，虚热的创业更使得太多的年轻人在他们本应踏实做事、点滴积累的年纪陷入做老板赚快钱的虚妄，而残酷的事实却是，90% 的大学生创业失败，许多人不到一年就死在创业路上。

可不可以不创业？一个成熟的社会，应该包容多元价值观的存在，正如罗素所说，"参差多态乃幸福之本源"。创业，或者不创业，并不是两难的选择。"生活本应简单，为何你过得那么难？"

在全民创业的狂热与迷失之中，是时候来一桶冰水了。人生并非一场生意，创业之路也并非必需。正如马云所说，你要经营的不是生意，而是真正的自己。

创业是个什么鬼？

文 / 何雄飞

这是一个全民创业的季节，空气里到处都是钱在烧的味道。

"现在是创业的最好时期！"

"难道你就不想自己出来做点什么？"

"亲爱的，我们去创业吧。我带着你，你带着钱。物联网也好，可穿戴也罢，横穿大数据的风口，暴走云端。"一首创业歌在朋友圈里疯转。

大众创业、万众创新、互联网 +、创客、中国制造 2025、草根创新、众创空间、车库咖啡、创客、产品经理、合伙人、创始人、投资人、天使轮、A 轮 B 轮……

创业正成为一场全民运动，每个人耳边都会传来同学李雷和韩梅梅、同事马加薪、隔壁老王一夜暴富的创业传奇。

人人都想成为中国合伙人，你要是穿得不像一条技术狗，手上没几本商业计划书，不背一台苹果电脑坐在咖啡馆里，不摁两下 PPT，言必称痛点、O2O、融资，你都不好意思跟人家打招呼。

现在就连上个厕所都要"互联网 +"了，浮躁、炒作、过度包装、欺骗、伪概念，弥漫在创业圈，90% 的大学生创业失败，许多人不到一年就死在创业路上——被情怀作死、被团队分歧内耗死、被投资人虐死、被一根筋的思维蠢死、被巨头欺负死、被市场鄙视死、被键盘侠骂死……

创业正成为一场新的"大跃进"，因为在一些地方"大众创业、万众创新"被定了指标、下了任务，甚至搞起了摊派，要求在一定时间段内，引导培育出多少名"创业明星"与"创新典范"来，"大干快上出政绩"。

许多人 21 岁不是出门远行，而是休学、辞职创业。可是，人生并不是一场生意，并非人人适合创业，你要经营的不是生意，而是更好的自己。在全民"砸锅卖铁"创业的狂热与迷失之中，我们需要来一桶冰。

"苦×的兄弟，还在打工吗？入伙吧！做联合创始人！只要你技术够牛！"

一杯 3W 咖啡，让北京的中关村创业大街成为创业者朝拜的圣地。

"很多不安分守己的人都在中关村这条街上聚集，就像当年的延安。"一位投资人说。

这条街上的数十家咖啡馆里，挤满了拖着行李箱赶来的创业信徒，他们一边介绍自己的项目，一边搭建团队，一边寻找创业孵化器、创投机构融资。

创业热成为考研热、留学热、公务员热之后的第四热，中关村开始"21岁"创业的新热潮。"不少学生大三时就开始创业，他们具有技术优势，思维方式和国际接轨，做事不墨守成规，因为年轻也不惧失败，这些人当中很可能会产生中国的乔布斯。"中关村管委会主任郭洪称，这是中关村的"21岁现象"。

在大学生就业压力越来越严峻的新形势下，总得让年轻人有点事做，而创业这场"新上山下乡"运动可以避免他们无所事事、喝酒闹事，而且走出去，甩出合伙人的名号，总比宅男、腐女更有逼格。

北京、深圳、广州、上海、重庆、成都、西安、杭州、天津，处处都有创业街，处处都有创客空间，处处都有创业咖啡馆。杭州有家创业咖啡馆的公告板上，贴满了寻找技术狗和合伙人的小纸条："苦×的兄弟，还在打工吗？入伙吧！做联合创始人！只要你技术够牛！"

上海、深圳、广州、北京、杭州、苏州、成都、天津、南京、重庆是《财富》杂志心目中的 2015 中国十大创业城市。在《财富》看来，"冒险家的乐园"上海不差钱也不差人；"创投之都"深圳能感受到平等、自由、宽容失败的创新精神；"老牌商埠"广州拥有一线城市的丰富资源，但与深圳相比，科技创新是明显的短板；北京的"21岁"青年正纷纷创业，任何 idea 都能被孵化；杭州的好处是坐拥阿里和浙大创业基因。

创业之所以热起来，除了政府和高校层面的推动之外，还有资本的力量。热钱太多，而好项目太少，房产、股市不再是获益最佳的投资通道，私募市场上科技板块异常活跃，甚至很多传统行业的土豪也加入进来，做起了砸钱给你的天使。只要有好项目，求你拿走我的钱，遍地开花撒网捞鱼总能捞着几条鱼崽，买十个鸡蛋一起孵，总能孵出一只鸡崽来。

没有人能数得清中国目前到底有多少名创业者或多少家创业团队，因为每一天都有前仆后继者，有人正在死去，有人正在重生。

有一组数据或可窥见一斑，目前全国科技企业孵化器超 1600 家，大学科技园 115 家，在孵化的企业 8 万多家，就业人数 170 多万人，全国活跃的创投机构 1000 多家，资本总量超 3500 亿元。

IT 桔子统计，2014 年拿到天使轮投资的公司达 812 家，拿到 A 轮的达 846 家，拿到 B 轮的有 225 家。而事实上，过去一年实际拿到天使轮、A 轮和 B 轮的公司要远远高于上面这些数字。

浮躁，是这个全民创业时代最大的问题。

浮躁，是这个全民创业时代最大的问题。

"95% 的创业者，都选择进入互联网行业。无论是做 App，还是淘宝开网店、社区 O2O，或者其他垂直细分领域，无数创业者都是什么热，就一窝蜂涌入，最后 95% 的创业者死在创业的沙滩上。"一位投资人说。

互联网是见证奇迹的地方，也是诞生神话的地方，太多的热钱在这里熊熊燃烧，坐过免费专车、快车的你，一定尝到过钱在烧的好处。

所有的人都在咖啡馆里、路演台上大谈梦想，所有的人都想成为创业教父，每个人都认为失败的那个一定不会是自己。而据清科集团报告，2005 年以来，VC、PE 参与投资的互联网公司达上千家，而目前已经上市的企业屈指可数，绝大多数都是昙花一现。

浮躁与泡沫化每一天都在入侵你的生活，扰乱你曾经坚信的勤劳致富的价值观。

"大学生开发手机软件毕业即成千万富翁"、"大学生摆摊卖饼日赚 600 元"的新闻每天都在蛊惑着你别窝在写字间里做苦逼的打工仔，快递辞职信，出来自己当老板！

你的朋友圈也正进入安利模式。似乎你身边的每个朋友都在忙着开微店、做淘宝发大财。他们不是在微信朋友圈里卖面膜，就是在做母婴用品和奶粉代购，或者是在卖进口水果、有机食品。

以前在朋友圈晒美食的都转而开始晒半夜空旷的办公室、白板、H5 以及抄袭来的各种创业宣言。鸡汤界也凭借创业潮，在被人唾弃的濒死之际终于重新找到了新的增长点，以前靠给单身狗做心理按摩为生，现在都变成鞭策还在上班的加班狗递交辞呈。

有位投资人说："我这几年什么都没干，就是一拨一拨地见 90 后创业者，听他们海阔天空并献上自己的'膝盖'。"一位以演讲为职业的 90 后女创业者，通过各种媒体作秀来炒作自己，三里屯的实体店开不到一年就关张大吉，结果却能到处传经布道"互联网思维"和"90 后思维"。一大拨 90 后创业明星依靠浮夸和造假捞金，骗取粉丝和用户。

有人为了包装自己，编造学历、编造履历，把 1 万用户说成 1 亿，把 300 万投资说成 3000 万，把"人民币"改成"美元"。有 90 后创业明星夸海口，"将会拿出一亿利润分给员工"，最后表示"臣妾做不到"而低头道歉。

如果说浮躁创业有三宗罪，第一宗就是创业者变身成了"PPT 演讲达人"，每一天不是想着怎样做好生意，而是寻思怎么躺在漂亮的 PPT 上讲好故事，忽悠到百万投资。

"做生意其实是在'做自己'。"

创业不是听几场演讲，喝几杯咖啡，读几本《从 0 到 1》《创业维艰》《超级合作者》就能躺着圈钱发大财。

人人爱问创业导师李开复：我该去应聘大公司，还是自己创业？我很想创业，去哪里找伙伴？父母不支持，我该怎么办？我有很好的点子，没钱没技术怎么办？我要做个合伙人，该去哪里融资找钱？

李导师给热血创业青年泼了几桶冷水：创业是艰苦的，你不但要比就业加倍辛苦，自己不拿薪水，还要掏钱或借钱，四处碰壁，而且即便一切做得很好，最后失败的可能还是很大。今天在杂志封面受到追捧的创业者，完全可能几年后公司不再风光甚至倒闭了。全世界没有一个创业家是靠空想而成功的。如果有点子，你不是去融资找钱，你要先自己去验证市场，产生盈利来养活团队。

创业导师俞敏洪的建议是：创业要守正出奇。守正就是坚持底线，坚持做能够给社会长远带来正确影响的事情。出奇就是要想办法用一些最新的、最让人意料不到的方法把你的商业做成功。俞敏洪曾去参观日本一个有 400 年历史、专门做手工鹿皮制品的小作坊，它的订单定到十年后。"这么多订单，为什么不机械化、流水线作业？你一下子就能赚 10 倍，还能上市，市值好几百倍。他说我们就是坚守，坚守的就是品质，坚守自己的有限产出，无限品牌。"

为了劝创业青年少打点鸡血，马云在从巴西回国的路上，在手机上戳了 45 分钟，告诫青年：一夜暴富成名的事基本上是电视剧里的故事，好生意都需要时间和心血来积聚打造。

"很多人跟我说现在生意难做，我想说，做生意其实是在'做自己'。"

马云戳：几乎所有优秀的创业者都是在走路、吃饭、洗澡、睡觉做梦甚至上厕所都在思考如何改进自己的产品和服务，在担忧中品味零星的希望。

这几年，做成功的淘宝店主基本上是那些把开个店当自己乐趣的"奇葩人士"。他们觉得买卖就是一种乐趣和交流方式。花大钱砸市场而不是靠创意、靠耐心、靠服务去发现"知己"市场，那是愚蠢的自杀行为。但不想投入一点点小钱就想找到"知己"也是幼稚行为。

正如马云所言，对创业者来说，你要学会相处的不是生意，是未来，是明天的生活方式；你要经营的不是生意，而是更好的自己。

他们为什么爱去中关村创业大街喝咖啡？

文 / 邝新华

这是一条 220 米长的步行街，在这里，你找不到佐丹奴，你看到最多的是咖啡馆。

一家家咖啡馆里拥挤着拖着行李箱从全国各地赶来的热血青年，他们座挨着座，像是坐在大学自习室里，或专注于电脑中的程序代码，或激昂讲述 PPT 上的方案。一有讲座，大家都会赶去，或坐或站，一有机会就想冲上台讲述自己的见解。他们拥有同一个名字——创业青年。

这条步行街叫中关村创业大街，这条街上有身无长物的草根青年，有学富归来的海外学霸，你会偶遇到 BAT 的高管，拿着小包、穿着牛仔裤的投资大鳄也许就跟你擦肩而过。这里的保安，可以在午间吃着盒饭时，轻松八卦刘强东与奶茶妹妹更多的事儿。

5月7日，李克强总理来到这条街，在 3W 喝下一杯创业咖啡，中关村创业大街的名号通过《新闻联播》深入一个个创业者的脑洞里。

20 世纪 90 年代，这里是海淀图书城，聚集了北京最大的出版社与书店。当当网和京东商城袭来，书店相继倒闭，整条街迅速被小餐馆、小商铺占领。

（插图—翟砚军）

2011 年年底，苏菂在这条街一家宾馆的二楼租场地开了家车库咖啡，没有临街门面，没有显眼招牌，却成为"草根创业者集聚地"，你只需要点一杯咖啡，就可以在这里办一天公，这里有免费 Wi-Fi、会议室，还有打印、传真等办公服务。

"程序猿快来看"、"神秘创业团队热招中，一次改变世界的机会"、"英雄帖：招募联合创始人"、"原始股东"、"杀出一条血路"……车库的招贴栏有点像北大的三角地。在这条街没被改造成创业大街前，车库咖啡就已经引来了 2012 年时任证监会主席郭树清的到访。

这条街的升级，源于海淀区 2013 年年初"一城三街"的规划：上地的中关村软件城、"科技金融一条街""知识产权与标准化一条街"以及"创新创业孵化一条街"。

在海淀区政府的推动下，隶属于海淀区国资委的海淀置业集团，成为"创新创业孵化一条街"的开发商。后来的中关村创业大街运营方海置科创董事长姚宏波接到这个任务时，这条 220 米的图书城 + 步行街"大小产权超一百家，公产、私产、永久产权都有"，"出版社也好，经销商也好，几经变革、改制、多手转让，情况非常复杂"。姚宏波以"回收、回租、回购、置换等不同的方式"一家家谈，回购产权、改造二三十年楼龄的旧房、重新规划街区。姚宏波称，到 2014 年 6 月 12 日正式开街，海淀置业集团一共花了 2.4 亿元以上。

"中关村创业大街"是后起的名字，在策划之初，姚宏波考虑了三套方案：国内、国外、传统房地产方案。国外的，完全模仿硅谷；传统的，就像全国所有步行街一样，变成年轻人购物休闲的场所。最终，姚宏波决定把 43000 多平方米的房屋，策划成"创业生态链条汇总"和"创业者的精神家园"。"我们只吸收创业者和创业团队最需要的东西：人才、市场、技术、培训、圈子。"姚宏波说，"他们可能还要吃，还要住，甚至还要购物，但我们没有这么大的体量来承载。"

在车库咖啡的基础上，姚宏波"以超低租金引入 3W 咖啡"，"当时 3W 咖啡几乎难以为继"，这是另一家以会集互联网创业者出名的咖啡馆，股东就来自诸多互联网大公司的高管以及著名投资人。

到 2014 年 6 月 12 日开街，已有 10 家创业机构入驻，其中包括创业圈中著名的黑马会、天使汇，以及专注于"高端经理人培训"的联想之星。开街一年庆典，姚宏波接受《新周刊》采访时，入驻机构已增至 27 家，"聚集天使投资人和投资机构超过 2000 个，吸引创业团队总数近 4000 个，已有 123 个团队获得融资，平均融资额 500 万元"。

李克强总理在创业街喝过一杯咖啡后，姚宏波发现，步行街上多了很多拖着旅行箱从全国各地来寻找机会的人，"我们一开始很惊讶，现在已经见怪不怪了"。

创富与成功是这条街的 logo，这从咖啡馆的名字就能看出来：车库——美国很多大企业如苹果、微软都从车库开始创业；3W——所有的创业都是互联网的创业；天使汇——天使投资人都在这里开会；黑马会——人人都有一个一夜成名的梦；Binggo——当你被并购时，就是你实现财务自由之日。

曾经的投资人杨林苑是这条街多年的常客。自从改造后，他发现创业人群更扎堆了，而他所在的这个圈子的曝光率也高了。

时间拍卖网创始人张迪奇是创业大街的常客。"一大半经常出没在这条街的人我都认得，他们既是车库咖啡的会员，又是 3W 的会员，同时也是黑马会的会员。"

不同的咖啡馆有不同的人群。杨林苑细分了一下：车库主要是创业者的圈子，因为比较开放，所以什么项目都有；3W 除了咖啡馆还有很多业务，像拉勾招聘，也有孵化器和投资基金；天使汇聚集了一批草根的投资人；黑马会聚集的投资人更专业，以机构投资者为主；联想之星来得最晚，也相对封闭，"没太听说过有对外的活动和机会，更多的是消化自己体系内的资源"。

中关村互联网金融研究院执行院长刘勇是老中关，他的研究院在"一城三街"规划的另一条街"科技金融一条街"上。刘勇也经常来千米之外的创业大街逛逛，体会一下创业者的激情，偶尔也会被请来讲讲课，"创业成功是一种偶然，这些咖啡馆以及培训机构的出现，可以把这个概率变得更大一些"。

车库咖啡馆里的创业者

文 / 邝新华

车库咖啡是中关村创业大街上最老的咖啡馆。

这里聚集着各色创业者，人人聊项目聊梦想，人人言必称："上市了就抛售股票退隐江湖"，"赚到几千万或者赚到几亿我就撒手"……

在这里，你会遇到民间发明人、拍卖时间的人、会讲故事的人、拿着话筒不撒手的人、给你介绍范冰冰同款推拿师的人，还有可能遇到学佛成痴的人。

民间发明人胥传明
一次耗资 800 元的朝圣之路

5 月 21 日早上 8 点多，连云港到北京的 1504 次列车准点抵达，胥传明拖着拉杆箱走出北京站广场。他坐了 14 个小时的卧铺，也没能在北京地图上找到车库咖啡的位置。他到处打听，一位司机说，在海淀图书城，那个上午，他打了人生最贵的一次出租车。

李克强总理到中关村创业大街喝了杯咖啡，一个咖啡馆的名字跑进了胥传明的脑子里。两周后的上午，胥传明就拖着拉杆箱走进了这家咖啡馆。

胥传明，江苏省连云港市东海县人，家有良田数十亩，农闲时靠帮人电焊、修车赚外快，因家住连云港机场旁，自小看惯飞机起落的他热衷机械发明。胥传明把他数十项发明罗列在一张A3纸上，写上自己的联系方式，复印了一百张，放在拉杆箱里，坐上开往创业咖啡馆的1504次列车。

一个永远不会丢失的黑匣子是其中一项发明，马航MH370失联后，胥传明开始研究一个会发光的黑匣子："如果飞机装上我的装置，无论掉到什么地方，沙漠、草场或者森林，即使没有信号，也能看到装置发出来的激光。如果掉到海里，我还有一种特殊的装置。"

把一百张传单发完，最好能找到一个投资人，这是胥传明此行的目标。中午的车库咖啡最为热闹，在这里上班的以及来这里找项目的人，把这里变成了大学自习室。胥传明辗转找到一个座位，邻座的哥们正指着自己的笔记本给另一人讲解自己的项目——一个互联网理财平台。

12点，胥传明来到前台打听，这里的饭比老家贵不少，他要了一个麻辣豆腐加一碗米饭，25元。"一份花生米，手掌这么大，都要20块钱。"但胥传明从没喝20多块一杯的车库咖啡，"我不喜欢喝咖啡，我就喝清水"。

胥传明吃饱了，从箱子里拿出传单，发给周围的人，一位小伙子说：一会儿你可以上台自己介绍。中午1点，咖啡馆的女服务员走上讲台，打开话筒，熟练地说："又到了今天的午间半小时，今天要上来自我介绍的朋友，先用微信摇一摇，摇到我的号就上台，我们会赠送一杯咖啡。"

大家在摇。胥传明没有微信，不知道大家在摇什么，一看没有人上台，他带着传单就走上去。女服务员把他拦下："我们先摇。"台下一位女青年摇到了，上台讲完自己的项目，拿了一杯咖啡。这时女服务员说："那位大叔可以上来了。"胥传明把传单上他的发明、专利以及家里情况说了一通。"下来也没有咖啡奖励，我自己倒了一杯清水。"

没有人对他的项目感兴趣，之前山东一养殖场的老板对他的"抓猪器"感兴趣，还有一人对他的"全能收粮机"感兴趣，但他发现这里的创业者90%以上都做互联网项目，投资人就更不用说了。

胥传明拖着拉杆箱在中关村创业大街溜达了四天，在3W、Binggo、天使汇等咖啡厅转悠，发传单，找人聊项目。他碰到了几个投资人、"亿万富翁"，有人说他"项目太多，精力分散"，有人说他"光有项目，没有效益"。有人让他写个详细的商业计划书，胥传明感觉"真的有难度"。不过，最让胥传明信服的是有个投资人对他说："你们有效益，投资人才会投资，投资人是变相向你们发明人要钱。"

这三个晚上，他就睡在车库咖啡的沙发上，一宿 30 元。到了晚上 11 点关灯睡觉前，创业者以及游客散去，剩下外地来的创业者：云南、广东、广西、山西、四川、天津、山东、江苏……睡觉前大家会谈谈各自的项目和梦想，如何找投资人，胥传明常常听到这样的话："上市了就抛售股票退隐江湖"，"赚到几千万或者赚到几亿我就撒手"……

5 月 24 日，妻子来电，家里麦地要打药，胥传明拖着拉杆箱坐上回连云港的火车，这次出门，"来来回回加打车，花了 800 块钱"。

时间拍卖网创始人张迪奇、洛凡
"你们不会做成拍卖小姐的时间吧？"

2012 年 10 月的一天，大胡子张迪奇来到车库咖啡，当时这里还不叫中关村创业大街，而是海淀图书城。刚进门，一个"圆脸胖男人"就热情地跟张迪奇打招呼："Hi，又过来啦。"张迪奇虽然不认识，但还是跟他握了手。后来这位认错人的车库咖啡创始人苏菂打开他朋友的照片时，果然也是一个满腮大胡子。

经历了上海文广和央视国际"很多痛苦的、不堪回首的往事"后，编导张迪奇在朋友的广告公司借了四张桌子，开始搭建时间拍卖网。创业最怕孤独，得知海淀图书城有个车库咖啡后，他决定去探个究竟。

那时，张迪奇团队有三人，开发之初，"连个 Demo 都不算"，前端做出来后还自以为不错，不料被当时在车库做运营的 MM 嘲讽："你们做的这是什么呀？"固执如张迪奇，那次被"拍砖"后，回去用三周时间重新设计了前端，第二次到车库时，MM 很感动，让张迪奇加入了车库的会员俱乐部。

张迪奇中国传媒大学时代的同学洛凡也从中新社出来，一起搬进车库办公，他们挑了进门最里一排最后一张桌子，挨着空调靠着窗，闹中取静。洛凡记得，那年冬天的车库，"没有暖气，窗边太冷，暖风空调不管用，穿着羽绒服之类的都冻脚"。后来他们搬到那一排最前面一桌，直到 2014 年 4 月搬走。

在车库不到两年，张迪奇自认为成长最大的是"路演能力"。"我们第一次去见投资人，我紧张得一直在擦汗。"在那之后，张迪奇看书练习演讲，有一段时间，车库每天的半小时活动，他都上去讲。"记得第一次上台，拿着麦克风手还在抖。压力来自团队的未来，那么多人张着嘴等着饭吃。讲好了会有百万投资，讲不好就灰飞烟灭。"洛凡会在台下把他的演讲拍成视频，帮他分析问题所在。

洛凡说："车库跟其他咖啡馆最大的不同是，这里可以接纳各种人，草根的，奇葩的，靠谱的，不靠谱的……"他们在车库遇到很多奇葩的人。有一个人一天叫了三次警察，因为纸杯被人偷了，让警察叔叔帮他找纸杯。其实就是被打扫卫生的服务员收走。后来他在纸杯上写了名字，最终还是不见了。还有一些半小时上台讲话就停不下来，话筒都不撒手的。他们还遇到过学佛成痴的人，"天天念叨：你们不要创业了，你们信佛吧。人生有时终须有，人生无时莫强求"。

为了挖一个靠谱的技术员，张迪奇在 2013 年 8 月最热时跑到山西某地，"36块钱一天的小旅馆，没有空调，没有卫生间，没法洗澡"。张迪奇天天跟着他，磨叽他，住了三个多星期，终于把他磨叽到北京来。没想到刚过了春节，这位哥们就娶了当地一个矿二代，"不需要创业，直接走向人生巅峰了"。

有一个要自己创业，另一个"来得晚，走得早"被解雇，五人团队到了2014 年 4 月就剩下张迪奇和洛凡两人，张迪奇和洛凡决定回家办公。

时间拍卖，就是拍卖时间，苏荫的时间就被拍卖过好几次，"起拍价格当初是 400 元，现在已经涨到 1200 元"。在时间拍卖上线三个月后，美国一家同类网站一上线就拿到 3000 万美元融资，娱乐和体育明星撑起了这个网站的估值。张迪奇一直到 2014 年 10 月才拿到天使轮投资，而且只有几十万。张迪奇不希望自己的网站娱乐化，洛凡记得早年跟投资人谈时，人家甚至明说："你们不会做成拍卖小姐的时间吧？"

天使轮投资是在张迪奇搬出车库后的几个月后出现的。他习惯性地在中关村创业大街逛，某天傍晚碰到一个黑马会的人，聊起有个网站拍卖人人贷的创始人，一个小时卖 9000 块。"就是我们做的呀。"6 点下班后，二人相约在街对面吃牛肉面，"吃完面就投了"。

还在车库的时候，张迪奇就申请某大企业的孵化器。第二期时，"他们大老板认为我们没有市场"。到了第七期，他们很惊讶：你们项目还没有死啊？"他们孵化的项目 80% 都死了！"张迪奇说："死是很容易的。活着才难。人家拒了我们两次，我们也没关系，再申请第三次，重要的是他们场地免费，饭也免费。"

一生一世微喜帖合伙人全小林、赵天利
一个负责给投资人讲故事的合伙人

赵天利，还差一个月就是90后，在凡客诚品待了三年，历任在线客服、在线营销、产品运营、市场运营和招商经理。离职后在一个IT群得知车库咖啡，2014年10月，他来到咖啡馆门口，徘徊了两天，"在门口往里看"，不敢进这个"高大上的地方"，"我是一无所有，光带着idea来，少量的资金，没有亲朋好友的支持"。赵天利的idea是兴趣社区产品。

两天后，赵天利终于踏进车库咖啡，在最里面一排最后一桌，窗户旁空调边的角落坐了下来——正是两年前张迪奇选择的位置。同桌还有全小林，二人都是背一个包各自搞自己的项目，半年后二人成为联合创始人。2014年下半年是创业最好的季节，很多创业者拿到投资从车库离开，赵天利经常从别人口中得知"这个人是谁，做了什么项目，融到多少钱了"。

只要坐下来，就会有人过来聊天——聊产品、聊投资。"你做什么的？"这是车库最常听到的一句话，相当于农村里问人"你吃了吗？"之后就开始聊：投资人会喜欢什么？用户会喜欢什么东西？

不自信的赵天利很快就找到一起做兴趣社区的技术合伙人，比他稍大，"有房贷、有孩子"。社区通过图贴展示，"比如喜欢骑行，会产生大量照片，之后是旅行、装备等共同话题，黏度非常高"。但图贴消耗的大量流量和服务器费用使这个项目戛然而止。赵天利很快失去了合伙人，过了春节，合伙人摊开说退出。正在这时，车库同桌全小林正缺一个负责给投资人讲故事的合伙人，二人一拍即合。

这是一个8人团队，做电子喜帖App。注册用户虽然只有10万，但流量很可观，"一对新人可能会邀请100个人"。在线祝福、宾客统计、礼金红包都可以在上面实现。团队面临的问题是：如何把这些流量变现？苏茵给他们的建议是：结婚礼物的垂直电商。

"在车库成长得特别快，好像在这上大学一样，每天都接触这些信息。"赵天利曾在车库遇到一个投资人，批评他们做婚纱摄影O2O竞争太激烈。赵天利说，越跟投资人说，思路就越清晰——哪些用户、哪个痛点，将来市场和对手，如何运营，如何吸引用户。"想好之后给投资人讲起来特别自信，把很多投资人都说服了。很多人直接问要多少钱。"

最近，赵天利在车库的路演中拿了第一名。人数增加后，团队搬到了西三旗。但赵天利每星期都会回车库坐两三天，这里定期有近 400 个车库俱乐部会员的路演，"头脑风暴，互相拍砖，互相纠正"。

大拿加创始人杨林苑、吕鑫
"我们有范冰冰同款推拿师"

杨林苑最早来车库是为了看看有没有有趣的创业项目，2011 年，他还是一个投资人，车库也刚开业不久，创始人苏菂还要自己当服务员。

不久后，杨林苑在车库开始第一次创业："技术牛人会时不时地冒一两个出来，你可以跟他们交朋友。我第一个项目的两个合伙人都是在这儿找的。你没有太多渠道去认识这些牛人，车库就提供了这样一个圈子。"

长期泡在车库的杨林苑发现："车库有一个特点，这些人都身怀绝技，但都不低调，非常的自信，甚至有点自负。他们都是自己带项目，都想当老大。"杨林苑游说进来的两个技术牛人，各自的项目在车库已经坚持了两年，"吸引他的理由就是，让他意识到，我们在做一件更大更有价值的事"。

大拿加公司的员工在玩游戏（插图—李伟 / 新周刊）

第一次创业失败后，杨林苑回到某大型投资机构"继续修炼"。今年春节前，做连锁中医推拿店的杨太太再一次把杨林苑拉上创业之路，他们还要拉上StarVC的投资人吕鑫。杨家夫妻和吕家夫妻的饭局就在北京某肯德基，林家夫妻一开始担心跨界演艺和投资圈的吕鑫看不上推拿这一行业，没想到吕鑫先提出来要做一个中医推拿O2O项目。四人一拍即合。

吕鑫，中戏毕业，当过演员、制片人、新疆卫视主持人，做过雕塑、书画和大型文艺演出，还当过食品流通的区域总代理。后来在黄晓明成立StarVC时成为一名投资经理。过年以前，因小孩生病在医院屡治不愈，朋友推荐一个中医，"说是积食，捏了捏脊，推了推拿，两三天，发烧再也没犯"。吕鑫发现痛点很明显。"北京有能人，3分钟帮小孩催痰，5分钟治崴脚，10分钟正脊椎。但是，我不知道他们在哪儿，他们也不知道我在哪儿。"

春节过后，吕鑫离开"一个星期收1000多个项目，根本没有时间思考"的StarVC，创办"大拿加"。迅速搭建光鲜的12人团队，"店铺合作从大众点评出来，技术是百度的，运营是腾讯的，产品经理是美团的"。4月份就上线，一个多月就谈下100多家店，将近200个推拿师，拿到了所在孵化器的"最玩命创业的团队"奖，"我们平台上能找到范冰冰同款的推拿师，还有服务过习大大的推拿师"。

"这个地方有人情味，像家人一样，每次回来就跟大家打招呼。"杨林苑每次回来都能碰到好多熟人，"我最佩服苏菂的是，他做车库咖啡是不以盈利为目的的。"杨林苑是车库创业早期核心圈子一员，当时他还是投资人，"我们给车库起草过一个创业基金的方案，但是最后没有推出来"。与车库同在一条街上的3W、黑马会、天使汇，早就有自己的创投基金。

但是苏菂不同意做基金。"投资机构是很功利的，需要把钱和时间放在最好的项目上。投了A，B就不会来，他不希望做成这样。他的立场是做成一个圈子，不管你什么背景，不管你的项目靠谱不靠谱，处在什么阶段，没有门槛，没有阶层之分，都可以来这里交朋友聊天。"

怎样避免投资人与创业者相爱相杀?

文/邝新华

　　保险智库创始人邝耀基落难上海时,因为拜访知名投资人——启明创投董事总经理邝子平而找到创业的新方向。最初,他是在一个创业论坛听过他的发言,并记住了他。

　　"看看我的项目靠不靠谱,毕竟失败两次了。"带着这样的念头,邝耀基找到启明创投在浦东金茂大厦第 39 层的办公室,对前台说:"我找邝总。""你是?""我是小邝。"邝耀基把名片递过去,等了一会儿,就被带到邝子平的办公室。

　　那次见面,邝耀基第一次深入了解什么是互联网创业:要找爆点,能复制,成规模,影响到更多的人。"他是很平静的人,做事情不造作,他对我的影响很大。"之后,遇到重大决策和艰难选择时,邝耀基还经常给他打电话和发邮件征求意见。

　　这可能是创业者和投资人好好聊天不多的案例之一。

学会愉快而真诚地被拍砖

　　创业半年多的赵天利在中关村创业大街学会了怎么被投资人拍砖而做到"打不还手,骂不还口"。

　　有一次,赵天利到创业大街另一头的创业汇,见某投资经理。"我只说婚庆,他就拍砖了。"后来投资人见多了,赵天利发现一个规律:刚出道的投资经理只会拍砖,有经验的投资大佬反而会提供很多好建议。"投资总监还有合伙人提醒我,婚庆领域大家都要挤破头进去,频次是大家都没有解决的问题。你会怎么解决呢?"后来,赵天利不断地参加各种路演,慢慢学会了给投资人讲故事,"现在我说的都有理有据,投资人问的任何刁钻问题,我都能给他扳回去"。

91金融创始人兼CEO许泽玮也当过很多路演和创业大赛的评委。"我不喜欢当评委,我不愿意去点评别人的人生,这点挺无聊的。"许泽玮说,"创业者把自己的全部赌进来了,他一定会竭尽全力把这事做成。"

虽然路演可以创造创业与投资的对接平台,但一位不愿意透露姓名的评委H先生还是对创业大街上频繁的路演表示不满。"你的项目不需要给那些根本不会投你的VC路演。有什么可路演的?"H先生直言,"如果你把这个活动定义成一场秀,那就可以跟主办方一起商量制造冲突,让这个节目更好看。如果真要投资,那你先把钱放在这儿,没有这个决心别来当评委。你又不投,你有什么资格评论人家的项目?"

"任何一个机构都不应该挣创业者的钱"

起初,投资人与创业者谈项目,只是私底下的事。《创新中国》制片人王利芬把这种对话搬上了央视。《创业家》创始人牛文文把这种对话变成了常规的比赛以及在中关村创业大街不定期举行的真人秀。

各种路演会定期在中关村创业大街各大咖啡馆举行,通过了路演,可以加入这个俱乐部,参加培训或者得到投资。以上市为主线,黑马会有着完整的创业成长体系,一年有九大行业上百场赛事几千个项目,为了接触好项目,很多机构投资人成为黑马会的评委。杨林苑曾经是黑马大赛的评委——任务是看谁能入营。

但是,入会并不免费,只有苍老师来才会免去3000块的会费,最贵的还是黑马学院里的创业课程——邀请成功的创业者或者业界大咖来讲课。今年6月,黑马学院策划了北极游学课程,"15天创投界亲密相伴行程",最低等级收费是126000元。

常规而言,黑马学院"中国合伙人"特训营,面向企业创始人,两天29800元,针对投资人的"超级投资人"培训,到硅谷去玩一周,定价79800元。许泽玮曾被邀请到黑马训练营讲课,但他拒绝了。他曾到微软孵化器和联想之星讲过创业经验,因为那些地方不收费。"任何一个机构都不应该挣创业者的钱。"

中关村互联网金融研究院执行院长刘勇认为,创业培训还是有必要的:"对一个创业新手,你的思维会有好多盲点,犯了错误你可能根本没有意识到。让一个经历过创业的人提醒你一下,会少走很多弯路。而且,很多专业知识,比如金融,还是需要专业培训的。不过,培训只是启迪思路,至于要怎么做,还是他自己的选择。"

几年下来，《创业家》旗下的黑马会野蛮成长，颠覆了创业投资圈的很多游戏规则，其中被诸多投资人质疑的一条是：黑马会既当裁判员又当运动员。

坐在你对面的不是敌人

"有的投资人觉得创业者不尊重投资人，有的创业者觉得投资人不尊重创业者。"张迪奇体会到，二者的关系被扭曲了，"投资人假定创业者是来套我钱的，创业者觉得投资人是来套我股份的。"张迪奇提出："不管是创业者还是投资人，首先要认可，这个人坐在你对面，他不是你的敌人，你们是合作者。"

在许泽玮做 91 金融的第三轮融资时，他把跟他聊得很好的比尔·盖茨的投资意向拒绝了："不是因为我大牌，而是因为他们没有人民币基金，只有美元。"作为一家金融企业，"资本是人民币"很重要。

在 A 轮融资时，许泽玮见了上百个投资人，跟每个人讲"我在做什么，怎么做"。许泽玮是一个强势的谈判者。"我是不容被质疑的，你要不信，咱就不玩。我自己不愿意去点评别人，也不喜欢别人点评我。"

许泽玮认为，投资人与创业者应该是平等的关系："你有权不投，对吧，所以你不要去质疑我。你可以分享你看中的项目，可能对我有启发。"许泽玮认为，现在的创业投资圈里，投资人与创业者之间的交流成本特别高，"我们需要一个机制，让双方只行使自己最大的权利，而不是越俎代庖"。

创业者的一万种死法

文 / 丁个

创业，能给你带来一种不可思议的生命诱惑，也能给你带来一万种不可名状的死法。

关于创业，这是一个最好的时代，还是一个最坏的时代？"大众创业、万众创新"的号召下，创业似乎正演变成一场全民运动，如同一次次围绕机会与资本的集体狂欢。然而，有多少次欢呼，就有多少次默哀。有纳斯达克的钟声，就有创业板块的哭声。在这一浪高过一浪的创业热潮下，你看到的、听到的，和你看不到的、听不到的一样多。一个看似人人都可以创业的时代，《26 岁亿万富翁创业日记曝光》和《创业的三十种死法》的点击量或许不相上下。创业是一场怎样的游戏？

吴晓波在一篇文章中，也提出了这样的问题。他向 N 多个企业家发问：创业是一场怎样的游戏？难道不是一场适者生存的搏命游戏？得到答案之前，他将创业同爱情做了比较：一场伟大的爱情，并不需要一个美满的结局为注脚，有时候甚至还相反。但企业家创业，却从未这么幸运。创业之路上，似乎只有赢，并且持续地赢，才能被记取和传送，才能算作不死和不输。

这股凛然决绝的创业激情点燃过太多创业者，以至于他们从立愿"一出生就风华正茂"到"眼见他起高楼，眼见他宴宾客，眼见他楼塌了"。创业，能给你带来一种不可思议的生命诱惑，也能给你带来一万种不可名状的死法。

创业，想赢之前，先问问自己，能输得起吗？

1. 不忌唇亡齿寒的养兔场之死

你看过一本叫《海底沉舟》的书吗？书里有个养兔场，处于半驯养半野生的状态。那里食物供应充足，因为人类定期留下兔食。那儿可以算是兔子天堂，只是养兔人的目的是要设下陷阱，偶尔享用兔子大餐。生还的兔子从来不提这个陷阱，也不愿谈到它们被杀的同伴。它们有条不成文规定，就是要假装那个陷阱并不存在，而它们死去的同类也并未存在过。

这是劳伦斯·布洛克在《八百万种死法》中的经典语录，它同样适用于商业逻辑下的创业环境。那些死过的、新生的、假装从未存在过的"创业兔子"，你们最知道八百万种死法的滋味。但不忌唇亡齿寒，谁知道前方何时还会再冒出一个养兔场呢？

2. 一个无理想主义者之死

那篇流传甚广的《创业的三十种死法》中，"缺乏理想"成了创业致死的罪魁祸首。有野心、有抱负，无理想、无情操，成了一些创业企业半路夭折的先天病灶。

作者靳海涛亦是一位企业家、经济师，从多年实战经验得出结论：做小生意勤快就够，做中生意要拼智慧，如果要做大生意，必须靠德，也就是说要有理想。

当资金来敲门时，千万先醒醒，不要上演一出无理想主义者之死。

3. 一个理想主义泛滥者的自杀

只抱饭碗不顾理想不行，只讲理想、玩情怀更不行。

如今创业路上，有钱的比不过假装有钱的，没理想的玩不过理想主义泛滥的。做企业，没有情怀可怕，只有情怀更可怕。

太多创业者过度强调理想。理想主义泛滥，容易沦为理想主义贩卖，而不顾商业逻辑，一味进行理想主义者的自白，等同于慢性自杀。

4. 欲速则不达之死

李嘉诚创业于 1950 年，大半个世纪以来，他的同辈人大半凋零，只有"和黄"事业绵延壮大，在被问及常青之道时，这位华人首富说："我常反思自问，我有什么心愿？我有宏伟的梦想，但我懂不懂什么是有节制的热情？"

吴晓波的发问，在李嘉诚这里悟出了答案：创业是一场总可以被量化的智力游戏，也是与自己的欲望进行搏斗的精神游戏。但归根到底，创业是一场有节制的游戏。警惕欲速则不达之死。

5. 拿来主义之死

太多所谓新兴的创业模式，都能在国外市场找到它的前世，或原生模式。中国人的翻墙技术好，复制能力强，学习技能高，去趟硅谷回来，就能开好几家创业公司。常常只是各种技能万事俱备，只欠一个 idea 东风。无论你是 Airbnb、Uber，还是 Buzzfeed、Handybook，转身一变脸都会有个中国版。

打通海外的拿来主义，成了一类创业者的安身秘籍。可安身未必能立命，一来要克服水土不服之死，二来要抵御创新能力衰竭之死。

6. 闭门造车之死

有把手臂伸出去一把抓的，也有关在会议室拍脑瓜的。

这些人压根不会去搜索类似"最值得抄袭的17种国外创业模式"，而是歪在会议室的沙发上，或是围在CBD的咖啡馆里，一升冰水侃一天，恨不得硅谷那些项目都看不上，相信自己能赢在终点线上。

最后说，要投资餐饮业。多大的盘子？"老家，凑了2万块，兄弟的餐馆。"

7. 高调务虚之死

太多打了鸡血的创业者，在只有"一角"的时候，非要自我致幻或高调宣布：是冰山一角。

用话语权占领市场关注度的心情是可以理解的，可把"一角idea"提前曝光后，打造冰山的务实之务跟不上，早晚要触礁甚至沉船。搞不好，正是因为自己声音太大，快马加鞭兑现创业诺言时，一抬头，撞上的冰山，竟是默不作声的竞争对手先行一步建好的。——低调、务实，是创业逃生的基本法则之一。

8. 为上市而上市，丧钟为谁而鸣？

据说义乌小商品批发市场的业主，都个个想去纳斯达克敲钟了，何况创业热潮中，这些热血沸腾的创业扩张者。

对一些企业家来说，去纳斯达克敲上那一声的荣耀，就像中国作家对诺贝尔文学奖的凝重情结。而等着倒计时听到那钟声的快感，要高于在商业规则下，积累时间、循序渐进经营完善一家企业的实际过程。上市不再是厚积薄发、水到渠成的创业之路，而成了为上市而上市的包装、作秀之道。

钟声为谁而鸣？连义乌的经营主都接连遭遇纳斯达克原始股骗局了，各位就别骗自己了。

9. 家族式管理或团队内讧之死

很多创业者是家族企业，甚至夫唱妇随，至少财务大权要由一个户口本上的人来掌管。看似安全，长远危险。决策如何公平透明，权利责任能否服众，都是一个有远见的创业者不得不慎重考虑的。

家族树要慎建，非血亲团队的创业公司中，合伙人与核心骨干的价值观、世界观、金钱观是否匹配，也极为关键。人的格局，决定着企业的格局。三观不搭，投资再多，也别一起伸手。否则内讧之死，早晚之事。

10. 自我感动之死

也许创业真的会有八百万种死法，不在游戏规则里，不在商业逻辑里，不在清晰开阔的格局里，随时都有可能脱轨。不过，回到开头的问题：谁说创业不能是一种体验呢？ I see. I come. I conquer ？ Who cares ？

"如果我带着醉意出生，或许我能够忘记所有的哀伤。我已倦于微笑，我已疲于奔命，美好时光已成过去。我不知道他们有没有谈恋爱，但是我知道他们之间一定有爱。死并非生的对立面，而是作为生的一部分永存。"

依旧出自布洛克的《八百万种死法》，送给那些自我感动过的创业者。

海外创业狗最好具有这五项技能

文 / 于青

《华尔街日报》曾经通过 Shikhar Ghosh 调查向大伙揭示这样一个真相——在美国，四分之三接受过风投的公司，都让投资人的银子打了水漂。一个不论国别的现实是，创业人虽多，成功者寥寥——其实道理大家都懂，没有分母哪来的分子？

尽管如此，你也不能阻止那些每天坐在咖啡馆里拼命想痛点却不愿正视自己技能寥寥的情怀狗，拼了老命往中二路上去努力，只为不想从一个功成名就的创业梦中醒来。

　　其实少数笑到最后的创业者早已证明，能通过创业闯出一片天的，一定不是学渣与 loser。人生赢家通常都有一个共性：不管人家有没有情怀，毅力、实力与执行力必然一定有，还有一样看不到的因素——运气。

　　让我们盘点一下创业狗最好具有的五项技能吧。

首先，你很早就知道自己要干吗。

　　有句话叫出名要趁早。出名早的人基本有个共同点——实力开发得早。当然，名气有时候并不等于实力。想要真正干出点儿比名气更重要的事情，要趁早找到属于自己的那条路。

　　很多日后成功的创业大牛都是"明白要趁早"的官方代言人。比如微软创始人比尔·盖茨，比如 Facebook 创始人马克·扎克伯格。故事太火，无须累赘。

　　近两年火起来的创业者也不例外。Tumblr 创始人大卫·卡普在 11 岁时就开始自学写代码，14 岁开始定期拜访动画公司的工作室，15 岁从中学退学，16 岁成为育儿网站 UrbanBaby 的 CTO。19 岁那年，他利用所出售的股份资金创办名为 Davidville 的小型产品开发咨询公司。20 岁时，他创办了卖出 11 亿美元的 Tumblr。

　　创办 Uber 的崔威斯·卡兰尼克，小学六年级就学会了编程，大四创办可以交换音乐与电影的网站 Scour，三年后再创立能够为内容提供商降低网络流量负担的 RedSwoosh 公司。八年后，Uber 从他手上诞生。

　　有一种说法是，每个人从零开始到成为一个领域的专家，需要 7 年时间。每个人的 7 年都不少，但真正明白了自己并好好利用时间的人并不多。相比之下，那些早早就知道自己要干吗并持之以恒的人，就拥有充分的时间和理由让梦想照进现实。

其次，有能帮忙的爹妈很重要。

　　在尚未站稳脚跟时就能够将理想付诸实践，开明的家庭环境是一项带有决定性的必要条件。

马克·扎克伯格的父亲就很懂他。在发现自家儿子的编程天赋之后，好爸爸请来软件研发大牛大卫·纽曼当扎克伯格的家教。

能够一心将精力用在编程上的小马克开发出了实现在线实时通信的软件程序 ZuckNe、实现如同人工智能般摸清用户音乐品位的 Synapse Media Player 音乐程序。进入哈佛、创立 Facebook 之前，扎克伯格就开发出根据学生选课数据而提供参考的选课程序 CourseMatch，以及让校友在一堆照片中选出最佳外貌的 Facemash——正是这两个程序，成为 Facebook 的坚实基础。

创建 Tumblr 的大卫·卡普的母亲也很懂他。作为老师，卡普的妈妈很清楚自己并不能在儿子感兴趣的方向提供帮助，所以她找来了自己的朋友，在 MTV 音乐电视网工作的弗雷德·赛伯特——他同时经营着一家动画制作公司。

在这个公司里，大卫通过目不转睛的观察与学习，明确了自己将要成为一名电脑工程师的愿景。而赛伯特也为大卫将要迎来的成功做了决定性的贡献——在看完大卫设计的 Tumblr 网站雏形之后，他义无反顾地将自己的一位投资者——星火资本的毕扬·萨贝特推到了大卫面前。之后，萨贝特为大卫·卡普带来了 Tumblr 的首轮风投。

至于从普林斯顿毕业、从科技行业跳到对冲基金再跳到信息技术产业的杰夫·贝索斯，他创立亚马逊的启动资本，就是老爸老妈慷慨贡献出的 30 万美元退休金。

第三，你知道能从哪儿找到你应该找到的搭档、人脉，比如——上个好大学。

创业当然不是一个人的事儿，找到同伴是一项跟发现自己一样同等重要的技能。所以你能看到比尔·修利特在斯坦福遇到了他的好搭档戴维·帕卡德；拉里·佩奇也在斯坦福遇到了创立谷歌的另一半谢尔盖·布林；马克·扎克伯格是在哈佛遇到了 Facebook 的联合创始人爱德华多·萨维林；如果布赖恩·切斯基没有在罗德岛设计学院遇到乔·吉比亚，很难说现在有没有一个红遍全球的 Airbnb。

大部分创业世界的成功者，都是有伙伴的人。而这些伙伴一定也要是某一方面的专家，拥有坚韧的毅力，不轻言放弃。与业界大佬的名校背景相对应的是，很多人都热衷于描述他们的辍学传奇。但是永远不要忘了那个无法企及的重点：首先，人家早早就考上了——常春藤学校有多难考，请自找度娘。

第四，拥有真正的创新能力，而不是情怀力与 PPT 力。

众所周知，乔布斯是一个很会讲情怀的人。但与众多情怀贩子不同的是，他的情怀力并不来自一个"我努力我吃苦我有理想有追求"的中二之心。而是来自他要改变世界的创新力。

当全世界都热衷于对着手机物理按键一通猛按的时候，乔布斯消灭它们带来触屏。当全世界还沉溺于 MP3 播放器愚笨的外形时，乔布斯带来了富有极简之美的 iPod。

作为一个独裁的完美主义者，这种创新力无不来源于乔布斯无时无刻不在的苛刻、较真与思考——就算只是买个洗衣机，他也要让全家人来开个研讨会，将洗衣机的各项指标比如耗水量、节水程序、洗衣液消耗量、洗涤效率以及对衣服的损耗等细节问题拿出来讨论个够。

所以，当乔布斯问出"笔记本电脑底座上究竟该有几个螺丝"、"显示器边角应该有多大弧度"等问题时，没有人会觉得奇怪。

乔布斯证明，有情怀亦有创新，B 格瞬间被拉高。而多到数不清的反面教材也证明，若光有情怀毫无创新，只能换来一句"情怀狗"。

第五，坚强执着能吃苦。

创业最大的魅力无非在于自己当老板，干些真正想干的事。但与此相对的是，相比受雇，创业风险大，心更累。一旦选择创业，你的名头就不再只限于名片上的一行字。首席执行官、首席财务官、首席公关、首席推广、首席人力资源官……它们都属于你。

在坚强执着能吃苦这一点上，Snapchap 的创立者、富二代埃文·斯皮格尔就做了很好的示范。

作为 17 岁时就能每周花掉 4000 美元的阔少，斯皮格尔在 15 岁时就已学会拉投资——在当地报纸的记者实习期里卖出了数

五项技能（插图—翟砚军）

223

量可观的广告。

16 岁时，他在去红牛"无薪实习"的路途中好好学了一把市场营销，同时还学会了一大堆的图片处理技能，并成为一个十分称职的"派对社交家"。

在进入大学之后，这位闲不下来的富二代先后成为艺术中心设计学院的学生、生物医学公司的实习生，以及远赴南美的外教和就业咨询师。而在踏入斯坦福大学商学院后，他又如愿以偿成为一名电脑工程师。玩完了这一出，他又跟好哥们鲍比·墨菲创办高校招生录取辅助网站 FutureFreshman.com——以上所有马不停蹄的尝试，全都发生在 Snapchap 被创办之前。

斯皮格尔 21 岁时，Snapchap 上线。两年之后，跟随 Snapchap 火起来的，是那些揪着他不放的采访与报道，话题无非就是优厚的家庭背景与看似傲慢鲁莽的行事风格。

对此，这位风评不太好的富二代如此回应："我是一个年轻、受过教育的白人，我非常非常的幸运。如果人生是不公平的——它就与工作努不努力无关，而是想法子在体制中达成目标。然而人生就是不公平的。"

每个人的命运，都与家庭、时势、阶层、能力、眼光与选择脱不了干系。但创业却是公平的——在创业构建的世界里，能够得偿所愿的家伙一定不是懒蛋。

当你做到以上所有事情后，还有一条是无法靠努力能实现的，那就是运气，运气这种看不到摸不着的东西，只能意会无法言传。

在大时代做一只特立独行的猪
可不可以不创业？

文 / 谭山山

如今，创业已经成为显学，或者说是新潮流、新宗教。所以作家冯唐在朋友圈感慨，"空气里都是创业的味道"——从配发的照片来看，他当时正在"2015

青年创业创新大赛"的现场，听各路创业者大谈核心团队、立项背景与目的等。

刚刚播完的 TVB 现实题材电视剧《楼奴》，自然也没有忽略"创业"这个时髦桥段：80 后打工仔楼耀明咬咬牙卖掉辛辛苦苦才凑够首期的房子，入股一家私房菜馆，实现自己的创业梦。不过，和内地全民皆创业的狂热氛围有所不同，这部电视剧还给出了创业之外的其他选择：劳必达满足于自己有儿有女，有个漂亮老婆，有一间小房子，觉得自己的人生很幸福——为此，他甘当楼奴，过好自己的小日子；劳必达的儿子则在大学毕业后，去国外打工旅行，不愿意一毕业就被供楼所困。这些不同的活法，各有各的道理，说不上孰高孰低。

是啊，一个成熟的社会，应该容许多元价值观的存在，就像罗素所说，"参差多态乃幸福之本源"。而在现实中，我们看到的是，"成功"（或者直白地说是"金钱"）正在取代此前的意识形态，成为唯一强大的价值观。追求成功没有问题，但人人都追求成功、鄙视想过小日子的人就有问题：因为这抹杀了个性和差异性，"千人一面"不仅无趣，更是另一种意义上的专制。所谓"梦想"、所谓"创业"，也是如此。

"我没有梦想，我在做我的事情，梦想它会来。"

作为创业者家属，闪闪在微信公众号"奴隶社会"撰文讲述"梦想背后的故事"。在她看来，创业者决心创业的原因，不外如下几种（排名不分先后，比例相当）：1. 财富。挣钱，挣很多的钱，是人们创业的重要驱动力。但他们要的往往不是物质生活的富足安逸，而是"财富"本身以及它所带来的成就感和自由。2. 荣耀。他们希望自己的创业经历成为励志故事，成为大大小小的传奇，被人敬仰膜拜。3. 对科技的激情。他们热爱新事物，爱 Gadget。若去拉斯维加斯 AEE（色情娱乐行业年会）和 CES（消费电子产品年会）撞日，必选择后者。4. 做有意思的事。他们愿意跟志同道合的人在一起，不受朝九晚五的约束，用自己喜欢的方式做自己想做的事。5. 想给世界带来点影响。人生短暂，总得留下点什么，才不白活一生。

以上种种，统称"梦想"。只是，人生不总是《中国好声音》的舞台，当被汪峰老师问到"你的梦想是什么"时，你总能激动地说出自己的梦想——为什么非得有梦想呢？没有梦想可不可以？所以上一季帕尔哈提的回答特别难得："我没有梦想，我在做我的事情，梦想它会来。"事实上，这可能是多数人的常态：

他们的梦想，往往不过是"小确幸"而已。

晨兴创投合伙人刘芹有一个看法：创业是留给少数人的机会。也就是说，创业者是少数派。刘芹对此的解释是：普通人在做决策时，会趋利避害，且注重短期效应、注重眼前的利益。而真正的创业者看得很远，超越了普通人趋利避害的本能，他（她）追逐的是一个愿景，并视之为信仰，是内心深处的热情支撑他（她）完成创业这件事。所以，创业不适合多数人，只适合少数派。刘芹同时提出，要警惕当前把创业变得庸俗化的苗头——把创业等同于实现梦想，好像谁都能开店、开公司、开工作室（其实用的是爸妈的钱），满口"互联网 +"，没有个 App 都不好意思出来社交……

还有一个和创业相关的词，"转型"。传统媒体人离职创业叫转型（例子太多，就不一一举例了），罗永浩卖锤子手机叫转型，张向东离开久邦做自行车也是转型。而在成王败寇的逻辑下，能拎出来的都是"转型成功"的例子。新京报传媒研究院副院长朱学东对此表示反感："可能我矫情，我一看鼓吹媒体人转型成功之类的文字，打心眼里就烦。因为在他们眼中，成功不过是企业上市，或骗了风投来，或又挣了多少名利……我就想过自己的小日子，白天工作愉快，晚上睡得踏实。高兴时放声大笑，痛苦时号啕大哭，孤独时有家人兄弟相伴，不装不舔不卑不亢，我觉得这是我的成功。"

像打了鸡血似的躁动不安、一惊一乍，那不是生活的常态。

朱学东有句话说得好："我希望做一个正常的人，过正常的生活。"他每天的生活，不外是带孩子、读书、走路、抄诗，还有记流水账。

前媒体人、现自由撰稿人魏春亮在《南方周末》撰文称，王小波并非"特立独行"，而是"正常"——只是，他这种追求个人意志和表达的"正常"，被视为另类。他笔下那只"特立独行的猪"，敢于无视人们对其生活的设置，像猫一样到处游逛而不是老老实实待在猪圈里，甚至学会了汽笛叫，最后逃脱人类的围捕，成为一头野猪。他说的当然不是一只猪，而是那些崇尚自由、不追逐时代潮流（或者说反潮流）的人——比如说，对成功学保持警惕性的人，做一辈子专业工作却甘之如饴、不为名利所动的人，在创业大潮中保持自我的人。

像美国著名主持人迈克·华莱士，1946 年亦即他 28 岁那年成为哥伦比亚广播公司（CBS）的新闻播音员，直到 1968 年才成为 CBS 王牌电视新闻栏目《60

分钟》的主播，这一年他已经 50 岁了。此后，他一直在主播任上，直到 88 岁才宣布退休。在他漫长的职业生涯中，他从未想过离开传媒业，去当个顾问或独立董事什么的。

最近刷爆朋友圈的泰国人 Jon Jindai，因为受邀在 TED 大会做了题为"生活本应简单，为何你过得那么难"的演讲而备受关注。Jon Jindai 年轻时和村里的同龄人一样，跑到首都曼谷追求"成功"。在曼谷的七年他并没有做出一番事业，于是回到清迈乡下，搞农场、盖房子，顺带开有机餐厅，有了自己的品牌 Pun Pun Organic Farm——对，可以说他无心插柳地创了个业。

让人不舒服的朋友圈相关文章的表述，说 Jon Jindai 是 × 丝逆袭："这个曾经的学渣、× 丝，如今有了外国媳妇和混血儿子"，"在大城市混得一塌糊涂的 Jon，却在另一个地方成为社区领袖、人生赢家"——仿佛不把一个故事往励志的路子上引导，就不足以打动读者。但是重点难道不应该在"生活本应简单"吗？想必 Jon Jindai 本来也不是铆着劲儿非要做出什么东西来，只是顺势而为罢了。创业成功确实可喜可贺，但创业屡屡失败也不是世界末日，不创业，就愿意过有滋有味的小日子，更应该鼓励。像打了鸡血似的躁动不安、一惊一乍，那不是生活的常态，而是虚火上升。

228

打赏与众筹——分享经济的中国式样本

互联网的发展，催生了一个以分享为主旨的新经济时代的到来，在互联网的平台上，以往那些坐地起价、雁过拔毛的中间环节渐渐淡出，而每个人手里的钱，就像每个人心中的梦想一样，都成了可以直接拿出来与大家共同分享的"公共资源"——只要看得顺眼、听着顺心、想着中意，钱便按照某种趣味、心情、态度，带着体温，带着义无反顾的执着，甚至偏见，去到它应该去的地方。

这是一个只要有一千个铁粉就能生存的时代，打赏与众筹正成为财富流通的新经济学模式，小钱很多，有本事来拿。当然，真正的问题是，怎么才能拿到这些散钱、小钱和热钱。

如果你已经体会到出门打车时舍弃出租车公司而直接用 Uber 去分享那些闲着的私家车的乐趣，也体会过旅行在外时舍弃酒店而借助 Airbnb 直接住到你喜欢的人家里的舒心，那么，生活中的其他一些值得去做但又不想按照以往那些老土的方式去做的事情，为什么就不可以通过分享的方式去尝试一下呢？

我们将为读者详细剖析打赏与众筹，追寻打赏的历史，揭开追梦网、开始众筹、起点中文、YY 娱乐背后的财富秘密，起底六神磊磊与毛利的赏金写作。

打赏是对已完成工作的奖赏，众筹是对未实施计划的预付，但是，无论众筹还是打赏，请包装好梦想、情怀、信念、鸡汤、悲情、有趣、软萌、视觉系、冷知识，或任意一项。

从众筹到打赏的金钱游戏

物以类聚，钱以人分

文 / 于青

李雷有个大主意——去阿富汗拍一条纪录片。韩梅梅也有个好愿望——给自己的金毛设计一个全自动狗窝。而韩刚的念想则很简单——将废弃的自行车轱辘做成艺术品绕城一周。

每个人都曾有个大计划，并花不少时间在脑内不停地补充得以实施的各种细节，然后在缺少认可、资金与帮助的现实中，让此计划默默终结。

不过，这都是众筹出现之前的事儿了。

2009 年 4 月，美国首家众筹网站 Kickstarter 上线。它的宗旨并非吸引传统投资渠道，而是面向公众，募集一些小额资金供人实现愿望。

与传统的风险投资、天使投资人不同的是，出资者无法干预项目发起者如何使用这笔资金，更无法确认发起者会将全部筹款用于项目的承诺。是否选择掏钱支持，全凭出资者自我判断。

没有中间机构的保障，全凭网帖承诺，凭什么就相信大伙真的愿意掏钱？

事实证明，愿意掏钱的人不少。

根据 2013 年的调查，在 2012 年的美国，众筹平台总共筹得了 27 亿美元，这其中的 12% 属于电影与表演艺术，8% 属于音乐相关项目。2013 年，光 Kickstarter 一家网站就筹得了 4.8 亿美元。

迄今为止，从 Kickstarter 众筹平台诞生的成果包括：能够用蓝牙与智能手机相连接，接收文本消息和手机来电提醒的世界首款 Pebble E-Paper 智能手表；首款售价仅为 3299 美元，能够满足实验室、设计师要求的高分辨 Form 1 3D 打印机；美国国家公共电台与美国生活广播栏目合作产出的 Planet Money T 恤；将经典的游戏角色、代表性场景从视频中"请出来",篆刻在木板上,并用以制作最终成型纸上的游戏英雄浮世绘卷;重启在 2012 年停止印刷的喜剧漫画 The Order of the Stick 出版计划;翻新后拥有数字化投影仪和宽屏的伊利诺伊州巴灵顿 Catlow 老剧院;世界上首个能为大众所用的 ARKYD 太空望远镜;由美国青年舞蹈大赛组织拍摄的《最佳芭蕾舞》纪录片;以及打破 Kickstarter 个人融资纪录的、由女演员克里斯滕·贝尔发起的《美眉探校》电影计划。

众筹实现了人们这样一种愿望:我为我欣赏的人、我相信的计划掏钱。

在诸多火起来的众筹平台上,人们似乎忘了这样一个现实:大部分创业者都失败了,大部分筹款打了水漂。传统创业投资者,比如富有的天使投资人、风险投资公司,都明白一个道理:不要把鸡蛋都放在一个篮子里。Shikhar Ghosh 调查显示,在美国,四分之三接受过风投的公司,都让投资人的银子打了水漂。

但是,参加众筹的人们真的在乎这些失败率吗?

《连线》杂志主编凯文·凯利曾在 2008 年写过一篇题为"一千真粉丝"的文章,文中想象了这样一类艺术家:他们不通过大众养活,而只靠一群铁粉过活——这些粉丝能够忠诚到购买艺术家产出的所有作品。"我只是在想,对于那些处于乞丐和明星的中间地带的艺术家来说,应该有一块属于他们的地盘。我并不知道他们需要的确切数字,但我假想,一个处于中间地带的专职艺术家,可能会拥有一千个真爱粉。如果有一种技术手段,能让他们直接对艺术家进行财务支持,那么也许大批处于中间地带的艺术家就能够过上一种体面的生活。"

一年之后,众筹网站 Kickstarter 就实现了凯文·凯利的构想。不久之后,有四位众筹艺术家的作品进驻 MOMA。2013 年,众筹电影 Innocente 赢得奥斯卡最佳纪录短片奖。2014 年,圣丹斯电影节上出现了 25 部众筹影片,19 部来自 Kickstarter 众筹网,5 部来自 Indiegogo 众筹网。

当然,众筹业也有它的"大手笔"——美国音乐人 Amanda Palmer 在与厂牌闹翻后,为她的新专辑筹得了 120 万美元。电视节目 Veronica Mars 被砍之后,粉丝成功众筹出了此节目的电影版。

众筹实现了人们这样一种愿望:我为我欣赏的人、我相信的计划掏钱。而不论结果如何,我都有能力让我所欣赏的人获得体面生活,我所相信的计划得到更多认可。

在美国,Kickstarter 为不少艺术家筹得发声的机会——尽管有些机会算不上大。比如一支叫作"那些猫"(Those Cats)的乐队,就曾经在 Kickstarter 上为他

2012 年，美国摇滚歌手 Amanda Palmer 为自己的专辑、新书和新旅行募集了 100 多万美元的资金，有 2000 多名粉丝提供了资助。这件事名噪一时，让她成为 Billboard 音乐榜排行前十名的歌手

们的首张专辑众筹到了 3500 美元。虽然这些钱不够让乐队鼓手斯科特辞去他的厨师正职，但好歹，做专辑的钱有了。

尽管那些善掏腰包的出资人看似毫无理由，但其实，这其中自有规律。宾夕法尼亚大学沃顿学院众筹现象的研究者、助教 Ethan Mollick 这样告诉《纽约时报》："在许多众筹项目里，最早的一批出资人都是一些技术的早期研发者。他们特别乐于见到一个很好的点子变成一项实际的产品，而他们还能以早期出资人的身份，从中得到产品作为回报。"

尽管众筹平台特别不愿意将"预定经济"跟自己的概念联系在一起，但从本质上来说，它们就是一回事儿。但你也不能说二者完全一样，毕竟，众筹是一项属于未来的生意——如同 Kickstarter 的联合创始人 Yancey Strickler 所说："我们绝不允许用 Kickstarter 来展示已经成型的产品。我们需要让出资者明白，你是参与到一场即将到来的生活之中。而你认识它的创始人，并且在它的开头到结尾，都有你的参与。"

众筹与打赏，就像是一档名为"众志成城，美梦成真"的真人秀。

不管《纽约时报》和《时代》是怎样用"人民的 NEA、2010 年最佳发明"这样的字眼来赞扬 Kickstarter，众筹概念在全球范围内的扩散，都离不开一个被所有人说烂掉的词汇：梦想成真。

在这个世界上，几乎没有一个人能够拍着胸脯说，我从来没有过梦想。也只有很少的人能够拍着胸脯说，嘿，我真的实现了我那些最妙的点子、最美好的愿望。蓬勃发展的造梦产业早已证明，人们不仅从未停止对梦想的渴望，更喜欢看着别人实现愿望。而众筹，就像是一档名为"众志成城，美梦成真"的真人秀。

朋友圈里有一位昵称小胖的家伙，生平最大的愿望是减肥。他也没少所有普通人都拥有的通病：缺乏毅力。所以他在朋友圈里发了条告示："从今天开始去健身房跑步，暂定一周三次。但苦于缺乏毅力，想请求大家支持。十块起，只要你给，我就跑。我保证，每一天的公里数都要多于前一次。跑完之后，我会发送带有日期的报纸、我本人与跑步机公里数的合影照片。"本着看热闹的心态，很多朋友都掏了钱。当然，在一部分人预祝小胖减肥成功的同时，一部分人是在等着看小胖失败。

结果是，半年的时间，小胖坚持了下来。每一个出钱的人，都得到一张小胖瘦下来的全身照片。而朋友圈里的所有见证者，几乎都在几个月里突然治好了懒癌和宅病，像得了传染病似的爱上了跑步。

掏钱你能买来什么？除了买包包和肾六，现在，还能买到一次有关梦想的真人秀。

众筹与打赏打破了"低薪循环"。人们愿意接受一个公平的筹款数字，去支持一个兢兢业业付出劳动的人，让他获得应得的报酬。

毫无疑问，众筹为很多艺术家筹集到了艺术项目的资金。而打赏，则让更多的写作者有了尊严。

网络文学是打赏机制的孵化地，并因此遭到很多严肃作家与评论家的诟病，好像按照传统看法，写作就不应该直接与钱联系在一起——因为钱会让思想变质。

然而，从吴晓波、六神磊磊的打赏案例看来，钱不仅没有让他们的写作变质，反而让写作者获得了应有的价值，有更大的自由来表达自己的思想。

在打赏制度出现之前，除了少量畅销书作家，大部分写作者都只能被动接受出版方提供的"市价"——比如波德莱尔一辈子写诗只挣了三万五千法郎；爱伦·坡没从自己的出版物里赚得一分钱，仅从巴尔的摩《星期六游客报》征文比赛里获得过 50 美元奖金；约翰·济慈不仅没能从他的诗集里赚到多少钱，反而没少受当时一帮评论家的挖苦……这些在过世后才被大肆传颂的天才有一个共同的特点：他们十分遵从自己的内心，并没有用自己的才华讨好当时的出版风向。而他们得到的结果是——穷困潦倒，默默无闻。

在这个更为自由的网络时代，嫁接到微博与微信上的文章打赏制度，越过了出版行业的门槛，将作者与读者无缝连接——从文章中获益的读者会以真金白银的方式直接给予作者报酬。尽管这确实会带来"功利化"写作的影响，但我们不能否认，它也确实让各种各样的写作都有了存活的可能——毕竟，这个世界上充满了明亮如星的同类，在世界上的每一个角落为你表达。而我们需要做的，只是通过越来越完善的工具，找到他们，理解他们，支持他们，让他们拥有继续发声的能力。

在一篇题为"以爱之名"的文章中，作者 Miya Tokumitsu 说了点儿大实话："'做你所爱，爱你所做'这句'箴言'，基本上是用来让众多拿着底薪干苦活累活的美国人自我安慰的。它还让那些无偿加班、低薪工作甚至无薪工作成了新一代精神标杆。所以，当无偿实习生出现在时尚、传媒、艺术等社会认可度高的行业里，我们谁都不必感到惊讶。"

众筹与打赏打破了这种以爱为名的低薪循环。人们愿意接受一个公平的筹款数字，去支持一个兢兢业业付出劳动的人，让他获得应得的报酬。

无论众筹还是打赏，人们都在支持那些有决心"给自己干活"的人。他们不需要迎合市场、揣摩大众，只需要按照自己脑袋里生出的那个百分之一百的原创主意，来到能够获得资金的平台上看看，究竟有没有人愿意听我说话、跟我志同道合——众筹与打赏，又是一个"找同类"的游戏。而那些来自同类的支持，让这些为自己干活的人多了一份勤劳与动力，少了许多抱怨、偷懒与虚度。

世界上不会存在两个完全一样的人。而消费社会却在用尽全力将一切批量生产。比起像个无头苍蝇般在卖场里乱转，买回一堆毫无性格、批量生产的玩意，相信但凡有那么点儿审美与独立性的人类，都会愿意绕过只想着市场的行业操纵者，直接决定自己能用钱换来哪些新玩意与好东西——与众人合力，定制属于自己的一片小小未来。

打赏文化史

文 / 柳展雄

随着新媒体的发展，微博、微信纷纷开通了打赏功能，但是你知道吗，打赏文化历史悠久、源远流长。赏者，赐也，通常是地位高者或长者向下者赠予财物等。古代君主拥有四海，他们会赏赐臣下东西，以示恩宠。普通的皇帝奖励黄金白银，土豪的皇帝会赐封大片土地房产，有文艺范儿的会赐首饰字画，此处我们聊聊一些特殊的封赏。

武侠小说里有句话为"行不更名、坐不改姓"，实际上姓氏是可以改变的。一些王朝封赏功臣，除了田产、金银珠宝等寻常事物，还会给予特殊奖赏——君主的姓氏，这样名义上就和皇帝成为"一家人"。有史记载的第一个赐予国姓的是西汉谋士娄敬，他建议首都定在关中，为刘邦所纳，汉高祖便赐娄敬姓刘。王莽篡汉后，一朝天子一朝臣，王姓成了香饽饽，王莽拿国姓赏赐刘氏有功者，明德侯刘龚、率礼侯刘嘉等32人被赐王姓。史上最有名的赐姓者是民族英雄郑成功，南明隆武帝赐他家姓朱，时人称其为"国姓爷"。

明代刘俊所绘的《汉殿论功图》，取材于"汉殿论功"典故。描绘汉高祖刘邦初立汉朝，在殿上规定朝仪、对众臣论功封赏的场景

也有因为赐姓而掉脑袋的。北齐文宣帝高洋篡位，本来的国姓元氏，因为朝代衰亡不再高贵。前朝宗室的元景安为保命，主动请求改姓高，以此表示与新政权保持一致，其堂兄元景皓不愿改姓，留下了一句千古名言："丈夫宁可玉碎，何能瓦全！"随后便被处斩。

大部分朝代赐国姓数量有限，只有唐朝比较频繁。根据《唐书·宰相世系表》所载，何氏、邴氏、安氏、杜氏、胡氏、弘氏、何杨氏、麻氏、鲜于氏、何达氏、阿布氏、阿跌氏、舍利氏、董氏、罗氏、何邪氏，共十六个姓氏的元勋功臣受赐国姓，其中不少还是外族夷狄。

比较有名的，如西夏的开国皇帝李元昊，他的祖上党项族拓跋思恭立功，被唐朝赐姓；还有后唐的建立者李存勖，唐僖宗赐李姓给他祖父，这支沙陀族人承袭李姓，自称为唐王朝的传人。朱温因为平定黄巢起义也得到赐姓，但他却拒绝了这个奖励，因为赏得太多，造成贬值。这种滥赏导致的结果是，李氏成了中国数一数二的人口大姓。

中国最幽默的皇帝非刘邦莫属，他登基后封赏群臣，沾亲带故的亲戚都赏以爵位封地，唯独漏掉了他大哥的儿子。原来刘邦年轻时游手好闲，经常带着两三个狐朋狗友回家蹭饭，全家都很烦，大嫂尤甚。一次刘邦又带朋友回来，大嫂就故意用勺子刮锅底，提醒刘邦饭都吃完了。刘邦发迹后依然记着这笔账，但是家里的老父亲不乐意了，为自己大孙子讨赏，刘邦只好给侄子封了个"羹颉侯"（羹颉的意思就是刮锅底）。按照制度侯位都是冠以地名，刘邦用"羹颉"这种带黑色幽默的名字，来故意羞辱大嫂。

另一位赏赐不同寻常的是唐太宗，一般人都是有功赐赏，李世民却奖赏贪污犯。据《资治通鉴·唐纪八》记载，贞观元年（627 年），右骁卫大将军长孙顺德收受他人馈赠的绢匹，由于怜惜长孙顺德立过大功，唐太宗没对他治罪，在殿廷上公开赏他绢布数十匹。大臣们迷惑不解，大理寺少卿胡演问："顺德枉法受贿，罪不可赦，怎么还赐给他绢匹？"唐太宗解释道："他若有廉耻，会觉得这赐绢的耻辱更重于受刑；如果他不知羞愧，犹如禽兽，这样的人杀之何益！"

《贞观政要·论贪鄙》又记载了类似事件。贞观六年，右卫将军陈万福在上京的途中，违规取用驿站的几石麦麸。此事被告发，唐太宗也没直接处罚陈万福，反而当场赏赐他麦麸，附带条件是让他自己背回家，这样会让他感到羞耻。

泰国也有这种特殊的封赏，国王如果讨厌某个大臣，又不便直接处罚，便会赏赐一头白象。在泰国人的观念信仰里，白象是天神的象征，神圣之物，大臣必须好好饲养它，当老祖宗供起来，不能让它生病，更不能死亡。可大象的胃口特别大，于是养象的大臣很快破产。

据传国际象棋起源于古印度，由印度教宗师兼数学家希萨（Sissa）发明。当时有个国王喜好娱乐，重金征求一款新游戏。希萨进贡了国际象棋，棋局上有 64 个空格，下棋时需一番用智谋的攻杀后才能决定胜负，使国王玩得龙颜大悦，大手重赏。希萨既不要黄金白银，也不要宝石，只求一些麦粒。方法是在一个西洋棋盘的第一格上放上 1 粒麦粒，第二格放 2 粒麦，第三格放 4 粒麦，以此类推一直加到 64 格。

国王没多想就一口答应了，主管粮仓的大臣仔细计算，大吃一惊，所需麦子的数目是 2 的（64-1）次方，就算把印度所有的麦子给希萨也不够赏。粮食大臣又想出了一个主意，他劝国王依旧赏给希萨麦子，但是，既然希萨要求的麦子精确到粒，赏赐也应该严格执行，让希萨自己从国王的仓库里数出他所要求的数目，一粒也不能多，一粒也不准少。

当然这只是民间传说，在中国历史上确实有赏无可赏的特殊情况，如果臣子的功劳太大，那么加官晋爵、封妻荫子、封地赏钱这些实物嘉奖就不够用了，这时候只有在荣誉礼仪方面加赏。读过《三国》的知道，董卓、曹操"入朝不趋，赞拜不名，剑履上殿"，古代臣子上朝时，必须去掉佩剑，脱掉鞋子，走入殿堂趋步以示恭敬，礼仪官员对他直呼其名，而皇上赐予此种礼仪特权后，便可不受约束。

更上一个层次的礼仪嘉奖为加九锡，天子赐给诸侯、大臣有殊勋者以九种器用之物——车马、衣服、衣器、朱户、纳陛、虎贲百人、钺、弓矢、秬鬯（春秋时盛谷物之用，祭祀用品），这原本是敬重大臣的礼遇，但是后来变了味。历数加九锡的人，可以列出一份名单——王莽、曹操、司马昭、南朝宋齐梁陈的开国皇帝，权臣在篡位称帝之前都要举办这个仪式，加完"九锡"之后再无别的可赏，一旦赏无可赏，唯有赐死了。

赐死其实也是一种赏，因为古代刑罚残酷，赐死的行刑方式则比较体面，减轻人死时的痛苦。该死的人如果蒙得赏赐自尽，那真是皇恩浩荡呢！

具体方法有赐剑，如战国第一大将白起功高震主，秦王对其忌惮，赐他一把剑令其自裁；有赐白绫，如清朝第一贪官和珅被嘉庆皇帝扳倒后，赐以白绫上吊自杀。

更常见的赐死方式是毒酒，砒霜为杀人赐死的常备药，纯净的砒霜呈白色，由于古代砒霜纯度较低、易氧化，呈现红色，所以起名鹤顶红。另一种有名的毒药为牵机药，内含神经毒素蓖麻子，中毒后整个人从头到脚反复抽搐折叠，南唐后主李煜投降宋朝后，因《虞美人》一词被宋太宗以牵机药鸩杀。

宋朝还有一位"降王"南汉国主刘（他最出名的事迹，是把朝廷大臣都阉了，因为他认为有家室的人，会把精力用于妻女子孙，不顾及国事），降宋后有一日，宫里诏刘入侍陪皇帝，赵匡胤赏了他一杯御酒。哪知刘吓得跪在地上，连哭带号，死活不肯喝下酒。原来他在南汉当小皇帝时，杀人无度，常置毒酒以杀臣下，刘以为这次轮到自己喝毒酒。赵匡胤仰天大笑："朕要杀你，何须把你叫到这来，在府中就可赐死。"顺手将刘的那杯酒拿过来一饮而尽，让人另外倒酒。刘羞愧万状，伏地拜谢。

起点中文网的打赏模式

打是疼，赏是爱，盟主来表态

文 / 曹园

七年前，打赏功能在起点中文网（以下简称"起点"）横空出世。读者可以通过起点币向他们喜欢的作者的作品打赏，最低 1 块起。

打赏 1000 元以上的读者被冠以"盟主"的终极称号。打赏功能在起点上刚推出一周，就出现了第一个"盟主"。从最初的"学徒"到顶端的"盟主"有多远？在起点上是 5 元到 1000 元的距离。其间还会历经"弟子"、"执事"、"舵主"、"堂主"、"护法"、"长老"、"掌门"和"宗师"的修炼，最终进阶"盟主"宝座，享受一本书的最高话事权和无限荣誉感。

类似打赏的概念早在 2008 年就有提出，但正式开始讨论是在 2009 年上半年。"起点中文网的打赏模式不仅在网络文学范围内，在整个网络上都是最早最正规的。"它不一定是第一个，但在起点中文网副总编胡说印象里，它是最早成规模的一批。

"我们开始考虑的是，怎样让小众类作者可以得到足够的关注、支持和报酬，让他们继续写作下去。"

起初，起点上的作品受众参差不齐。对象范围越广的作品，作者收入越高，而小众作品的作者收入相对较低。胡说担心的问题，是很多读者喜欢固定题材的文章，但口味相似的书友和作品都比较少，这类型作者的收入将越来越低，慢慢就不写了，读者会看不到自己喜欢的书。"所以，我们开始考虑的是，怎样让小众类作者可以得到足够的关注、支持和报酬，让他们继续写作下去。"

创业是个什么鬼？

于是，起点抛出了打赏。"只要是我们签约过的书，读者都可以打赏。读者看书时读到某一章节，觉得特别精彩或者很有收获，想赞一下作者，就按下打赏按钮选择金额，然后这笔钱就打到作者的稿费记录里面去了。"

胡说觉得，有了打赏功能后，只要你的经济还算宽裕，就可以让自己喜欢的作者获得动力，支持他们继续写下去，对读者来说自己喜欢的书也越来越丰富。"打赏会让一些小众和风格比较独特的作者收入提高一些，从而促使整个网站作者的多元化发展。"

胡说举例展示"盟主"的实力："蝴蝶蓝写的《全职高手》，'盟主'有1686个。'盟主'打赏的数额最少1000元，意味着他们也可能打赏了1万、2万甚至更多，因为已经没有比'盟主'更高的等级了。所以《全职高手》这本书至少被读者打赏了168.6万，当然有可能翻倍或者翻几番。"

读者获得类似"盟主"的称号其实是针对某本书而不是整个网站。打赏一本书多少钱，就会在这本书的粉丝里看到自己的级别。"每本书都会有一个粉丝排名，按打赏的多少，读者会一直排下去。"打赏页面出来后，你可以写些支持作者的话，会直接显示在书评区。如果你是"盟主"，你的打赏记录将会"飘红"，作者留意到的概率会更高。

打赏的金额大小跟作者知名度和文章阅读量密不可分，但还有其他因素左右，比如这部作品写得是否足够精彩。胡说谈到，有的作品广为流传，另一作品的读者数量虽然可能只是它的十分之一，但写得特别出色，或者针对某一特定题材，迎合了小众读者。这样一来，虽然读者总量很少，但他们打赏的金额会非常大。

"一千个铁杆粉丝绝对能让作者过得很好。虽然我的读者比你少，但他们比较忠诚。"

《连线》杂志主编凯文·凯利曾提出"一千个铁杆粉丝效应"的论断，他认为对于创作者而言，只需拥有一千名铁杆粉丝便能糊口，粉丝经济再次展现强大魅力。胡说觉得打赏也做到了这一点，"一千个铁杆粉丝绝对能让作者过得很好，打赏的基础是粉丝的数量，而打赏的大小就是粉丝的忠诚度"。

没有打赏功能时，作者间的较量是读者数量的多少。有打赏后，还得拼粉丝的忠诚度。"虽然我的读者比你少，但他们比较忠诚，作者与读者的感情比较好。那样的话，你有一万个粉丝，但每个人只看书和订阅，我虽然只有一千个粉丝，但可能收到一千个打赏，总体来说就比你多了。"

但胡说认为，作为网站，起点没有必要刻意刺激读者去打赏。"起点中文网只是提供了一个渠道和足够的方便，让作者和读者之间、读者和读者之间互动起来，把这个互动的途径安排好，其他的都是自然而然。"

打赏模式的"钱途"虽然一片光明，但也有人质疑一些作者为"讨好"打赏的读者将作品中的角色名改为读者的名字是否恰当。

胡说觉得把读者姓名作为角色名写入小说与打赏模式本身关系不大："以前也有这样的情况，比如读者在书评区里提供了很多意见和想法，作者觉得他们为我花了不少精力，就会在读者同意的情况下把他们的名字写进小说。"

前盛大文学 CEO 侯小强曾经表示，打赏不一定局限于内容，也可以是勾搭、赞赏或礼节性的交往等。打赏作为一种新型社交方式，巩固了作者和读者间的互动。"以前有人说我特别喜欢某个作者，只是在评论里表达，但打赏是实实在在的。"

起点还没有尝试过匿名打赏，究其原因，胡说觉得读者都希望有荣誉感。"我们透明操作，每个读者打赏了多少钱都会显示出来。匿名打赏可能会出现很多问题，比如无法核对打赏者的真实性，无法告诉作者是谁打赏了这么多钱。"

觉得打赏金钱太俗气的书友未来也可能有新的选择，胡说构思着推出其他类型的打赏方式，"可以考虑打赏礼物，比如作者生日时送一个价值 200 元的生日蛋糕，满满的人情味"。

从"学徒"到"盟主"有多远？在起点上是 5 元到 1000 元的距离。

26 岁的徐闵亮早已坐拥多部作品的"盟主"之位。他在起点上的名字是一串火星文——小呆、笨誩仒。2009 年刚开始上起点时，徐闵亮只是订阅文章，有次他看见作者在文章最后发出求打赏、求月票的邀请，才对打赏有了初步了解。"第一次打赏了 1 万起点币（100 元人民币），到后来直接是 10 万起点币（1000 元人民币）。"他从开始打赏到成为"盟主"，也就两个月时间。

徐闵亮在起点上看的第一本书是天蚕土豆写的《斗破苍穹》。2011 年 2 月，《斗破苍穹》破天荒地一天十更（一天更新十章），这也是起点上第一次出现作者一天十更的情况。"2009 年的自己还是个穷学生，大家集体凑钱成为'盟主'。打赏是作者的一份收入，同时激发了他们的写作激情，对我来说也是一份支持和表态。"

徐闵亮打赏总金额最大的作者是天蚕土豆，次数最多的是月关，他最大的一次性打赏是给月关的《锦衣夜行》一书"砸"了 30 万起点币（3000 元人民币）。"我跟月关现实中见过，比较聊得来，喜欢他的个人魅力，他的文章本身也写得很好。那时候正好是月底，起点每个月底都会拼月票，气氛很火爆，看到大神们几千万起点币打赏下去，自己能出一点就出一点。"

作为一个身份象征，"盟主"的名称看起来比别人高大上。徐闵亮之前经常看打赏榜，也跟别人比较过，"2012 年我打赏得比较多，一年打赏了 100 多万起点币（1 万多元人民币），跟土豪读者比起来的话不算什么，但也名列榜单前五十。"

湖北恩施的纤纤 jojo 起初并不知道打赏功能，直到 2010 年国庆节，她在看忘语的《凡人修仙传》，发现大家都在发帖、回帖。"有书友说打赏，当时我不懂，就加了他们的书友群，在群里问到底是怎么一回事。国庆节那段时间，忘语每天都在加更，跟读者互动也很多，书友们都想齐心协力给他创造一个更好的写书环境。"

目前在银行工作的纤纤 jojo 当时打赏有她私人的原因。"那时恰好工作不是特别顺心，人生也挺迷茫，看《凡人修仙传》给我很大的帮助，从书中借鉴到了该怎么处理很多想不通的事。我平时比较宅，看书会思考别人为什么会这样，事情为什么会这么发展，从中学到了很多，觉得作者太牛了，再加上他的书评区一片飘红，你知道那种感觉吗？而后书友群里热情讨论，自己一'冲动'，'刷'一下钱就出去啦！"

这是纤纤 jojo 的第一次打赏。以前她没看过网络小说，都是买实体书，不知道打赏是怎么一回事儿，只知道订阅来回报作者。纤纤 jojo 从第一次打赏进阶到"盟主"称号也就几个月时间，她在起点上还有很多马甲小号，不少是一次性打赏就成了"盟主"。

纤纤 jojo 最大的"一票"是给《凡人修仙传》打赏了差不多 5000 元人民币。打赏次数最多的作者是忘语，算上"小号"一共给他打赏了 1 万元以上。其他一些书虽然也是盟主，却不是每本都看完，有些只是作为读者之间的相互回报。"别人来打赏了这部作品，或者帮助过我们喜欢的这本书征榜，我们也打赏回应一下，感谢人家。毕竟光靠写书，没有读者的推动和好评的话，写得再好能力还是有限的。"

打赏之于写作者，如江湖艺人摆摊

文 / 曹园

将知识变成现金，自媒体在打赏平台上玩得火热。2014 年，自媒体人通过微博打赏实现了 4500 万元收益，微信今年也马不停蹄地开通了打赏。继续靠版税和稿费生活还是跟风打赏，寄托于媒体还是取悦于读者，写作者面前的路有了分岔。

一个平台已经足够，但打赏占个人总收入的比重其实少之又少。

作家六神磊磊大概半年前开始在微信上尝试打赏，自己捣鼓的就只有"六神磊磊读金庸"这个公众号。今年 6 月 5 日，他发布了一篇叫《今天能读到唐诗，你知有多幸运吗？》的文章，获得了 10 万 + 的阅读量和 2000 多个点赞，其中还有 486 人参与了打赏，这也是他目前为止获得打赏金额最大的一篇。

但他坦承，一篇普通的文章打赏人数也就几百，打赏金额占个人总收入的比重其实少之又少。六神磊磊有位朋友，开通了一个聊时事故事并且跟他一样谈金庸的微信公众号，收到的最大一笔打赏是 1000 元整。"他很兴奋，认为自己受到了读者的认可，最后了解到打赏那笔钱的是他师姐，又很不好意思地把钱退回去了。"

而作家毛利选择的是微博打赏，她觉得有一个打赏平台已经足够，再用其他平台感觉太"过分"了。

有篇文章标题是"第十三弹：未婚妻为别人流过产，实在不想要了，怎么办？"，来信的男人说他的女朋友之前为别人流过产，觉得很难受，于是寻求开导。这篇文章获得了 10 万 + 的阅读量和 78 人打赏的好成绩。

毛利有近 10 万微博粉丝，大部分文章打赏的人数大概 20 个，热门的文章会有 50 多人打赏，如果每人 10 元，总共就是 500 元。她写过一篇《万物生长》的热门影评，目前有 116 人打赏，大概能收到几千块。毛利觉得通过打赏并没有赚很多钱，侧重点还是在媒体约稿上。

有段时间，毛利去大理玩了 10 天，顺便做了一个实验，看看单纯靠打赏的钱能不能支付起每天的开销。住客栈 200 多元，饮食 100 多元，一天加起来约 400 元，打赏看起来似乎能让她应付每天的生活。

还有一个月，毛利有 20 天以上都在做统计，最后算出那个月大概被打赏了 6000 元。对此毛利觉得挺满足："像我这种自由撰稿人原来只能靠四处接活赚钱，现在有了打赏这种新的方式也不错。"

六神磊磊觉得打赏并没有改变他的写作：

"微信平台上，打赏数量比较可观的文章都是因为有自己的风格特点，这样的原创作者不太可能去做改变。

"第一，读者不会提出打赏你是想让你的风格有所变化，或者要求'你跟我多说几个段子，我给你赏几十块钱'。打赏是认可你，你更应该坚持自己的风格而不是去改变。我的公众号内容是读金庸，我就一直读金庸，不会因为你打赏了我就读古龙。

"第二，对我来讲，打赏的娱乐意义比较大，而不是变现的主要办法和出路，至少我自己不会靠打赏挣钱。"

针对打赏的文章写作，毛利认为有些改变。"题材上我会选吸睛率特别高的，比如跟社会道德相违背的话题。语言方面，我刚开始写的文章自我感觉很好，但大部分读者并不买账，他们会很明确地在评论下面留言，说不要老是绕来绕去，直接给个痛快话。"可毛利不太想这样，所以没有改变得这么彻底。

"可能也是因为在打赏收益上没有达到'有钱能使鬼推磨'的境界。如果我写一篇文章收到了 1 万块，我可能真的会变成完完全全打造成属于他们、针对他们的风格内容。"毛利以为，"一个写作者认为自己不是为了读者写作，但到最后，这种打赏式的写作变成了我就是为读者写作，因为他们就是付我钱的衣食父母。"

当所有人都开始打赏时，这件事又好像改变了当初的趣味。毛利说："我最初尝试打赏时，就有种出来摆摊卖艺的感觉，有点江湖艺人靠自己手艺吃饭的味道。但当一篇文章收到特别多打赏，作者的心情会产生某些变化，会觉得就是要写这种类型的文章去不停地迎合和讨好读者。"

毛利眼中的打赏类写作已经变成了一种类型化的写作，"后来发现，比如开骂的文章，打赏率就非常高"。

当摸清了这些规律后，毛利又觉得这件事情做起来有点乏味。有些读者来信的话题正好是她特别想写的，就会写一篇，但不会像刚开始那样，制定标准每天都要回答一些问题。

"看了你的文章好多年也没有付费过，想回报下。"——"土豪常来啊！"

微信公众号的第一批人，在为怎么向读者开口打赏要钱而痛苦，六神磊磊谈到了和菜头："他的微信公众号做得比较早，那时还没开通统一打赏的路径。为了向读者收钱，他必须先写一篇东西来证明自己爱大家，也确实需要钱。他要把打赏这件事包装得很有情怀，小心翼翼地开口，尽量不要因为金钱而触动那些敏感的读者。"但还是有人要"取关"。

所以说微信公众号的先行者还会被打赏这件事所困扰，但六神磊磊感觉读者成熟得很快。他说："到我发出打赏信号时，目前为止给我留言说'六神，你怎么那么无耻，写的稿子还要打赏，你见钱眼开'，这样的人不超过十个。"

通过打赏，六神磊磊和读者加强了联系。最近他出了本新书，有的读者以为打赏就是买书，给六神磊磊打赏了书价的金额，过了几天问他："我给你打赏了，可书怎么还没收到？"看到读者很呆萌地以为打赏就是买书，六神磊磊不忍心，于是自己拿本书掏邮费寄给了他。

微信开通打赏的同时也开通了评论功能，有位读者在六神磊磊文章的评论里写了句"我要给你 300 大洋"，后面有人回复说"楼上说话要算数，真的给'大洋'，不能给人民币"。六神磊磊觉得这两条评论都挺有意思，就把它们选出来，让所有读者都能看到。

"以前读者挖苦你、调戏你，现在打赏可以评论后，有些数额比较大的打赏我也可以回复读者：'哇，你真有钱，土豪常来啊！'"

打赏的数额后台可以看到，作者能分析出写哪些东西会让读者很高兴地掏钱。毛利之前比较注重在文章里加一些作家的引用内容，掉掉书袋。"但是到了打赏环境下，很多人会觉得你这样写太啰唆，不够直白，他们就是要爽，要痛快，不想看那种文绉绉和绵里藏针的表达。"

她也有一些叫好不叫座的文章，读者觉得写得很好但不会给钱。"打赏多的文章其实都是那种偏'俗'一点的，好像还是那种劲爆的话题会更多地吸引大众。"

毛利在微博后台看到，其实打赏的大部分人就是那么几个。"这部分人可能不会每次都给钱，但他们打赏的频率非常高，后来我都有点于心不忍了。如果一个人经常给我打赏，我会觉得他真的是一直粉我，蛮喜欢我。"

刚开始，如果有人给她打赏了一两百元，毛利会很激动地直接跟读者对话。"对于那些打赏数额较大的用户，我会私信问他们为什么打赏这么多。他们回复我说，看你的文章好多年了，也没有付费过，想回报下。"

毛利设置了一条自动回复的私信，读者打赏了就会收到。"我会写那种很煽情的私信，类似'500年前的回眸'这些，很多人留言说，很想看我在私信里写了些什么。"毛利也会在文章最后写上一些"激励"读者的话，比如"好看就打赏吧，让毛老师早点回家过年！""有钱捧个钱场，没钱说两句好话我也开心哦"。

有人给你鼓掌和有人给你埋单毕竟是两回事。

"打赏，第一是玩，第二是互动，第三是读者的一种表达方式。"有人说打赏是一种更有弹性的市场交易，六神磊磊总觉得说"交易"有种一手交钱一手交货的感觉，但实际上，打赏事后补偿的性质比较强。

打赏让六神磊磊高兴的是，一方面收入增加了，另一方面，有人给你鼓掌和有人给你埋单毕竟是两回事。"路过叫声好和真正拿50块钱给你，感觉肯定不一样，你会觉得后者是真心喜欢你。特别是对于刚刚出道和有点影响力的原创作者，开篇出来有二十几个打赏，虽然没多少钱，但对他们来说可能很受鼓舞。"

网络红人肉唐僧曾预测，打赏让作家们正在回归到几百年前的"赞助人制"，即靠一部分人的慷

插图师 Nicole Rudolph 所绘制的众筹插图：一点小钱＋很多人出资＝梦想成真

慨捐助来生活。六神磊磊觉得有可能，但以后的事都说不好。"过去的媒体巨头现在正被很多个人挑战着，大媒体变成单个的自媒体。有些作者的文章很适合大众传播，在自媒体上转发，让大家高兴、起哄，特别是'爽文'，靠打赏活下来很有可能。"

毛利当时去大理做那个实验，也是想看看打赏类的写作对自己会有多大的影响，能不能依靠这个生活。"我觉得可能趋势是这样，有段时间我的约稿少了很多，我想把精力放在打赏上，如果能产生收益的话，那我是不是可以尝试改变方向。"

毛利后来也发现，部分读者的口味限制了她的发挥："用大量直白的语言来描述事情，这种文章写多了就有点郁闷，到最后会变成像刻意地在讨好读者。作为一个写作者，我觉得不需要去讨好他们。"

毛利感觉一篇文章如果有特别多人打赏的话，其实这篇文章可能很 low。"过于迎合大众的文章不太好，写作者有个责任，就是必须看出和大众不一样的东西来。如果我每次写东西收到的评论都是'哎呀，你说到我心里去了'，我会觉得有点失败。"

看开始众筹如何讲好每一个故事

文 / 胡赳赳

徐建军坐在对面时，给人的感觉仍是锋利。这个最初在传媒界赢得一个名人席位的年轻人，其惊艳之作是 2002 年世界杯专刊"球火中烧"。

三年后，他辞去《青年时报》副总编，创办《行报》。那是一次绝地反击，其经历他称之"命运将我按在地板上"：刊号屡出问题，不断借钱发工资，他的合伙人在餐巾纸上列十个可以借到钱的朋友名字，各自回家路上失声痛哭。

正是这种生死相照，使他面对困境的抗压能力远远大于常人。随后的反弹可谓一飞冲天，《行报》成为杭州市场零售量第一的周刊；他参与创办的速贷邦和东融集团是目前杭州发展最为瞩目的民营金融机构之一。

此后，他陷入虚无，每天在办公室靠上网打发时间。他说他在"混吃等死"。

他最热切的期盼是有北京或广州的朋友来杭州聊聊天。

而眼前的徐建军，说话思路清晰、语言精确节制。半年前他一步跨入众筹界，创办"开始众筹"。2015年6月，"开始众筹"被27位投资人评估为杭州未来最有可能成为"独角兽"（可以迅速估值达到10亿美元的创业公司，"独角兽"意指强大到无人能撼动）的公司之一，给其的评语是："生活志趣类众筹平台，满世界追杀平庸。"也就是说，未来他将迎来持续性的利好。

此时他正好40岁。这一切究竟是怎样发生的？

众筹做成预售、团购或倾销，一点意思也没有。

"众筹"是最近一年来互联网最火热的关键词之一。投资人薛蛮子在他的朋友圈中，大量地转发关于众筹知识的普及帖。在一些投资人看来，这是新的一轮投资热点。原因很明确，"众筹"的方式形成新的"网聚人的力量"。它可以在股权众筹、债权众筹、公益众筹和实物及体验众筹四个向度发挥新的作用。

"说白了，众筹就是通过互联网让一方和多方就某个兴趣点发生交换关系，可以是实物的，也可以是货币的。"一位众筹界投资人士说。

但众筹的起始之路被许多人"玩坏了"。他们将其当作"预售"、"团购"来操作。"最初大家对众筹的印象就是，众筹是一个圈钱以及尽快变现的好方式，另外就是众筹演变成了一个宣传、营销的手段。"分析人士认为，中国的众筹之路一开始就带有"歪脑筋"。

徐建军则不同。他和团队花了两个月，研究解构近3000个案例，将国外众筹网站详细观描了一遍。最后他的定义是："众筹可以发展成超级大的、基于兴趣的社区平台。"同时他研究发现，国内众筹行为往往集中于营销环节，对于产品在研发、成形阶段因缺钱而产生的焦虑关照不够。而这才是"开始之始"及真正的需求所在。"否则就做成了预售或团购、倾销，一点意思也没有。"

在他看来，每个众筹项目"天然带有小型社区"色彩，而"一千个铁杆粉丝就是商业模式"。显然，他受到了凯文·凯利《技术元素》的影响。但真正影响他的，是国外一家名为Kickstarter的众筹网站。这家网站在2010年及2011年连续被《时代》周刊评为"年度最佳"，其主导方式是为生活创意类的小型公司及创作人提供众筹资金的平台，以帮助他们实现灵感。最令徐建军印象深刻的是，一个胖姑娘要众筹资金拍写真，而另一位极客则推出一款NO PHONE的手机。

这类"无用的热爱"让人着迷。

另一家美国的大型众筹网站 Indiegogo 也不甘落后，它更多地在为大型企业募集资金，在技术和领域方面与 Kickstarter 拉开距离，Indiegogo 的优势在于，企业推新产品前进行众筹测试，可以知道其受欢迎程度和市场评价。

去年 11 月，徐建军的众筹公司注册成立。那时他刚刚积累了一些互联网产品经验——半年前，他将最好的中文付费阅读搬到网上的努力一夜之间停摆了，由于选题触线，他不得不痛苦地关闭了 App。尽管仅仅出版三期，且已经获得良好的口碑。

先后做过媒体、金融机构、新媒体的发起人的他，找到了一个联结"众筹"：它完美地混合了媒体、金融和互联网的三种属性。

千万级的天使轮融资，徐建军仅仅花了两个五分钟就实现了。那时他手上甚至没有一个产品经理，他带着几个兄弟，借用投资人提供的办公室，办公室里没有空调，白板上贴着每月要完成的战略计划。而他的构想也从"文艺小众类"扩充为"生活志趣类"。

"众筹最动人的地方，一是个性化产品的回报，二是参与感的营造。"徐建军总结说。他想表达的或许是你众筹什么你就是什么，众筹是你的社会参与和社会塑型方式之一。总有人替你去完成你没有时间去实现的想法，不是吗？

这也是接下来故事的重点，开始众筹从今年 3 月上线至今的 22 个众筹项目中，每一个项目都众筹成功，且每一个都是社交网络的爆款，总计有亿级的网络曝光。

讲一个好故事，不爆款，无众筹。

"开始众筹"的开始之意，徐建军将其理解为"众筹"的精神，即促使人们为梦想而行动起来。只有你为梦想付出过努力，众筹才会想办法来支持你。

荷赛金奖摄影师陈庆港想通过众筹方式来实现他"将巴黎埃菲尔铁塔包扎成一只长颈鹿"，但徐建军发现这只是"空想"而不是"梦想"，摄影师并未为此付出过努力，反而是他一直在努力为"拍摄屁股"而说服所有遇到的人。于是，"拍一万个屁股"的众筹项目上线了，编号是"开始众筹的故事 002"。

而"故事 001"听起来有些冒险。果仁小说 App 要筹集发展资金，这对于没有多少商业利益的短篇小说而言，关心的人会多吗？最终果仁筹集了超过 36 万资金，并且多了 2 万个下载用户，有超过 50 个微信公众号的转载展示，演员袁弘亦支持了 2 万元，可谓是一次"完美的新发布"。

这得益于徐建军很好地运用了传媒思维："你不能用机构来众筹，要用个人，要有代入感，人和人之间才会产生社交。最终我们决定用故事和第一人称的方式来呈现，这形成了我们的标准模板。"

于是果仁小说的创始人、作家阿丁登场了，他以自述的方式完成了这次"故事"。可以说，这是"我和你"讲述方式的一次胜利。

徐建军善于将咖啡时间的话题转化为"众筹项目"，有一次，他听一位摄影师朋友王飞说，妻子一直有一个开演唱会的愿望。徐建军迅速找到了 G 点："这个众筹的主角不是你妻子，而是你，故事的讲述方式是你要为最爱的人办一场演唱会。"于是有了"故事 006"。

在一次北京的业内交流会上，徐建军详细为同行叙述了这种"故事挖掘"的方式："故事在于讲述的方式，要拟人化，要有情感诉求。"这得归功于他多年媒体从业的经验，他知道"卖点"在哪里。媒体通过卖点找到"读者"，而众筹通过卖点找到"参与者"。这还没完，"参与者"因"参与及体验"获得"自我实现"，这才是众筹的意义所在。

王飞为妻子办演唱会的故事"不翼而飞"，"整个杭州城刷屏刷爆了"。微信后台有 30 万的阅读量。24 小时之内，就筹到了标底 15 万元人民币。此时王飞感受到了压力，周围人劝说他停止，免得别人以为是炒作。最后在超过 22 万元时停止了众筹。

这是徐建军很看重的让普通人获得"平凡之路"的众筹，电视节目《中国梦想秀》也邀请王飞的妻子出场。但同时，他也理解了一般人对于"压力"的认知："只要你有勇气，有想法，就会出奇迹。但普通人会在奇迹到来前就感觉到压力，怕把事情搞大后无法收场。"

他说："我们不缺梦想、想法，缺的是勇气、开始。要训练自己开始，训练自己面对。"

因此，"开始众筹"有很多标语式的激励用语，"每个想成为主角的人都需要一束光"、"这就是你报复平庸的方式"，诸如此类，很醒目地出现在网站上。

而最早种子用户的导入，得益于徐建军对微信公号的重视。在平台没有上线之时，他创建、维护了"开始吧"等几个公众号，然后"开始吧"几乎每周都有 10 万 + 阅读量的文章，最高一篇的阅读量达到 500 万。其内容多以介绍国外稀奇古怪、好玩有想法的图文为主。结合生活、创意、文艺，迅速积累了超过 100 万的粉丝生态圈。

很快，徐建军和"开始众筹"不满足于在杭州出尽风头。他渐渐把视角和触角伸向北京，辐射全国。某次他抽了两天时间去北京，谈回了两个项目：一个是大冰和他的朋友们要在北京众筹一场演唱会；一个是许知远要众筹《东方历史评论》中的三期杂志。

"通过众筹你能够感受到名人效应和他的粉丝质量之间的关系。许知远的粉丝就很过硬。"徐建军笑言。而大冰更是让他刮目相看，项目发起后一万多粉丝建了超过 30 个微信群，群组讨论最多的一天有超过 100 万条留言。

流量在那里，有本事就去拿。

相比名人效应而言，徐建军创业的开始众筹模式更重视普通人的故事。而这也要求具有更为严苛的流程和设计。"现在每天至少有 10 个项目找上门来，但有 9 个会否掉。"

他不停地在校准自己的"立场"。有一个卖产品的众筹，"一包拒绝娘炮的牛肉干"，尽管众筹成功，徐建军还是有点遗憾。"卖产品的众筹我们原则上不做，不然就变成预售或团购了。我们更看重故事模型的建构、传播渠道的营造、社区参与的搭建和回报模式的确立。"

但在最近一次与项目方洽谈中，他却判断某个品牌的包包是可以众筹的。"尽管同样是卖产品，这个包包不仅有品牌优势，还可以做到私人定制，其中有参与感和情感诉求的详细部分。"

然而开始众筹的"商业模式"又是怎样的呢？除了收取 5% 的平台费用之外，尽快变成规模化的流通是他接下来要做的事。在他们的书面告知中，明年要达到"2000 个项目"，而徐在口头传达中，这个项目数变成"3000"。"事实证明，免费的流量在那里，有本事你就去拿。"徐建军经常这样给同事讲。

"开始众筹"进入提速的快车道。在接下来的两个月，他要进行 A 轮融资。拿出 20% 的股份，融资 4000 万。公司整体估值则将达到 2 亿。当然，这离"独角兽公司"还有很大距离，但投资人纷纷看好徐建军和"开始众筹"。也许，他们认为值得赌一把，毕竟，"开始众筹"（www.kaistart.com）是目前国内玩得最高级的众筹平台。

如今，他的公司刚刚搬到离西溪湿地不远的梦想小镇天使村，这里汇聚着最重要的创业公司。一条小河对面就是章太炎故居，但他从未踏足过。"没时间。"他每天的工作时间是从上午 10 点到晚上 10 点，每周工作 6 天。

公司的精明实效令人吃惊。没有挂牌，没有展示企业文化的装修，没有任何营销预算，公司只有19个人，除了他自己是CEO外，员工只有分工而没有职务，实施扁平化的管理，也没有前台，没有人为来谈项目的人倒水喝。"这样可以提高谈话效率，直入主题。口渴时他们就会离开。"对内容近乎清教徒式的管理使他赢得了用户；而对创业近乎清教徒式的管理使他赢得了投资人。

"从0到1"和"创业维艰"是他在谈话中也会提到的词语，但他不会过分将其作为思想资源，真正影响他的是一本社会学著作《乌合之众》："群体的无意识行为代替了个人的有意识行为，是这个时代的主要特征之一。""开始众筹"也许走到了关键的一步，要从小而美扩展到大而多，因为"流量是根本"。

"同业中，没有人比我们在内容和形式上更具理解力。这是我们的强项，因为我们是从纸媒时代打拼过来的。"下午5点，徐建军开着他满是灰尘的奥迪，匆忙去参加6岁女儿的幼儿园毕业典礼。《行周末》（即《行报》，已由同事接手）就摊在大开间的长条办公桌上，仍然有着极度优美的设计和优秀的文字。

那个曾经以"老妖"为笔名的传媒人就这样走远了。

打赏与众筹社会学分析报告
兴趣共和国崛起
文 / 何雄飞

6月，快播CEO王欣的太太在新浪发微博要讲她和王欣的故事，3万网民疯转求支付宝账号。次日，她发了篇长微博《老公你好吗？》，1.5万网民纷纷打赏，赏金预估超10万元。

有好事者翻查打赏记录，统计出前十名：打赏最多的是陌陌CEO唐岩（1万元）；欢聚时代CEO李学凌和豆瓣美女作家@海棠分别给了个有爱的数字：1314元；@大尾巴牛牛打赏了两次，第一次9.9元，第二次999.9元，"剩下孤儿寡母的也不容易"；一个卖虫草的商人赏了520元；一个从事医疗技术产业的老板意味深长地赏了 250 元。

头一回用微博的王太太全然不知长微博会自动开启打赏模式，她表达了谢意："心意我替我老公收下了。虽生活遇到一些困难，大家还是不要打赏了，谢谢你们！之后我会以大家的名义把此款项捐给支持创新、创业的机构，帮助有创新、有梦想的人。"

小小的一次打赏，成为一场网上的家庭慰问。

中国人过去从来没有这样根据兴趣、爱好和价值观聚合过。

"这个时代崭新而宽阔，需要的是活泼与创新。所有的固执与狭隘都会成了和这个世界的距离。"@ 延参法师说。

互联网观察家老伍在《众筹：未来社会变革的方式——一则关于未来十年的寓言》中分析：新媒体的出现，始自博客，热络于微博，突变于微信。这些简单到随意可取的网络 ID，并不仅仅是个人的呓语，它通过技术的参与，实现了向声音媒体性质的转变。于是，商机出现，商业也随之出现。每一个 ID 天然就是一个舆论阵地。

从线上到线下，从 PC 端到移动端，从个人到社群，从实质的市场营销到相对虚化的兴趣爱好，可以总结出网络个人行为的基本特征：去中心化、虚拟社区化、信息碎片化、交互智能化、宅生活化、竞争隐形化等。这些新的群体特征，首先带来的是对商业的颠覆与重建。

"创业教父"牛文文认为，中国正在经历的创业浪潮比之前的任何一次，都更将深刻地塑造中国社会，它的动力不是来自政策释放，而是来自技术与资本的驱动，商业早已溢出商业与经济的范畴，也许将带来一整套价值观的变迁。

老伍通过两点观察这种变迁的可能：一是投票，人类对公共服务的投票经历了近亲投票、关系投票、集权投票、无感举手四个时代，接下来萌芽的是第五投票时代——可以给"差评"的钞票投票时代；二是众筹，人类要经历信息闭塞的"地方集权时代"、信息垄断的"中央集权时代"、信息互联后的"权力碎片化时代"三个管理时代，而"权力碎片化时代"的别名是"众筹时代"。

在当下的商业实践中，"众筹"成为一种创业、融资、推广的新形式。一个创意、一个产品、一家咖啡馆，都可以通过众筹，与无限广泛的人们达成一种合作关系，来进行对它的赞赏和参与。从社会学意义上讲，中国人终于实现了兴趣、价值观、年龄、性别、区域的细分与聚合。中国人过去从来没有这样根据兴趣、爱好和价值观聚合过。从这一点上来说，中国已经成为一个内在多元化的国家。

"不让好的写作者活在清贫里，让她天天吃车厘子，穿漂亮衣服，不用担心未来，是最高尚的奖励。"

打赏，2009 年起于起点中文网，之后蔓延至纵横中文网等网络文学网站和 YY 语音等游戏、娱乐直播平台，2013 年至今，天涯、新浪微博、微信亦相继开启打赏模式。

点赞与打赏同是赞赏，只不过后者付出的是真金白银，一个"赏"字让施者瞬间有了财主的气派，其实它不过是"互联网 +"时代下粉丝经济中兴起的小费制。

从用户交互体验来看，打赏最大的意义在于加深创作者、表演者与粉丝之间的互动与联系，最大限度地激励创作者的创作热情和表演者的表演热情，粉丝通过经济付出而获得更多的精神补偿和感官享受。在网络文学界和娱乐直播界，年入百万、千万的网络作家和娱乐主播不断涌现，打赏制这头现金奶牛功不可没。

"打赏是什么？就是我给你钱，我很高兴，我没有觉得自己损失了什么。因为我喜欢你，我才会打赏你。我经常跟美国人谈论打赏的模式，他们很难理解，我告诉他们就是 donate，他们就明白了。"欢聚时代公司总裁李学凌认为互联网有广告、网游、电商和打赏四种收费模式。"我们以前互联网营销都是把用户当读者，如果你把用户当朋友的话，你能够获得的东西远远超过你把用户当读者。"

越来越多的互联网公司通过构建自媒体平台，争夺能生产优质内容的创作者，经济奖励多为打赏、奖金、会员制、付费阅读模式，精神激励则是像打造明星一样打造创作者。

新浪微博在 2014 年开启打赏模式，上线 4 个月，就有近百万人次在微博里进行过打赏，其中医疗、财经、科技行业的作者被打赏次数最多，被"打赏"最多的作者收入达 20 万元。新浪微博累计分给自媒体的收入超过 1000 万元。

"买书是先付款，而打赏是后付款。买书购买的是商品，而打赏购买的是体验或服务，或者说，打赏是为了阅读快感付款，更能体现对作者的尊重理解和心有戚戚焉。也许打赏更接近商品交换的本质，这才是文字的实际价值。"打赏者"烟花究竟"认为。

"就像当年看《超级女声》给选手投票一样，只不过那时候是拼命发短信，现在改成在网上点鼠标，看到喜欢的作者更新作品了就去打赏。"打赏者"fatalitly"每次打赏的金额不多，但她认为这是在表达一份心意，"而且，看到通过我们的努力，让喜欢的作者在阅读排行榜上排位上升，心情也很愉快。"

《暖男》作者、主持人鲁瑾是微博打赏的受益者，她自称自己是个掉在打赏钱眼里的高冷怪物，她把文字打赏看作是开了个馄饨店，有点像街头艺人，脚前放个帽子，要是有人想赞赏，就放几块钱进去。"我在心里特别感谢最初打赏的人，没有他们，也许我也会写，但积极性肯定没这么高。在你的文字需要最直接的肯定的时候，打赏是最高尚的行为。"她说，"不让好的写作者活在清贫里，让她天天吃车厘子，穿漂亮衣服，不用担心未来，是最高尚的奖励。"

"有些年轻不懂事的读者典当手机、卖血、卖肾换钱就为'打赏'斗气，爱慕虚荣。"

2013 年，纵横中文网写手"梦入神机"的玄幻新书《星河大帝》被土豪读者"人品贱格"疯狂打赏了整整一亿纵横币（约合 100 万元人民币）。

事情的起因是当时"梦入神机"正和另一位写手"烽火戏诸侯"展开月票榜之争。为让偶像冲上榜首，两帮粉丝纷纷掏钱给自己拥护的作者打赏投票。后来慢慢演变成各种人身攻击。"烽火戏诸侯"的粉丝一天砸出月票 10011 票，耗资近 40 万元人民币，追了"梦入神机"七八年的铁粉"人品贱格"一气之下，打赏百万。

"我当他是朋友。我喜欢（他的小说），所以我打赏。"24 岁的"人品贱格"是在湖北做食品加工生意的福建人，"我看了十多年网络小说，很深奥的文学我都读不来。一天生意做下来，人都累死了。等我赚几十个亿真的很 NB 的时候，我有可能去关注深奥的文学，现在只是为了爽而已。"

打赏，是继腾讯 QQ 会员付费和网络游戏包月、道具收费后一个面对个人用户的"成功"商业模式，这种模式不仅有"特权"和"炫耀"的机制，更能让屌丝和土豪在一个阵地里"斗气"。斗气甚至带来一些极端的情况，网络作家骁骑校说："比如年轻不懂事的读者典当手机、卖血、卖肾换钱就为'打赏'斗气，爱慕虚荣。"还有网络作家发现："有不少作家为了赢得人气，甚至雇人在网络注册很多马甲号码，专门'打赏'刷榜单，以求保持作品人气。"

粉丝经济是网络文学发展的最大驱动力，商业不断改变人类生存状态，对文学一样无坚不摧。这也是网络文学之所以流行穿越、玄幻、修仙、奇情、灵异题材的真正原因。有一些网络作家直奔赏钱而创作，谁花钱打赏多，他们就对谁高呼"威武"，有的甚至把打赏多的读者姓名作为角色名写入小说，以此吸引和讨好读者。

而在游戏直播平台，有许多重口味主播为博眼球，拼底线、秀奇葩求赏金，譬如生吃树叶、蛤蟆、鸽子、兔子、蚊子、苍蝇、壁虎、蝙蝠、蝎子、毛毛虫、娃娃鱼、老鼠、蜘蛛、动物内脏……有的女主播则全天候不间断直播闺房生活，有的有意无意忘关摄像头脱得只剩下丁字裤出镜，有的甚至可以线下三陪。

众筹就是通过信任、支持和期望，用货币给自我认同的"兴趣共和国"投上真实的一票。

打赏和众筹都是粉丝经济下的蛋。

众筹（群众募资、大众筹资）的雏形最早可追溯至 18 世纪，当时很多文艺作品都是依靠一种叫作"订购"（subscription）的方法完成的。例如，莫扎特、贝多芬寻找订购者筹集资金，当作品完成时，订购者会获得一本写有他们名字的书，或是协奏曲的乐谱副本，或者可以成为音乐会的首批听众。类似的还有教会捐赠、竞选募资等。但上述众筹既无完整体系，也无对投资人的回报，并不符合商业模式特征。

在中国，古代修缮寺庙接受香客捐赠便是众筹最简单的一种方式，香客相当于铁粉。如今，从产品研发到图书出版，从新闻报道到影视拍摄、科技创意，从建房到开咖啡馆、开客栈，从出门旅行到植树造林，从商品到股权、债权，一切都可以众筹。

我的一位摄影师朋友就通过众筹成功筹到 1 万余元，启动了他的《阿尔泰的角落》纪实摄影项目，他在众筹网上列出他的交通、食宿、胶卷等成本，如果你支持他的项目并支付金额 50 元、300 元、3000 元，获得的回报会是一张他从可可托海县寄出的作品明信片或是艺术喷绘作品。

目前，众筹一般有四种类型：捐赠式众筹、债权式众筹、奖励式众筹和股权众筹。捐赠式众筹不求回报，主要应用于公益事业，你投了 100 元，我说一句谢谢；债权式众筹的另一个流行叫法是"P2P"，你投 100 元，我回报你 100.5 元；奖励式众筹服务于创业和创意产业，你投 100 元，我送你一本书或一箱橙子；股权众筹更适合小微企业，特别是服务业的早期启动，你投 100 元，我送你 0.1% 的股权。

　　众筹的最大卖点就是让对你的故事和回报感兴趣的人支持你实现梦想，有人想制作小提琴，有人想出书，有人想隆胸，有人想做面膜，有人希望拍摄微电影关注社会贫富……众筹通过互联网正在颠覆创业投资市场，作为互联网金融的一种重要形态，众筹激发出了草根聚沙成塔的威力。

　　事实上，众筹并不仅仅是一种投融资活动，它还宣告了"草根"创新时代的到来，互联网的技术特征和商业民主化进程决定了每个人都可以发挥自身的创新与研发能力，并借助社会资源把自己的创意变为现实产品。这种注重用户交流和体验的行为类似于"大规模定制"。

　　"社群时代开始了"，中青创投董事长付岩认为，你所在的微信群就是一个社群，"社群是一种在移动互联网时代人的新的生存方式，社群没有明确的组织界限，是一个伴随着人们的兴趣目标、伴随人们的旧有的社交链条和新产生的社交链条而产生的一个客观的组织形态，最大的特点是线上线下的自由互动，在社区里面进退自由。同时，社群也裂变出很多原来你接触不到、想象不到的精神价值和文化属性。"

　　而众筹就是通过信任、支持和期望，用货币给自我认同的"兴趣共和国"投上真实的一票。

一点小钱，更多情感

文 / 谭山山

　　村上春树讲过一个"一美元"的故事：在檀香山小住时，他独自一人去超市买东西，刚把车停好，就被一个看似流浪汉的白人中年男子叫住了。那人用平静的声音说道："对不起，我饿坏了，想吃个汉堡包，能给我一美元吗？"村上大吃一惊，因为是头一回遇到如此明确说出目的及金额来寻求援助的人。他当然给了那个人一美元，还说了声"请享用汉堡包吧"。事后还后知后觉地想到，或许应该给三美元，让人家买一个汉堡包的同时再加一杯奶昔。

村上解释给出一美元的理由：一则，对方简单而直接的诉求，让他萌生了恻隐之心，无法认为事不关己，甚至会想到，要是自己不巧沦落到那种境地，又该是什么心情？于是，他几乎是"条件反射般"递给那人一美元，祈愿那人用那一美元吃个汉堡包，"变得稍稍幸福一点"。二则，他对对方这种跟其他流浪汉迥然不同的求助方式表示赞赏，并钦佩其策划能力。

在这个众筹和打赏盛行的时代，村上春树的"一美元"故事有其参考价值：作为策划者，你得像那个有创意的流浪汉一样，给出能打动别人的理由——梦想、情怀、信念、鸡汤、悲情、好玩、软萌、治愈系、视觉系、冷知识，等等，让你的目标受众心甘情愿掏钱之余，还能产生幸福感。这是一种双赢：你花钱去买美好的东西，觉得值得；而你的付出得到肯定和尊重——还是可量化的。

"人们乐于去花钱买好的东西。从长远来看，人类对美好的事物的追求是永无止境的。"

Diva 是个韩国网红，每天晚上 8 点左右，有数千人会点击 Afreeca TV 上她的在线直播频道，看她怎么狼吞虎咽吃下一堆食物——对，付费。

真名为 Park Seo-Yeon 的 Diva 就是通常所说的"网络主播"。韩国近年来的热潮是上网看人大吃特吃，而 Diva 是这类网络主播中的佼佼者，CNN 网站的报道说"她的胃口相当于数头大象而代谢相当于一只蜂鸟"：她可以一口气干掉 4 大份比萨或 3 公斤牛肉。看了她令人食指大动的吃相之后（据说有粉丝的厌食症不药而愈），她的粉丝用可兑现的"星气球"给她打赏，使她每月进账达到 1000 万韩元（约合 9300 美元）。

Afreeca TV 的公关 Serim An 认为 Diva 的走红有三大原因："一是韩国有越来越多的人一个人生活，二是这些人自然而然的寂寞，三是韩国社会盛行的'健康文化'及过分节食。"也就是说，讨厌独自吃饭的人、节食中的人成了 Diva 的忠实粉丝——虽然天天看这种直播纯属找虐。

成长于"免费"环境下的人，恐怕难以理解为什么会有人愿意为一些看上去莫名其妙的东西付费：为什么要买电子书？网上不是可以下到免费的 PDF 版本吗？还可以向"@没我找不到的电子书"君求助。为什么要成为优酷或搜狐等视频网站的 VIP 会员？无非要忍受几十秒的广告罢了（当然现在视频中插播广告略烦）。为什么要去 Apple Store 花钱买软件？越狱不就好了……

　　牛津大学与路透新闻学研究所曾联合展开一项针对 10 个国家 1.9 万人的调查，结果显示，2013 年只有 1/10 的互联网用户愿意为数字新闻付费。不过，需要注意的是，这些用户大多来自收入较高且受过良好教育的社会阶层，他们更愿意为老牌媒体付费。以美国为例，订阅数字新闻的用户中，有 30% 选择《纽约时报》，16% 选择《华尔街日报》——这些人可是广告主眼中的"优质客户"。

　　两年前，资深程序员、微信公众号 MacTalk 创办人池建强（因此又称"卖桃君"）在《付费还是免费，这不是问题》一文中对付费的前景表示乐观："很早我就认识到的一件事情就是，人们乐于去花钱买好的东西。从长远来看，人类对美好的事物的追求是永无止境的。所以不要担心他们是否愿意买你的服务，不要担心他们是否会把钱花在你做的东西上。如果有人不愿意并抱怨你做的东西，这没什么，因为这并不是他们真正需要的东西，仅此而已。"两年后的今天，他加盟锤子科技——这正是一家以情怀为卖点的公司。

"打赏是一种自由交流的形式，金钱流通只是它的副产品。"

　　知乎网友 @金非末曾经是个资讯收集控：他尝试建立个人数据库，把每天看到的有用、有趣的东西收集起来，分门别类，把移动硬盘塞到爆满。渐渐地，他发现自己一直在"开源"，要等到存储空间爆满时才想着"节流"，花了很多时间搜索、下载的免费资源（书、音乐、电影等）只是做了损伤硬盘的贡献，自己的脑袋连当个跑马场的机会都没有。

　　在参与"免费是否最贵"的讨论时，人们发现，"免费"可能意味着金钱以外的支出或代价（比如大量的时间成本）。《连线》杂志前主编克里斯·安德森（"长尾"理论就是他提出的）在《免费》一书中提出了免费 + 收费的营业模式，即部分用户（可能是 80% 用户）免费，部分用户（可能是 20% 用户）收费。他的观点是："商品化的信息（人人都能得到的版本）想变得免费，而客户定制化（你得到对你而言独特、有意义的内容）的信息则想变得昂贵。"也就是说，总有用户愿意给那些个性化的、定制的、高端的信息付费，这样就可以把自己从杂乱无章的免费信息中解放出来。时间成本当然是成本，为什么不让更聪明的人代替你找到好东西，你自己则把时间精力放在更值得关注的事物上？而你只需要付一点费用而已。

　　举个例子，为了写论文搜集资料，不花钱的做法是："搜寻—下载—甄别—

发现是垃圾—再去搜索—下载—坏链下不了—再去搜索—下载—文不对题—再去搜索—下载—特殊格式，没软件，打不开—下软件—打开了，什么玩意儿这是！—再去找……哦，Yes，我大概找的可能就是这个了吧？"（来自知乎无名账户的总结）花钱的做法则是：在中国知网上花十几块钱购买一篇有参考价值的文章，或者在亚马逊或当当买一本参考书的电子版。

在社交媒体上看到一篇好文章，按下"打赏"按钮的那一刻，你一定是愉悦的：正如自媒体人程苓峰所说，打赏"只奖励优异，不回报平庸"，"它是一种自由交流的形式，金钱流通只是它的副产品。（是）一个自由人对另一个自由人的无条件的欣赏"。这个世界上是有人懂得欣赏，并愿意付费去购买美好的东西的，而"小而美"可以做此新解——你我都只贡献出了一点小钱，竟然构建出更美好的世界。

（插图 /odis）

没有什么不可以定制

在 1987 年发表的《顽主》中，王朔让我们第一次见识到什么叫"私人定制"："替人解难替人解闷替人受过"的 3T 公司，提供各种脑洞大开的服务，目的是"在社会服务方面拾遗补阙"。

"公司的宗旨就是帮助像您这样素有大志却无计可施的人"——这是王朔能想到的私人定制，帮人实现各种不靠谱的疯狂梦想。

王朔了不起的地方在于，这个故事的背景，是人们穿着样式、色彩差不多的成衣，用着流水线生产出的一样的东西，接受一样的义务教育，参加团体旅行，千家万户过着同一模式的生活。

量产产生无趣，雷同等同可怕。18 年前借《顽主》构思拍摄的影片《甲方乙方》宣扬"成全了别人，陶冶了自己"，18 年后同样是冯小刚作品的《私人订制》改成"成全别人，恶心自己"。

在过去漫长岁月中被量产的中国人，理应得到如今个性化时代的补偿。定制，是实现个性化、通往新的生活可能性的开始。每一种定制单品，都呈现着一种新的生活态度。

好在如今，"私人定制"已经成为主流，似乎没有什么不可以定制：

你可以穿"高定"，但不一定要像范冰冰那样穿出"艳压"的气场；

你可以定制自己的家，但一定不要像样板间一样完美无趣；

你可以定制旅游，体验一切"不看不知道"，不过请不要带着"到此一游"的心态；

你可以定制"必读书清单"，不过不要想着有"5 分钟读完一部经典"的捷径；

你可以定制健康养生顾问，但最终是否能健康快乐还是取决于你为自己做了多少；

你可以定制恋爱专家，但技术是短暂的，真心才是永恒的；

你可以定制心理医师，但前提是你知道你病了并有志于治好；

你甚至可以定制婴儿的性别和身体特征，但你首先要确定你不会因此怀疑"定制的人生有什么意义"。

你可以定制任何物品和服务，可以定制生活方式，定制人生，但有些东西，比如世界观、品位、趣味、好奇心、真情，定制至今仍无能为力。

那就定制另一个自己吧。定制一个能清醒认知自己、架构自我、不从众不迎合的自己，以"你"的风格脱颖而出。不一样，就是你的个人 logo——这是最牛的定制，谁都无法复制。

我们为什么需要定制?

文 / 邓娟

当下最著名的"中国定制"故事,有一个鲜为人知的开头。

向我提供细节的是原广东电视台时尚节目主持人区志航,2002 年,通过他牵线,一位女歌唱家和一名女设计师,在广州农林下路一家服装店二楼聊了半小时。她们"相见恨晚,彼此欣赏"。

歌唱家找设计师的目的是定制自己 2003 年春节晚会的演出服,虽然她多次登上春晚舞台,但往年都是民族服装,她希望这次风格更时尚。

"她没有什么架子,很实在地提出她的想法",在区志航印象中,歌唱家端庄且亲和,聊天氛围虽然随意,但"她永远是理性的"。

她有着"严谨的完美主义",准确表达自己的诉求,也尊重设计师的发挥空间,对设计的唯一要求是不露肩,因为她认为自己的肩膀略显丰腴。

她表达了对设计师文艺、个性风格的欣赏。"我想她是希望找到这样一种风格,既是先锋的、开放的,同时又是可控的。"区志航说。

那位歌唱家是彭丽媛,设计师是马可,两人从此保持了服装方面的长期合作。

11 年后,在莫斯科机场,彭丽媛以"第一夫人"身份向全世界亮相,她的深蓝色束腰大衣、线条利落的手袋,以及随后行程中的多套定制服装,被赞扬穿出了"中国范儿",马可也因此声名大噪。

定制是通往美好的方式,无论对使用者,还是提供者。当你开始认识自己、建构自我并为之努力时,你和你的生活已经进入更好的阶段。

定制就像打开一扇惊喜之门,哪怕刚刚出发,谁也无法预知会收获怎样的灿烂。

对模式化生活的迁就，成全了别人，恶心了自己。

不要因为开头的例子对"定制"望而却步。定制当然需要经济基础，但也仅仅是基础。

农业社会，男耕女织，衣食住行全靠手工，放在今天都属独一份的"定制"，不过当时大多只为满足温饱。那些超脱了温饱线、对生活有品质和审美要求的少数人，才能玩出花样"私人定制"。

虽说君子远庖厨，吃得最有文化的却是士大夫。粤菜经典太史蛇羹的发明者江孔殷，热衷研究新菜式，对食材要求极其刁钻，嫌弃市面上的荔枝不合口味，专门到乡下办农场引进优良品种。仅为蛇羹中的一味佐料菊花，就雇来四个花农培植。

但定制美食未必就要花很多钱。在被刘姥姥大为惊诧拿十几只鸡来配一道茄子的贾府，宝玉挨打后想吃的"小荷叶儿小莲蓬儿的汤"，被凤姐嘲笑"口味不算高贵，只是太磨牙了。巴巴的想这个"。其实不过是一碗汤面，只是做面的模具挖成了梅花、菱角等几十个精致样式。贾府下人也不是吃不起，却不会想到这样去花心思。

在古代，饮食定制也并非贵族专利。地位、名气比太史菜和谭家菜都不遑多让的苏州堂子菜，就来自烟花柳巷。"这些红尘中一二等风流富贵之地，酒菜一向精益求精，客人又多因吸食鸦片而导致味觉迟钝，堂子里的私厨于是在口味上加重刺激来讨好。"（沈宏非语）定制，在当时更多是一种闲情。

工业革命西风东渐之初，裁缝店在中国最时尚的上海依旧繁荣，只不过裁剪花样由旗袍改成洋装。木心在《只认衣衫不认人》中随口一数，就举出 16 种不同衣料和 12 种镶边钉扣款式。

但随后社会巨变，"与众不同"往往被归入"小资产阶级臭毛病"，服饰不但模糊个性，还模糊性别，女人"不爱红装爱武装"，吃的也变成大锅饭，公共食堂取代了历史更悠久的私人餐饮。等到 80 年代呼唤个性解放时，工业化大生产已全面渗透进人们的衣食住行中。

于是，人们穿着成衣，用着量产，接受义务教育，参加团体旅行，忍受模式生活。

量产产生无趣，雷同等同可怕。流水线上的冰冷机器不会比裁缝更了解个体差异。女人撞衫的隐痛，大概等于男人的蛋疼。18 年前冯小刚的《甲方乙方》宣扬"成全了别人，陶冶了自己"，18 年后的《私人订制》改成"成全别人，恶心自己"。

是该学着成全自己了。早在 2006 年,《时代》周刊就把"你"列为年度风云人物。无论是网络还是现实世界,"你"不应被忽略。"你"可以提供创意,"你"能够影响规则。

在过去漫长岁月中牺牲了个体意识的中国人,理应得到如今个性化时代的补偿。从富人到穷人,从中坚力量到年轻一族,都可以通过定制实现新的生活可能性。要,或者不要,仅仅取决于你自己的选择。

你首先讨好自己,才有魅力影响他人。

新时代的定制,当然不只是对简朴手工业形式的简单回归,每一件定制单品,都是生活态度的呈现。

你以为一件高级定制服装只不过更合身更养眼吗?当然不。定制首先是一种自我形象建构。

设计师缪西娅·普拉达指出:"你的穿着是你向世界呈现的形象,这个形象在今天尤其重要。现代人几乎没有时间深入交往。而时装是一种可以马上领悟的语言。"她曾认为政治、医学或其他行业比时装高尚,最后意识到服装对风格的影响力,她成为 Prada 第二代掌门。

你以为提供定制的服装设计师,就只是掌握量体裁衣的裁缝吗?也不是。近代"定制"概念起源的英国萨维尔街,如今仍引领男装定制潮流,Norton&Sons 品牌的创意总监帕特里克·格兰特认为:定制服装设计师应该是一个全面的形象大师,除了给予衬衫、领带、鞋袜等的搭配方案,还包括更多时尚建议,比如什么发型是好发型,不同场合选择什么鸡尾酒——"帮助客户成为真正的绅士"。

身体的行头能够定制,精神的体验同样可以。重庆姑娘王乙钧从事 IT 产业,每天按部就班,总感觉不是终身之计。通过一家网站,她"定制"了为期 4 天的经历:去大理当咖啡店临时老板,学习煮咖啡和记账。在那里,古城缓慢的节奏让她非常享受。

那家网站主要生产"体验"产品,将参与者送到各地的合作项目,感受和此前不同的生活方式:可能是度假、探险,也可能是一次工作、学习。王乙钧付出几百元,收获的是明确努力方向:在重庆开家咖啡馆,"一闭眼,店的样子就会浮现在眼前,每个细节都那么清晰"。

当你陷于毫无起色的生活,苦恼"人生的路啊怎么越走越窄",不妨去请教提供定制的服装设计师、旅游策划师、心理咨询师，或者职业规划师——借助别人的经验，跳出自己的局限，也许转过身便柳暗花明。

倘若你对自身已有清晰认识，不妨主动为自己做定制。同在重庆的谭伟原是室内设计师，对木工活产生兴趣并进行自学，在 39 岁时他激励自己"人活一世总要为梦想疯一次"，辞职到废船厂旧址开起了木工坊，对着浩瀚长江，每天敲打生活。他的工坊如今小有名气，成为手工爱好者的交流地。从自己动手做，到带动别人学，谭伟希望带来新的生活样板。事情总是这样，你首先讨好自己，才有魅力影响他人。

"这是一种动手的态度。"为凯特王妃、荷兰公主以及女明星们定制高级礼帽的伊丽莎白·考奇说。她自己也是一个被影响的成功案例，跟着父亲做手工的童年令她回味，"这样长大真的很带劲"。

高级定制最产生效益之处，是通往更高级圈子。

"我老记得《廊桥遗梦》里的老太太，她离开世界时在怀念什么？邂逅的四天。她不会想念房子、汽车、珠宝……记忆才是她最后怀念的资产，那是激情、梦想、体验的结合。生命资产是柔性的东西，是一路走一路取来的。"太美科技董事长胡恃珲说。他的"全球主题旅行聚乐部"只为有钱人服务。

有钱人未必会花钱。亚洲最有钱的王健林，今年只花过一笔钱买三套西装。

教有钱人花钱，一直是高端定制的宗旨——即便这个逻辑以金钱为基石，但注入了格调的内涵，也变得高雅迷人。

去华盛顿见证奥巴马就职典礼，在不丹皇室成员家中与活佛念经，和路易·威登高管吃饭，听卡斯特罗贴身保镖讲故事……胡恃珲的定制主题，已经超越了普通人对旅行的想象。

他特别为客户发明了"趣皮士"这个词汇，不是雅皮士也不是嬉皮士，由"走"和"取"组成的"趣"，意指"在行走中取得有价值的收获才算有趣"。但本质上，高端定制的最大值在于圈子，胡恃珲并不否认他做的是通过旅行挖掘圈子的社交功能和商务价值。

"去哪儿不重要，和谁去才重要"是太美式定制的要义。万通董事长冯仑和银泰董事长沈国军，原本是太美客户，旅行回来决定入股，这支投资人队伍后来还加入史玉柱、马云。马云的太太给胡恃珲打电话致谢，表示玩得很愉快。

太美的组团标准，一是从阶层，比如 VVIP、VIP；二是从兴趣，比如音乐之旅、科学之旅、极地探险。但如果符合兴趣却不符合阶层怎么办？一个 80 后女孩的敲门砖是 30 万元，她付出 3 年收入，加入太美的南极之行。这并不是一个商学院式的八卦故事。"后来这个女孩儿来了太美上班，在这里，她已经将环游世界的梦想部分实现。"胡恃珲说。

300 年前，从高级定制的生活方式由上层阶级扩散开始，它的价值便是通往更高圈子。

作为欧洲贵族社会的高级定制生活开拓者，路易十四的凡尔赛宫曾经客似云来，他规定客人们必须穿得新奇，因此宴会上的服装常被人偷偷画成小册子进行高仿。而贵人们挖空心思打扮，就为了等待每晚国王和所有女士道晚安的时间——那是高级定制最产生效益的时刻。住在凡尔赛宫 300 多套公寓的贵族还会转租，这是租客靠近权力的捷径。

300 年后，圈子里的成功学仍在继续，不管是高级定制的服务对象，还是服务提供者，都是一种双赢。即使是"为国家穿衣"的美国第一夫人，从 20 世纪 60 年代的杰奎琳·肯尼迪到今天的米歇尔·奥巴马，都需要一个奥莱格·卡西尼或吴季刚为她们量体裁衣。为米歇尔定制第一套白色礼服前，华人设计师吴季刚还只是 CFDA（美国服装设计师协会）的新人，但在奥巴马就职舞会之后，他的个人品牌比爱马仕和香奈儿更得到美国新权贵圈子的垂青。

圈子法则听起来有些功利，但如果身在其中，就必须逐级向上，对普通人同样如此——混圈子就像打怪升级，在被人当怪打的过程中，从菜鸟向大神升级。

"如果我能预定我的生活、时间，就像随时预定我的晚餐那样，该有多好。"生活在 100 年前的英国女作家弗吉尼亚·伍尔芙曾叹息说。她跨越了性别的成见，却无法战胜生活的庸常。

我们早该厌倦被动选择的一切，定制便是为此而生，既为消灭模糊、雷同、乏味，也为引导趣味、审美、品质的提升。

新定制时代丰富了衣食住行，解决了"你永远也不知道橱窗里挂的那件外套，在你伸出胳膊的时候，是否与你的肘部契合"（伊夫·圣·洛朗语）这样的问题，也从此告别让味蕾麻木的 A 餐 B 餐、长得一样的标准间、消耗在的士站和公交站的无聊等待。优化旅游、教育、医疗，让每一个需要自由上路、自主学习、自在康复的个体得以舒展，无须接受简单、粗暴的对待。

网络时代的定制不一定昂贵，但却是真正的奢侈。关于奢侈，法国人雅克·阿塔利在《21世纪词典》中说："不再是积累各种物品，而是表现在能够自由支配时间，回避他人、塞车和拥挤上。独处、断绝联系、拔掉插头、回归现实、体验生活、重返自我、返璞归真、自我设计将成为一种奢侈。奢侈本身是对服务、度假地、治疗、教育、烹饪和娱乐的选择。"

定制时代的产业升级

文 / 窦浩

　　一个人的名字可以出现在多少地方？你的手机刻着"张三"，你的充电宝也刻着"张三"；你穿的衣服绣着"张三"，你穿的鞋子也绣着"张三"；你喝的可乐印着"张三"，连你家的 Wi-Fi 都显示"张三"——私人定制第一次通过工业化生产把你的生活包围了。

　　私人定制一开始并不存在——在机器化生产以前，所有的生产都是私人定制。你需要一把椅子，只能找个木匠；需要衣服，只能找个裁缝，生产者会根据你的需要量身定制衣服和椅子。机器化大生产打破了这种平衡，为了以大规模生产降低成本，生产者按照自己的标准统一了所有的产品设计。所有人都用铝饭盒，所有人都用军水壶，所有人都是中山装，所有人都是红领巾。工业革命以及社会革命给人类带来的是同一种禁锢。

　　小康社会拯救了这一切。从标准化工业品向定制化工业品的转变是最近几年的事。手机等数码产品、饮料等快速消费品以及鞋子、杯子等日常用品都开始了自己的私人定制之路。

现代意义的定制始于企业的自我拯救。

　　定制，很可能始于一个企业的自我拯救。

2013 年，可口可乐公司发布第二财季报告，利润下降 4%。市场上各种果汁和凉茶饮料正在用健康的概念来驱逐碳酸饮料。有数据显示，2012 年我国累计碳酸饮料产量 1348.5 万吨，同比下降 15.02%。可口可乐的定制战略正是发生在这个时候——虽然那一个财季，可口可乐把销量下降归咎于恶劣的天气。

2013 年 5 月 29 日起，"文艺青年""邻家女孩""白富美""小清新"等网络流行语以及一些明星和公知的名字被印在红色的可口可乐瓶身上，怪叔叔们抢购"小萝莉"，怪阿姨们抢购"小正太"。这被称为可口可乐进入中国以来最大胆的一次市场行为。可乐没变，只是包装变了，同样可口。这个定制策略为可口可乐在那年夏天带来 20% 的销售增长。

下一个跟进者是加多宝。号称"最畅销的红罐凉茶"的它对包装进行定制，很可能是因为 2014 年 12 月在"中国包装装潢第一案"中败诉给王老吉，被判赔偿 1.5 亿元。红罐再也不能用了，只能换包装，这时，可口可乐是最好的榜样。

与可口可乐走的"文艺青年"路线不同，加多宝走的是饭桌文化，除了土豪金的主角调外，加多宝把百家姓的"赵"、"钱"、"孙"、"李"印在了金属罐上，哪家吃火锅就开哪家的罐。

那么，我怎么知道哪个城市姓赵的多，姓李的少呢？这就牵涉到私人定制在工业革命之后一直发展不起来的原因：生产者和消费者之间严重的信息不对称。

定制两大基础：强大的制造业生产能力及信息完全对称。

标准化的机器大生产，除了有绝对的成本优势，还有一个优点，那就是不用管消费者喜欢不喜欢，只管自己生产得高兴。生产者与消费者之间的信息不对称，除了催生庞大的商业流通渠道之外，还把生产者与消费者之间的需求扭曲了。制造商在进入产品设计环节之前，都要花大量时间进行市场调研——什么样的产品才适合消费者？但很多时候接手调研项目的咨询公司不一定能把问卷发到真正的消费者手中。

不过，这些复杂的信息扭曲在摧枯拉朽的互联网面前统统消失了。耐克就在自己的官网提供私人定制的鞋款。鞋带可以是杂色，也可以是纯色；鞋面可以是老虎斑，也可以是渐变色；耐克的标记可以是熔岩反光绿，也可以是工艺水鸭青。为什么耐克可以做到程度这么深的私人定制？原因之一是，制鞋工业虽然发展时间很长，但目标还停留在半机器化生产阶段，大部分的工序——如切料、粘胶都是手工制作。在工人工资还不算太高的中国大陆，机器化生产还没有完全吞噬这个行业。

定制建立在两个基础上：强大的制造业生产能力以及信息完全对称。在产能过剩的中国大陆，制造业已经完全有能力做中等规模的定制生产。如果再配合互联网的信息化渠道，私人定制会给中国的制造业带来新的利润增长点。

F2C（factory to customer，从工厂到消费者）最近很流行。强大的中国制造正通过互联网直接寻找消费者。天猫就在西装电商方面做过这样的尝试，除了网上点对点的私人定制，还通过阿里云的大数据预判消费方向，然后向工厂定制西装。

加多宝也是基于大数据技术来策划自己的定制业务。最靠谱的大数据来自人口普查，李、王、张三大姓占据了全国人口的 20% 以上，多印这几个姓的罐子肯定错不了；有些姓氏人少而分散，就不必多印了。另外，淘宝、京东等电商平台多年来积累的数据，可以很好地判断哪个地方处女座多，哪个地方生肖属老鼠的人多。向处女座多的城市投放生肖老鼠的罐子，那肯定是错误的。

虽然私人定制是个大噱头，但即使土豪如加多宝，也不敢把全国人民的姓氏都印到土豪金罐子上去。也许有人叫姚大明，但这瓶凉茶送到上海时，姚大明却不一定在国内。

成本问题仍然是制约私人定制深入的最重要原因。

深谙粉丝经济的小米在私人定制上也走到了时代前列：不管是手机、手环、充电宝还是自拍杆，都可以刻上自己的名字。当然，这并不是出厂前就刻好的——那是违背规模生产原则的。小米在自己的体验店里配备了刻名字的机器，想把自己名字刻在哪儿都行。

这是小米在机器化生产与私人定制之间走的一条中间路线。如果在工厂环节就加入私人定制，小米很可能就成不了性价比之王。耐克之所以能重度私人定制，除了因为制鞋行业的半手工属性，更重要的原因是，一双定制的耐克鞋至少卖 999 元，而那双鞋的成本可能只有 200 多块。

福建莆田某鞋类品牌在淘宝上做过几千双定制运动鞋，但充其量只能在鞋跟侧面印一个定制者的名字。如果鞋面、鞋带都可以定制，那是很难的。该品牌老板称，仅仅印定制者的名字，成本就要多 100 元。这对只卖 200 多元的运动鞋而言，就是个大成本了。

成本问题仍然是制约私人定制深入的最重要原因。可口可乐和加多宝的包装定制，还不算是产品核心的定制，因为包装里的液体并没有改变。在传统的制造业，私人定制还必须通过高价格来实现。但至少，私人定制已经开始改变机器化大生产带来的千人一面的枯燥无味。

徐文兵：望闻问切是最奢侈的私人定制

文 / 丁个

排队 6 个小时，坐在问诊台，只用了 6 分钟，就被下了诊断书——作为病人，这种经历谁都不想再体验。

而作为中医，徐文兵对私人定制的理解，便是尊重每个求医者的独一无二。"你找我看病，在我眼里你是独一无二的，不可能光拿一个中成药往这一放。每个方子都是量身定制的，每味药有多少克，这都是按照每个人的情况定。这是完美的个人定制方案，甚至会关注到你别熬夜、别喝酒、恋爱时别太感情用事。你说它值多少钱？"

在这位长年为病人提供健康方案的医生眼里，中医最基本的望闻问切，就是对一个人从身到心的全面诊断和解码。这或许是最接近"奢侈"理念的，因为它是真正的量身定制。

星座、属相、父母生日、感情经历、夜晚梦境，量身定制的前提是全面了解你的身心。

徐文兵的时间很贵，很少有人付得起两个小时的诊费，他便在诊断之前，由一男一女两个中医，对病人进行一套身心咨询的体检：从你出生那天起所经历过的事情，意识到或没意识到的都会被问及。甚至星座、属相、父母生日，曾

徐文兵：中医师，厚朴中医学堂堂主，著有《字里藏医》等（插图—李伟/新周刊）

经在哪个城市生活过，有过几段感情经历，曾经的生离死别，每个夜晚的梦境，等等，都是你将面对的提问。它们会像一把把钥匙，打开你身体里隐藏的记忆，体察你的情绪与思维习惯。随后，进行全身经络检查。一番检测下来，你在医生面前变得再透明不过。此刻的医生，甚至比父母、爱人、闺密、哥们都更清楚你的状况，下一步才能为你进行健康方案定制。

当然也要把握一个度。徐文兵曾接待过一些家庭暴力的受害者，以前以女性为主，后来碰上两位男性受害者，身上有瘀青，脸上有血痕。"这种事，医生了解即可，安抚劝慰、平复情绪、针刺用药、解郁活血、化瘀止痛是本分。此事清官难断，说施暴者变态或受害者欠揍都很片面浅薄，只能靠当事人自己解决，医生不能介入太多太深。"

这样的检测是人与人之间的体察、交流与气场的互动。如果病人坚持一言不发，徐文兵觉得也没问题。他的要求是，就是遇到一个哑巴来求医，也要通过观测、摸诊，写出翔实的身心诊断报告。"小孩都是哑科，不会描述自己怎么了，只会哭；抑郁症假装不是抑郁症，你要给他诊断出来，要告诉他，给他定制出一套方案。"

徐文兵认为，定制生活的理念，是真正从富走向贵，知道自己要什么、不要什么，才是真正的定制。

"大趋势是仓廪实而知礼节，没有经济的富足，谈贵族是不可能的。老北京有句话叫：力巴儿吃饭，给嘛吃嘛。他没有选择食物的权利，人家给什么吃什么。"徐文兵有个病人是部级领导夫人，说夫妻两人都腰疼，"我一看两人同时疼，就问最近吃什么了，回答说老部下送了新鲜桑叶，能让头发黑、长寿。我说，桑叶是有这个功效，但桑叶是秋天吃的，春天吃不对。这种情况很多，身为这么高级的干部，也跟力巴儿一样，人家给嘛吃嘛，太不了解自己了，这些人是富人，但不是贵人。"

徐文兵总讲医食同源，比如到一个地方点菜，把最好的菜上一遍，这叫富，有钱人。贵是什么呢？今儿什么季节，我在哪儿，我什么体质，哪种菜适合此刻的自己，这叫贵，这样叫自我定制健康方案。西方人讲，培养一个贵族需要三代，中国人也有俗语，三辈子学会吃和穿，这种意识在慢慢觉醒。它唤起中国人的贵族意识，富族不等同于贵族，贵在自知之明。

"神农尝百草就开始拿自己的身体做实验。"徐文兵的一个病人，夫妻两人都是博士，从备孕到生产严格遵守各种科学方法，生下的孩子却并不强壮，他们买了天平、计时器，像做实验一般定时定量喂养，结果孩子一身病。"这其实就是自然之道和人为的斗争，我们现在就像郑人买履一样，不相信脚，相信尺子。"

定制便是根据你的脚选出最合适的鞋子，走好前面的路。"各从其欲，各得所愿，物无美恶，过则为灾。"徐文兵相信这种健康定制传统会再一次回归。

仪器检查不出你和老公吵架，它再高明也需要人来解读。

"仪器能查出来你昨天跟你老公吵架了吗？我能查出来。而且我能检查出来你大概失恋过三次，两次受伤比较重。"

"总有人能感觉到仪器察觉不到的东西，仪器再高明也需要人的解读。"

"大数据或大样本都是粗糙的数据，按科学标准是对的，但是从人性角度来说，仅供参考。"

徐文兵讲了个笑话："现在很多貌似真理的科学，讲数据，讲量化，比如发明一个有毒的药，剂量怎么定？西方定了个剂量：按体重。貌似有道理吧？可回来一想，一个人的酒量会根据他的体重来定吗？饭量呢？性能力呢？不会吧。那为何能按体重判断耐药性呢？大家都被貌似真理的指标迷惑住了，反而精确定位每个人的中医出现时，有人会说：这不科学。"

从中医定制角度，徐文兵觉得科学有时让人哭笑不得。他曾经去美国开会，听说当地科学家有个针对男性性能力的发明。"他们就在生殖器植入一个硬东西，可是用到的时候毕竟少，不用的时候也那么举着，多不方便啊。后来又发明了充气式，外面安置一个手动打气的开关。可是当两性需要多巴胺的时候，只是靠那个开关吗？不需要调动全身吗？这就是他们所谓的科学。"在徐文兵看来，这种"定制"称不上定制。他的健康方案定制理念，看重的是人的能量和天然的身体规律。后来找过他的病人说，徐大夫你不是医生是哲学家。

找徐文兵看病的，大江南北都有，终于挂上号了，拿着行李穿过大半个中国来看他。有一个病人回乡后感慨："徐大夫的药吃了10剂，感觉还不错。我去北京的路费2600元，而10剂药的药费才100多元。"徐文兵感慨，中医所说简、

273

便、廉、验，其中廉就指药便宜，现在都变成医生便宜，而药贵。

他一直认为，即便是网络科技时代来临，真正的高明和奢侈，都来自人。

"比如在日本，手艺人是最有自尊的，你来不来没关系，我专心做我的东西，我相信一定有欣赏的人。就是吃个寿司，吃进去的也是几代人的手艺和文化。我相信随着社会发展，付出专注和精致创造出来的，不管是有形无形的价值，都会给人带来高级的生活享受。现在这个阶段，只有有意识的人和有经济实力的人能享受到。但趋向于个性化选择、靠人的能量来实现的定制生活，一定是个趋势。"

医生给自己的"私人定制"，是能够自由选择病例的权利。

徐文兵反复说，中国这个人种如果没有中医去保养的话，那这个人种可能就要消失掉了。衡量文明的四个基本特征：宗教信仰、语言文字、天文历法、传统医药。"传统医药是在所有现代医学没有进来之前，护佑这个人种存在的重要保障。外国没有中医，弱的都被淘汰了，留下来的就很强，都是幸存者。"

他曾在美国给疼痛的病人扎针，起针以后患者不疼了，把他的一次性针要过来看，不解地问：为什么你的针是实心的？药放在哪里呢？

"唯物主义者理解不了'气'，总以为我给他注射了什么止痛药。我跟他说：没有药，而且我扎的也不是你疼的地方。"遇到类似情况，徐文兵会玩笑说：一定是在针上涂抹安慰剂啦！当然，英国王妃产后不到 10 小时就蹬着高跟鞋往外跑的案例，在徐文兵看来，则是东方女人切不该尝的危险螃蟹。

对于定制医疗方案，徐文兵认为中医体检和西医体检不矛盾，而是互补。有位白领女士找到他，体检出甲状腺有结节，乳腺有增生，卵巢有囊肿，子宫还有个肌瘤。"在我这儿就有一个精确判断，我需要告诉她，你要改变性格。第一，让她意识到是自己的性格导致问题；第二，要根据自己是什么人去做选择，假设性格是细腻敏感是艺术范儿，不适合同乱七八糟的人打交道，如果职业是公关，那我会劝你换职业，因为那是你的命，改不了。同时，细腻敏感的同义词是小心眼，那么找对象要找一个心胸大的，彼此互补，否则彼此易冲撞，情绪淤堵，还会犯病。"

但徐文兵强调，不是所有的病都能治，看病一定要量力而行，医生更要知道自己是谁。他认为能够自由地选择病例，也是医生为自己的私人定制方案，这是另一种贵气。

他讲了个故事："我同学老婆疯了，他带着老婆非要从老家过来看，他们一进

创业是个什么鬼？

门，我还没看见病人，左脸就发麻。等她坐到这儿，我给她一号脉，他老婆就说，徐大夫你真逗，你跟别的大夫一样，一看到我脸就抽。我跟同学说，对不起，你这病我治不了。后来，我那同学也疯了。我心想，这病我要接了，疯的就是我。所以看病一定要掂量、咨询、筛选，我会告诉你我心里有没有谱，大致需要多长时间。"

无论是医生，还是求医者，无论健康，或是想更健康，最大的奢侈是：有自知之明，懂量身定制。

里克·格拉汉姆：专属你，迎合你，满足你

文 / 曹园

里克·格拉汉姆为无数宅男宅女树立了"世界那么大，我想去看看"的榜样。作为一名定制旅游顾问，他承载着游客的巨大期许。

"我的办公室跟着我四处奔波。"加拿大人里克·格拉汉姆（Rick Graham）这样描述他的工作。

里克以自由人身份从事旅游咨询顾问达12年之久。"我的咨询工作主要是为到加拿大不列颠哥伦比亚省（British Columbia，简称BC）的游客定制行程。如果有人造访加拿大，我会在整个行程中和他们在一起，确保他们的体验达到相应的期望。"

里克的业务范围主要在加拿大西部的不列颠哥伦比亚省内，有时也会包括邻省艾伯塔（Alberta）。作为 Maax 咨询业务网站的所有者和唯一员工，里克每次只陪同一组固定的游客，无法分身。他认为这样做的好处是："当你需要我做向导时，你就会见到我本人，而不是我的替代者。这种方式非常独家、私人。"

里克拥有娱乐产业和商业双学位，这两个专业对从事定制旅游顾问的人来说是绝配。他做过营销总监，后来遵从内心对旅游的热情，决定成为一名自由职业者，定制旅游顾问这样的工作，对他来说再适合不过了。里克现在只需要

手机、电脑和 Wi-Fi 就能进行移动化办公，实现了他一直在路上的梦想。

"定制旅游适合那些想要有极致体验并力图避开扎堆游客的人。"

2014 年，里克一共接待了 120 名客人。中国、英国、澳大利亚和美国的游客是他主要的接待对象，通常每次定制游的小组 5 到 8 人不等。游客们基本会说英语，如果不会，里克会为他们雇一名随同翻译。里克所接触的游客年纪偏长，不同于年轻人，他们财务自由且有大把时间可供休闲，最重要的一点是，他们对探索加拿大非常感兴趣。

每年 5 月到 9 月是里克最忙的时候，因为这段日子到加拿大的游客达到高峰。从饮食起居到景点交通，里克的全套定制旅游方案无所不包，他带游客们去看野生动物、原始森林以及崇山峻岭。"我知道 BC 省一切值得体验的东西，能在最节省时间和金钱的前提下，将它们打造成一份需求定制化的行程。这种定制旅游适合那些想要极致体验并力图避开扎堆游客的人。"

在欧美国家，虽然定制旅游已经形成了一个比较成熟的体系，但仍然是"小众"的。"在加拿大，参加定制旅游的人数比跟团游和个人游要少很多，因为这种定制的服务更昂贵。"

里克的定制游中，最拿手的是 BC 省的户外项目。"如果你有一周时间可以尽情享受假期，并且想来 BC 省感受大自然，我确保我可以带你去一些非比寻常的地方。"里克如此自信，是因为他对那里的生物非常熟悉，灰熊、灵熊、黑熊、虎鲸、灰鲸、猎鲸，里克通通如数家珍。他还会带你去远古森林，在那里你可以看到很多千年古树。"你会在游历野外的过程中发现世界上最珍稀的动植物资源，以及各种生物的大聚会，这里的野生世界简直太美妙了。"

去年里克招待了来自《中国国家地理》杂志的一群媒体访客，他们去 BC 省完成一篇故事报道。里克带中国客人们去了绵延 324 万公顷的原始大熊雨林(Great Bear Rainforest)。雨林位于 BC 省的中部海岸，是世界上最后一块保存完好的温带远古森林。去大熊雨林的路途很艰难，需要搭乘两种类型的飞机（包括有当地特色的水上飞机），然后坐船，"但地球上没有其他任何地方像大熊雨林一样令人惊叹了"。里克带他们在雨林中的绝佳位置观察。"他们在一条河边一坐就是几个小时，仅仅为了等待灰熊的出现，把握灰熊在水中捕鱼的珍贵镜头。最后他们拍出来的图片美得不可思议。看到游客们脸上的喜悦，让我对自己的工作十分满意。"

"如果一个游客老是改变要求，意味着你必须变得'有弹性'，全力支持他们，确保他们心情不错。"

　　个人兴趣、旅程时间、花费意愿等，都是里克在制订旅行计划时所要考虑的因素。每个国家的游客会有不同的需求，里克得了解这些差异，比如西班牙游客的晚饭时间是晚上 10 点甚至更晚。"我的工作是保证他们对整个行程感到满意，所以有时候我不得不进行微调，以满足每一个人的需求。我要尽我所能带给他们最棒的旅行经历。"刁蛮任性的游客是旅游顾问最头疼的问题，里克觉得有些名人很难搞定。有时候他们决定去一个地方游玩，但后来又临时改变主意不去了，这时他只能试着建议他们，"那将是非常震撼的一次体验，不去后悔"，或者只能重新安排行程以便迎合他们。"所以，如果一个游客老是改变要求，意味着你必须变得'有弹性'，全力支持他们，确保他们心情不错。"

　　定制旅游的游客要求五花八门，里克也遇到过："有些游客想去加拿大一些很偏远很难到达的地方，但我有责任去满足他们的愿望。我一直觉得，没有不可能完成的要求，只有很难完成的要求。"里克为了搞清楚一些细节，会和游客进行简短的交谈，以确定他们之前有过什么样的旅程，现在又想要什么样的体验。"我还要问清游客的预算水平、饮食上的禁忌，以及是不是有某种恐惧症，比如害怕坐直升机等，通过这些大概对他有个定位。"里克有套 1—5 级的项目分类法，等级 1 是最安全最没有危险的，等级 5 是最刺激的。至于游客到底适合哪一级，"我会询问他们的身体适应能力，加上之前的交谈，所有这一切将有助于我决定带他们去哪里玩和体验什么项目"。里克的终极目标就是满足游客的需求，让他们的旅行舒适惬意。

"中国游客害羞而又非常有好奇心，因为语言问题会遭到一些误解。"

　　2014 年中国出境游客人数超过 1 亿人次，成为全球旅游最大的客源市场之一。里克每年会接受 4—6 次来自中国的定制游订单，每次游客数量 6—8 人。

来自印度的游客正准备参加著名的温哥华卡皮拉诺吊桥

他眼中的中国游客非常友好，与其他国家的游客相比，"我发现他们需要一点时间来预热，也许是因为他们有时候会有点害羞"。"通常来讲，作为游客，他们中的大部分刚刚开始在世界上'崭露头角'，还在不断地学习和探索。我会说，中国游客表现得非常有好奇心。相对而言，加拿大人经常出国旅游，因为加拿大的国土面积太大，冬天又特别寒冷，人们需要离开这里。"

里克喜欢带中国游客去体验购物之外的活动，去感受大自然的美。"他们探索之后，会觉得户外游也非常有意义，同时被有灰熊、鲸鱼的野生世界所打动。这也让我非常愉悦，很有成就感。"

里克的定制之旅也闹过不少笑话。BC 省省会维多利亚以观鲸活动著名，游客可坐船出海去"邂逅"鲸鱼。里克有次陪同一群中国游客去观鲸，下午安排的活动是坐观光巴士。这是一种"水陆两栖"巴士，喷刷黄色油漆，造型卡通，叫作"Hippo"（河马）。里克还记得当时的场景："我们上午看鲸鱼，下午进行'河马之旅'（Hippo Tour）。行程结束后，这群中国游客失望地问道：'为什么我们一只河马都没有看到？'噢，天哪，我们的'鲸鱼观赏'是看鲸鱼，但'河马之旅'与河马这种动物一点关系都没有！只是这种游览车的名字叫作'河马'罢了！要看真正的河马得去动物园或者非洲！"因为语言翻译让中国游客造成了误解，里克觉得又好笑又不好意思。

"成为定制旅游顾问最重要的是有热情，这是从你骨子里散发出来的，没办法假装。"

定制旅游顾问有其独特的从业要求和技能。"我认为最重要的一点是你需要有热情，对你所从事的工作的热情，和不同文化背景的人们共事的热情。"而这个"热情"对里克而言，就是对 BC 省的热情，带游客去玩耍的热情。"我觉得热情是从你骨子里散发出来的，没办法假装。"

怎样才能成为一个优秀的定制旅游顾问？里克认为需要多方面的能力。比如从实践经验上考虑，需要有很好的沟通能力和领导能力，"以及成为一个关键的批判型思考者"。"你需要根据实际情况随机应变，可能是天气的变化，也可能是其他会影响原计划的因素。"

里克认为做定制旅游顾问是有门槛的："如果你有大学本科文凭，且有文学艺术背景，可能是做这行的一个起点。如果想专门做定制旅游这一块，你的本科专业最好是娱乐产业或者商业，在以原始生态和自然环境著称的 BC 省，环境学学位也将很有帮助。"

通常，里克每年会工作 6 至 8 个月，剩下的时间自己周游列国。他最幸福的烦恼是在不同地方有三套房子：一套在温哥华市；一套在爱尔兰岛（位于温哥华市和温哥华岛之间）上——那是一个很美的地方，也是他最经常待的地方；还有一套在南太平洋上的纽埃岛。他自己旅游时经常去南太平洋，花很多时间待在澳大利亚和新西兰，之前则泡在欧洲。他计划中的下一站旅程将是亚洲。

里克为无数宅男宅女树立了"世界那么大，我想去看看"的榜样。不同地方的文化让他着迷，里克对一句谚语深信不疑——"When in Rome, do as the Romans do"（入乡随俗）。当你旅游时，把你自带的文化气质抛开，去吸收当地的文化，这一点他认为很重要。"换句话说，如果我去中国旅游，对我而言就是不要每天总是吃西餐和坚持西方人的行为处事。因为这违背了旅游本身的意义，我认为旅游就是将你自己沉浸在当地文化中。"

一个有好奇心且愿意尝试新事物的人，这是游客们对里克的普遍评价。放心把自己的假期完完全全托付给一名当地人，里克也承载着游客的巨大期许。

那些不能被定制的

文 / 谭山山

在 1987 年发表的《顽主》中，王朔让人们第一次见识到什么叫"私人定制"：3T 公司的几个不靠谱的青年给一个想拿奖想疯了的作家煞有介事地办了一个颁奖礼，奖品是咸菜坛子——"我们公司的宗旨就是帮助像您这样素有大志却无计可施的人"。

当然，那时候还没有"私人定制"这个说法。"替人解难替人解闷替人受过"的 3T 公司只是几个社会边缘青年脑洞大开之下开办的社会服务公司，用杨重的说法就是"目的是在社会服务方面拾遗补阙"（请自行脑补葛优在电影《顽主》

中说这句话时的腔调）。以今天的眼光来看，3T 公司堪称良心企业，挂号费只收两角钱，不满意还可以退。

如今，"私人定制"已经成为主流，似乎什么都可以定制：

你可以穿"高定"，不过切记像范冰冰那样穿出气场，不然是衣服穿你而不是你穿衣服；

你可以定制自己的家，不过不要让它沦为样板间；

你可以定制旅游，极地游、热带雨林游，什么都好，不过请不要带着"到此一游"的心态去；

你可以定制"必读书清单"，不过就不要想着"5 分钟读完一部经典小说"那种捷径了，正如作家杨照所说，它们值得你花 50 个小时来阅读；

你可以定制外语教学，请私教一对一地教，不过这也跟阅读一样，没有捷径哦；

你可以定制恋爱，不过不要像日剧《约会～恋爱究竟是什么呢》的女主一样，约会时间精确到分秒，约会地点精确到指定地点的半径 1.5 米以内——会把人吓跑吧；

你可以定制含有自己 DNA 的专属墨水，不过前提是有用笔写字的机会；

你甚至可以定制婴儿——性别和身体特征（比如金发碧眼）都可以选择，不过也有人会觉得"定制的人生有什么意义"？

是啊，你可以定制生活方式、定制人生，不过，有一些东西是无法定制的：世界观、独立、自信、品位、趣味、诗意、好奇心、个性，等等。

成功、机遇、好奇心等都是无法定制的。

世界观听起来很玄，其实，有时候敢于说"不"就已经是一种世界观了——比如 40 岁后的白岩松。

中年之后的白岩松会思考"那些大家都认为有用的事情"对自己产生了什么影响。他的结论是：当每个人都在拉扯你去做这些事情时，你已经没有时间活着了。你要维系这种"好好先生"的面孔，你不能发火、不能说"不"，好像没有得罪任何人，其实，你把自己"得罪"了。所以他要对这一切说"不"：不要权力——2003 年他就辞掉了所担任的三个节目的制片人之职；不要利益——尽量不在商业、企业或演出的场合出现；不做"好好先生"——也就是给自己腾出一些空间去做一些"无用"的事。"我不再愿意用时间去换利益，我拿出相当的时间去换取自己的舒服，换取生命该有的某种状态。"

有时候经历也造就世界观——比如认为"人生的每一样东西都有可能是养分"的吴念真。吴念真16岁初中毕业出来打工，然后当兵、进电影公司、当导演，认识了各色人等，每个人的故事他都愿意聆听，对他来说就好像是"阅读一百本以上的报告文学"。知识分子讲的故事反而不及普通人讲的好听，因为他们没有生活。

在他看来，努力必有成就这种话都是骗人的，成功也没法复制，而且所谓成功人士有一样东西永远不会讲——机运。长荣公司老板张荣发也许是唯一说真话的人，他曾跟吴念真说过，"刚开始做生意是机会好，不是我厉害"。也就是说，成功、机遇这些东西，都是没法预测更无法定制的。

有时候好奇心也塑造世界观。波德莱尔一生中不断地从一个地方跳到另一个地方："任何地方！任何地方！只要它在我现在的世界之外！"德国探险家亚历山大·冯·洪堡说自己之所以去旅行，是被"一种不确定的欲望"所激励，而这种欲望就是"从一种令人厌倦的日常生活转到一个奇妙的世界"。类似的意思日本人石田裕辅说得更直接，那就是"不去会死"！石田裕辅出版的游记书名就叫"不去会死"，有意思的是，不止一个人把它误读成"不会去死"——这恰恰反映了一种潜意识，那就是"来一场说走就走的旅行"太奢侈，不是一般人能做到的。失去了对这个世界的好奇心，人就容易陷入流水账一般的生活。

品位、趣味这些东西，是需要经过时间积淀，而不是通过阅读一两本所谓指南就能达成的。

多年之前，保罗·福塞尔在那本著名的《格调》中写到一个购买品位的例子——如果你想展示中上阶层品位，你的起居室的书架上也还有空地方，不如考虑一下这家叫"庭院图书"的公司："真皮封面书籍，十八九世纪小说、传记、传教文学、散文，莎士比亚、菲尔丁、卡莱尔、斯威夫特、蒲柏、约翰松、弥尔顿等大师力作，尊府室内装饰的极品。"

英国也有类似专门提供选书及打理书架服务的公司。他们的建议是，买书绝对不要买一整套，因为会显得很傻。比如莎士比亚全集是很有品没错，但不要买全集，买七八本就好；而这七八本里头，最好有两三本是重复的，属于不同版本，表示你对这套全集是有研究的。还有，为了表示你研读过它，专家会帮你"做旧"：在书页上画线、做笔记，书封上则弄出不经意的划痕。

其实这怎么看都是没品吧，因为提供这些服务的公司都会预设自己的顾客完全不会打开这些书——不然就不会搞那些手脚了。书单可以定制，书本可以订购，阅读这些书所需要的见解和趣味却只能通过努力得到，没有捷径可走——这正是导致作家杨照愤怒的原因。事情是这样的：台湾新北市府文化局为了推动经典图书的阅读，想找网络红人谷阿莫拍摄"5 分钟看完一部经典小说"，于是请杨照帮忙开出书单。但杨照完全不能接受这种快餐式的做法，他说经典小说不能简化为两页就交代完情节的故事梗概，经典小说的价值正在于经得住时间反复挖掘，只要读进去，就会发现越读越细、越读越深，得到的收获就越多。而这些收获，是足以冲击人生、改变人生的。

品位、趣味这些东西，是需要经过时间积淀，而不是通过阅读一两本所谓指南就能达成的。中国有俗谚云"为官三代，始知穿衣吃饭"，说的就是这个道理。当然，你也大可不必遵循这些所谓品位观，而是像保罗·福塞尔建议的那样，张扬个性，以另类的风格脱颖而出。另类就是你的个人 logo——独一份，无法定制。

2015 年度佳作

文青传

半點微燈半掩門
皎日何須入覆盆
單友lomo三分法
大師徳味一縷魂
村上春樹堆暖榻
無印良品拭啼痕
民謠苦情同誰訴
倦披古著送黄昏

常捩為居士　韓令琮

海棠詩社

穴青圖

夏阿畫

（插图—夏阿）

284

文青传

其实，文艺不过是一种生活方式。

今年日本一个叫"高等游民"的词成为大热门，其来源是一部流行日剧。剧中男主人公闲居在家13年，每天就在家里靠读书看电影消磨时光，他认为陶冶情操才是人生真谛。

日本学者神一行还总结出了新高等游民的特征：富有的不是金钱是时间，追求的不是物质是内心；穿着破烂但心似锦绣；永远保持对知识的好奇；拥有不受任何束缚的自由。

但在中国，文艺青年其实有各种门槛，比如要瘦成闪电，莱昂纳多等中年男因为对身材自暴自弃早已自绝于文艺人民；要有经济实力堆砌的神秘感，像窦唯那样被人发现中年谢顶、坐地铁出行，会引发舆论狂潮；还要有变色龙的能力，能文艺也能粗糙，能"独坐半个小时流泪"，也能化身段子手变得"好好笑"；还要生存于各种职场，养活自己，也爱好文艺。

伪文青们把文艺当作一种腔调、一种标签和行为艺术。但真正的文艺，不过是一种生活方式。如迟宇宙所说，"拥有生活的意境，即或不掌握足够的财富和权力，也活得自由、丰富、饱满"，内心"纯净、浪漫、柔软，有一片小小的栖息地"。

社会越是功利，就越需要文艺的微光来转移。

文青所有的"恶"来自他们的"穷"

文 / 蒋方舟

在社交网络上,文艺青年的标准像是这样的:热爱谈论山本耀司的设计理念但是买不起他的衣服;崇尚荒木经惟的摄影技术但自己只会用各种免费滤镜;旅游一定要去"离天堂最近的地方",因此怀揣着一百块钱蹭车骗吃游西藏;口头禅是"唯有爱与美食不可辜负",但是吃饭一定要用团购券。

文艺青年取代了杀马特和非主流,成为被妖魔化和取笑的对象。

为什么要取笑文艺青年?因为按照以上对文青的素描,可以总结出他们的病症:矫情、热衷自我感动、缺乏对现实生活的处理能力、道德观简单。

为什么要取笑文艺青年?因为当文艺青年的门槛奇低无比,不需要特长,不需要考核,男会唱宋冬野,女会朗诵《恋爱的犀牛》里的台词,就基本达到了文青的标准。

为什么要取笑文艺青年?因为他们穷。

归纳起来,穷是人们嘲笑文艺青年的所有立足点。他们没有生活能力,挣不了钱,因此只能沉湎于粗糙的情怀和自我感动,由于变得更加蠢笨痴呆,以至于挣不了钱。按照我一个朋友的说法:"当一辈子文青其实毫无难度,因为但凡有点本事早干别的去了。文青不是姿态,不是特长,是没办法。"

上市公司的老板热爱山羊皮乐队,只会被夸赞"有品位",明星艺人收藏奈良美智和草间弥生,只会被惊呼"原来她还有这么文艺的一面"而被粉丝大赞,他们永远不会被嘲笑。

文青所有的"恶",就是他们的穷。嘲笑文青的本质,是嫌穷。

生物的本能是崇拜强者,这没什么好不服气的。但如今,"崇拜强者"和"鄙视弱者"却成了同一种心态的两种说法。前段时间,社交网络上有篇流传很广的文

文青传

章，叫作《你弱你有理》，类似的文章还有《我为什么拉黑我朋友圈里那些"穷人"》，文章的内容相似，讲的都是身边一些穷人，依仗着自己的弱，或仇富或占小便宜。

每个人身边都会有通过刻意示弱获利的亲戚朋友同事，因此这类文章能获得广泛流传和点赞。但是"示弱者"和"弱者"是两回事。真正的弱者的特性并不是爱贪小便宜，他们的特性是被分配了巨少的社会资源——无论是资源、财富，还是话语权。

在社会话语权上，文青无疑是弱者：在线上，他们无非是混迹于豆瓣等小众网站刷一刷存在感，从来没过一呼百应的快感，因为清高所以少有抱团，粉丝数量还不及段子手；在线下，他们也极度缺乏组织资源，组织能力远逊于每年砸日本车的热血青年，他们的组织活动不过是周末去书店参加个见面会，朗读几段《百年孤独》，阵仗还不如商场大促销。

相较于爱国青年、愤怒青年、每天打鸡血的创业青年等各款各式的年轻人来说，文艺青年基本上属于攻击力和煽动力都微弱得趋近于零的群体，他们或许费尽气力都难以脱贫，但这并不该成为他们被嘲笑的理由。

嘲笑文艺青年的人，除了挣脱出贫困线的中产阶级以外，还有一个广袤的团体：真正的文艺青年。

文青嘲笑文青，或许是被逼无奈。因为出现了太多东莞加工厂出品的仿单文青和淘宝爆款文青，导致正品文艺青年连累着一起被嘲笑，生存空间变得越来越狭小。

爆款文青非常好辨认：他们热爱棉布质地的衣服，热爱手写体的字，热爱使用"干净"这一类词语，热爱自我观察，热爱消费落魄的艺术家，并且在他们（无论是活着的还是已逝的）每一个生日时发出亲密得让人尴尬的感慨；他们引用民谣里的歌词去形容爱情，引用《纸牌屋》里的台词去理解政治。

2014 年 9 月，青海省 G109 国道，摄影师孔维与女友诗苑，他们在一起的旅行照红遍网络，成为最惹人羡慕的文艺情侣（插图 / 刘志涛）

我曾经不止一次地看到文艺青年们引用尹丽川的一段话，说："那天晚上，我得以独坐的半个小时，真正哭。并没有什么事情让我伤感，包括我自己现在的命。我只是在想'干净'。我哭得并不伤心，也不需要哭下去好让自己和别人感动。我只是在流泪，一直流泪，并感觉自己略微强大了一点，模糊地接近了一些干净的东西。"爆款文艺青年迷恋那种流泪的姿态，而这种姿态和被他们嘲笑的"四十五度角仰头望天"并没有本质的区别。

爆款文艺青年缺乏创造力和完整的审美体系，所有的审美力仅仅体现在对他人的"逼格歧视"上。当他们混迹于文艺青年的队伍，并且迅速地以一系列 QQ 签名式的自我标签成为群体的主要声音，自然会使一些老牌文青不满和愤怒。

老牌文青之所以会成为文青，并不是因为他们穷、无能、落魄，而迫于无奈，他们早在青年时期就发现了自己和世界的格格不入，因此长期与内心搏斗，最终逃避而抗争地选择独立于世界这座游乐园兼疯人院以外。

正宗文艺青年之所以选择艺术作为修道院和避难所，并不是因为它看起来酷、小众、有品位，而是因为艺术教给了人存在的孤独，艺术开启和激发了他们身上的独特和个性，让他们不再只是一个社会动物。

曾经有人问过我，什么才是真正的文艺？

我想到的是，是帕斯捷尔纳克在《日瓦戈医生》里的一段话："生命的谜，死亡的谜，天才的魅力，袒露的魅力，这大概只有我俩才懂。而像重新瓜分世界之类的争执，对不起，同我俩毫不相干。"

文艺遏制网络坏品位

文 / 张伟（GQ 副主编、微信公众号"世相"创办人）

一件事物流行的背后，必然跟着另一种流行，也就是对流行的嘲笑。文艺青年的流行和被嘲笑相当典型。

我想先说说它的流行，然后说说它为什么被嘲笑，最后再说当对它的调侃成为常态时，整个社会受到了什么损害。

"文艺"是一种特定的表达方式、生活方式和内心存在方式，它之所以流行，是因为它对现实生活的美感有强有力的帮助。无论是对生活不满的人，还是物质生活有所成就却觉得"缺点什么"的人，文艺都能填补空白，通过对世界的抒情性思考，文艺像是人们为粗糙的石灰路面抹上的一层油漆，它确实能让现实看起来更美好，更顺滑，不那么硌人。

抒情首先是对具体生活的理解方式。进而，由于对精神性生活的期待和看重，人们也顺带着追求物质生活的优质和舒适。要知道，文艺开始流行的年代，正是人们开始意识到物质生活飞速前进伴随着精神性衰败的年代，是人们开始意识到物质生产由于缺少生活品位支撑而粗陋干硬的年代。文艺的兴起，让人拥有了修整物质世界的能力。

在一个大多数人对生活不满、所有人面临精神困闷的年代，它一定会流行。我们恰好又处在这样的年代里。

按说是好事儿。有一段时间，"文艺"这个词席卷全社会，许多人变成了文艺青年，对抒情的重视被提升到很高的地步，以至于出现了很多问题。最典型的问题有几个，一个是抒情过度化，从语言到举止，文艺变成一种没有分寸感的腔调，变成了矫情、滥情，具体表现为一些缺少真正文艺能力的人将流行语滥用到令人难堪的地步，比如"女子"、"人世"这些词。这原本只是文艺青年喜欢用的大量词汇中的一小部分，但因为流行规律，它们变成了整齐划一的口号式抒情，缺少创造力又逐渐失去其力量的"文艺腔"的出现，成为文艺青年令人反感的直接诱因。

更深层的原因则是，文艺所代表的对精神生活的追求，逐渐被视作对具体生活的背弃。这有一定的真实性，也有许多是误解。文艺原本是不反对物质生活的，事实上文艺经常在物质生活的基础上发生。但人们总是容易注意到那些更极致的行为和言辞，而极度追求精神生活以至于反物质的"流浪者"、"穷困的文艺青年"，逐渐被视作文艺青年这个群体的典型，文艺也让人理解成了"不切实际的精神幻想"。可以肯定，忽视具体生活基础的精神生活不可能被大多数人接受，因为物质生活作为人安全感和舒适度的最主要来源，无疑是基础性的、本质性的需求。相反，由于"精神至上主义者"对物质生活充满怀疑甚至蔑视，他们顺带着蔑视了那些生活虽不如意，但尽心地改造物质生活条件的人，这些人现实而踏实，无暇顾及精神世界，作为一种反击，他们无疑会对文艺青年这个群体整体产生逆反心理。

这些复杂的心理混杂在一起，对文艺青年的嘲讽也迅速流行起来，它的速度和广泛程度甚至超过了文艺青年的流行本身。

世道从这个时候开始变坏了。我认识非常多的"文艺青年"，这个词被打上引号，是因为他们原本只是文艺青年中的一部分，甚至是一小部分，他们喜欢过度抒情，将一种平常事物进行高度艺术化的解释，因为地铁里擦肩而过的一个陌生人魂牵梦萦，用最浓重的笔调讲述自己微不足道的悲伤，为一个小小的梦想愿意付出自己无法承受的巨大代价。

"文艺"这个词具有更大的含义，凡是在物质追求之外还有精神追求，甚至是对物质生活进行略带精神性改造的，都是文艺的。苹果手机、现代家居设计以及漂亮衣服，都可以视作文艺与物质世界的结合。

但流行是泥沙俱下的，不会分辨细节。许多人都对我说过，他们嘲笑和批判的是那些打引号的文艺青年。然而这些批评者本身也看书、旅行，并且努力提升自己所参与的物质生活的精神气质——这些正是文艺的。只是，取笑"文艺青年"的潮流将所有文艺举动都抹杀了。最后，人们取笑的不再是那一小部分失去分寸的文艺，而是文艺本身。由于定义的含混，很长时间里，文艺成为笑柄，对精神生活的表达和实现都让人避之不及。

现在的时代，文艺所代表的精神生活不是太多而是太少了，坏品位在互联网上格外被传播，而文艺原本可以遏制这种坏品位，可以让那些丑陋的物质产品变得再优雅一点点。在微信公众号"世相"和我们几个人发起的"文艺连萌"里，我一直希望倡导品位、审美和判断力，强调该过"有分寸感的精神生活"，也就是在物质基础上的精神生活，可以对物质世界进行增益、让物质生活更美好的精神生活。但这事儿很艰难，许多人会礼貌而客气地坏笑着说你真"文艺"，忽视你的一切逻辑，忽视你一切现实而优雅的努力。我知道他是什么意思，我不怪他，我觉得这样的世道是个坏世道。

文艺是国民精神的火光

文 / 黎宛冰（作家）

上周末，我的足迹从草场地的系列展览，再到顺义的路边花市，然后又杀到中央美院的学生毕业展，结尾是在美院的 Loft 餐厅。这个轨迹似乎足以说明一个文艺青年的闲暇生活。

我的 CEO 闺密安排了我这文艺的一天。过去一般是我认识的艺术家或策展人邀我看展，但最近这些年，拉我去看展的几乎都是那些跟艺术似乎不沾边的朋友，比如企业管理者、公司白领、媒体人，等等，或是各路创业者。

过去我一直被人们称为文艺青年，因为文艺与我的生活和工作密切相关，过去、现在及将来我的职业都与写作和写作者相关。但是就生活氛围而言，我的文艺范儿远没有我的这些金领朋友高。他们会参加拍卖会买作品，注意年轻艺术家出现的苗头，观看大部分重要的艺术展及演出，足迹可以从国内延伸到国外，他们的家里有精美的陈设和艺术家作品。他们是文艺的实实在在的消费者和推广者。就像一场饭局，有厨师、食客和埋单者，那个埋单者才是饭局的主角。

文艺不再是小众的专利，知识分子中产化了，艺术家中产化了，而中产阶级文艺化了。

我们签约的一个编剧，是豆瓣热门作者，跟着名编剧史建全写一个都市题材剧本。史爷反复教诲但大纲总难到位，因为编剧写的所有情节都在生活逻辑之内，正如罗伯特·麦基老师所说"故事是生活的隐喻"，但编剧把隐喻搞得明晃晃的。有一天史爷说："你啊，你的问题是你不是文艺青年。"编剧有点急："我不是文艺青年谁是？"一个以写作为生的人怎么就不是文艺青年呢？史爷说：

"因为你思考问题的方式毫无文艺气息，像一个理工科学生。"

在谈论人群特征的时候给人贴标签是懒惰和粗暴的体现，即使是同一个标签在不同的时代也体现不同内涵。比如史爷所说文艺青年，显然是狭义的，但诸多媒体所议论的很装很二的"文艺青年"显然是广义的。就像很少人会把受过教育有知识的人统称为知识分子。人们的讨论所指其实是模糊的，由此带来的褒贬也就带上了暧昧的意味。

过去大众视野中的文艺青年是个小众群体，有着与芸芸众生区分鲜明的文化趣味和生活方式。他们的气息在人群中一嗅可知。如 20 世纪 90 年代开始流行的安妮宝贝笔下有着海藻般直长发、穿着棉布长裙、光脚穿着球鞋的女子，我曾戏言安妮宝贝早期小说中的人物：青春是残酷的 / 哭泣是无声的 / 泪水是隐忍的 / 颤抖是温柔的 / 生活是疲倦的 / 情感是暧昧的 / 态度是淡漠的 / 感觉是寂寞的 / 内心是脆弱的 / 衣服是纯棉的 / 思绪是迷茫的。

如今这种小资文艺气息早已过时，连安妮宝贝的书写都已经升级到灵性导师一路，如同创业风潮之下人人都在创业，如今小资文艺青年迅速分化为各种物质饕餮者及时尚符号，对比之下，20 世纪末的文艺腔显得极其寒酸。今天文艺青年的存在已经是不需要重视的现实，在过去，文艺青年代表着小众、多样性、差异性、个体性甚至阶级的分野，但现在这些元素荡然无存，你会看到许多白领都具有文艺气息和文艺范儿，一种蔚为壮观的文艺趣味完全消弭了文艺的独特性。

文艺不再是小众的专利，知识分子中产化了，艺术家中产化了，而中产阶级文艺化了。在普通社会交往阶层之间的文艺鸿沟隐形了，那些处于掠食者位置的精英比专业艺术从事者显得更文艺，他们出席画展、拍卖会、论坛、影展，成为各种高层次文化活动的组织者或赞助者。曾经偏处一隅的文艺成了"莫买沃洲山，时人已知处"。

迷人的牧歌与现实距离遥远，因为缺乏与现实性深刻而真诚的联系而显得空洞虚假。

如果说过去我们认知的文艺是在各种社会压力下试图保持个体独立的话，这种努力今天转向了消费主义，转向了时尚运动。现时文艺青年的生活就是各种商业广告里所描述的图谱：物质细节的考究，小事上力行完美主义，去原生态偏远地区旅游，热心环保或动物保护，至少热心于某种教义，低调地使用奢侈品，用艺术装点生活，用文学提高谈吐，所用产品不仅具备实用意义而且要上升到哲学含义，购物不仅仅是购物，而且是哲学、文化、艺术活动。其实看上去很美。因为文艺帮助人们忘却物质世界紧张的面容，显示出生活中的风情万种。

前不久我在朋友圈读到一篇转发甚广的文章，一个90后女孩去终南山隐居，买个农舍，配以各种劳作的图片，白雪之中引笛烹茶，田埂之上妙曼挥袖。真是太浪漫太脱俗了。穿着汉服的年轻姑娘秀出的美好绝不包括汉服长裙上的拖地泥污。这叫隐居吗？我只看到文艺青年那热爱红尘的心脏在刻意谦抑的退隐中仍然激烈跳动。在这个图景中显得高级的既不是终南山的景观，也不是年轻女子的古典意象，而是"隐居"两个字。

这个女孩让我想起包法利夫人，福楼拜在19世纪中期就对某些广义"文艺青年"有了精微的描述："她爱大海，只是为了海上的汹涌波涛；她爱草地，只是因为青草点缀了断壁残垣。她要求事物投她所好；凡是不能立刻满足她心灵需要的，她都认为没有用处；她多愁善感，而不倾心艺术，她寻求的是主观的情，而不是客观的景。"

"爱玛在自己的向往之中，混淆了物质的享受与心灵的快乐、举止的高雅和感情的高尚。""她不相信事物在不同地方，老是一个面目；活过的一部分既然坏，没有活过的一部分，当然会好多了。"

诗人们说"劳动慰藉心灵"，但我相信这对于那些真正劳作的人来说，绝对是屁话。来自农民家庭的人知道，一车白菜一万多斤，一个背白菜的背夫要独自完成，长年累月下来被压成驼背，大概只有劳作之后的休憩能够慰藉背夫的心灵。文艺青年们牧歌化的"劳作""隐居"都是轻微的劳作和高调的退隐，是为了从生活中抽离的遁逃。迷人的牧歌与现实距离遥远，因为缺乏与现实性深刻而真诚的联系而显得空洞虚假。

即使是广义的文艺青年也是越多越好，因为文艺从来都不坏，总比脑残好吧？

我认识的一些文艺青年，他们的共同特点是不关心政治，对生活中所有悲惨的公共事件假装不见，更遑论发言。这其实是一种情感懦夫的表现。真诚深刻的文艺能远离政治吗?

对于那些天性并不独立、天赋并不突出又想引人注意的人,文艺成了最好的表面选择,他们面对的风险是极其容易过气。这些不想与大众为伍的人泯然众人而不自知。正是福楼拜所讽"人对自己的需要、自己的理解、自己的痛苦,永远缺乏准确的尺寸,何况人类语言就像一只破锅,我们敲敲打打,希望音响铿锵,感动星宿,实际只有狗熊闻声起舞而已"。

我个人更愿意将文艺青年理解为文艺创造和文艺精神的实践者,从这个层面上,大多数人的问题只是他们真的离文艺很远。如果我们按照鲁迅对文艺的定义来理解的话,"文艺是国民精神所发的火光,同时也是引导国民精神的前途的灯火",这个时代的大部分文艺青年一脉相传的不过是文艺腔和文艺范儿。他们既没有能力去原创,也没有韧性去坚守。他们既不能保住千疮百孔的智力生活,也没有勇气开辟新的疆域。

每个时代的真正的文艺青年其实都是极小众及恒定的面目。如果让我像 FBI 的侧写员来写个侧写的话,他们是面对众多挑战和选择,是不舍冒渎与批判;是身边人事,异味杂陈,身处染缸思量何以无染;是良心劳累,品质瓦解之下向宗教寻解脱;是佩索阿所言——"纯粹,就是不要一心要成为高贵或者强大的人,而是成为自己。从生活中告退是如此不同于从自我告退";是不矫饰不自欺,对自己的命运了然于心,能安住于不快乐中的人——在这个世界,快乐并非第一原则,英雄主义和浪漫主义并存;是西美尔所推崇的"那些尊重事物固有的个性并由此发现最深刻的深度与他们自我权力的人"。

这样说来有文艺青年的社会真是极好的。即使是广义的文艺青年也是越多越好,因为文艺从来都不坏,总比脑残好吧?文艺青年们对环境的整体颜值是有贡献的,当然我们还期望更多。真正的文艺青年值得赞赏,因为他们在做一种人,过一种生活,并且为此付出极大风险。文艺绝不仅仅是慰藉心灵,它折磨心灵的同时也提升心灵。如果全无冒险及浪漫,与世俗理念全无冲突,那就是赝品文艺。当下文艺的问题是太容易过时了,如同畅销作家笔下的滚滚红尘,朝菌不知晦朔。

文艺青年的两个生存样本

出世的窦唯，入世的汤唯

文 / 宋彦

多数为窦唯抱不平的人想过的是汤唯的人生。想像窦唯一样生活？叶公好龙的故事是怎么说的？

前几天参加了一个有汤唯站台的品牌活动，她在台上与外籍总裁相谈甚欢，英语不甚流利，但发音标准。白色长裙下是若隐若现的马甲线和腹肌，一转身春光无限。

晚上回家，李亚鹏经商失败的新闻满天飞。作为另一位"天后的前夫"，刚下地铁的窦唯再次躺枪，陪跑李亚鹏，成为"离开天后就完蛋"的铁证。

年轻时的窦唯和汤唯都是小脸蛋，不太立体的亚洲人的五官，眼神坚定，因此显得不放松，不太接地气儿。

更重要的是，两人都是当下文艺青年的男神女神，需要站队时，两位总会被拎出来，当成某种价值取向的佐证。

窦唯除了歌曲唱得好，笛子、吉他、鼓也样样精通

两种不同的文艺青年样本，都在世俗世界遭遇了劈头盖脸的残酷惩罚。

汤唯为什么广受欢迎？据说，有制片人说过一针见血的大实话："汤唯可能是中国大陆女演员里唯一看上去像是念过书的人。"汤唯的这种气质，早在十几年前就被话剧导演赖声川发现，他让汤唯在当年的《如梦之梦》里饰演了"5 号病人"的妻子，临走时还嘱咐制作人袁鸿"好好照顾这个小姑娘，别让她跑歪了路"。

李安在回忆《色·戒》选角时也说："我就看到她气质很像以前的国文历史老师，现在两岸三地的年轻人中都找不到了。"

外形上天生的文艺范儿决定了她的戏路，《色·戒》《晚秋》《黄金时代》……落魄却心怀美好的女青年总能被她演得不卑不亢，连《西雅图夜未眠》里的小三都因此得到观众原谅。

再说中年发福的窦唯。20 年前的小窦还是帅的，至少长相让高晓松嫉妒："人一上台全场都炸开了，我就在底下想，我什么时候能这样。"

少年窦唯的意气风发 90 后无缘见到，那是个台上张狂、台下也张狂的北京小爷。懂南派北派的民乐，唱邓丽君的靡靡之音，会跳霹雳舞，至于"黑豹"的那段历史，早就随着与天后的爱恨情仇散播到 00 后的朋友圈了。

汤唯的文艺是"岁月静好"，窦唯的文艺是"我牛 × 啊"。两种完全不同的文艺门派，却都在世俗世界遭遇了劈头盖脸的残酷惩罚。

各种磨难却加速了汤唯文艺女神的养成步伐。她在李安推荐下，得到去伦敦音乐戏剧学院进修的机会。在那些流传网络的鸡汤文里，她是啃着面包读英文、街头卖艺赚钱的落魄女明星，在泰晤士河和伦敦眼的衬托下，有了感动小清新的浪漫和悲壮。

相比汤唯，窦唯的磨难似乎都是自找的。在众叛亲离和得过且过间，他总是选择 hard 模式，给自己添堵，也给别人添堵。

在黑豹最风生水起的时候，他抢了哥们的妞儿，签下不平等条约"不在公开场合唱黑豹的歌"，离开乐队。他在几个女人间犹豫不决，在相当长的时间里背负"出轨"骂名。在唱片业还算景气的时候，他不唱了。他说："我退出了歌坛，而转做音乐，那是我安身立命的根本，是精神世界的出口。"

汤唯的文艺是世俗接受的文艺，窦唯的抗争是和世界的抗争。

的确是两个不同的文艺门派，一个自强不息，一个"no zuo no die"。同是在舆论的风口浪尖走过一遭，今天两人的境况天差地别。

汤唯嫁给了把她拍得清新脱俗的韩国导演金泰勇，对方不是富商，也不是娱乐圈一言九鼎的大佬，但总体上门当户对，文艺气质还很搭调。"汤唯"两个字的票房号召力还算不错，至少不用像前辈赵薇那样，要花上好几年的工夫才能重拾大导演对她的信任。品牌代言一个接着一个，面包不用再啃了，名表、华服，只要她开口，就会有人送货上门。

从始至终（尽管还没剧终），汤唯的文艺路线都是被动走出来的。她没那么执着，考不上表演系，就去考导演系；喜欢舞台剧，但也不放过在电视上露脸的机会。她并不安于被粉丝和文艺青年津津乐道的卖艺生活，只是她不得不谋生，或许这是一位尚有底线的文艺工作者所能选择的最体面的方式。她一直在努力，期待着早一点回到这个圈子的中心地带。一旦回来，她果然很快适应，并聪明地用"文艺青年"的定位包裹好自己，路线清晰，事半功倍。

相比之下，窦唯的活法确实丧气。作为北京土著，作为曾经摇滚圈数一数二的腕儿，作为有才华有人脉的老炮，他本应活得更好。天时地利人和，却自甘堕落，这是被成功学和鸡汤文教化的世俗世界最无法忍受的活法——有那么好的资源和条件，你凭什么糟蹋？

"地铁照"曝光时，当然也有人站出来替窦唯喊冤。一眼望去，这些人基本有以下特征：高学历，读过菲茨杰拉德也读过王小波，听过摇滚，喜欢李健，有份体面的工作，就算赚得不多也基本能人模人样地活着，基本

电影《黄金时代》剧照。汤唯基本成为电影节文艺女青年专业户

297

有品位，微博基本来自 iPhone6 客户端。

窦唯让他们想起"饭都吃不起的凡·高，遭人白眼的卡夫卡，大半辈子没被女人瞧上的博尔赫斯……"他们讨厌成功学和心灵鸡汤，借着窦唯，刚好能与他们鄙视的"世俗"划清界限。

现实是怎样呢？窦唯带着老爹和女儿做着多数人听不懂的《潽何水》，闲来无事就写生画画，小女友从 80 后换到 90 后，骑着小摩托，载着眼前人，一溜烟消失在红尘里。

多数为窦唯抱不平的人想过的是汤唯的人生。汤唯的文艺是世俗世界里的文艺，大众定义的"成功"她一样不少。文艺让她身上少了女明星故有的媚俗和轻浮，却多了张定位清晰的标签，一箭双雕。

为窦唯的辩驳大多是在成功学评价体系内的辩驳，你看，凡·高、卡夫卡和博尔赫斯不是都已经名垂千古了吗？文艺青年捍卫的是未来能留下身后名的窦唯，而不是眼前这个活在评价体系之外的窦唯。

汤唯的人生精彩、励志，文艺青年从她身上看到了"不背叛自己却也能得到认可"的希望，他们的所有努力都是为了成为今天的汤唯。

窦唯配得上不与现实妥协的傲骨，好友张亚东也一边敬重他，一边赚着娱乐偶像的钱吃喝把妹。窦唯是那些拥护者的精神图腾，他们从他身上回忆着单纯的往昔时光，企图在现实的诱惑中守住底线。

像窦唯一样生活？叶公好龙的故事是怎么说的？

李健：音乐人是我唯一的社会身份

文 / 胡赳赳

李健这个名字太普通，李健这个名字太文艺。他说自己四十始惑，面对诱惑、面对迷惑，李健如何能"再出发"？

假如李健不是一个歌手，他有可能作为一个工程师存在，这是"理工男"的必然现实。作为清华电子工程系毕业的高才生，他在广电总局技术部门工作了三年。有一次他看到白岩松在广电大院门口的报摊购买杂志，印象很深。那时白岩松开着他的第一辆富康牌汽车。

这是 15 年以前的旧事了。15 年之后，"前同事"白岩松为李健颁发了《新周刊》和生活方式研究院主办的"2015 生活方式创意榜"之"年度创享生活家"。李健和孟非分享了这一奖项。在媒体颁奖词的描述中，李健已经成为某种火热的符号："他是浮躁歌坛的秋裤男神，暴得大名不改初心。"

"我不想过度消耗、被消费。"

如果说李健是 2015 年最具人气的歌手，这并不奇怪。他 9 月在北京万事达体育中心举办万人演唱会，在网络平台开启的预售，22 秒 VIP 票即被抢光，3 小时内全部门票售罄。这让业界惊呼，因为这不仅刷新了当年张学友的卖票纪录，这种火爆局面也只有国际巨星才能造成。

但他又似乎是清醒的。他的助手说："这一段时间来，我们的主要工作是拒绝掉 90% 的活儿。找上门来的代言有碳酸饮料，但李健自己不喝不健康的饮料，也不希望向他人推广。他还要面临各种各样的代言和商演，也有真人秀节目开出高价请他，这一切他都交给工作室打理。""我现在面临的诱惑越来越多，甚至包括一些金融或找你入股的事情。但歌手不应太商业，混淆自己的身份。"李健说，"我不想过度消耗、被消费。"

他坐在国贸附近某酒店的大堂吧，这属于他生活半径两公里内的范围。他穿着休闲 T 恤和短裤出现，只是一个邻家大男孩的感觉。但很快他被发现了，邻座举起手机假装拍窗外北京的阵雨，大堂的钢琴声换成了一支他在《我是歌手》第三季演唱的曲子。他不好意思地笑笑："知道我来了。"

《我是歌手》是中国最火的电视娱乐节目之一，李健参加了第三季。"我已经推了两年。"经过深思熟虑他终于答应了，一方面是被导演的热情邀请所打动；另一方面，翻唱别人的歌这种形式吸引了他。此外，他说："不能总顺着自己，我想挑战一下。"

"上电视是几十倍的放大。以前是小名小利，现在要面对的是真正的诱惑。"

对于艺人而言，这种挑战还包括进行竞赛和排名。尤其是在三个月时间内，每周雷打不动地要去比赛、录节目。

"最后发现，大家唱功都差不多。关键是看谁不生病、不感冒。"李健说。近两年来，他很重视自己的身体状况。他每周四次健身，旅行时也装着 TRX 悬挂健身带。正如他阅读的科恩传记等书都被"带火了"一样，他无形中成为健身产品的代言人。"这是好事，我希望更多的人因为我能分享到好的文艺、好的生活方式。"

李健认为身心是合一的："好的身体和好的灵魂是一体的。好的嗓音也来自生理上的条件。"他说自己以前常感冒、精力不够，现在这些情况都消失了。"通过健身，你会变得越来越自信。"

这种"自信"还包括他矫正了自己的牙齿。他用了很长时间的隐形牙套，两周换一次，演出时就摘下。在他的影响下，至少有 10 个朋友去矫正了牙齿。"人一生应该整两次牙，一次是小时候换恒牙，一次是 40 岁。"在他 40 岁时，他扔掉了牙套，"有人说我是不是整容了，其实是矫正牙齿带来的面部改善，也有利于唱歌的发音。"他又用他惯有的冷幽默说："这样风水也好，牙齿整齐了不漏财。"

李健在《我是歌手》上的表现与节目实现了双赢，但这并不是他能料到的。他要接受随之而来的名和利，以及评头论足、造谣和炒作。他说："不仅仅是赞扬，还有诋毁。"这有好也有坏，"你要知道外部的环境发生了变化，但内心的事物并未改变"。

《我是歌手》花费的成本令人瞠目：歌手人手一支的麦克风价格超过 10 万，比李健自己用的还好；韩国原版引进的灯光和音响；还有 20 台摄像机，每台造价超过 100 万，永远有一台是对准歌手的。

有约束，还有压力，也有提高。"真人秀"节目，除了实力，还包括与人相处。李健说："你以本色示人，做真实的自己，不累。"事实证明，第一次亮相之后，李健的表现越来越赢得观众的好感。

"我反对音乐体育化、音乐竞技化。"这是李健一向持有的观点，"音乐靠的是情感、情怀、感动度。"在一片"飙高音"的视听盛宴中，李健用自己的方式赢得了人心。他得了第二名。"第二名很好，这个名次是我想要的。"

三个月的录制一结束，李健就启程去了欧美，待了一个月才回来："具体的诱惑太多了。我需要隐藏一下，静一静。创作者不应该总是出现在大众面前。"

他补充说："上电视是几十倍的放大。以前是小名小利，现在要面对的是真正的诱惑。所以你内心必须知道，外在的情况变了，但内心的东西没变。我只愿意做一个知识分子，对，一个音乐知识分子。"

"我最希望做免费音乐会，但目前国内没这样的条件。"

这一点没人怀疑。高学历，文艺范儿，从理工男转型为成功的歌手和创作人。他不混娱乐圈。身边的朋友也都是艺术家、作家和文艺爱好者。

有一次他外出商演，朋友发现他就待在酒店里，不出去应酬。室内响起的是《美国往事》的电影原声。

李健说："我不爱出去应酬，主要是怕烟味。"

这大概是他的"洁癖"，也是"洁身自好"的一种方式。他没有娱乐圈常见的那种江湖习气，比如拉帮结派、形成势力。他也不爱炒作。十几年前，签约公司想拿他跟公司旗下几个大牌艺人"搭车炒作"一下，被他拒绝了。"我认为作为一个歌手，唱好歌就可以了。"

如今，爆红的李健反而成为最有利用价值的争"炒"目标，"被炒作"和"躺枪"自然在所难免。李健的看法是："让人知道你很容易，但要被人家欣赏、收纳是很难的，只有靠优秀作品，才能真正赢得尊重。"

明星被追捧的时候往往牵涉家人，《我是歌手》播出期间，妻子也几度一起上"热搜"，微博粉丝上升至 60 万，不过被网友们挖掘出来以后她就不再更新了。网上流传着多种版本的爱情故事，他们觉得也无须回应，这就是互联网时代的现状。"我们的生活其实没有什么变化，她的心比较静，我也希望保护她不受太多干扰。"

李健说很多人止步不前，是没有碰到好的爱人。他说："我逐渐认识到婚姻的重要性。好的婚姻如虎添翼，不好的婚姻则会使人停滞。"

他说，婚姻不仅仅是浪漫，还要彼此间有交流，谈得来。

爱人正是他的知己，他们信任对方的判断和审美。每场重要的演出，他第一时间都会问她的意见，得到肯定他才心安。就在前一天晚上，他录制新专辑时，他俩为一个乐句的用词是否表意准确、合乎韵律而探讨了一番。"有一处写的是街头老人停下来喘息，她认为改成'张望'好，我采纳了这个建议。"

新专辑今年上市，名字暂定为《李健》。专辑里不用一张自己的照片，而由艺术家朋友王迈的画作取代。"我希望专辑不要太贵，也不要太便宜。太贵了买不起，太便宜了不珍惜。但要做得小小的、薄薄的，传统唱片的样子，不要太大。我认为专辑定价一百元比较合适。"李健说。

在李健看来演唱会门票应该尽量便宜。他认为国内的演唱会门票普遍价钱偏高，因此这次五棵松体育馆的演唱会门票最高售价不超过 1000 元，最低售价则是 380 元。

他在北京已经三年没开演唱会了。"没有新歌，我就不想唱。"这次演唱会有三分之一是新歌。

"我最希望做免费音乐会，就像酷玩乐队在圣诞节给无家可归的流浪者发放食物、免费演出一样。"李健说，"但目前国内没这样的条件。演出都需要批准。"

一旦李健的谈话兴趣被调动起来，他就有止不住的灵感和想法往外冒。"我最关心的是孤儿和保护野生动物。有些沿海的穷家孩子，因为隔着一座山，竟然没看过海。"随着影响力的增大，李健更加意识到，帮助和分享可以使快乐加倍。而不管他愿不愿意承担，他必定肩负着更多的责任。

"都说四十不惑，但我四十则疑问很多。"

他越来越习惯在长途飞行中写歌。前年深秋去京都，他写了首《雨后初晴》。最近又写了一首保护海洋的歌《深海之寻》，有这样的歌词："我的辉煌让你黯淡了很久，我的挥洒穷尽了你的所有。"他说："每五口呼吸中，有一口呼吸就来自大海的藻类产生的气体。"

他去欧洲，并不觉得萧条或破败。他感叹说："发展是个误区。"

他微博更新很慢，不用微信。手机还是诺基亚的按键手机，已经用了 5 年。"方便的麻烦，科技有时是。"他说，"信息量太多没必要。这就跟文具盒一样，以前文具都放一个盒里，现在恨不得每支笔都专门加一个盒。"

他热爱阅读。最近在看的书，是前几年朋友送他的一套《南怀瑾选集》。"我发现自己愿意看一些以前看不进去的书。"他还有一个习惯，喜欢的书会翻来覆去看好几遍，如马尔克斯的《霍乱时期的爱情》、卡佛的诗集等。

现在，他尽量早起。"因为发现早起，一天会很漫长。"上午他必做的一件事情是为爱人煮一道咖啡。他喜欢收听广播节目《飞鱼秀》。然后练琴。下午则看书、健身。最近在北京的时间多一些，每天晚上去录制新专辑。

四十岁的李健更加"自信"了，他有一种"再出发"的感觉。"以前上台会紧张，毕竟是从工程师转换成职业歌手，经过两次春晚和巡回演唱会后，台风上好了很多。我希望自己体面地出现。"

"都说四十不惑，但我四十则疑问很多。"他会想到人活着的终极意义。这些问题有些形而上，也有些宿命。他谈话中会提到"心智水平"。他和朋友谈论"境界"，他说，西方人认为有四种境界——"自然境界、功利境界、道德境界、天地境界"。朋友指指桌边刚送他的书，说出处就是这本书。那是冯友兰的《新原人》，书中花了一半篇幅在讲这个问题。

他最近接到一首版权合作的歌曲《Feeling Good》。回家后发现，四五年前买过三张一套、黑白封面的黑人女歌手 Nina Simone 的唱片，打开来看，那首歌就在上面。

于是他和朋友谈论"吸引力法则""暗物质"。这些未知领域的神秘事物吸引着他。

四十岁是男人的第二次发育，也是第二个青春期。在与白岩松吃饭的餐桌上，他像个孩子一样，挥舞着胳膊，展示着他强健的肱二头肌。

冯唐：哪有我这么思维缜密的文艺青年

文 / 宋彦

见面前两天，冯唐刚搬来新工作室。新地方还在庙里，离佛近，离酒肉也不远。

和从前那间装满佛像的旧庙相比，这座翻修过的夕照寺少几分禅意，却多了停车场和冬天的暖气。屋子不大，推门进屋，一眼就参观尽了：一张床，一张喝茶、写字儿的桌子，几样简单的摆件，屋顶是整修过的，门板是老的，窗户也是老的。

冯唐喝掉杯里的隔夜茶，"今儿的天儿奇了怪了"，工作室敞着门，四合院盖不住天，眼前的北京的天，蓝得没道理。

门外偶尔有人走过，最多探个头，转身就顺着墙根走掉了。新地方，还没人认识他，冯唐对此很满意。

他决心从那座慈禧的家庙搬出来，一来是因为老庙阴冷，二来是鼓楼周边路窄人多，停车犯难。更让冯唐招架不住的是房东和街坊邻居的热情。"我好像是有点红了，原来那地方快成旅游区了，总有大爷大妈带着闺女儿子来看我。那就躲吧，我想静静，想静静。"

冯唐清醒得很，他不会被粉丝绑架，就像上学时不会被老师和教导主任绑架一样。"上电视"这盘棋，他早就弃马保车，算得清清楚楚。

"你说，这是为什么呢？"冯唐接受自己"红了"的事实，却对"红了"的原因心生疑惑，"我是做市场的，早就习惯用受众、定位这些东西来分析产品，但从来没把这套东西用在自己身上。"

书还是这些书，皮囊还是这副皮囊，十年前在上海签售《万物生长》，男女老少加在一起来了四个人；十年后，700 人的签售场子有 1500 人报名；就算跑到遥远的美利坚，骄傲的留学生们也对他趋之若鹜。

几场签售下来，冯唐做了个总结：重庆的读者最江湖，浓妆、低胸礼服，签售现场有夜店氛围；成都人草根，爱耍，提的问题够劲儿；北京来的都是训练有素的文艺青年，候场时都在齐刷刷地翻书；哥伦比亚大学好，站在台上扫一眼，颜值颇高啊。

文艺男神、直男癌、高学历、高逼格，人红了就会被贴上标签，还会时不时地被标签绑架。

前阵子，冯唐参加了一档真人秀节目——《出发吧爱情》。人生第一次上电视，第一次做起了主持人，第一次和娱乐圈明星站在一起。"粉丝说，你变了。"他们在冯唐微博里留言，在贴吧里发讨论帖，"男神"的逼格就是他们自己的逼格，男神 low 了就是打他们自己的脸。"出来，我得和你谈谈。"核心粉丝，资深文艺青年，也是冯唐的学弟，要代表读者和粉丝拯救沦陷的冯唐。

"好东西，多卖点，有什么不好。"冯唐清醒得很，他不会被粉丝绑架，就像上学时不会被老师和教导主任绑架一样。"上电视"这盘棋，他早就弃马保车，算得清清楚楚了。他的理由大体有四：

辞职后，循规蹈矩的张海鹏彻底不见了，冯唐大可放心折腾。"玩心大起，很多没做过的事想去尝试"，上电视没有过，那就试试。

真人秀贵在"真"，但人的天性是不真的，而明星的职业就是装，作为主持人的冯唐一路旁观，"挺有意思的，也许未来能用上，尽管一时半会儿说不出哪儿有用"。

《万物生长》刚上映，冯唐卖了剧本改编权，顺带帮着吆喝几句，除此之外，这电影和他半毛钱关系都没有。"投资或者当导演都好，也许未来会试试。"节目拍摄现场有三百多人，五六组各司其职，冯唐想看看影视制作的项目管理有什么门道。

最后，也是最精明的一笔账。"这早就不是'酒香不怕巷子深'的时代了。我的美誉度一直还不错，在大众中间的知名度还是差点，毕竟看书的是少数。每 0.5 到 1 的收视率就是好些万人，美誉度降个百分之十，知晓度乘以十倍，还是挺划算的。"冯唐永远渴望世俗意义上的成功，商人冯唐如此，作家冯唐亦是如此。

他用训练有素的逻辑思考问题，满脑子麦肯锡模型，权衡利弊时绝不提儿女情长，"被骗？我不骗人就不错了。"

"思维如此缜密，是不是不像个文艺青年？"和他笔下的文艺气质相比，冯唐本人的确没有文青的显性特质。

他没赚得盆满钵满，但也不缺钱，在穷困中追求精神慰藉的经验还停留在二三十年前，纯文学作家"不为五斗米折腰"的硬气他也没机会秀。他是会偷买教师用书的狡猾学生，是在领导的饭局上频频起立的前国企高管，自称"为国效力，为自家稻粱谋"，官话、客套话左耳进右耳出，绝不拼死抵抗，如有必要，也能偶尔谄媚。他用训练有素的逻辑思考问题，满脑子麦肯锡模型，权衡利弊时绝不提儿女情长，"被骗？我不骗人就不错了。"

即便是少年时期，冯唐也没有明显的文艺范儿倾向。"我们家没有文艺氛围。"冯唐在文字里无数次提到霸道的蒙古族母亲，以及得过且过的父亲，还有他胡同串子的少年时光。这不是一位饱读经典，且精通英文的作家惯有的家庭背景。

少年冯唐不喜欢摇滚，不蹦迪，也没靠写诗泡妹子，他与文艺唯一的联系就是读书。"这好像是天生的，就跟我的写作能力一样。"即便是阅读，冯唐也有金牛座的务实属性。他要通晓古文，就去读《中国古代汉语》，读《史记》，读《资治通鉴》。古文学得七七八八了，就找靠谱的小说来读，沈从文、汪曾祺、阿城、王小波……读完中国的读外国的，读大流氓劳伦斯的《恋爱中的妇人》，也读另一个大流氓亨利·米勒的《北回归线》。要学英语，就死背字典，读上二三十本英文原版小说，考一个托福满分赢三顿饭。

"读书到什么程度？高中时没有空调，我拿床当桌子，一看好几个小时，几个同学看着我顺脑袋流汗。协和读书时，一个楼解决吃喝拉撒，我基本不出门，一周回一次家。"

但书呆子冯唐有女生缘，谈恋爱几乎没有空窗期，这情况和《万物生长》里的秋水很像。电影一出，网友发明了一个新词儿——杰克苏，顾名思义，玛丽苏的男版。"也没什么手段，那些女孩怎么就喜欢我呢，真纳闷。"冯唐假装不解。

学霸、前体制内高管成了最受文艺青年追捧的畅销书作家，每晚在微博上发着"今宵欢乐多"，冯唐简直要气死一批中老年文学创作者。

人红是非多，这时，他文艺青年的臭毛病就显露出来了。喜欢打嘴仗，造口业，专挑硬骨头啃，一句话让对方恼羞成怒，心里只剩一个字——爽。

文艺青年嘴上都不饶人，就像冯唐的好友罗永浩，当老师时嘴贱，卖个手机也隔三岔五得罪人，和同行轮番斗嘴。另一位资深文艺中年史航，在没有网络的时代，顶着大太阳骑车两小时，从城边到另一个城边，只为见到要见的人，冒着被打的风险说上一句刻薄话，亲眼看看对方愤怒却语塞的表情。

冯唐与知名周刊的前主编撕过，气得主编下令封杀他。他说"董桥的书要少读"，媒体翻译成"董桥的书不要读"。董桥退休，有人说"都是被冯唐气的"。别人吵架，看热闹就是了，冯唐偏要掺和，"金线说"一出，得罪一票人。"金线说"第二年，韩寒的新书《我所理解的世界》出版，封面上印着一条金线，"韩寒"二字和书名闪闪地立在金线之上。

他依然不会张口闭口谈政治，依然关心肚子上脂肪的涨幅情况，与书商狼狈为奸的同时，也愿意踏踏实实地读几本书。

"42 岁之后就不再撕了。"冯唐说，42 岁突然想通，撕来撕去太轻浮，该有点德高望重的样子了，吐槽和刻薄的话留到 70 岁之后再说，"如果能活到 70 岁"。

在拍过冯唐两次的摄影师眼中，今天的冯唐和一年前的冯唐相比，少了股劲儿，那股"不一定很好，但很年轻，很有力量"的牛劲儿。现在的冯唐似乎更平和了，对创作来讲，这是好事还是坏事，尚难定论。

好在，他依然不会张口闭口谈政治，依然关心肚子上脂肪的涨幅情况，与书商狼狈为奸的同时，也愿意踏踏实实地读几本书。

就像不太文艺的他对特别文艺的柴静说的："文艺有什么作用？至少能启人心，多有点美感，往天上一看，不光有太阳。这人一分心，独立性就能建立一些。"

这一年来，赋闲在家的冯唐不再陪领导吃饭，不再张口闭口地商业模型，也不用窝在会议室角落里码字儿。当年辞职，粉丝一片叫好。在他们眼中，这个看着蓝天喝着茶的冯唐更接近他们心中文艺男神的形象。况且，他还多了很多时间，可以全国各地签售，与"今宵欢乐多"的粉丝们讨论人生。

翻译泰戈尔的《飞鸟集》是冯唐辞职后爆出的第一件大事。一心想搞创作的冯唐被书商诱惑，对方开出每个字 10 元的超高稿费，贿赂他翻译诗集。冯唐觉得这事儿挺好，"每个字 10 元"是儿时的梦想，于是，答应下来。躲在美国翻译两个月，成了，却发现受骗了，"一共才八千字，哈哈哈"。

这上当受骗的八千字也让冯唐想起些美好的事，比如他在《翻译泰戈尔〈飞鸟集〉的二十七个刹那》中提到的："每个人，包括我，也有柔软的部分。我也喜欢早上下一阵小雨，也喜欢小男孩、小女孩紧紧拽着我的手去看他们想让我看的东西。"

在美国的半年，他每天跑步四十五分钟到一个小时，上午看书，中午累了就休息一会儿，下午继续看书，"主要是历史书，还有些关于古董和老物件的"。

回北京后，他的日程安排也尽量如此。尽管要分出时间应酬亲朋好友和商业伙伴，也要抽空招呼媒体。

为了对抗"红了"后的肿胀和欲望，他在重读《资治通鉴》，旧书新读，常读常新。

40 岁之后，冯唐有焦虑，也有若有若无的危机感。所以，他在 40 岁生日前两天写完《不二》，算作给自己不惑之年的生日礼物。他开始有计划地跑步，从 5 公里到 30 公里，直到跑完人生第一次马拉松。他也开始避免造口业，低调做人，高调码字。家庭也更多地被他挂在嘴边，陪彪悍的老妈吃饭成了重要的待办事宜。

最近，冯唐或许会做一件特别文艺的事。他会与主持人杨晨合作，贡献出《冯唐诗百首》，在北京和上海办两场演出。"极简的场地和灯光，用声音打动人，像回到小时候文艺男青年吟诗把妹的好时光。"

"演出名字叫什么？"

冯唐坏笑："淫诗会。"

文艺青年经济学原理
文艺就是生产力

文 / 邝新华

不要跟文艺青年谈钱，但跟文艺青年谈好了，很容易挣到钱。

文艺青年从来不认为自己是文艺青年，相反，他们认为自己是某个电影中的女一号，或者男一号。把自己变成电影中的男（女）一号，这是多少文艺青年的白日梦。抓住了这个需求，就能找到创业的爆点。

2015 年 3 月，当文艺青年杨柳踩到这个爆点时，"完全没有预料到"，全国文艺青年几乎把"足记"的服务器挤爆，整个公司处于"警戒状态"。"大片模式"是杀手应用，一个普通青年，可以将自己的照片设计成电影银幕上的场景，配上字幕及眼神，犹如戛纳获奖归来。3 月初，这种电影文艺范儿的图片刷爆了朋友圈，也把"足记"刷上了苹果应用商店免费榜首位。"大片模式"使"足记"

从用户不到 2 万变成日增长 50 万。

这是"足记"给文艺青年下的套:"没有故事的地点,终究是冰冷的。足记,带你了解脚下每一个地点的故事。"每一个地点都是有故事的,就像每一个文艺青年在看到孩子们在草坪上奔跑时,都感动得热泪盈眶:"多好啊!能和人类在一起!"

当文艺青年进入这种热泪盈眶的状态时,他们身上"理性经济人"的属性急剧下降。经济理性驱动力的缺失,使文艺青年群体在商业社会以及经济学行为中表现出与众不同的特征。

有人把这种无视经济理性的商业行为称为"逼格"。

文艺青年来创业,非理性行为必不可少。

近几年来在江湖中有名的文艺青年创业者不少:土豆网——现在是追光动画的王微,豆瓣网的阿北;牛博网——现在是锤子手机的罗永浩;3G 门户——现在是 700Bike 的张向东。他们的共同特点是:都没有成为马云。我们可以从创业者老罗的非理性行为中探讨文艺青年创业的特点。

在 2014 年 5 月 20 日,声势浩大的锤子 T1 手机在国家会议中心发布,无数文艺青年为了老罗的情怀而付款订购了即将在 7 月 8 日发售的锤子,却在那一天等来了一个延期发货的公告。两三个月的等待让很多文艺青年退款,锤子发生什么事了?

锤子科技负责内容营销的草威把一个纯白色的橡胶集线圈放在桌子上:"我也不清楚找了多少加工厂,才最终做出满意的成果,因为纯白色的最难做,一不小心出现一点小瑕疵,就没法要了。曾经有一度我们做 100 个集线器大概只能留下 20 个,良品率奇低。"草威说:"在我们去年最困难的时期,因为集线器一度拖慢了进度。如果放在别的厂商,可能早就发货了。但这家公司不会,以这家公司的性格,如果过不了自己这关,就不会拿出来。"

草威把他的锤子 T1 翻过来,指着那个圆形的凹陷 logo:"如果人工贴,以人眼的极限,这个圆会有正负 5 度的误差,我们为此买了 CCD 影像定位的机器,用机械手

罗永浩的锤子手机采用文青营销路线,连发布的宣传片都带有浓浓的匠人气息

进行高精度的定位，在工艺造价比普通的方法高很多。我们这个误差控制在 0.3
度以内。"

最近几年随着非文艺青年小米的崛起，手机跑分以及性价比成为很多网
络青年追逐的对手。老罗却反其道而行。先是把价格定在 3000 元，以高价格
藐视性价比，大有"价钱低了都不好意思卖"的姿态。老罗自称，T1 的用户
不是 × 丝。

故意弱化 T1 的跑分性能也是老罗的姿态。"别人可能能跑个三四万分，我
们可能就是五千分。我们故意做成一个劣化跑分的效果，这非常有这家公司的
风格，"草威解释说，"有手机厂商为跑分软件优化配置，他们在跑分的时候别
的什么也干不了，只能跑一个高分。而这家公司，拒绝做这样的事。"

江湖中人把老罗的这种性格总结为两个字——"情怀"。

"我们是一家有特殊气质的科技公司，有明确的价值观。"锤子科技市场总
监金燕记得，有一次老罗去了一趟 Google——当时 Google 还没退出中国，回公
司后很兴奋，"所有员工都恨不得坐在大沙发上办公，平均每三个人就有一个
按摩师，食堂都是五星级大厨，天天鸡鸭鱼肉，还鼓励员工打包，因为他们下
班晚，没有时间给另一半做饭。"金燕憧憬着锤子的未来，说："不作假、不作
恶。我们有精神洁癖和道德洁癖，不只是老罗一个人，整个公司基本上都是
这样。"

进入创业界，文艺青年干了不少歪曲经济学的新鲜事儿。

文艺创业者与普通创业者有何不同？一种是理性的经济动物，一种是感性
的文艺青年。普通创业者会考虑好市场需求、用户痛点、产品定位，天使融资
要多少钱、出让多少股份，A 轮融资要多少钱、出让多少股份……文艺创业者考
虑的是：我要用哪个生僻的书名来做我品牌的名字呢？

来自台湾的庄崧冽，1997 年从北京电影学院毕业后，满脑子只有电影梦。
为了这个电影梦，他还需要一个文艺的地方写剧本，于是开了一家咖啡馆，名
字来自一位苏联导演的自传书名——《雕刻时光》。几乎所有文艺女青年都有一
个咖啡馆，文艺青年的创业经常是浪漫而不切实际，雕刻时光创业初期就是这
样，庄崧冽四处兼职赚钱来维持咖啡馆的生存，一直坚持到雕刻时光成为文艺
青年的聚集地。文艺青年创业就没有成功的案例吗？也不尽然。

骨灰级女文青汤大风曾梦想着像三毛一样到遥远的地方流浪。2005年，大风与妹妹小风以1000元开了一家淘宝店卖印巴服饰。品牌名来自极生僻的台湾女作家简桢的散文《四月裂帛》。大风和小风为每款衣服取了名字、写了小诗，将日记本里的文字写进产品描述。文艺青年才懂文艺青年，多年以后，"裂帛"年销售过亿。

《成功营销》杂志记者谭爽这样梳理文艺青年的购买行为："文艺青年会花几百元买Moleskine牌便携笔记本，因为凡·高和海明威都是该品牌的用户……他们会因为村上春树对川久保玲立体剪裁的夸奖而购买Commedes Garcons牌的衣服。他们对匡威帆布鞋具有无限钟爱，因为欧美超过一半的知名摇滚乐队和乐手都穿过All Star系列上镜。甚至越来越多的文艺青年置办了Kindle阅读器，因为Kindle单一的功能适合文艺青年所钟爱的沉浸式阅读，也比功能一应俱全而逐渐披上浓厚庙会色彩的iPad更具有阅读的格调。"

文艺青年购买的不是需求，而是情怀。700Bike创始人张向东深谙这个道理。6月1日，700Bike推出盲订——不公布价格、不公布具体款式、不公布发布时间，7元钱可以拍下"优先购买权、70元购车优惠券，以及张向东骑行五大洲之后所写的再版《短暂飞行》"。款式不重要，发布时间不重要，价格就更不重要了，重要的是我有一辆700Bike。

张向东在一次访谈中说："我讨厌'文艺青年'这个词，因为'文艺青年'只是一个侧面，它代表不了我。现在网络上它好像是一个贬义词……其实文艺有点像'情怀'，但现在好像很多人因为它被用于营销就连带讥讽了。我觉得文艺青年更感性，更纯粹。"

只有一个纯粹的文艺青年才会推出盲订这么纯粹的营销手段。文艺青年从来都有购买人群，虽然不一定有购买力。在文艺青年的聚散地豆瓣上，在2008年有17000人的"经典国货"小组曾经孕育出全国范围的国货潮，人们争相以"穿海魂衫、回力鞋，用百雀羚、郁美净，吃大白兔、喝健力宝"为荣。

以讨好文艺青年为取向或者以文艺品牌自居，人们称为"逼格营销"。

逼格营销与无节操营销。

与逼格营销相对的，是无节操营销。草威很惊讶于最近很多手机友商的微信公众号"连娱乐事件都不放过"，"也就半小时，就会推出一个主题海报，比如前一阵的李晨和范冰冰"。草威说："实际上为了维护一个中高端品牌的形象，也出于我们本身的偏好，我们不太有兴趣做这样的事。"

草威是锤子科技第 56 号员工，他到锤子来时，T1 还没有发布，当时他的工作是打理锤子的官方微博："我接手那一天，我问老罗：什么东西能发？他说：最重要的一点，让这个企业给人一个非常体面的形象。"

"比如我举个例子，现在很多友商的企业官微经常是'也是醉了'、'duang'，对吧？"草威说起锤子的形象，"我从来没有说过任何一句网上流行语，我发了几百条微博，只打过一个叹号。"

对文字的偏执，是每一个文艺青年的共性，不管在创业的哪一个阶段。T1 有一次要给老用户发优惠码，草威在编写优惠码短信时，写上"感谢您对我们的支持和喜爱"，老罗一看，不对——他买了产品是"支持"，但他未必"喜爱"。普通用户可能一看而过，但文艺用户很可能会矫情。

"我们的人群是这个都市精英阶层或者白领里偏文艺的那一部分人。"草威说，"锤子这个品牌的特殊之处在于它用一个科技的品牌来讲人文的故事。这一项别的厂商根本无法模仿。"

"要卖一个产品，要给它配套地讲一个非常打动人的故事。我们又不谈配置，也不谈什么特殊功能，也不拍月亮，我们想打动别人，首先要做很多有情怀的事，这样我们才能卖情怀。我不排斥卖情怀这个说法，这个卖得好是很高级的营销。"

为了这种定位，锤子一直保持着高逼格营销。"到今天我们没有请过一个水军，没有买过一篇软文。在这个行业里，这本来是司空见惯的事情。"但在创业初期，这样的定位却让锤子陷于被动的地位，很多舆论有意无意地在给锤子出负面消息。但对锤子而言，这是"底线"，"不能越过"。

艰难地坚持这样的底线，只是为了保持逼格。作为一个有情怀的创业者，老罗相信文艺青年最终会拯救他的锤子。草威说："真正的文艺人群肯定是极少数，但在网络上，他们的声音一定是被放大的，因为这些文艺青年，他们擅长表达，而且乐于表达。苹果一开始也是在定位这个人群，你可能没有看到太多效果，因为我们卖得不好，因为产能问题。如果我们铺到百万量级，通过我们主打的文艺人群，你会感觉铺天盖地好像所有人都在用锤子。"

成也文艺，败也文艺。

相爱时海枯石烂，相恨时你死我活。左右着精英舆论的文艺青年们经常有意无意地把事情放大，甚至脱离理性的商业逻辑。

上个月文艺青年的头头——豆瓣网创始人阿北有点狼狈。在一片"阿北你给老婆打傻了！"的辱骂中，阿北不得不在5月20日傍晚刊登了一封致歉信，对豆瓣上的文艺青年说："以我为首的理工男们显然低估了豆邮在很多用户心里的情感价值，并且沟通得差强人意。抱歉过去两天里带给大家的折腾和伤害。"

这封信的标题是"继续豆邮"。缘起是5月17日豆瓣网将用了十年的"豆邮"更名为"私信"，引发大量豆瓣老用户的不满。当天晚上，9400名文艺青年参与了"还我豆邮！！！"的线上签名抗议活动，要求"私信"改回"豆邮"。

"已豆邮，莫辜负"曾经代表了中国文艺青年在豆瓣十年来的情怀，众多男女文艺青年通过豆邮互相勾搭，甚至成为夫妻。豆邮装载着无数文艺男女青年的欲望、冲动、青春以及爱情的回忆。

虽然，这仅仅是把"豆邮"这个名字改成"私信"，但并不影响任何功能。对文字的偏执是文艺青年主要特征。由于文艺青年的矫情，豆瓣每次改版都面临巨大压力，"我说"没了时被骂，拆分豆列时被骂，关闭阿尔法城时被骂，连顶部栏换个颜色也被骂……文艺青年强大的骂街能力最终让阿北不得不妥协。

有谁知道文艺青年难伺候？豆瓣网上的这一亿文艺青年，却是多少高逼格品牌想要到达的群体。文艺青年才最懂得文艺青年，文艺青年之间从来不谈钱，他们谈的是感情。一个文艺公司的崛起，往往因为它有一群有情怀的文艺青年用户；不过，一个文艺公司的衰落，也往往因为它有一个文艺青年的创始人。

真伪文艺青年批判

伪文艺青年：虚荣逆流成河

文 / 于青

　　曾有值夜班的北京电影记者田野闲着没事，瞎编了一部名为《即使变成甲壳虫卡夫卡还是进不去城堡》的电影，胡诌了一段剧情，用自己的生日当作 IMDB 编号，并将同事的英文名杜撰为演职员表，再以苏联导演帕拉杰诺夫那部《石榴的颜色》中的插画为蓝本弄了幅海报，扔进了豆瓣电影库。

　　这部莫须有的电影简介充斥着文艺界大咖之名："卡夫卡想去城里找小姐，不想却被加缪拦住去路。两人相约同行，但要先去找杜尚借点散碎银两，但杜尚在两周前被球形闪电击中，变成了量子状态。于是，卡夫卡、加缪和杜尚之间，发生了一系列云谲波诡的故事……"

　　一年之后，在这部电影的豆瓣主页上，看过这部电影的 207 人给出了 8.9 的平均分（满分 10 分），有人已经买到了实体 DVD，有人写下诸如"高潮触及感官，一浪接过一浪，不逊于昆汀"、"观后潸然泪下、泣不成声"、"上帝那个角色有点多余，其余完美"、"cult 片杰作！硬史新定义！"这样的影评，以及，近 2500 人表示想看。

　　一年后，没憋下去的原作者戳穿了自己的"恶作剧"，引来广大看热闹的"仿冒文青"纷纷仿照正规影评来写下深度长评，以期"勾引"更多伪文青来勾选"看过"并给出五星好评。虽然这部电影已被豆瓣删除，但它充分证明，广大伪文青不仅能把没看过当成看过，还能够为此激情澎湃、潸然泪下。

在伪文青和小清新这里，重要的是要有一个文艺的灵魂。

这场"钓鱼伪文青"的行为艺术过去没几年，2015年，伪文青又促成了轰轰烈烈的康夏卖书事件。

5月16日，一篇名为"带不走，所以卖掉我的1741本书"的卖书帖横扫朋友圈，主旨是即将奔赴纽约的书主康夏要以随机发送的方式卖掉这些"从西单图书大厦、在亚马逊、在当当、在三联、在万圣书园、在英国的水石书店、在北京曾经红极一时的第三极书店陆陆续续买来，搬运工一样从各地搬运到一起"的一千多本书。

关于这些书，康夏是这样描述的："你可能收到的书是：已经绝版的《纽伯瑞儿童文学金牌奖》系列、中信出版社金黄色皮儿未拆封的尼尔弗格森系列、中国连环画出版社1992年出的超厚大本《张乐平连环漫画集》、傅高义全新版的《邓小平时代》《大英博物馆世界简史》系列、定价298元全彩页的《泰晤士世界历史》《民主新论》以及其他亨廷顿的新书；全新的《华尔街日报是如何讲故事的》、中央编译出版社的《美联社新闻报道手册》；安兰德厚成狗的《阿特拉斯耸耸肩》、《荆棘鸟》、《杀死一只知更鸟》、乔纳森·弗兰岑的《自由》、杰克·凯鲁亚克的《镇与城》、翁贝托·艾柯的《傅科摆》；全新精装的《On the Road》，Mark Kitto 描写现代中国在国内办不到的《China Cuckoo》，以及很多很多很多在英国时买的狄更斯原版小说。"

简介写得非常美，所以康夏收到了77万买书款。如同赖月菁所分析，掏钱买书的包括以下几个类型：不读书的人、喜欢藏书的人，以及相信"有趣"的普通人。

在这其中，喜欢藏书以及相信"有趣"的普通人当然是被文案骗了，在得知真相后不会为康夏洗地。而不读书的人却并不会觉得被骗："因为不读书，所以没有阅读偏好，抽到《黄帝内经》跟抽到《高老头》都是一模一样的体验，这个体验叫作'我与书发生了关系'，这个发生关系的过程让他的灵魂震颤、汗毛倒立，甚至面色绯红宛如高潮，尤其这次'关系'是在不需要动脑的情况下发生。"

在广大"拥有爱书灵魂"的盲买晒单帖里，火眼金睛的网友发现，光晒《爱丽丝梦游奇境》的就有11单，更不要提那些收到《婚姻手册》《民国模范作文》、《羊在想马在做猪在收获》的那些"爱书的灵魂"。而在当初那篇红遍朋友圈的卖书帖中，康夏是这么保证的："每一本书，都是我喜欢过、狂热地爱过，或至少曾经为之动心过的，你收到的书籍里，绝对不会有《养生一百问》、《马云励志语录集》、《两性关系指南》、教科书这一类潦草敷衍的书。"

所以，他十分贴心地寄出了《百家讲坛易中天》。

后来的事情大家都知道了，康夏承认，在 77 万"巨款"面前，他没有选择退款，而是买了 6000 多本便宜书寄出。尽管如此，依然有广大"被感动的人"在为他洗地，"他们说'读书是一件非常简单的事情'，'请不要对读书这个行为横加指责'，她（他）们捧着《爱丽丝》《伊莲》《婚姻手册》疾呼'我相信康老师的初心'"。

值得注意的是，康老师败露之后最主力的维护者，与掏钱买书的是同一个群体："这些愉悦的文盲"——这些不看书却特别爱书的伪文青。

电影究竟是什么样的电影、书籍究竟是什么样的书籍，在伪文青和小清新这里都不算重要。重要的是，要有一个文艺的灵魂。

伪文青并非我国特产，他们存在于世界的每一个角落。所以，吐槽伪文青成为世界各地青年的一大乐事。

伪文青并非我国特产，他们存在于世界的每一个角落。如果老一辈伪文青都将《欲望都市》中的凯瑞奉为圣经，那么新一辈伪文青可能有了一位新的参照人物——《衰姐们》的女主角——汉娜。

汉娜是这么个女子：她身材微胖，相貌平平，资历颇浅，梦想却总是在发光。她从位于俄亥俄州的欧柏林学院毕业后，怀揣着"经历生活成为作家"的愿望来到纽约，成为一名两年都在做白工的实习生。在父母终于决定停止对她的经济援助之后，她去找领导要求转正未果，去找炮友寻求安慰未果，转而与朋友聚会大诉苦水，将她满身丰沛的情绪抛洒到了全世界——在这么多可以用来追求梦想的时间里，她唯一没有做的事情，是勤勤恳恳坐在电脑前码字。

而与《午夜巴黎》中那位"掉书袋先生"保罗所对应的，是另一种"伪文青"——arty，artsy，以及 artsy-fartsy（附庸风雅者以及假装艺术家）。这位掉书袋先生看似什么都知道，却在空洞无物的同时错误百出。但这并不妨碍他征服男主角那位肤浅的未婚妻、讨厌法国的共和党岳父、总惦记着"一分价钱一分货"的实用主义岳母。掉书袋先生这群拥趸的共同特点是：他们并不关心各类艺术形式，更不想浪费时间沉浸于文艺生活，所以他们非常喜欢被人科普。

与掉书袋先生类似的虚构角色还包括：《阳光小美女》中自称为"美国最好的普鲁斯特研究学者"的舅舅、《爱在罗马》中除了飙名人名句就不知道怎么聊天的莫妮卡、《赛末点》中以文艺武装自己踏入上流社会的心机凤凰男威尔顿……这些角色的共同之处在于，记住每位名家的代表句式，并特别容易陷入爱情。他们爱巴黎，爱纽约，读个前言就对普鲁斯特陷入爱河，看一幅画就能爱上杜尚，爱互相看不惯的福克纳与海明威，还特别爱"看不懂但很厉害"的马克·罗斯科。

当然，吐槽伪文青也是世界各地青年的一大乐事。《破产姐妹》中每一集都没忘了拿什么都不干天天四处晃悠的"Hipter"开刀——在俚语在线词典（Urban Dictionary）中，Hipster 被定义为现代版 Hippie，是一群"听着你没听说过的乐队、套着件讽刺 T 恤，并认为自己强过所有人的人"、"聪明到能够天天讨论哲学、音乐、政治、艺术，却从不吸收它们的人"、"喝廉价啤酒、抽国产烟、听独立摇滚、不论男女都穿紧腿裤、对外声称自己是电影控和文学控、私下不停Google 冯内古特和法国新浪潮电影的人"、"情绪大过天、为了酷而酷的人"。

伪文青代言人安妮宝贝说了："我愿意看到一些能让我眼眶湿润的文字。只是看到的不太多。所以我自己写。"

能获得伪文青与小清新的欣赏，最重要的必须是"眼眶湿润"。而能让他们眼眶湿润的确实不多，所以他们只好不断地以各种文艺的方式挥洒那些无处安放的情绪。他们能把叛逆的杜拉斯、先锋的乔治·桑、多思的伍尔芙全部变成"为爱而活的女子"，能把流行乐队五月天、苏打绿视为"摇滚第一天团"、"放飞梦想的独立音乐人"，能在王家卫与岩井俊二的影评页面上写酸溜溜的个人日记，能日复一日、年复一年地热爱一切形式的文艺，并做到永远不深入、不理解、不提升、不思考，用最肤浅的热爱，产出最令人厌烦的酸腔酸调。

所以我们丝毫不会奇怪，为什么会有一款名叫 Hipster Smackdown（《踢飞伪文青》）的游戏。这款游戏的宗旨就是让人像踢足球那样，在一脚踢飞伪文青后，不停地让他撞上垃圾桶、路障、汽车顶盖，甚至可以不畏电压，借力红绿灯、高压电线继续往天上飞，有多远飞多远，直到被不断踢飞至终点线。

在为康夏辩护的诸多言论中，有一条大意如此："很多情况下我们买书不为看，而是为了丰富书柜、展现我们对书的热爱。"在伪文青的世界观里，"展示"比"理解"更重要。在他们这里，文艺是一种能够提升自我感觉的"谈资"，一种可以逃避现实的"远方梦想"，一种能够"高雅"地自我陶醉的外壳，一个可以到处宣扬"我混得不一定好，但我起码不世俗"的硬性基础——难怪《魔鬼代言人》中的撒旦会这么说："虚荣，我最喜欢的原罪。"

我们可以想象这么一个场景：文艺青年捧着本《喧哗与骚动》，因为沉浸于阅读与思考之中而无暇刷新社交网络；伪文艺青年和小清新捧着本《荒原》自拍，液化，滤镜，发至所有注册过的社交网络，再加条感人至深的 Tag——# 就算是最残忍的四月，也杀不死一颗爱书的灵魂 #。

保卫文艺青年

文 / 张丁歌

世道变好能从保卫文艺青年开始吗？

文艺青年坚守情怀与理想，对粗鄙与平庸有近乎本能的警觉。他们不惜"不切实际"，用审美、趣味与文艺精神，抵消生活中的"过于实际"。

保罗·奥斯特的《Hand to Mouth》是一部"文青"自传，揭露自己还没当上作家、长久处于落魄文艺青年的状态。台版译成《失意录》，有点佩索阿《惶然录》的味道。大陆版译成《穷途，墨路》。奥斯特回忆自己文艺青年四处接稿时的窘境——"我不得不为生存而手忙脚乱……我不是在工作，就是在寻找工作的路上……那是一段手停口停的生活。"也有人则索性译成《糊口度日》。

"30 岁上下的那几年，我碰到的每件事都以失败告终，那段日子我熬得很苦。婚姻以离婚告终，写作一败涂地，钱方面也捉襟见肘。我可不是在说偶尔的亏空或是勒紧腰带撑一阵子就行，我说的是持续的穷困潦倒，缺钱缺到无以为继，让人胸闷气短，这毒害了我的灵魂，令我在无穷无尽的惊惶中难以自拔。谁也怨不得，只能怪我自己。"

2014 年 4 月 18 日，扬州大学文学院的大学生们通过"快闪"方式，打出"文学的世界里永远有你"的标语，以此怀念逝去魔幻现实主义文学大师马尔克斯。(插图／东方 IC)

如果不是事先知道作者，多半会让人以为这是网上哪位文艺青年的日记。若没有作家后来一部部作品的问世，那些取笑的声音恐怕理直气壮：一个穷文艺的 loser。这才是世道的可怕之处——即便要文艺，你也要文艺得"成功"。

不仅要保卫年轻的"保罗·奥斯特们"，也要像期待他们的杰作一样，允许他们失意、惶然、挫败甚至"穷文艺"。

文艺对世道有多重要？用布罗茨基的话说：艺术，其中包括文学，并非人类发展的副产品，而恰恰相反，人类才是艺术的副产品。

（插图—翟砚军）

烂片的狂欢——关于电影，关于审美，关于生活

这是一个充满烂片的时代，烂片正与爆米花一起，随意拨弄着观众的兴奋点。

划拉一个剧本，找一位大导演，攒几个高颜值的演员，砸上至少3000万的投资，再用一半的钱铺天盖地地炒作，票房过亿便不在话下。烂片已然成为粗鄙的审丑狂欢。

中国电影界已经不需要下功夫拍精品，既然烂成渣都有人愿意掏钱，几年磨一剑岂不是犯傻？

许多人明知是烂片仍要跳火坑，他们就是为了在生活压力下得到一次吐槽的机会——"瞧，这片多烂，你千万别去。"然后，面对旁人，扬扬得意。

我们不知道是在消费烂片，还是被烂片消费，它是我们生活中的牛皮癣，无法摆脱。

烂片不仅是我们生活的一部分，它在某种程度上甚至就是我们生活本身。那些空洞的对白，你我天天在说；那些撕逼情节，你我天天经历；那些拙劣的演技，你我天天表演。烂片烂生活，谁也躲不开。

但是，没有谁愿意这样忍受下去。找出鉴定烂片的法门，剖析烂片的商业秘密，展现观众的麻木与愚蠢，借此提醒所有人：逃离烂片，就是逃离烂生活。

2015 年风起云涌的烂片潮
时代的审丑狂欢
文 / 宋彦

　　有时，我会有这样的冲动：躲在电影院的角落里，看看谁为那些烂片埋单。这件事本身就是一个悖论。就像那个替考的某媒体记者，我们都站在上帝视角，一不小心成了罪人。

　　几年前，去电影院看烂片的欲望并不强烈。我也曾对院线电影嗤之以鼻，坐在书桌前，左手翻着影史书，右手勾画着那些伟大的电影，列出一个长长的观影清单。每画掉一部电影都身心愉悦。我还依稀记得那些看完《美国丽人》《女人韵事》《小鞋子》的夜晚，还有《立春》《小武》和《看上去很美》，那真是很多个《阳光灿烂的日子》。

　　但这两年，走进电影院偷窥的欲望越发强烈，强烈到会放下手头的工作，看点映场、媒体场、首映场，从片头广告到片尾字幕，每一个细节都不愿错过。回忆起来，病情达到此种程度还是从 2011 年开始的。那一年，《画壁》和《白蛇传说》上演烂片之王争夺战，制片方和宣传方雇用水军拆对方的台，也伪装敌人，拆自己的台。

　　"谁更烂？"太多人被这个问题困扰，纷纷走进电影院寻找答案，我也不幸中招。商业电影圈有个段子，几年后，《画壁》和《白蛇传说》的宣传方负责人在某个场合相遇，两人相视一笑，意味深长地说："幸亏有你。"

　　他们一定不知道，在他们联手把彼此送上"烂片"神坛的过程中，许多电影爱好者染上了看烂片的毛病。更可怕的是，刚开始时，看烂片是为了嘲讽、起哄，慢慢地，审丑成了一种习惯，一种扭曲的娱乐嗜好。如果有人为"中国烂片"作史，这场《画壁》《白蛇传说》大撕将是烂片史上不可忽视的一笔。

烂片通常更利于打发时间和满足猎奇。

2014 年，中国大陆院线共上映 388 部电影，总票房 375 亿美元。多数票房过亿的电影都被扣上了烂片的帽子——国产片、进口片都是如此。老实说，在所有中国制造的长片电影中，能进院线的都还算勉强能看，院线片质量基本代表了华语电影业的最高水准。所以，我们还偶尔能看到《白日焰火》《一代宗师》和《捉妖记》的成功。票房和口碑双赢的作品，在国内院线片里并不太多。

更多时候，我们看到的是《推拿》式的无奈和《小时代》式的狂欢。

这两年，在大片的引进上，我们的品位也越来越差。是否有中国场景和中国植入广告似乎成了引进片的一大标准。从《极品飞车》《环太平洋》到《明日世界》，最近几部在北美市场遭遇滑铁卢的好莱坞影片都在中国市场捞回本钱，中国市场几乎成了好莱坞烂片的救世主。

美国网友甚至在互联网上提起抗议，他们认为，中国人的坏品位会助长好莱坞拍摄烂片的底气。

观众并非没有审美品位，只是当他们想看看特效和醉人的武打场面时，这些剧情烂到家的好莱坞电影是他们为数不多的选择。难道，要让他们去看华语大制作《天机·富春山居图》（虽然，他们的确看了）？

比电影审查更难过的关恰恰是看似公平的市场竞争。烂片用占总成本 50%以上的宣发资金抢尽微博头条和院线排片，二三线城市要赶早跑去电影院，或者买上一张 120 块的 VIP 票才能看上《闯入者》和《念念》，但只要花上九块九就能买到一张《小时代》的电影票，有时还附送爆米花和矿泉水。

今年的保护月，《小时代》和《栀子花开》先后上映。我花了九块九买到一张《小时代》的电影票，满场的影院里尽是结伴而来的小女孩，她们自备面巾纸，在每一个煽情桥段乖乖地掉眼泪。听着满场的抽泣声和鼻涕声，有那么一刻你会怀疑自己：我是不是跟不上这个时代的审美风向了？

和《小时代》不同，《栀子花开》媒体场代表了另一种烂片审美趣味。这部死了三个人的残酷青春片活生生被看成了喜剧片。那些男孩女孩间的深情告白引起一阵阵坏笑，男主和男配激情四射，每每交换眼神都能赢得喝彩，电影结束后，全场起立鼓掌。

"真烂啊，真有意思。"这句评价很真实，然而，细思恐极。

当我们走出电影院，烂片依然无处不在。优酷、土豆、爱奇艺……它们用低廉的成本购买到华语片播放权，你只要每月花上二十几块钱，就能坐拥数不尽的烂片资源。

在朋友圈做了一个小调查，很多人选择观看华语片来打发掉吃饭、刷牙和等专车的闲散时间。

在那些对电影充满敬意的影迷心中，看电影是一件神圣的事。即便是对着电脑看非法下载影片，他们也要恭恭敬敬。

吃饭时不能看严肃电影，这是多数人的习惯。这时，一部"听说很久了的"烂片就是最好的选择。它们不值得被恭恭敬敬地观看，却又有足够的吸引力，让你想把那些网上的讨论一一核实。这时，低成本的视频网站就足以满足猎奇者的全部诉求。

更何况，还有吐槽者的天堂——弹幕。粗糙和怪品位是弹幕的灵魂。和那些好电影相比，烂片和神片更合弹幕爱好者的口味。粗糙才有槽点，剧情有漏洞才有脑补的空间。他们不仅欣赏烂片，更善于在烂片的基础上再创造。在那些满屏的吐槽字幕中，总有经典评论飘过。弹幕改变了大众的观看方式，一部分人的观影诉求从"好看"转向了"好玩"，"好看"是有技术和艺术指标的，"好玩"要看怎么玩，而非玩的是什么。

弹幕版电影是一切烂片的救世主。就像某些电影已经开始尝试的那样，当有一天，我们坐在影院里，可以对着大银幕发送"×××，我爱你"，烂片还是好片，它们之间并无差别。

尽管华语烂片的烂是普遍的，但还是能烂出多种类型，满足不同受众的观影需求。

大牌监制、新晋导演、小鲜肉主角，这是圈钱款烂片的标配。去年，因为采访而结识了某电影圈业内人士。在业内，他因善于商业操作而出名，近期也在筹划自己的电影。请到了重量级制作人和监制，让他们帮忙拉来小鲜肉演员，"稳赚不赔"。

有些老牌导演也是烂片的活招牌。《匆匆那年》成本 4000 万，票房 5.8 亿。《将爱情进行到底》成本 3000 万，票房 2.04 亿。张一白每年拍摄一部电影，贺岁片卖座时拍贺岁片，青春片卖座时拍青春片。什么赚钱拍什么，怎么讨好怎么来。

从文艺片转向商业片的徐静蕾也是烂片的代言人。《杜拉拉升职记》系列让她证明，自己不仅能 hold 住前男友，还是会赚钱的文艺女青年。

电影《有一个地方只有我们知道》唯一的作用就是宣传了捷克和布拉格。一位无存款无申根签证史的朋友要去捷克旅游，签证官问她："你知道那部在布拉格拍摄的电影吗？"她说："《有一个地方只有我们知道》。"签证官一刻不犹豫地发了 pass 卡。

美国有"烂片之王"艾德·伍德，华语电影有"烂喜剧之王"王晶。和其他状态欠稳定的大导演相比，王晶的几十年如一日地坚持烂品位，倒也风格鲜明。《澳门风云》在电影网站上的评分都在 6 分以下，却创造了超过 15 亿的票房。当"烂"成为一种风格，它的市场前景就还是光明的。

"青春片"和"恐怖片"是国产烂片的重灾区。霸道总裁总会爱上灰姑娘，高穷帅男友总要抛弃美人去追美国梦，自行车、摩托车、小汽车，几部"青春片"放在一起就是一部交通安全教育片，全中国的大学生都不会用阿杜和小冈，三天两头给医生添麻烦。

早恋、堕胎、死人、出国是国产"青春片"的标配。网友为这几年红极一时的"青春片"做了树状图，竟没有一部影片能逃出这模板式的四大情节。

"青春片"鼻祖、电影《蓝色大门》的导演易智言曾说，现在的青春片，要么只关注极端的青春个案，要么造一个乌托邦，让观影者在 120 分钟里尽情意淫。

国产"恐怖片"还停留在一惊一乍吓人的阶段。这是最容易被媒体和网友忽略的类型，《笔仙惊魂》拍到了第三部，《孤岛惊魂》出了两部，《京城 81 号》之后，北京四大凶宅（湖广会馆、小石虎胡同 33 号、朝阳门内大街 81 号、西安门礼王府）有三个已经被拍成恐怖片。国产恐怖片属于闷声发小财类型，市场虽小，但受众极其稳定。

"大电影"也是必须警惕的类型。《爸爸去哪儿》（大电影）之后，品牌真人秀节目每年都要出一部圈钱电影，电影基本是真人秀节目的加长版，按片比来说，电影成本甚至低于节目成本。

有些烂片不太好鉴定。在这个电影圈乱象丛生的年代，说不定哪天就有人晚节不保，亲手砸掉自己的招牌。

顾长卫就这么做了。电影《微爱》之前，他是为数不多的，第五代导演中没有烂片代表作的人，柏林电影节银熊奖作品《孔雀》至今还是华语电影的标杆。

面对市场的诱惑，顾长卫还是妥协了，一部《微爱》，虽然还是他擅长的探讨梦想与现实的主题，但从电影名、电影海报、演员到剧情内容，没有一处不是在讨好年轻人。

在《小时代》和《栀子花开》两部标准烂片的夹击下，陈凯歌的《道士下山》终于上映。和"想明白了"的顾长卫不同，陈凯歌的烂是堂吉诃德式的。《道士下山》依然充斥着《无极》一样实际浅显却故弄玄虚的大道理。影片里塞进了喜剧桥段，却很少有人抓得到笑点。《道士下山》远远算不上烂片，只是有一种不合时宜的严肃，因而显得滑稽好笑。《道士下山》如此，陈凯歌本人亦是如此。

演技不重要，鲜嫩很重要；专业不重要，名气很重要；拍电影不重要，卖电影很重要；深刻不受欢迎，粗鄙才有的玩。别揭穿现实，请送我一碗鸡汤。

"这是一个影像的时代、试听的时代、机械复制的时代、灵光消逝的时代。"90 年前，本雅明已经预言了这个审丑的时代。

烂片九段论

文／作业本（独立影评网站 ZNTA 创办人）

一位面对正常观众的好导演不用去懂什么"粉丝定制"，不需要知道什么"互联网思维"，不必研究大数据，不必玩了命讨好观众……他什么都不用，只拍好电影就可以了。

我大概看了一千部的电影，在这一千部电影里面，至少一半属于烂片。对烂片的定义很简单粗暴：看的过程就像在吃方便面，看完之后，哦，还真是方便面。

坦白讲，2013 年至 2015 年，我必须承认，我看的所有国产电影 99% 以上都是烂片，然而那 1% 也难以记起。

不容反驳地说，香港与内地制造烂片的速度令人瞠目结舌，《澳门风云》《小时代》《天机·富春山居图》《西游记之大闹天宫》……在敲下这些电影名字以后，我仍然会感到深深的绝望，因为这些烂片是如此让人难以忘记，想忘都忘不掉，随时可以想起……这就是烂片给的最大恩赐。

但有这样一种论调也让人无法反驳："我知道它是部烂片，但你知道剧组为此付出了多少努力吗？导演夜以继日通宵熬夜不眠不休地写剧本，演员汗流浃背每天只睡几个小时拼了命地表演，剧组人员每天吃着盒饭在寒风中在烈日下付出自己的汗水，一个 3 秒的镜头拍了 30 多遍……"

怎么反驳呢？无法反驳。

有些人的内心随时可以波涛翻滚如海啸般喷薄出滔天巨浪，然而这巨浪翻来覆去只有三句话：

你知道烂片你还看？有病吗？

你为什么要看烂片呢？求你看了吗？

你有什么资格批评烂片呢？有本事拍个不烂的啊！

我家的空调会制冷，我不会，难道我要去学会制冷吗？

好像只要拼命付出的就不是烂片，好像一个 3 秒镜头拍 300 遍就不是烂片……啊，多么痛的领悟，原来世界已经是这个样子了，烂片不仅有理，还可以理直气壮地享受理所当然的庇护。

Ⅱ

前几天有人问，陈凯歌与李安之间到底差了多远？很多人分析了很多，但是没击中要害。

李安与陈凯歌之间最大的区别是观众与市场。

李安面对的是正常的市场与正常的观众，陈凯歌面对的是变异的市场与变态的观众。李安只需要埋头创作就行了，他不用去懂什么"粉丝定制"，不需要知道什么"互联网思维"，不必研究大数据，不必玩了命讨好观众，不必拼了命做宣传，不用在网上拼命炒……他什么都不用，只拍好电影就可以了。

陈凯歌就不行了，他得搞懂什么是社交网络，于是有了《搜索》。他得研究粉丝喜欢什么，于是有了《无极》。他得读懂什么是大数据，他得搞明白什么是网推，于是在《道士下山》前有了那一封尴尬的导演信。

最重要的是，李安面对的是正常观众，陈凯歌面对的是不正常的观众。

好东西一定可以卖个好价钱，但是垃圾有时候也能卖出天价，比如《分手大师》与《小时代》系列，那简直是太多了，多到你都不好意思仔细说这件事。

Ⅲ

啊，跑题了，跑得太远了，真正的好电影会让人获得极大满足，这种满足类似意犹未尽，感叹时间之短，恨不得请导演编剧吃龙虾……而烂片也会给人一种前所未有的满足感，当你看完之后，你会到各种社交媒体上发泄不满，当你发泄完毕，你会神奇地发现，咦，我好像没那么生气了，我的痛苦好像缓解了，也没那么焦虑了……我是不是应该感谢烂片制造者？

这种满足感是纯黑色的，因为你发泄了情绪，减轻了压力，甚至还有一点舒服。

于是，观众市场诞生了一批神奇观影群：只要发现一部烂片，马上带着报复性心理走进电影院。为什么呢？因为又可以淋漓尽致地大骂特骂了。所谓爱情的烦恼、工作的烦躁、生活的乱糟，都会随着这一部烂片而宣泄出去，所以，看烂片也可以称为：精神排毒。

Ⅳ

一定程度上，烂片也是我们"宠"出来的。

我有时候会隐约担心，如果有一天，我国电影全部走向好莱坞水准，烂片大量减少的话，这该怎么办？

我们该去哪里寻找喷靶？所以，我常常会走进电影院，在我明知道是烂片的情况下，仍然会买票去看，我只想用微弱的力量支持它们一下，为票房做出贡献，尽管这贡献是微弱的，是渺小的，而这不是为了我能喷对要害，是我不想它们消失太早，毕竟，如果生活失去烂片，那精神将会多么无聊！

所以有人建议要对烂片实行保护性措施，比如我建议它们可以一直这样拍下去。

V

大部分观众去电影院是为了消遣时间，那还有什么审美可言。

即使电影是一门严肃的工业艺术，也被狠狠忽略掉了，当"有颜值就行！我就是为了乐和一下！"这些论调大行其道时，那些按照工业水准制造电影的人反而成了土鳖。

这直接撕裂了电影票房与电影质量的关系，只追求高票房，不追求高质量，生动地说，比如大量青春片，都是随便扒拉出一个剧本，再找一群所谓高颜值演员，拍一个没有剧情没有故事的电影，给他们的粉丝拼命下药，机械重复般告诉他们：这是你的青春，这是你的人生，这是你无法回避的过去！声嘶力竭地喊给他们听，再把营销费用花得比拍摄成本还高，就会不断获得高票房。

在这种情况下，即使你用尽了所有本事拍了一个在工业标准线上的电影，但是因为没有当红演员，没有营销费用，你不懂炒作，票房很低。那么，如果你是投资人，你会怎么做呢？你也会去投烂片。为什么呢？烂片赚钱啊！

VI

于是越来越多的人争相去给黄澄澄的翔穿上鲜美外衣，层层包装之后，告诉大家：这是巧克力。

于是很多人就去买来吃了，在购买的过程中，还会发生一票难求的情况，等吃了之后，他们大呼过瘾，这时候，如果你告诉他们不要吃屎，他们会喷死你，喷死你的原因很简单："我乐意吃翔，你管得着吗？你知道什么叫自由吗？自由就是我想吃什么就吃什么。"

吃完也没什么异常，不会死，不会瘦，也不会增肥，俗称"人畜无害"，于是越来越多的人都去给翔穿上普拉达，穿上迪奥，穿上路易·威登……哇，这个翔不错哎，真的很好哦，你看，它用的是爱马仕的杯子哦！

这就是资本市场狂烈注入电影市场后，烂片更加横行的原因。

制作人丧失了奋斗之心，大数据、粉丝定制、互联网思维、IP……这些形而上的玩意成为带路党，直接将制作人带入了另外一种境地："有粉丝就行，就是拍给粉丝看的！""不用顾及电影爱好者的喜好程度！记住是谁在给我们掏钱！""没有 IP 就没有票房保障！"

所以，在他们眼里，主流观众不再是 60 后、70 后、80 后，他们认为 00 后与后期 90 后才是主流，认为二三线才是主流，认为他们人傻钱多，认为他们没有审美，是 3D 就给他们上，有颜值就给他们上，谁火了让谁上，至于是不是符合剧本人物性格设置……怎么，你觉得他们的剧本里还有人物性格？

这也是前面提到的，陈凯歌面对的大部分观众。

Ⅶ

但是，这些主流观众明明掉进了粪坑为什么还以为自己是在赶赴盛宴吃的是饕餮大餐呢？

因为他们还不具备审美能力，也不具备淘汰能力，可能三观还没有建立健全，就是对事物观察不走心啊。

聪明人不用看就知道是翔，正常人打开包装一看，发现是翔，就扔掉了。他们与众不同，比较着急，甚至来不及打开就一口吞了下去，就像封建社会的弄臣一样，皇帝手一指：吃！弄臣们就像发生踩踏事故一样着急忙慌地冲过去，群起而食之，即使他们的鼻子已经忍受不了，但是仍然高声呼喊：啊！我吃到了！

还像黑社会小弟，大哥一声令下：砍死他！小弟就一窝蜂冲上去，而不论这个人该不该死。

一句话可以概括：他们还没吃过好吃的。要给他们时间，等他们吃腻了以后，会忽然发现，原来还有打分在 7 分以上的电影！原来还有大师！原来我以前吃的是屎！

Ⅷ

为什么要制造烂片？
因为挣你们聪明人的钱与正常人的钱实在是太难了。
难到什么程度呢？
难到直接放弃你们了，直接不把你们当作主流观众了。
为什么要放弃我们啊？
因为你们不好忽悠啊，因为你们是正常人了啊，因为你们知道什么是好东西啊。

挣我们正常人的钱不更好吗？

那你们能买翔吗？

看了上面这段简单对话，你有什么感想？大家都不傻，都在玩金钱游戏。

IX

这是个游戏，以前烂片是搅局者，现在好片是搅局者，这是一个你比我烂，我就要比你更烂的时代，俗称大时代。

但要在大时代成为烂片也是有门槛的：

第一，必须大成本。

怎么也得 3000 万起吧，但不能超过 2 亿。为什么呢？小成本的玩意连成为烂片的资格都没有，因为没人看，根本无人关心烂不烂。

为什么要制作成本不能超过 2 亿？按照票房分成的话，人虽然傻，但也是有限的。没有 3000 万就做不到第二步。

第二，演员必须有知名度。

至少得有一个有号召力的当红明星，没知名度只有演技是不行的，演技是不重要的，而且是根本就不重要的，只要长得帅，长得美，有颜有腿就没问题。

清朝的角色都可以留着当代人的发型，民国的角色也可以用手机，都没问题，只要有号召力，微博转发量十万起步，走出机场百人接机……有号召力才有忽悠力，没忽悠力就没票房。

第三，必须要有个烂剧本。

要超越智商底线，做到无下限，怎么傻怎么来，比弱智更傻，比脑残更残，在不知所云的基础上深刻加工，力争做到不可思议。

烂片也不是人人都可以生产的，它也是有尊严的，不能对其指手画脚……来，我问你三个问题：

你知道烂片你还看？有病吗？

你为什么要看烂片呢？求你看了吗？

你有什么资格批评烂片呢？有本事拍个不烂的啊！

没有灵魂，缺乏最基本的技术水准

这样的电影，就叫烂片

文 / 周黎明（知名影评人）

定义烂片并没有我们想象的那么简单。如果以制作的粗制滥造作为主要标准，可以说，中国电影正在远离烂片，因为科技的进步，使得之前昂贵的设备变得越来越没有门槛，你只要稍微有点钱，工作人员稍微有点训练，便能拍出曝光足够、对焦准确的镜头。如果你钱多的话，制作水准是完全可以保证的——除非剧组贪心地把最必要的资金都挪进自己腰包里了。

近年被视为烂片的国产电影，纯粹从技术角度（即英文的 production value）来讲都是合格的，有些甚至极端华美。这也给一些人造成了概念的混乱，总觉得画面美轮美奂的影片显然是精心构图、认真拍摄的，怎么可能是烂片呢？当作明信片看也赏心悦目呀。

如果一部影片既没有表达，也没有最基本的技术水准，那应该是最彻底的烂片。

三五十年前，即便拍摄 B 片也需要一大笔资金，非一般人所能承担，而且拍出来的效果远不如眼下的手机视频。公认的"烂片之王"艾德·伍德便是那个时代的产物。他热爱电影，但囊中羞涩，可他偏偏要拍资金技术门槛颇高的科幻片，于是就有了"史上最大烂片"称号的《外太空第九号计划》（Plan 9 From Outer Space）。

这部 1959 年的作品多数影迷仅听说过，但未必看过，蒂姆·波顿的传记片《艾德·伍德》展现了该片的一些奇葩细节，比如演员开门时，墙是晃动的（注：此处没有地震）；此外，那个纸做的飞碟你完全能看出是纸做的……

但，这是一部烂到好看的影片。观众通过银幕上极为粗糙的服化道、相当业余的表演，感受到编导癞蛤蟆想吃天鹅肉的强烈反差，由此产生的荒诞（尽管不是影片的原意）给人带来一种特殊的体验，其中包括优越感，如同看到一个小丑在扮演盖世英豪。

艾德·伍德的其他作品也有这种特色，我印象深刻的有1953年的《忽男忽女》（Glen or Glenda），从立意到表达都颇为有趣（伍德有异装癖，对性别转换表现出强烈的好奇），当然制作粗糙不堪。如果伍德在作品中表现出一定的自嘲精神，那些缺陷说不定会被理解为刻意的设计，他的档次也就会被抬高几分。

如果一部影片既没有表达，也没有最基本的技术水准，那应该是最彻底的烂片。这样的影片肯定有，但一般很难进入公众的视野，因为很难通过层层把关，即便在人人能上传到网的今天，也不会有人关注。像艾德·伍德那样的烂片，现如今多半会停留在学生作业的层面，最多也就是个自娱自乐的东西，根本没有机会升级到烂片的地位。

大多数语境下的烂片，不是绝对意义上的烂片，而是把影响力考虑在内。换言之，无名小卒拍的烂片最多应该引起拍摄者老师的注意，而明星领衔、预算充足、票房可观的烂片才应是人人喊打的过街老鼠。

一个故事有没有灵魂可能是判断是否为烂片的主要指标，至少是重要指标。没有灵魂的影片，看的时候再爽，看完仍觉空洞。

纵观好莱坞的金酸莓奖，有些是票房赢家，比如，获提名者包括1986年的票房冠军《绝世天劫》，还有中国票房飘红的《变形金刚》第三部和第四部，以及《超级战舰》；有些即便票房失利，至少星光灿烂，不可一世。这些影片从灯光、舞美、音效等角度看，及格都是没问题的，但它们有一个共同特点，就是没有达到本应达到的标准。注意，这个标准不是成为经典，而是商业片的最低门槛，即及格水平。所以，烂片与否跟卖座与否完全无关，如果卖座的都是佳片（即便对商业片而言），那么，金酸莓评委便该自惭形秽了。

能获得那么高的票房，可见作为投资项目它们绝对不算失败，甚至，很多烂片让人觉得颇爽。是的，爽也不是评判一部影片是否为烂片的主要标准，因为主流影片不像毛片，爽之外还需要提供其他的刺激，包括情感和思想。

金酸莓的评委并不是佯装高雅的文青，他们都是好莱坞从业人员，对于商业片毫无偏见，甚至偏袒商业片。一部影片能娱乐大众，绝对是一件好事，但娱乐的手法有高有低，评选烂片是专找那些手法低劣的作品。

搁在当下中国，有人会辩护说"我这压根不是作品，而是产品"，言下之意，这部影片只需对投资人负责，只要赚钱就是好片。每当我听到这样的辩护，便不再言语，在我看来，这是最大的自贬，却毫无自嘲的幽默感。你自己都全盘否定了你这部影片的文化属性，我还有什么必要坚持用这个标准来衡量它？这就好比跟一个完全放弃自尊的人谈论人的尊严，会显得奢侈而且荒诞。

说实话，我并不讨厌烂片。烂片往往有过火的倾向，为了讨好观众，会把某些元素无节制放大。你不是喜欢爆炸吗？我让你看从头到尾炸个够（那就是迈克尔·贝）。你不是喜欢名牌服饰吗？我让你掉进时尚世界爬不出来（这位是谁我就不点名了）。

任何东西都讲究适度，超量了，就会腻味，甚至走向反面。如果说这仍属于叙事技巧的话，那么，一个故事有没有灵魂可能是判断是否为烂片的主要指标，至少是重要指标。没有灵魂的影片，看的时候再爽，看完仍觉空洞。

不可否认，这样的影片自有其价值，如同毛片能暂时解决生理问题。无论中外，烂片都不乏观众，就是因为它们的确满足了观众某个方面的需求。电影不可能消灭烂片，也没必要彻底消灭烂片。要是全中国只生产伟大的影片，每部都达到奥斯卡最佳影片的水准，那会是一个怎样的精英社会呀，说不定是一个四肢萎缩、大脑发达的怪胎哩。烂片就像垃圾食物，有它自己的位置和价值，但若劣币驱逐良币仅生产烂片，那便是一种更可怕的怪胎。

比"烂"更可怕的，其实是平庸。

我最不喜欢看的，其实不是烂片，而是平庸的影片。假设 60 分是及格线，烂片是不及格的，而平庸的影片在 60—70 分，这些影片是最无趣的，说好不够好，说烂不够烂，我看的时候经常想大喊一声："请不要折磨我了！求求你拍成烂片吧！"好莱坞这样的影片非常多，我们的配额制度阴差阳错把它们排斥在门外了。

还有一个需要说明的，是烂片不等于令人失望的影片。某部影片上映前大家翘首以盼，总以为能达到 90 分以上，结果只有 70 分，那时你会产生强烈的冲动，要把它评为烂片。但它不是烂片，只是没有达到你的期待值；如果它仅有 40—50 分，称之为烂片才比较公正。有些文艺片属于此类，如去年的《一步之遥》和《黄金时代》，让很多人失望（当然也有人非常喜欢），但公允地说，这两部跟期待值的落差有点大，绝对意义上离烂片却远着呢。事实上，它们都荣登了不少佳片榜哩，一方面说明去年国产片乏善可陈，另一方面也说明了争议之作跟烂片不是一个概念。

你若仔细比较奥斯卡榜单和金酸莓榜单，会发现没有一部提名影片同时出现在这两个单子上，可见在好莱坞，人们对烂片标准是有一定共识的，争议之作是不会被看作烂片的。同理，实验性作品也不会进入烂片名单，尽管这些影片毫无娱乐价值，或者不知所云。看不懂、不喜欢、没感觉都不应是评选烂片的标准，烂片绝对不需要你动脑子，其寓意（如果有的话）都是一目了然的，深奥不是烂片的标识（佯装深奥有时会是），弱智才是。

正确看待电影的失败
破解大导演的"滑铁卢"

要写一篇以"烂片"为主题的文章，其实我心里还是有些为难。因为往往"烂"字一出，即有盖棺论定之感，哪部电影要是摊上它，似乎便永世不得翻身了。

眼下，有观众和研究者对电影市场上的作品不满意，尤其当面对一些所谓"烂片高票房"的现象，时常哀叹劣币驱逐了良币。但以我多年从事电影策展和批评的经验，现在能进入主流市场的商业片，绝大多数还是"能看"的（虽然每年都会有《天机·富春山居图》这类确实水准糟糕的影片）。而在那些压根儿就隐藏在公众的视线之外，连院线都进不了的"消失的影片"中，除了少量的小众艺术佳作，大部分的作品才真是烂出了水平、烂出了境界。

如果大家还关注程青松先生他们每年搞的"金扫帚奖"（类似于美国的"金酸莓奖"）评比的话，你们会发现，那些不幸"获奖"的作品，与其说是每年的

335

在拍摄《太平轮》之初，吴宇森曾对自己的电影生涯做出评价："我每十年就有个转变。开始的十年是拍香港式的喜剧，第二个十年拍英雄片，第三个十年都是拍好莱坞电影，现在第四个十年，我就拍我们中国的电影。"然而吴宇森的这一转变在中国土壤拍摄的中国电影，却遭到观众差评

"最差影片"，不如说是主流商业电影中口碑最两极化的、最富争议性的作品。和真正的烂片相比，它们可能不仅是"好片"，更是大大的成功之作：无论是在票房上，还是在话题上。就像郭敬明那套屡次推出、网络上都吵翻天的《小时代》系列，如果你仅是简单粗暴地把它们划入"烂片"的行列，那似乎便是连其背后成千上万的年轻消费者都一并矮化了，我想这并不妥当。

所以，与其简单地用好片/烂片标签一部电影，不如理性地去分析它的内在结构和支撑它生长的外在文化环境。尤其面对一些不成功的作品，更要从中总结其经验教训。马云不是说吗，"所有的创业者都应该多花点时间，去学习别人是怎么失败的，因为成功的原因有千千万万，失败的原因就一两个点"。下面，就是我从中国电影史上一些大导演的案例中总结出的几条常见的失败因素。

失败因素之一：拍摄自己不熟悉的领域。

导演常会因为各种复杂因素的驱动，去盲目地接触自己本不擅长的题材。比如，著名导演吴天明是公认的第四代导演的扛鼎人物，他因《生活的颤音》而成名，并靠《人生》《老井》蜚声国际。可很多人都不知道，他在《生活的颤音》之后还和滕文骥合作过一部非常失败的故事片《亲缘》（1980）。

主要就是因为这部影片涉及台湾，表现海外同胞的乡思，而吴天明从来就没去过台湾，连大海都没见过，对台湾民众的思维情绪更不了解，因此虽然耗费了 50 万元人民币拍摄，摄制组整整忙活了一年，但创作呈现出来的各个环节都透露出虚假造作，连他自己后来也坦诚地把这部影片称为"胡编乱造"的"登峰造极"之作。他由此深切地反思到，必须扎根到土地中，拍摄自己有感情的

生活，这才有了后来的翻身之作《没有航标的河流》。

像吴天明导演这样拍摄自己不熟悉的领域而失败的例子，在大导演中其实并不鲜见，如胡金铨的时装片《终身大事》（1981）、张艺谋的惊悚反恐题材《代号美洲豹》（1989）、冯小刚的古装动作片《夜宴》（2005），这些作品都难言成功，归根结底便是没有发挥出艺术家原本的长处，造成了遗憾。

失败因素之二：模式死板，手法粗糙。

中国早期的电影导演拍片量相对较高，像张石川拍过150多部电影，杨小仲拍过100部电影，朱石麟拍过94部电影，等等。这么高密度的创作，即便是成名的大师级导演，出现个别的平庸之作，也是经常会有的事。尤其在大电影制片厂制度下，为了满足普通观众的基本需要，争夺市场份额，导演们经常会省钱省时地拍摄同一类型作品（甚至布景都是非常相似的），因而缺乏创新和改进。

邵氏公司的大导演张彻和楚原，一个号称"张百万"，一个号称"楚千万"，都是声名显赫的影坛大匠。他们的优秀作品很多，可平庸之作也不少，如楚原拍摄的一系列古龙电影，看多了你都分不清彼此，可见雷同度有多高。

台湾"联邦"的刘家昌导演（同时他也是歌坛巨子），被称为最会省钱的导演，拍戏快，曾经创造了三天拍摄完《有你就有我》（1971）的拍摄纪录，同时自己时常还包办编导演和作词作曲。刘家昌的《云飘飘》《云河》《晚秋》等片在70年代的台湾"三厅模式"电影中都曾名噪一时，可今天看起来实在是腻味得很，要不是有一首首脍炙人口的爱情歌曲做支撑，就更乏善可陈了。

此种粗制滥造的现象，实际在整个台湾的"健康写实电影"和"琼瑶风"时期（60年代初到80年代初）都有。后来侯孝贤、杨德昌、吴念真等"台湾新电影"一代的崛起，所意欲反抗的也多是此种模式。

失败因素之三：时代和环境变化造成的不适。

时代的巨变经常是造成创作者心态迷茫和机能紊乱的重要原因。比如，桑弧导演是我个人最喜欢的早期中国导演之一，他也是为数不多的在新中国成立前后均取得巨大成就的杰出艺术家。

桑弧编导水平皆精，他编剧的《假凤虚凰》，导演的《不了情》《太太万岁》

《哀乐中年》，都堪称世界一流的佳作。但在刚解放的 1950 年夏天，为了揭露美帝轰炸我国沿海城市，推销中央人民政府的"胜利折实公债"，他也因时势需要，专门拍摄了一部意识形态宣传意味较浓的《太平春》。

这部片子的主演是石挥、上官云珠，可谓是当年最红的明星，但是片子里却让两位大明星穿上老棉袄、老棉裤扮演乡镇人民，怎么看怎么别扭。因此，影片上映后遭到了很多观众的强烈批评，这让学习了毛主席《讲话》立志为工农兵服务的桑弧，一时间也变得无所适从，多亏了后来夏衍对他进行了开导才缓过神来。

在新中国成立之后，类似桑弧这种"创作不适"也是非常普遍的，有些导演、明星转变得较好，如白杨、张瑞芳，有些则一直转变不畅，造成了事业的停滞。

除了时代的因素，地域环境也常改变导演的创作习惯。著名导演徐克、林岭东在香港拍片都是一把好手，可到了好莱坞就很难适应，拍出的片子毫无影响；吴宇森导演相对好一点，曾有《变脸》《碟中谍 2》等风格化的动作枪战佳作，但《风语者》《记忆裂痕》失败后也只能再回国发展。

失败因素之四：资金缺乏。

拍电影，没有足够的资金支持，是无法顺利完成的。即便委委屈屈地拍完，也会留下众多的遗憾。

很多有理想的导演，终其一生都在寻找他所需要的足够的拍摄资金。这当中武侠片大导演胡金铨真的是非常典型的一位。如果大家纵览他的创作谱系，会发现他几乎没有在一家公司拍摄过两部以上的作品。

在邵氏拍完《大醉侠》后，他和邵逸夫理念不合而转投台湾"联邦"，但随后两部耗工耗时的《龙门客栈》和《侠女》（尤其是后者）既为他赢得世界级的声誉，也让他未来的投资方望而却步。之后他的每一部片子，都是在不同的公司拍摄的。

80 年代，他开始筹划心中最具野心的作品《华工血泪史》，本来钱已有了着落，但为了拍得更好一点，他并没有贸然开机，还是继续在美国找钱，为此还牺牲了和作家钟玲的婚姻。等到 1996 年 1500 万美元的资本终于搞定，他却在回台北检查身体时遭遇心脏手术失败，永远遗憾地告别了人间。

在逝世前，他拍摄的最后一部作品是弟子吴明才筹资制作的《画皮之阴阳法王》，虽还有几分胡氏意蕴，但由于资金的问题，影片的后半程还是过于简陋粗糙，没有获得较好的评价。回想起来，胡金铨还是应该感谢"联邦"沙荣峰老板，至少沙老板尽最大力量、耗费经年为他完成了《龙门客栈》和《侠女》。但这样的老板又能有几位？

失败因素之五：电影审查和制片方造成的删减。

一部电影的失败，有时和导演本身并无多大关系，却与审查制度以及制片厂自身的判断有着直接的关系。这当中，恐怖片就是经常受到审查制约的类型。

我们的恐怖片经常会遭遇所谓的"卡里加里迷局"。《卡里加里博士的小屋》（1919）是现代恐怖片的鼻祖，但也是一部遭受审查篡改的影片，尤其是在结局上进行了翻转，前面所有的恐怖故事被证明是主人公的精神癔症，而卡里加里博士从害人者摇身一变成为拯救者，一部反抗的电影就此被消解成一部顺从的电影。

这种"卡里加里迷局"在后世的很多中国电影中都进行了复现，当导演无法去解释一些灵异现象的时候，都把它们归咎于主人公的心理疾病，从而让观众大呼上当。

除了政府的电影审查外，行业的自审也是经常损害电影艺术素质的常见现象。有时候，为了让电影变得更通俗一点，或者为了获得更多的影院排片量，制片方会把影片剪短，甚至改变电影的叙事结构，对此导演们有的干着急没办法，有的索性不承认剪辑后的版本是属于自己的作品。

这里还得说说胡金铨这个"苦命儿"，仅以他的《山中传奇》为例：影片的完整版长达184分钟，但是在台湾最初的放映却缩减到110分钟；而1998年香港国际电影节的胡金铨回顾展上放映的是125分钟版，据说是胡亲自剪辑的；此后在日本发行的DVD则为117分钟，封底称胡是"香港的黑泽明"，《山中传奇》是他的"最高杰作"。

但这部最高杰作由于被片方乱砍滥伐，当年只获得73.5万港元的票房，全年排名港片第71位。这种结果，到底该归咎于谁之错呢？

失败因素之六：年龄衰老带来的创作力减退。

最后，还必须得提到年龄的问题。在国外，电影大师工作到八九十岁仍然保持旺盛创作力的例子比比皆是，如山田洋次、奥利维拉，等等。但我们也发现，在国内人过六十岁之后，往往就不可避免地开始走下坡路。

我们的第三代导演谢晋、谢铁骊两位大师晚年的作品，都不太理想；我们的第四代导演，现在基本上已经完全告别了导筒；我们曾经引以为荣的张艺谋、陈凯歌，也都在不断地遭受着公众和舆论的诘责。而王小帅、娄烨、贾樟柯这些曾经年轻的名字，现在都慢慢到了或过了知天命的岁数，中国艺术电影的事业还需要他们来打拼。

中国老年导演普遍创作力匮乏，以及新导演不成气候，在我看来，将是未来一段时间制约中国电影发展的一大阻力。

两年前，我在上海国际电影节上听过郭敬明的一段演讲。他说，电影创作和文学创作最大的不同在于，文学的创作者永远试图在做加法，写完的稿子不满意可以不断地修改；但电影却只能是在做减法。无论你有什么样的宏图伟愿，但作为一种集体生产的、需要资本积聚的文化产品样式，电影最终呈现出的样子，总和最初的计划不尽相同，甚至留有大量遗憾。

本文从影史上所抽取出来的例子，还都是那些功成名就的大导演所面临的失败和困顿，那么今天无钱无势的年轻创作者所面临的压力和焦虑，更是可想而知。因此，我们研究电影的"失败学"，除了意在从中积累经验，也在对社会和公众呼吁一种理解和宽容。

烂片鉴定指南

文 / 邓娟

在"对无脑喜剧和低俗娱乐有所鄙视，但还是随大溜去看"的"低智商社会"，很多烂片敢于拍得连逻辑都没有，更别谈价值观了。烂片泛滥，惹不起，躲得起。

一、有带资进组花瓶女

判断烂片的标准是看人，此法简单粗暴有效。韩寒评论《战国》：只有一个原则，那就是照顾好女主角，除此以外不需要任何逻辑推动，"他们觉得要照顾出品人的女人，就让里面所有男人都为她花痴犯贱"。那位众星沦为陪衬的主角是新人景甜，《战国》已被认为突破了烂片底线，《超时空救兵》《新妈妈再爱我一次》再接再厉刷新下限，让观众简直没法评价其演技——因为这东西对她就不存在。

二、有大拨刷脸明星

2010 年上映的《越光宝盒》虽凑不到 172 位，却也号称"集结 58 位华语影坛明星"——然并卵。《家有喜事 2009》《花田喜事 2010》《最强囍事》……古天乐、吴君如、郑中基、陈慧琳、冯德伦纷纷在港产烂片里上阵刷脸。

混搭阵容也值得警惕，譬如周杰伦、小沈阳、郭德纲、刘谦，譬如柳岩——你当导演看中心灵美？其实人家看中的是行走的大胸和长腿，像这样要靠身体部位为噱头的电影，十有八九是烂片。

三、有过气香港导演

"无厘头"如今已堕落成烂片标识。一批曾经辉煌的香港导演还在炒冷饭，甩卖过时的笑点。江郎才尽的刘镇伟，《越光宝盒》重复《大话西游》，《东成西就 2011》重复《东成西就》，冷饭炒得难以下咽。刘伟强、黄百鸣、马楚成、李仁港，以及拍《大灌篮》《大笑江湖》《刺陵》的台湾导演朱延平，都属烂片重灾区。王晶则稳坐头把交椅，从头到尾玩烂梗，却常以小成本制作拿下高票房，因此理直气壮、沾沾自喜于"我比你烂，你没我赚"。

四、有演而优则导的才女

遇见才女千万要绕着走，女演员转型当导演尤其可怕，她们多半有玛丽苏情结，如果当了导演或监制还亲自出演，不论是电视剧还是电影，给单身狗的伤害值不止 1 万点，因为剧情多半走向"所有男人爱上我"。

读黑格尔的赵薇执导《致我们终将逝去的青春》叫座不叫好，被路金波斥为"脑残烂片"；监制加主演的《横冲直撞好莱坞》，豆瓣评分 4.8，网友留评"丢人丢到好莱坞"。才女老徐从《杜拉拉升职记》义无反顾地走向广告植入大片导演路线，砸掉了多年前《我和爸爸》《一个陌生女人的来信》的口碑。拍烂片也罢了，有些"才女"导演特别玻璃心，比如《我是女王》的伊能静。

玩票当导演的不只演员，各种作词人、作曲家、摄影师、武术指导蜂拥而上泥沙俱下。俞白眉编剧的《魔侠传之堂吉诃德》号称国内第一部全片 3D，光名字就是烂片即视感；转型执导《分手大师》，低劣的品相让讨厌《三枪拍案惊奇》的作家陆天明在电影院如坐针毡："《分手大师》远不及《三枪拍案惊奇》，因为《三枪拍案惊奇》起码不下流。"

五、有快男超女、快乐家族

博友"@圈内电影人吐槽马甲"写道：郭德纲主演的电影，可以直接忽略。买碟费钱，下载费电……国产电影的信誉被屡屡透支，以郭德纲为首，包括快乐家族在内。

芒果台那几位闹腾的主持人参与的《熊猫总动员》《世博总动员》《我的男男男男朋友》《嫁个 100 分男人》，没一部豆瓣评分超过 4 分。还有一批专门在低成本电影露脸的秀星，当年是超女快男，近两年是吉克隽逸——她作为配角出演的《白幽灵传奇之绝命逃亡》《钟馗伏魔：雪妖魔灵》，片名和她的台风一样群魔乱舞，哪怕搭档一哥一姐，也妥妥的烂片（前一部还有尼古拉斯·凯奇这个国际烂片咖）。至于真人秀电影——他们是怎么好意思叫电影的？

六、有"无堕胎，不青春"的青春

以往的青春片《那些年，我们一起追的女孩》还只是早恋，《致我们终将逝去的青春》《同桌的你》和《那些年，我们一起追的女孩》却组成了"无堕胎，不青春"的"三部曲"。影评人桃桃林林说："你会发现导演基本上把能玩的花样都已经玩遍了。永远都是老音乐、老道具、老事件，就是消费我们的青春，当年如何有梦想如何纯情，现在已经被现实击穿一无所有，都是这个固定模式，明年后年可能还会类似题材拍下去。"

《左耳》和《栀子花开》虽然标榜"不堕胎",实质还是打着青春牌圈钱。《栀子花开》这部女人撕完男人撕、对手撕完队友撕的撕逼电影,导演是德高望重的何老师,玩票、快乐家族、青春片,集齐三个烂片元素,必须高能预警!

七、有假恐怖真搞笑

自从杨幂粉丝为成本仅500多万元的《孤岛惊魂》奉献了9000多万元的票房,恐怖片迅速成为泛滥的烂片类型。这几年一窝蜂出现的《恐怖旅馆》《凶间雪山》《半夜不要照镜子》《夜店诡谈》《借你俩胆》《冷瞳》……听片名惊悚,看完片笑场。所谓恐怖不过是玩荒村、夜半、白衣或红衣女子的老旧元素,演员一惊一乍,观众不痛不痒。说回来,堪称票房奇迹的《孤岛惊魂》虽然因为一段不雅视频和"国民老公"被翻出来讨论杨幂胸上痣的位置,影片内容本身实在没有任何回顾的价值。

有网友评论,他们也许是对"搞笑"没有信心,才换成"恐怖"两个字唬人的。

八、有假3D

"电影界一直都能想出让烂片更烂的招数。"梦工厂CEO卡森伯格说。2D转3D就是这样的招数。在《阿凡达》之后,一些制作公司精明地走起了通过技术后期处理转3D的捷径。导演高群书曾批评"转一部(3D电影)要600万元,拍一部要6000万元。那些都是伪3D,都是卖噱头,骗票房用的"。

从烂片《无极》之后一直憋着劲要一雪前耻的陈凯歌,最新的《道士下山》本来没3D什么事,但投资人说"你这不行啊,3D的票价贵啊",他便虚心接受,不过承认只用了2D摄影机拍摄,因为"还用3D拍,那得给整个电影拍摄带来多大难度啊,还不得拍一年啊"。

九、有艾德·伍德和尼古拉斯·凯奇

导演界的艾德·伍德和演员界的尼古拉斯·凯奇是海外烂片的个中翘楚,前者一生都在拍烂片，百度百科称他"因不懈的努力和对电影的执着追求而受到后人的尊敬"；后者则从佳片之王堕落为烂片之王，接片标准比选老婆的眼光还要令过去的粉丝心痛。

美国有家公司名叫 The Asylum（收容所），人家拍《史前一万年》，它拍《史前一亿年》；人家拍《泰坦尼克号》，它拍《泰坦尼克号 2》；人家拍《环太平洋》，它就拍《环大西洋》……集山寨之大成。《疯狂的石头》催生的各种"疯狂"系列，《人在囧途》催生的"囧途"系列，走的是同一条批量复制的烂片之路。很多烂片敢于拍得连逻辑都没有，更别谈价值观了。

盘点全球烂片奖

没有恶评，好评还有什么意思？

文 / 桃子酱

桑德拉·布洛克在 2010 年创下了一个纪录：她先是因《关于史蒂夫的一切》获得第 30 届"金酸莓奖"最差女主角奖，仅仅一天后则因《弱点》获得第 82 届奥斯卡金像奖最佳女主角奖，这使她成为影史上第一个同时拿下"最佳"与"最烂"影后的女演员。

今年《分手大师》很可能会复制这一"奇观"：它刚被"金扫帚奖"（据称是"金酸莓奖"的中国版）评为年度最烂电影，转头又入围 2014 年度导演协会表彰大会评选的最佳电影名单。

导演何平怒了，直斥太多烂片入围，"是大陆导演协会六届以来最大耻辱的一年"；有评论调侃称，看这份入围名单，如果没有提示，"真分不出这是一份表彰候选名单，还是一份金扫帚奖入围名单"。

但同时也出现了另一种声音：影评人应理性批评，"莫欺少年穷"，不能因为中国电影目前水平较低就肆意贬低国产电影，乱贴"烂片"标签——这个观点来自中国广播电影电视报刊协会、中国夏衍电影学会、中国电影评论学会主办的首届中国青年影评人论坛。

其实，恶评并没有那么可怕。正如美国导演罗伯特·奥特曼所说，"如果没有恶评，那好评还有什么意思？"桑德拉·布洛克当年还大大方方地去领"金酸莓奖"呢。

不论"金酸莓奖"还是"火鸡奖"，都是烂片鉴别体系的重要指标。

美国影评界素有毫不客气地批驳烂片的传统。堪称美国第一影评人的罗杰·伊伯特，除了著有《伟大的电影》，还写了《我讨厌死讨厌死讨厌死这部片子了！》（*I Hated, Hated, Hated This Movie*）和《你的电影烂透了》（*Your Movie Sucks*）这种激烈的吐槽之作。他自己也知道，有些粉丝偏偏就喜欢看他对烂片写的差评。比如他对《浪子保镖》（*North*, 1994）的吐槽被誉为他本人最著名的评论之一："我讨厌这部电影。讨厌讨厌讨厌讨厌讨厌这部电影。讨厌它。讨厌所有假笑的、愚蠢的、空白的、侮辱观众的时刻。那种认为任何人都会喜欢的感觉很惹人讨厌。我讨厌它愚弄观众，是因为它相信可以娱乐观众。"

哈利·米德沃德和迈克尔·米德沃德兄弟也是著名的毒舌影评人。继 1978 年出版《史上最差 50 部电影》（*The Fifty Worst Films of All Time*）后，1980 年，他们推出《金火鸡奖：好莱坞史上最糟糕成就》（*The Golden Turkey Awards : The Worst Achievements in Hollywood History*）。"火鸡"在美国俚语中指"失败的作品"，取这个名字，或许因为火鸡这玩意怎么弄都很难吃。因此，《纽约邮报》日后索性在感恩节之际推出年度"火鸡电影奖"（Turkey Movie Awards），让观众记得离它们远一点。

1981 年 3 月 31 日，当年的奥斯卡颁奖典礼结束后，好莱坞失意电影人约翰·威尔逊在自己家里搞了一个派对：用硬纸板做成领奖台形状，然后有人演颁奖嘉宾，有人演获奖者（当然有获奖感言和激动表情），一一上台领取八个最差电影奖项——首届"金酸莓奖"（Golden Raspberry Awards，亦称 Razzie Awards）其实就是一个自娱自乐的恶搞。

据好事者考证，用"raspberry"命名出自短语"blow a raspberry"，即喝倒彩之意；而 razzie 是 razz（咂舌、嘲弄）一词的变体，也就是说，这是一个"恶意满满"（非贬义）的奖。从第四届开始，威尔逊意识到，"金酸莓奖"必须抢在奥斯卡前发布——而且不早不晚，就提早一天，这样才有新闻噱头。他这么做了，效果也确实显著，合众社、CNN、《今日美国》等主流媒体纷纷报道，自娱自乐终于成了公众事件，并由此成为烂片鉴别体系的重要指标。如今，一说起烂片奖，首推"金酸莓"。

"金酸莓奖"受追捧，除了够毒舌，还因为有趣。比如它的"最差搭档奖"，就不时有神来之笔：《华氏 9·11》中有一个场景，时任总统的布什获悉"9·11"事件发生，仍面不改色地继续给小学生们讲《我的宠物山羊》的故事。因此，"金酸莓奖"的评委们将布什、赖斯和那本《我的宠物山羊》算作一组银幕搭档，授予该奖。

烂片太多，观众需要不同的声音。

能否鉴别烂片当然重要。小津安二郎曾在回忆录里提及 20 世纪 30 年代的日本电影市场，"观众品位低级，剧本也不得不跟着低级"。这是一个恶性循环：观众烂，影评人、编剧、导演和其余从业者也跟着烂，最后烂成一锅。

而在中国，还有一个额外的问题，那就是业内人士未必能接受批评。像冯小刚，《私人订制》被骂烂片，他就连发 7 条微博回骂影评人——其实他自己也知道这部片子拍得烂，"就电影的完整性来说，我给它打 5 分；就娱乐性来说，我给它打 6 分"，但他恐怕看到"烂片"字眼就按捺不住。

所以，影评人以及诸多烂片奖的任务，就是培育观众，让他们具备"鉴烂"的基本能力。影评人程青松曾谈及他创立"金扫帚奖"的初衷："2009 年中国电影，烂片太多，观众需要表达自己的声音。现在国内有一百多个这颁奖那盛典的，都是吹捧、赞美的，我们就想做一个让观众表达不同的声音的事。普通消费者遇到假货烂货，可以向消协投诉，电影消费者也应该有这么一个提意见的平台。"

他在网上征集过这个奖的名字，有提议叫"金马桶"的，有提议叫"金鞋垫"的，后来他想到了扫帚，觉得这个奖其实不外乎是打扫卫生、扫灰尘，就定下来叫"金扫帚奖"。至于奖项名称，则定为相对温和的"最令人失望××"，而非猛烈的"最差××"——尽管如此，网民和媒体还是直接将它评出的作品称为"烂片"，把它视为中国的"金酸莓奖"。

中国电影确实需要直率的批评。虽然得到这种烂片奖并不是什么光彩的事，但总得有接受批评的雅量。"金酸莓奖"举办到第 17 届时才有获奖者前来领奖，那是 2005 年，哈利·贝瑞成为首开纪录者。她的获奖感言是："我要感谢华纳公司让我演了这么一部狗屎电影。"这使她获得一片喝彩，相比之下，前一年本·阿弗莱克在上 CNN 拉里·金访谈节目时怒摔金酸莓奖杯，就被当作笑柄。

如今，"金扫帚奖"举行到第六届了，还坚持着。程青松在接受学者郝建采访时表示，从第一届到第六届，每次颁奖活动时都有人跟他说要坚持下去，就怕他放弃了。这被他当作最大的鼓励，"我给自己的最后底线是，如果一点活动经费都没有，完全做不了颁奖典礼，场地都租不起，那就直接在微博上公布结果，那也是一个声音"。

中国观众比中国电影更愚蠢

文 / 陈漠

有一次我到访宇宙的中心，朋友请我吃了一顿很豪的饭。在排了两个小时的队之后，我们被领到了一张装饰着闪烁彩灯的桌子前坐下。菜谱完全看不明白，很多概念，情怀满满，据说是创新菜。这种创新菜盛在一个玻璃盘子里，底下垫着玻璃球，周围绕着干冰，而服务生的脸冷得跟盘子里的菜一样一样的。

朋友说：你不懂，你的味蕾还没打开，这都是高级货。

是的，这都是高级货，具体是什么呢？我忘了。我只记得蒸腾的干冰烟雾，让我想到了张志明。

你们不知道我在说什么吗？好的，我们继续下一个话题。

现在的人们流行一种娱乐方式，那就是去看烂片，然后回来在 SNS 上骂。曾经我很怀疑这是微博的运营手法，后来我发现，不对，人们是真心热爱这项运动：看烂片，然后回来在 SNS 上骂。

他们是这样操作的：密切关注微博和朋友圈动态，如果有什么片子恶评如潮，他们就开始蠢蠢欲动了。去影院里买票坐着看，使劲笑给邻座听，然后回来抓耳挠腮地想，拼凑一下语言，在输入框里反反复复地写几行字，发送。然后就等着看有没有人转。

之前我有看过一句评论说："中国电影无视观众的需求。"不，我觉得，中国电影的现状在于，中国电影太契合中国观众的需求了。中国现阶段之所以会出现这么多愚蠢的电影，正是因为有了这么多愚蠢的观众。

大概在 2004 年的时候，大师拍了一部著名的烂片，所有人都在骂，所有人都觉得自己比大师聪明。其实大师们的盈利模式是这样的：他们打算先花掉一笔钱，做出一个产品，好不好另说，但一定要尽力吹嘘这个产品有多好，然后等人来把它买下来。这很合理对不对，至少比那些拿着几页 PPT 就套到 VC 几个亿的互联网产品要靠谱多了。

那一年的状况大家都知道，每个人都去看，每个人都在骂，每个人都想骂出花儿来，好让自己显得比大师要聪明。我要说的是，不，你比大师蠢太多了。他们的生意成功了，产品卖得不错，票房创出新高，而你花了钱。

那应该是第一次国产电影的口碑营销，然后就是长达十年的盔甲戏，真是黑暗时代。到 2010 年，中国电影总票房突破 100 亿了，电影状况改变了吗？没有，继续是烂片上映，大家去看，回来骂。到了今年，5 年又过去了，中国电视都换过几次风潮了，但中国电影还是一部比一部愚蠢，却一部比一部卖得好，票房纪录不断刷新，中国电影几乎都可以成立一个银行来放贷了，因为有大量愚蠢的观众排着队去送钱。

导演们到底有没有权利拍烂片呢？我想是有的，因为他们拍片的时候并没有花我们的钱，而且，或许他们真诚地认为自己在拍一部杰作呢？

或许观众要说，那我并不知道电影好不好看啊？是啊，你不知道，所以你每一部都看。在电影院里笑得前仰后合，差点把爆米花都打翻了，然后你出来对你的朋友说：太难看了，我被骗了。然后第二年你再重复一遍。为什么？因为你愚蠢。

或许观众要说，我又不了

《小时代》上映时，影院推出实时弹幕服务，五成以上观众在观影时用手机发送弹幕

解电影操作的内幕，不懂得判断。是啊，你也不知道微波炉工作的原理，你为什么不把头伸进去叮一分钟呢？你看过一个导演的 10 部作品，你依然不知道他可以拍出什么，你看过一个演员的 10 种角色，你依然不知道他可以演什么。为什么？因为你愚蠢。

或许观众要说，都是媒体炒作，媒体是坏人。是啊，这个世界都是坏人，就只有你一个人下巴上围着小毛巾、张着嘴等着别人来告诉你什么是好的什么是坏的。你每天看当地都市报的娱乐版，每晚上天涯八卦，你看了几十年，你还是不知道到底什么是真的什么是假的。为什么？因为你愚蠢。

或许观众要说，中国电影又不分级，类型又不明显，很多电影我是看了之后才知道不适合我嘛。是啊，所以你看喜羊羊的时候准备震撼一把，你看《三枪拍案惊奇》的时候准备深邃一把，你和情人去看《孔子》，陪领导去看《阿凡达》。你认为动画片就是给儿童看的，真人电影就是给成人看的。你一定要把头扎在牛粪里才能感知到牛粪是热的。为什么？因为你愚蠢。

大部分基本常识是大部分中国电影观众根本不具备的——你现在是不是下巴上围着小毛巾，正张着嘴等着我告诉你哪些是基本常识？

烂片当道固然是中国电影的怪现状，但重点是为什么它们可以这么一直烂下去？这是一门生意啊，如果能一直做下去那一定是有稳定收益。

那就是因为你，愚蠢的中国电影观众。你愚蠢地把钱投向这些愚蠢的电影，让他们的生意不但可以继续，而且越赚越大。如果随便糊弄点烂片就可以赚到大把的钱，那谁还会呕心沥血去做。如果是你，你会吗？

我们没办法决定自己出生在什么地方，我们没办法决定我们的市长是谁，我们没办法决定水价油价是否上调，我们没办法决定个人所得税下限是多少，我们没办法决定自己的房子会不会被拆迁，我们为数不多的可以自己决定的事情就有这么一件：要不要买票去看这部电影。

如果你放弃这个权利，如果你觉得几十块钱无所谓，如果你觉得想这些问题好累，还是去参加看烂片运动更有乐趣，那你只能面临烂片越来越多的局面——当然，你的朋友圈也越来越有话题了。

但即使我说得这么直白，你还是不在乎对不对？你还是盼着能有什么东西把你的味蕾、大脑或者随便什么"呼"地一下打开，对不对？所以你这下应该知道，人为什么要在宇宙中心吃创新菜——情怀满满的高级货。

那些玻璃盘子、玻璃球、干冰和闪烁的彩灯，就是你一生的追求。你已经忘了那个冷着脸的服务员了。

如何逃离烂生活？

千言万语只一句——看好片

文 / 于青

要知道，烂片并非凭空而来——它与所有的艺术形式一样，源于生活。

你可以在烂片苍白的故事情节与扁平单一的模式化表演中，找到平日里同事之间自以为有趣的段子、看上去刻骨铭心的狗血爱情故事、觉得全世界都该围着自己转的玛丽苏公主病，以及假装参透了人生真理的苍白与空洞——烂片来源于烂生活。烂片之所以泛滥成灾，是因为烂生活已如空气般伴你左右。

看不看烂片是一道很简单的选择题，逃离烂生活则要困难得多。它需要你有专一的求知欲、强大的意志力、不轻易被分散的注意力、蔑视随波逐流的孤独承受力、坚持不懈的对于美的修养，以及明白内心需求的清醒大脑。

米歇尔·福柯说，"我们应当努力去探寻究竟的，并非我们是怎样的人，而是我们拒绝成为怎样的人"。吐槽烂片当然容易，而如何不活成一部烂片，则需要我们首先明白什么是好生活，再尽最大可能去实现它。

像诗歌一样生活

在电影《明亮的星》中，诗人济慈告诉心仪的芬妮："诗歌需要你去理解自己的感觉。你潜下湖水的一瞬间，并不是为了马上游到岸边，而是为了身处湖水中，去最真切地感觉到水的包裹。也并不是想要去理解湖水的构成，而是去体会一种凌驾于思想之上的感觉。诗歌抚慰我们的灵魂，并给它最大的勇气去接近神秘。"

诗歌就像是济慈生活与恋爱于其中的汉普斯特德荒野。在这片古老的伦敦绿地中，有果树、林莽、白芷花、田野的玫瑰、绿叶堆中易谢的紫罗兰、布满苔藓的曲径……电影细致地描绘了穿透枝叶与花朵细细洒下的阳光、沾染着缤纷落叶的幽暗小径、弥漫在微光深处的散漫雾气……

艾米莉·狄金森在诗中这样写："我居住在可能里面——一座比散文更美的房屋。"如何才能活成一首诗？解开包裹心房的浮躁，去感受万物之中蕴藏的所有灵动。

像音乐一样生活

对于生活，音乐更像是一种对抗。对抗平凡，对抗庸常，对抗无处爆发的索然无味。所以你能在《海盗电台》中看到一帮宁可住在船上也死不妥协的摇滚 DJ；在《制造伍德斯托克》中看到从各个角落为音乐长途跋涉而来的嬉皮士；在《再次出发》中看到两位非成功音乐人插着分流式耳机在纽约的大街小巷到处走，直到音乐把城市变成一颗炫目的珍珠。

音乐还是生活的一剂灵药。《曾经》之中的街头艺人与东欧移民能够在破败的生活中，用音乐筑起一片不一样的天空。《寻找小糖人》之中的天才 Sixto Rodriguez 就算在南非已经红成现象级，他也依然选择在开完演唱会后回到底特律，走在破败结冰的老街上，将音乐存留心中，继续做他的泥瓦匠。

音乐为倾听者制造了一个透明的外壳，可以屏蔽噪声、美化世界。而制造音乐的人，本身就是一场美梦。

像小说一样生活

电影《冷山》之中，南方老兵英曼从节节败退的内战战场踏上了奥德赛般的归家之路，南方淑女艾达则在孤立无援中学会面对生活的粗粝。电影平衡了小说的意象与现实的图景，用自然之美平衡了战争之丑，表现出无数书籍所共有的主题：新的生命与信仰，来自生与死、希望与绝望的共同孕育。

不论是以爱情为主题的《简·爱》，还是以未来为舞台的《云图》，不论是描写大革命的《巴黎圣母院》，还是以荒凉的仇恨为出发点所展开的《呼啸山庄》，都离不开一个共同的主题：逃离与对抗，仇恨与原谅。

而如何将现实活成一本小说？这需要你向那些活在大部头中的主人公学习：

在绝望中不否定希望，在痛苦中不放弃对善的信仰。

像爱情一样生活

《爱在黎明破晓前》已经证明，不需要日落黄昏的桥段，也不需要美貌街景的陪衬，只要两个人互相顺眼、趣味相投，爱意就能从心中迸发，填满时间的空洞。

电影《一天》，除了高颜值，朴素爱情才是真谛

《一天》则更证明，无论人们想出了多少诸如高富帅、白富美、土肥圆、屌丝与备胎等专有名词来描绘爱情的现实与功利，那些一直生长于备胎等"弱势群体"心中的爱情，才是让这个世界最终不被放弃的苦口良药。

《天使爱美丽》《重庆森林》《真爱至上》则讲述了一个个小人物的清新童话：不管你多么平凡、内向、善良、奇怪，总有一款不孤独的爱情适合你。

所有或浪漫，或哲理，或现实，或白痴的爱情片，似乎都逃离不了这样一个道理：想要活成一场爱情，首先，你要在思想中囤积足够的爱——它并不仅仅直指爱情，它隶属于诗歌、艺术、文学、科学……万物之爱，才是构建个人之爱的基石。

像超脱者那样生活

电影总是在塑造一些超凡脱俗的超脱者，比如《海上钢琴师》，比如《肖申克的救赎》，比如《阿甘正传》，比如《超脱》。

从表象上看，超脱者的共同特征是实在的欲念较少，只喜欢集中精力做一件事——一件远离现实、看起来基本没有实际利益的事。他们并不去追寻成功的人生、财富的累积、社会地位的上升。他们就像在使用另一套人生评估体系，所谓攀爬、努力与实干，对他们来说毫无意义——他们像是生活在另一个世界里。

然而，只要剖开内心就会发现，他们各自隐埋伤痕，如同《超脱》之中，努力抽离感情的亨利所说："有一种感觉无时不萦绕在我的脑海里。我对自己很诚实。我不再年轻。我正在老去，开始厌倦自己身体里的灵魂。有好几次，我用光了所有表情，从人群中仓皇逃走，就像你当年那样。"

如何抗拒时间、欲念、厌倦对自我的侵蚀？超脱者给出这样的答案："我们要学会阅读，用以激活我们的想象力，耕耘它，提高我们的自我意识，我们的信仰系统，我们都需要这样的技巧，用以抵御，用以保有，我们纯粹的精神世界。"

像史诗那样生活

在《权力的游戏》中死去的角色，大多是因为不愿放下自己的高贵。无论善恶，这场取材于真实历史的权力之争，都将立场之不稳与人心的自私表现得毫不矫饰。

令人无法想象的是，在这场强者为王的游戏之中，最鲜活、最令人有共情感的反而是一位侏儒。他善良机敏，不自卑亦不自傲，对自己最大的弱点与最强的优点了如指掌，不被立场和仇恨左右心智，善于站在对方立场理解问题，不欺凌的同时不忍受欺凌，不压抑自身欲望的同时，不伤害任何一位可供牺牲的弱者。

很大程度上，史诗与传奇，刻画的都只是被夸大的现实生活。作为满身弱点的凡人，如何才能在史诗般的现实之中存活？审时度势，保持聪明与清醒，不作恶，不受辱，永远不负承诺，是以远离或战胜倾轧的有效途径。

像孩子那样生活

《铁甲钢拳》中的孩子是比大人更坚强的存在。他从垃圾场里捡回一只废弃的机器人，熬夜为它升级系统，带它奔跑教它跳舞，还说服不负责任、屡战屡败的 loser 父亲从尘埃里捡起连自己都不认识的梦想。

《怦然心动》中，总是不畏险阻、攀向高处的小女孩朱莉的一双眼，似乎比周围的成年人更能够透过现象看到本质。而《杀死一只知更鸟》中的孩子则始终用一双未被偏见、误解、恐惧与伪善遮挡的眼睛，去期待人们做出符合事实逻辑的决定，去理解世界应有的样子。

为什么要像孩子一样生活？只有孩子能凭着一股未经世事的纯真执拗，将无条件的信任撒向屡遭辜负的现实世界。只有孩子能够满腔热情地努力付出，相信明天，即使撞得头破血流，也坚信用偏见、隔膜与仇恨筑起的墙总会倒下，象征着真诚、善良与美丽的窗户终会打开。

像幻想家那样生活

相信看过《本杰明·巴顿奇事》的同学都没忘了那段经典台词："每个人对于自己的感受都不一样。我们都走向同一个方向，只是走的路不同罢了。本杰明，你有你的路。"

幻想家一般活成什么样？《指环王》之中最为弱小的霍比特人，成为唯一不受魔戒之欲左右的人。

《少年 Pi 的奇幻漂流》之中，为了在如荒漠般的海洋中坚持不死，Pi 动用了自己所有的想象力，营造出一个极端绚丽的幻想世界，用以掩饰极端恐怖的事实。

而在《黑天鹅》之中，妮娜更是用幻想区分出自己的真实与虚幻、艺术与生活——她让自己融进了一场现实与艺术交织的天鹅湖幻境之中，用最真实的希望与痛苦，完成了一场完美如梦的演出。

电影的一般功能是用来造梦，用以短暂地逃离现实。你当然还有另外一种选择：相信梦与美，相信现实之中意想不到的惊奇，以幻想家的想象力，将短暂人生活成一场奇迹。

像偏执狂那样生活

足够优秀的偏执狂《豪斯医生》，是在剧本里利用偏执解决无数疑难杂症的天才怪医；足够奇怪也足够执拗的图灵，是《模仿游戏》中坚信密码破译机能够提前结束"二战"的解密怪才；而在《永不妥协》中，只是一位普通倒霉单身母亲的艾琳，带着怀里的孩子和满口脏话的偏执劲儿，硬是从法律门外汉变身专业律师，为与她同样身处困境的底层人民讨公道。艾琳的这股偏执劲儿并非源于对知识的渴求，而源自对抗苦难的强大。面对"Fuck you"这句一般性侮辱用句，艾琳的回应是"Fuck you back"。

偏执狂所拥有的共同点，并非仅仅忠于偏执，而是能够通过细致的观察和细密的学习、积累与调查，在充分掌握信息之后，忠于自己的判断。这种坚持不难做到，难做到的是，在秉持坚持之前，先让自己成为永远站在正确一方的天才。

（插图—万珺卿）

文青传

中国想不到地图

诗人兰波说："诗人／生活在别处／在沙漠、海洋。"

不仅是诗人，对很多人来说，生活都在别处，只有远方才有诗意和惊喜，近处的生活则意味着逼仄、乏味、挣扎和疲惫。

于是，一张机票，几幅地图，就成了脱离苦海的渡船。

但其实，若没有用脚步丈量过，用心灵抚摸过，地图，不过是一堆没有温度和回忆的符号，旅行，也不过是"从自己活腻的地方去看别人活腻的地方"。

那些卫星地图无法告诉你，萤火虫是人类丢失的另一个自己，是"害羞、敏感、深裹在黑暗之中的小小灵魂"；无法让你体验中国东南西北各地各种面食里的"百种可能、千种意韵和万种篇章"；无法让你像观鸟人那样，每一个鸟儿飞过，都能体会遇见老友似的惊喜；也无法让你看到那一盏盏温暖都市夜归人的书店的灯。

一张"想不到地图"，也许能打开了解近处生活的序幕。从创业、炒股、职场、城市的压力中走出来，放慢脚步，看看这个世界，有多少精彩被我们所忽略。

萤火虫的微光、晚霞的绚丽、一本好书、一碗好面……总有什么，能让我们静下来、慢下来，"楼上看山，城头看雪，灯前看花，舟中看霞……"（张潮《幽梦影》）——生活其实在近处，世界那么大，看你怎么看。

地图曾经是占有，是扩张，如今，也可能是"到此一游"，是私人版图的延展。

但其实，地图的意义，不止于此，也不只是财富、疆土、权力，还有生活本身。它是另一种文本，记录着我们每一次的选择和发现，每一次的失望或惊喜。

如苏轼的《赤壁赋》所说：耳得之而为声，目遇之而成色，取之无禁，用之不竭，是造物者之无尽藏也，而吾与子之所共适。——这是记录，也是分享，浑然天成。

如"寻路中国"的何伟所说，真正意义上的私人地理，是每个人的经历。那些带着温度和人情的地图，才是真正的"中国想不到"。

今天的我们，每个人都应当拥有一张属于自己的地图。

生活在近处，诗意在身旁

文 / 阿饼

地图是一种奇特的占有，不只是对财富、疆土、权力和信仰，还有生活。它如同文本，记录每一次的发现和选择，开拓你身边熟悉却未知的疆界。心持这样一份地图，无远弗届。

世人不断致力于占有更多的东西，地图就是一种奇特的占有。

台湾散文作家舒国志先生写过一篇关于赖床的文章，讨论怎样赖床才算赖得好："不只赖睡在床，也可以在火车上赖床，在浴缸里赖床。……没装电话时，赖床赖得多一些。父母在时，赖得可能更多。……年少时的赖床怎是比中年的赖床得到的美感、得到的通清穿虚要来得佳悠奇绝。"

如果让舒先生继续写下去，写成一本《理想的赖床》或《赖床札记》，里面大概还会讲，杭州的夏日午后是适合赖床的，南方的台风天夜里与三五好友小酌一番，谈吟唱后的做梦状态是何等愉悦，又或者，竹席床会比席梦思垫子要好赖，因为脊椎能延展得更肆意。

赖床这样的日常细碎，被老老实实记录下来，在时空的经纬度里有了数个坐标，成为一份带着温度和人情的地图。无论是舒先生本人赖的床，还是你习得其精髓在自家赖的床，都未留痕迹，如云如烟，细细感受之，实则是一种最美妙的占有。

想得到的地图：由于全球化的强大力量，人们已找不到外部的、隐蔽的空间去逃避和躲藏。

当然，"占有"这个词并不友善。

如同旧时地图，象征着统治者不断膨胀的欲望与野心，总是在扩张延展，永无止境。

1592 年，彼得·普兰绘制的《香料群岛图》在阿姆斯特丹印刷出版，提供了通往西方人朝思暮想的香料群岛的准确航线，直接刺激荷兰人踏上了东印度之行。1630 年，荷兰制图师威廉·布劳制作的"摩鹿加"地图则宣告了荷兰人对核心香料产区的控制权。17 世纪初，荷兰整合了著名的东印度公司，逐步在海外建立起巨大的商业帝国，而地图是其成功的"秘密"武器，当时世界上最大的印刷厂就开办于此。不过，地图也并非每次都能达到扩展疆土的目的。发明了科学制图学的法国人，却因伟大的三角测量法，发现自己的实际版图比过去的测算小了许多，路易十四无奈感叹科学令他失去了大半的国土。

东西方的僧侣们也喜爱绘制地图，从耶路撒冷、须弥山到曼陀罗，如东方影响最广的"耆那教的瞻部洲图"。那些完整封闭的圆形地图表明，根本无须辩论，世界纵使神秘、无限，都因"宇宙的中心"而存在，而毁灭。这让教徒们有了更笃定的朝圣方向。

地理大发现以后，身处各大陆的人开始有了交流，地图从球面到平面，从无界到有界。只是对于普通人而言，这些改变世界格局、为人类带来深远影响的地图，是极遥远的，几乎与他们的想象力极限等距。相比印度南部喀拉拉邦的胡椒种植分布（这可是维多利亚女王严守的商业机密），1829 年的伦敦市民一定会更渴望获得一张双层巴士的行车路线图。

几百年来，无论是政治目的，还是实用角度，地图的"占有"功能，都未因时间的流逝而改变。我们今天与地图的关系更密切了。高德、百度、腾讯、谷歌等地图应用，每个中国人的手机里大概都会有其中的一两个。这些功能高度综合的地图应用，除了用来导航，也力所能及地提供各种服务，"附近"的餐饮、娱乐、景点……我们占有这些同质化的资讯资源的同时，也被外部世界的各种热闹占据了内心。

德国哲人齐美尔在 1903 年发表的经典文章《大都会与精神生活》里认为，城市里最重要的元素就是速度，但当城市人面对着太丰富、太快速、太密集的资讯，不能逃逸于五花八门的视觉及感官刺激，结果精神状态便会过于疲劳，出现所谓的"感官超载"。"由于全球化的强大力量，人们已找不到外部的、隐蔽的空间去逃避和躲藏。"英国社会学家齐格蒙特·鲍曼在《被围困的社会》中与其遥相呼应。

于是，我们总在向往远方，挂在嘴边的，是来一场说走就走的旅行。跟大多数人一样，明知假期有限，不过是短暂离开，但心底仍然期待着下一次可以逃离的契机。仿佛是迫不得已才留在自己的城市。

世界那么大，你想去看看。生活在别处，诗意在远方。

看不见的地图：让我们切切实实地参与到一个地方日常生活的某一时刻中，成为当时当地当景的一部分。

傍晚，村里广播沙沙地放送着："张君雅小妹妹，你家的泡面已经煮好了，你阿嬷限你一分钟以内赶紧回去呷……"

这时，穿着白衣黑裙校服的她，套着笨重的木屐，咔嗒咔嗒，一路跑过石板道的巷弄，赶回家去。路上，她会经过几家老字号商店，卖五金的，卖乡土糕点的，卖传统食材的杂货行，旁边是一家黑猪肉铺，穿过巷子到了桥头，还有一家濒临歇业的咖啡简餐店，不过对面的手工芋圆依旧热卖，芋香味飘得很远。

这是在台湾作家刘克襄的旅行随笔《11 元的铁道旅行》里，用 11 块钱搭乘一趟台湾最慢的火车，感受到的台湾淳朴的生活与迷人的风物。

镜头另一端，是古书藏家池谷伊佐夫给所有打算去东京朝圣旧书店的书虫的建议：如果去神户的一家近代文学书专卖店——黑木书店买书，请不要戴帽子。原因嘛，是因为老板黑木正先生曾跟他说过一句话，"凡戴帽者必不买书"。这是老板经年累月得来的经验吧：无论所戴的是哪种帽子，制服帽、大礼帽都一样，总之顶着帽子的客人肯定不会花钱买书。怀着这样的念想，老板自然对戴帽子的客人不冷不热了。

张君雅小妹妹的小镇也好，池谷伊佐夫的古怪忠告也罢，都是我们漫长旅途中的某几帧回忆，完全不具备与之合影并"到此一游"的炫耀性，却让我们切切实实地参与到日常的某一时刻中，成为当时当地当景的一部分。（如果真的要留下照片，或许只能以路人甲的身份在别的游客的"到此一游"纪念照里找到半截身影吧。）

这些我们无意中走过的小地方，回头再看，却无从在地图上找到，像厚地图集里不能完全摊开的书脊处，或使用过度的磨损处。不过，可别小看这些微不足道的际遇。它们本身或许并不能构成什么意义，但意义正是通过其分布与聚合而涌现出来的。

试想，如果将无数个萤火虫般微弱的际遇之火积攒起来，就能形成一个多维度的"想不到地图"。它不是行政意义上的经纬坐标，它传送的是由集体性而生的趣味力量，简单、质朴，没有中心，也没有边界，更没有统治者；而网络信息时代的共享性，又令它到处都是进行时，到处都是开始，到处都是中心，到处都是权威。

最终，这些生活体验的网络地图，像是撒入的一小撮香料，似有若无地圆融了我们人生之味，成为我们对生活的回应，并反过来重塑我们的生活。

身边即远方：内在的经验，是在生活之内的行走，不是和现实保持距离，而是，近看事物且邀入我们的生活。

曾经有9名来自不同领域的志愿者，想探索深圳。每次出发前，他们就打开深圳地图，丢一块杯垫在上面，这个杯垫所覆盖之处，就是他们的目的地。接下来，他们会花6个星期的时间，探索和发现这块杯垫大小的深圳，然后各自制作作品，包括摄影、刺绣、时装、舞蹈、诗歌等方式，提交并分享。

其中一位艺术家Mary Ann在福田梅林溜达，见到一本《轻松练习15分钟（测试卷二年级语文）》，她抄录下阅读练习一段（第35页，第19课练习册4），并根据第20课《要是你在野外迷了路》创造了一幅梅林曼陀罗（一种印度教的神圣象征图案画，也是一种信仰的地图）。她说，在所有的文化里，东南西北不仅代表方位，也是一种符号：迷路或回家，都是人生的一种比喻。

香港艺术家白双全有一段时间完全没事做，便将一纸月历放在一张西九龙的地图之上，每日行一格，用一个月时间散漫地游九龙。泽安村是月历地图上的一站，他在那里发现了一个老人村。"住在这里的多是老人，或新移民，所以这里的社区设施也不多，但却拥有最美丽的风景。在这个被树林保卫的山头上，可以见到半个九龙的风景，根本就是豪宅来的，但现在只剩下老人家了。"

而在电影《海鸥食堂》里，餐馆老板娘幸惠问店员小绿："你为什么来芬兰呢？"小绿回答说："手指指来的！我想去一个远一点的地方，然后打开世界地图，闭上眼睛随手一指，一看是芬兰，然后就来了。"

地图于我们而言，是主动选择，也可是被动选择。无论初衷是原始欲望，还是发现探索与交流，都是一个自我的选择，甚至是一种放弃，而不是贪婪。

诗人波德莱尔说："内在的经验，是在生活之内的行走，不是和现实保持距离，而是，近看事物且邀入我们的生活。"另一位德国哲人瓦尔特·本雅明，在波德莱尔的启发下，发展出"城市漫游者"的概念，透过在城市里散步、观看、思考、生活，使自己即使"身处于都市文明与拥挤人群，却又能以抽离者的姿态旁观世事"。

当然，漫游者只是一个悖论式的人物，我们也不是本雅明笔下的诗人、乞丐、妓女或侦探。但透过选择，我们的确可以让身心慢下来，看到更多，想到更多，感受到更多，引领内在的自我和外在空间进行对话。外在的空间，包括自然，包括城市，也包括其他的人。

无须刻意去做什么。哪天，我们站在街头——在离自己最近的地方，静静地环视身边的风景就好。做到这一点，已经跟平常不一样。

打开自己的心，你会发现原来生活如同地图，每个人每件事，都可以任自己阅读和书写。而且，一切都是意想不到的。心持这样一份地图，无远弗届。

观鸟达人黑脸琵鹭：0.1 秒的惊喜和一生的吸引力

文 / 阿饼

成为一个真正意义上的观鸟者，不过是养成静心观察和倾听的习惯。你只要站在那里，静下心来听、看、感受，会发现它们就在你附近——这一刻，你已从城市的喧嚣中解脱出来。

"美的趣味最好在露天培养，再没有比自由地欣赏广阔的地平线的人更快活的了。"梭罗在《瓦尔登湖》里这样写道。在这本描写一湖一屋一地的书里，他用了大量的篇幅来描述他的冬日邻居与来客们——3 月，他听到了蓝色鸣鸟、歌雀和红翼鸫的鸣唱，冰却仍有一尺厚，在草地上空低低翱翔的白尾鹞，已在寻找苏醒过来的第一批蠕动的生命了；6 月，山鹬来造访，一只北美鹑在他的棚子里筑了窝，与不远处一棵松树上栖息的知更鸟做伴；仲夏时节，山鹬带着一窝雏鸟也来到湖边乘凉，斑鸠也在那里，在泉边盘旋；秋天，潜鸟飞来换羽戏水，成为猎人的目标，而野鸭们则落在湖面不受骚扰的远处，躲开捕猎的人……

这些美丽的生灵并不只存在于梭罗的瓦尔登湖，它们就生活在我们的周围，人们很容易感觉到它们的存在。你只要站在那里，静下心来听、看、感受，就会发现它们就在你附近——这一刻，你已从城市的喧嚣中逃逸。

哪怕一个人走在街上，听见鸟声阵阵，也会觉得周围都是朋友。

从广义上说，我们每一个人都是观鸟者。只是大多数时间里，我们视而不见、听而不闻。成为一个真正意义上的观鸟者，除了准备一只双筒望远镜、一本包含鸟种的文字描述和精美插图的《中国鸟类野外手册》，其实不过是养成静心观察和倾听的习惯，以及一个进入这个微观世界的契机。

所以，观鸟讲缘分。2011年，黑脸琵鹭（因为太喜欢这种鸟，她用来做笔名）和先生在一次户外徒步活动中偶遇资深野外鸟类观察者、113中学鸟舍创始人陆穗军老师，跟着他在广州华南植物园走了一圈，看了十来种"菜鸟"。像广州最常见的红耳鹎，通过望远镜清晰地看到它的美羽，对于黑脸琵鹭来说是头一回，她赞叹："想不到它这么美啊！"就这样，一段"鸟缘"开启了。

和大多数人一样，刚开始时她作为一个"菜鸟"，很难分辨鸟种，经常因苦苦追寻却不见鸟影而陷入沮丧，遇到同一种鸟会反复问五六次。当一只漂亮的大山雀突然出现在眼前，顿足翘尾，轻轻鸣唱，会成为她一天中最受鼓舞的景象。

后来，她和先生跟着鸟舍的成员们，每月抽两个周末去华南植物园观鸟，慢慢积累了观鸟的知识。鸟舍里有大学教授、金融与IT白领、高中生、初中生、小学生，甚至是幼儿园的小朋友，行业和年龄跨度极大，却都是最热情洋溢的观鸟人。通过他们一年来49次的调查活动，华南植物园野鸟记录从2010年的74种达到了2012年12月的134种。

黑脸琵鹭说："观鸟在最初是一种感受，只要能看到鸟儿就很开心。慢慢看多了，就会开始琢磨，这只鸟儿是如何生活的？它的栖息环境、迁徙路线、生儿育女……然后，就会开始了解相关的昆虫、植物、气候和生态环境等。现在觉得地球不仅仅是属于人类的，哪怕一个人走在街上，听见鸟声阵阵，也会觉得周围都是朋友。"为了观鸟，他们不仅踏遍广州的植物园、湿地公园、中山大学，也去过香港、云南、四川、大连等地自然保护区。

相较于本来就热爱研究鸟类、昆虫与植物的黑脸琵鹭来说，她先生观鸟的乐趣则来自对心性的磨炼。他说，观鸟是一件很"闷"的事。你可能走一个上午什么也没看到，即使你的目标鸟儿闪过你眼前，如果你不具备相关的知识——人家都声称看到了——你也是睁眼瞎。"但观鸟的吸引力就在这0.1秒时间。就像踢足球，90分钟踢下来，你不能确定进几个球、是否能进球，但一旦进球，就是极大的惊喜与高潮。而且不是说你钱多就能实现，这个需要你实实在在地投入时间、精力和知识学习。"

他们寻找到这样一片天地，既需要理性，也不乏感性，持续的专注带来愉悦和满足。

在国内，一般水平的观鸟者可以轻易看到 100 多种鸟，一些观鸟高手目击识别的鸟类已经达到了 600 种以上。对于观鸟人，那是另一个世界，他们沉迷于其中，体会到很多不为外人道的美好感觉。"你一定要静下来，才能看得到鸟儿。就算是资深观鸟人，顾着聊天或不留心，也会错过身边的鸟。"黑脸琵鹭说。浮躁如现世，他们寻找到这样一片天地，既需要理性，也不乏感性，持续的专注带来愉悦和满足。

观鸟到了一定程度，会让人上瘾。为了增加所观鸟种，奔赴各地的观鸟旅行成了一种生活必需。黑脸琵鹭对鸟儿的热情，感染了身边的朋友，每逢节假日，就三五成群自驾去观鸟。他们现在出门旅行，都跟着鸟儿"飞"。黑脸琵鹭经常挂在嘴边的一句话是，没有鸟的风景是少魂的，不观鸟的旅行是乏味的。

每认识一种鸟，如同交上一个忠实的朋友，也就多了一份思念。每逢季节变换，漫步郊野迎送南来北往的候鸟，或长途跋涉寻觅它们的踪迹，观鸟过程中，他们也收获了情谊。

当聊起具体的观鸟地点时，夫妇俩却异口同声地说："我们不想推荐，一推荐就是灾难。我们不想让太多人去打扰鸟儿，破坏它们的栖息地。"他们说，现在论坛里大家都很有默契地只在私下交流具体地址，不会公开明说。

近年来，偷猎、食用候鸟的现象加剧，加之城市化进程的干扰，野生候鸟的生存受到严重影响，种群数量不断降低。以黄胸鹀（俗称禾花雀）为例，由于受传统饮食文化的影响，广东部分地区盛行食用该鸟，使得该鸟种群数量极大减少。每年秋季，在湖南、江西等"鸟道"上，对鸟类的层层截杀行为触目惊心，据前两年中央台的一个报道，仅在湖南桂东的"千年鸟道"上，有时一天被打下的鸟就以吨计，能飞到广东等越冬地过冬的候鸟已逐年见少。还有个别被戏称为"数毛的"的拍鸟爱好者，为了一张能数出眼睫毛的够拉风的照片，不顾鸟儿的习性，一味地追求和鸟的近距离，诱拍、投食等手段无所不用其极，"拍"死了不少鸟儿。

据黑脸琵鹭了解，目前，在广东推广观鸟有三种类型，一种是以 113 鸟舍为代表的科普、教育组织（现已发展成为"广州自然观察协会"）；一种是像"让候鸟飞"这样旨在保护鸟类的民间组织；还有一种是组织商业化团体带着你去观鸟。把观鸟做成一门生意，也是一种可持续的观鸟方式。

在黑脸琵鹭看来，观鸟并不在于看过多少种鸟、拍的羽毛多清晰，重要的是通过观鸟感受自然的参差多态的丰富和美，激发内心对大自然的爱。观鸟也不必长途跋涉，从身边的公园、小区、绿地就可以观起。真正的观鸟人越多，对鸟类及其栖息环境了解得越多，才会懂鸟、爱鸟，才能善待大自然，印证"人鸟之间的距离是社会环境意识的标尺"的说法。

面条达人加菲众：面条的意义不只意味着果腹

文 / 杨杨

加菲众的面条榜单，来自一点游戏精神，以及他做 DJ 时总结榜单的习惯、冷笑话本领，最重要的，是他吃过很多面的底气。

加菲众说："不要在 instagram 上关注一个叫 NoodleWong 的人。"
"NoodleWong"是加菲众的 ID。有人关注了，说：原来他真的只发面条！
近来，"NoodleWong"发面条图明显变少了。2013 年夏天，加菲众去了香港，担任香港凤凰 URadio 音乐统筹，2014 年 10 月辞职，创办了动静科技，开始了作为科技创业者的生活，时间几乎被工作填满。

"可能是因为我特别喜欢面，所以想不到有什么好面是别人想不到的。"

加菲众做过一个面条排序：西安、新疆所有的宽面 > 手擀干拌面 > 兰州牛肉面 > 山西刀削面 > 朝鲜冷面 > 意面 > 日本拉面 > 四川凉面 > 豌杂面小面 > 热干面 > 除沙茶面以外的碱水面 > 乌冬及荞麦面 > 香港碱水面。
"榜单排名会有变化，视制作的方便程度和时令不同……总之，看心情。"

面条达人加菲众在 instagram 开了一个叫 NoodleWong 的账号，只发和面条有关的内容。
（图—阿灿 / 新周刊）

加菲众的榜单，来自一点游戏精神，以及他做 DJ 时总结榜单的习惯、冷笑话本领，最重要的，是他吃过很多面的底气。

一个"加菲众风格"的吃面故事是这样的："一个受虐狂走进小店，对笑容可掬的老板说，来碗豆花面，微辣。老板心想，呵呵，微辣，哪里有什么微辣。然后往里放了六种辣，又体贴地端上了一碗豆浆。十分钟后，受虐狂汗流浃背，眼花耳鸣，视野出现了很多图案，像一条烈日下的狗一样，迈着舞步，摸着打滑的手机，仓皇燃烧着向世人讲述着他的受虐经历。"那是 2012 年夏天，他自中国国际广播电台辞职，入职果壳网担任首席知识体验官之前，给自己放了一个小假，旅行顺便吃吃当地的面，吃到贵州的豆花面时，落了一点苦头。

"可能是因为我特别喜欢面，所以想不到有什么好面是别人想不到的。"加菲众将此归结为"认知差异"。

在加菲众看来，陕西几乎每个地方都会有当地特色的面，但离开了陕西，你可能只听说过 biangbiang 面或油泼面。其实，在陕西当地，浆水面同样受欢迎，但浆水制作特别复杂，要谨慎地发酵，而且要加入特别的植物（苦苦菜），所以离开陕西就很难有正宗的浆水面。有的地方会用芹菜代替，但风味就会有很大差别——综合之下，这些因素就限制了浆水面的传播。

对加菲众来说，面条不只意味着平实生活和果腹真理，还承载了一些特殊意象："目标完成，或者，完成得很好！"

与"浆水面"类似的，还有"鸡西冷面"。"和延吉冷面不同，鸡西冷面最特别的一点就是在面汤里加了小苏打，也不怎么放糖，酸咸口味，还有气泡，吃起来特别消暑。和沈阳的西塔大冷面一样，都是东北冷面的分支。但离开东北，几乎没有人知道，可能因为制作工艺本身和一些佐料只能在本地才有，也并不是适合所有人口味。"

黑龙江鸡西是加菲众的第一故乡，九岁之前，他居住于此。伴随儿时记忆的，除了鸡西冷面，还有母亲的手擀面。

"小时候，如果成绩出色，或者她觉得我表现好了，就会给我做面条吃。"手擀面需要耐心，和面、擀饼、叠层、刀切，加上同样需要花心思的卤，另外，从事艺术教育的母亲会额外做些尝试，比如点缀两颗西红柿，让颜色更好看。

所以，对加菲众来说，面条不只意味着平实生活和果腹真理，还承载了一些特殊意象：如果说饺子意味着重大的节日，那么，面条就意味着日常的奖励和阶段性的成就感，"目标完成，或者，完成得很好！"

"一个个目标完成"——更贴近当下加菲众的日常。他不止一次感慨，当文艺青年比创业容易多了。从前，他在"浇头与面"的关系里挥霍趣味："面，就如同简单的动词，浇头是参差时态，酱汁则赋予变格，辅佐以简单的修饰，表达着百种可能、千种意韵和万种篇章。"

现在，他为之花费更多精力的，是面对硬件创业过程中的变数、偶尔困惑于创业圈"夸大数字"之类的潜规则，以及，想办法在一群聪明人做的互联网产品中脱颖而出。有时，一些和面条有关的细节会提醒着当下和从前的不同。有一天，他在朋友圈里乐滋滋分享深圳住处附近新开的一家兰州牛肉面馆，北京的朋友说，我们这里一条街上就有好几家。

"离开北京已久，朋友都比较远，有时感觉比较孤独"，加菲众本是外向性格，热爱分享，但鉴于国内知识产权的现状，一些生产制造上的创意需要格外保密——你知道，有时候，在一些有意义的时间节点上，当你特别想分享些什么但又不能说的时候，通常会采取一种指代的方式说出来。

对当下的加菲众来说，这些节点大多和产品有关，当某种值得庆贺一下的时刻到来，加菲众就说："明天必须吃一碗牛肉凉面了！"

嘘，一个暗语。

跑步达人谢鲤梅：一路跑，凡人也能成英雄

文 / 杨杨

跑步让人谦卑，让人释放，跑马拉松如同和欲望磨合、掰扯的过程。跑步的路上，充满着人性的释放和闪光。

谢鲤梅在秦皇岛跑过一次马拉松，开始险些失望。毕竟，一个来自沿海的姑娘，抱着"要跑到北戴河，要冲向大海"的浪漫主义情怀，结果冲入潮湿闷热的空气——尽管一路有热情的观众加油打气，心理落差也在所难免。

"这时，经过一个乐队点，听到乐队在演奏五月天的《恋爱ing》，整个人就燃了！跟乐队一起跳，一起唱，跟每个人'hi five'。"

想起那次险些失望的马拉松，谢鲤梅有点感动。"很多小朋友在那儿一两个小时，就为了跟你'say hello'一下。"

她开始爱上跑步。这位联想集团 ThinkPad 市场推广高级主管，如今是一名资深跑者和跑步活动组织者。

了解城市的最好方式是跑步，跑马拉松是跟自己欲望磨合和掰扯的过程。

这个 9 月，谢鲤梅会去柏林跑一场马拉松。这是她想送给自己的大礼，借此让自己重启。她喜欢这个出产精密仪器也出产诗人和哲学家的国度，那份铁血柔情令她很有认同感，所以，"一定要在自己喜欢的城市跑一次，跟它好好交流"。此外，"听说这里有最多的乐队点"也是这场马拉松吸引她的另一个原因。

来自组织跑步活动的经验，谢鲤梅深知音乐对于跑步的积极性——通常，选择那些节奏符合步频的音乐，会为跑步体验加分，尤其对入门者来说，耳机

传来的音乐像是一种陪伴。

谢鲤梅已经度过了"需要音乐陪伴"的初级阶段，对跑步这件事，她有自己一套体悟。"当你听自己的音乐时，是把自己关起来的。另外，戴耳机跑步会让你对周围环境反应迟钝，有一些安全隐忧。"现在，她更喜欢将自己开放，感受一座城市的细微之处。

每一次跑步，那些触动她的点，她会牢牢记住，串起来几乎可以当成一个个城市宣传短片，比如："有一年在厦门，早上六点半，你会看到早餐店已经一间一间开了，洒水车开始洒水，有人带小孩出来。看到老人、小狗，你会想——这就是生命。大妈气定神闲地打拳，她们可能年纪大了，但依然很美，她们不会一直看手机，自己就是自己。有些人在荷花池边的木栅栏上做运动。有一个女生，脚上文着一枚美国队长那个有五角星的盾牌。"

厦门对谢鲤梅来说意义特别：它离家乡不远，很多好朋友在这里。2013 年 1 月，她在这里收获了第一次"全马"以及一些体悟。

她悟出了"蛮多有用的事情"，首先，跑步让人变得谦卑，让你发现其实你不了解自己的身体。虽然谢鲤梅走过很多遍环岛路，但每一次还是会默念"拜托拜托，一定不要给我出事"。

"第二是控制欲望，跑马拉松是一个要跟自己的欲望磨合和掰扯的过程，有的人会给自己设定'我一定要跑进 4 小时'这样的目标，开始会跑很快，到后半部分开始出现各种状况，比如脱水。"

"第三是'把目标分段'"，谢鲤梅说，她经常跑完 10 公里就告诉自己，"OK，我们重新开始——忘记自己做过的事情，不管多牛逼或多么不牛逼。其实，很多道理，你听过很多遍，但当你真正置身其中，感受会更深刻"。

跑者之路充满人性的释放和闪光，让凡人也能成英雄。

2013 年，作为联想最年轻的区域市场推广主管，谢鲤梅从福建调入北京总部，"跑步营销"是她的工作内容之一。"虽然我们没有和跑步直接相关的产品，但如果一个人有固定的运动习惯，可能意味着他更自律，生活质量更高，这样的人是我们的目标人群。那么，我们就用跑步去和他沟通好了。"那时对她来说，跑步是兴趣也是工作，直到一年多后转去别的岗位，"跑得更自由了"。

谢鲤梅始终觉得跑步是个人的事。"虽然也不排除一群人一起跑，但因为每个人的节奏和配速都不同，真的很难跑到一块去。如果一开始有人牺牲他自己的速度带你跑，这种人是很了不起的。"

在她看来，Angela Xie 就是那个了不起的人。两人经由谢鲤梅的前领导 Arthur 认识，发展成朋友，偶尔见一面，聊天到凌晨三四点，然后第二天一起跑步。Angela Xie 会适时提醒她跑步的姿势。

Arthur 是谢鲤梅跑步路上的另一位领路人。他是技术型的跑者，会分享一些"如何抬腿、练习步频步伐，肩膀不要随便晃动否则会额外消耗体能，跑步前 40 分钟不要吃东西"的经验。

Arthur 曾分享给谢鲤梅一个词："撞墙点"。在马拉松赛事中，"32 公里"被称为"撞墙点"，意味着普通跑者生理和心理的极限。在厦门马拉松的赛程中，作为活动组织者，谢鲤梅在这里为跑者递上水或巧克力，看到了他们眼中的感恩和对挑战自我的坚持态度。

"我觉得，马拉松最能体现'凡人英雄'这四个字。"谢鲤梅慢慢吐出这句话。8 月 13 日的晚上，她不断刷新手机屏幕上的坏消息。"比如今天这个事件，我特别痛心，我们一贯被传递'个人英雄主义'，但其实，很多英雄都被忽视了，比如消防员，他们平时并没有一个舞台。"

在谢鲤梅看来，跑步活动的珍贵之处在于给"凡人英雄"一个舞台。她在厦门看见刚做爸爸的男士抱着儿子过冲线点，看过一位外国选手的两个儿子像看英雄一样看他们的爸爸；在布拉格跑马拉松时，看到很多情侣手牵手冲线，看到一位爸爸领着三个好可爱的女儿一起冲线，最后所有人为他们鼓掌。布拉格马拉松后，她去文了"la'ska"——捷克语的"爱"。

她喜欢极了那些人性闪光或释放的时刻，有时候会被感动到哭。

"因为你活着嘛。""自己开心就好了呀。取悦自己，温暖你想温暖的人。"

2014 年，她组织了 3 场摇滚跑，和热爱摇滚的同事一起，邀请了大众或小众的乐队参与。

"骨子里都是一样的，通过这件事，让大家释放出来。"她省略了"释放"的宾语，加重了语气说：你真的会觉得好感动——"不是感动自己做了，而是感动每一个人都是参与者。"当晚的 party 上，看着大批刚刚在奥森跑过了 10 公里的人，喝着啤酒，和摇滚乐队一起唱歌，谢鲤梅说："真值。"

每个人心灵里的地图，都有种温暖的诗意

文 / 邓娟

地图是一种奇特的占有，但如果仅仅持有而不迈出脚步，那也只是一堆没有温度和回忆的符号；如果仅仅为了占有而迈出脚步，却没有同时打开心灵，旅行也不过是"从自己活腻的地方去看别人活腻的地方"。

7月底，我路过德令哈，和许多人一样，我对它怀着莫名的热情。一个地图上毫不起眼的点，因为海子，获得了诗歌版图地理坐标的意义。

但你若是为诗意而来，多半迎接的是失望。虽然没有深入，我也窥见了德令哈大概的模样：笔直的道路、低矮但规整的楼房、不茂密但成排的树木，就像任何一座戈壁上的西北小城。更让人感到荒诞的，是国道边那块"外星人遗址前方2公里"的指示牌，同行的青海人笑着说——海子一定来过这里，才写下"今夜我不关心人类"。

这当然只是玩笑，偏偏又很应景，你发现，美妙的诗歌就这样被解构了。

在德令哈，除了海子，也让我想起微信公众号"世相"去年的一项线上活动，那些路过或居住在德令哈的读者，用一段段个人叙事"重建"了这个名字。

"世相"对此总结："每个人眼里的德令哈都不一样。它是爸爸出差的地方，是生长的地方，是摔倒的地方，是路过的地方。有人觉得它就是那座'雨水里的荒凉的城'，有人气愤地反问：为什么它非得是荒凉的？有人说它是流放之地，有人说它是自己的生活。"

其中一条留言发人深省："搜索引擎给你那些照片，它们迎合多数人的口味。如果你碰巧不是多数人，为什么不自己去看看呢？"

是的，为什么不自己去看看呢？地图是一种奇特的占有，但是如果仅仅持

有而不迈出脚步，那也只是一堆没有温度和回忆的符号；如果仅仅为了占有而迈出了脚步，却没有同时打开心灵，旅行也不过是"从自己活腻的地方去看别人活腻的地方"。

一豆萤火、一群飞鸟，哪怕是一碗好面或一客小笼包，都是带着温度的独特体验。那些卫星地图无法告诉我们的中国另一面，在乡村也在城市，在远方也在眼前。地图在那里，但你不去体验，它便丧失意义。

图瓦人村庄：道听途说无法告诉你的"中国另一面"。

白哈巴，无论多少个"中国最美乡村"版本都不会遗漏的名字。这个藏在阿尔泰山深谷里的"西北第一村"，西北面距哈萨克斯坦仅 1.5 公里，南面是雪山、树林、草甸——按照中学地理课本上的定义，这叫"垂直自然景观带"。

秋天的白哈巴被满山黄叶包裹，美如油画。只是刚到这里时，我脑海里带着一个疑惑——10 年前在广州一家报纸上看到的标题实在耸人听闻——"濒临消失的图瓦人"。

这是中国仅有的三个图瓦人村庄之一，保存最为完整，另两个是附近的喀纳斯村和禾木村。图瓦人被划入蒙古族，但关于他们的来历存在争议，有说是从伏尔加河东归的土尔扈特部，有说是成吉思汗西征留下的士兵——在白哈巴，我看到一些人家张贴着成吉思汗像。

根据公开数据，全国图瓦人只有 2000 多人。那篇《濒临消失的图瓦人》甚至说：由于只能近亲结婚，图瓦人素质和数量都急剧下降，"据政府估计，15 年后这一支图瓦人就将消失。不愿离开故土的图瓦人，选择在醉乡中随风逝去"。

我始终没找到这个"据政府估计"的权威出处，仅从我们在白哈巴的所见，这个神秘村落至今安居乐业，少年也矫健活泼。尽管旅游带来了商业，但图瓦人的白哈巴仍然充满迷人的细节。向导告诉我们，如果早起，可以看到村子里东倒西歪的醉汉。每年大雪封山的 7 个月，这里只能靠马拉爬犁出行，漫漫长冬，何以解忧？当然只有喝酒。传说有一年图瓦人喝掉了 45 吨酒。尽管这里气候极端恶劣，他们却不愿意向城镇搬迁，而是世世代代守着对祖先、族群和家乡的眷恋。这是千百年来中国历史和地理的一个切面，不需要消费主义的揣测和道听途说的悲情。

另一件有趣的事是，在新疆不短的旅程里，向导安排了一场又一场"观晚霞"，面对我们的取笑，那位对风土人情熟悉得令人赞叹的汉族人说，风景是不一样的——的确，在魔鬼城看残阳如血和在五彩滩看云彩斑斓，给了我们别样的观感；葡萄沟、火焰山……当来自地图的概念被脚步和眼睛激活，实在是难得的美好体验。

深山高才生：不同生活方式和精神追求的"中国另一面"。

"中国的高僧很懂风水，云游到一座山的时候，就会选择风水最好的地方建庙，香火自然最旺。白天，寺庙熙熙攘攘；晚上幽静无比，有萤火飞舞。"萤火虫守望者付新华在《故乡的微光》中写道。

隐于湖北黄梅深山的四祖寺算得上这样"风水最好的地方"，前任方丈净慧老和尚，生前是中国佛教协会副会长。这里香火旺盛，但并没有人流熙攘，不知是否有萤火，但我看到了难忘的星光。

这座寺庙远离城市，与山下的乡村社会保持着一种奇异的和谐。在这里我见到了过去只从小说里听说的奇闻，比如被家人送来的小和尚，圆头圆脑，念经时不断打瞌睡；暮色中寻上山门的癞头男人，到处磕头求拜师但不被接收，最后跟着前一天从别处来挂单的行脚僧人，飘然远去。

但最令我好奇的，是这里那些有良好修养的青年僧人的生活方式和人生选择。四祖寺经常举办学术活动，每年面向大学生开展禅文化夏令营。其实这里的出家人不少接受过高等教育，好几位来自武汉大学，一位中年师父20世纪80年代在国防科技大学读电子技术专业。

现任监院，面容黝黑、笑口常开的崇谛师，还是早我几届的校友，听学姐转述的故事里，他当时是外语学院学生会主席，成绩和人缘都不错，也没碰到什么挫折，只为了兴趣和追求，选择了修行之路。事实上，他在这里的日常工作，同样涉及活动组织、协调、外联等大小杂事，跟过去他在学生会负责的也没有什么形式上的区别，但是他乐在其中。

这样的选择多少令人诧异，超出大部分人对生活理解的范畴。寺庙里虽有网络、可以用手机，但天不亮就要做早课，每天劳作、茹素，生活更多的是平淡和清苦，许多对宗教有兴趣的人，未必真能忍受。

我第二次来这里时，同行的是一个美院女生，她"童言无忌"地问那位戴着眼镜、文质彬彬的值日师父："你们能结婚吗？"比这更令我意外的是——小师父没有任何不快，开明且和气地回答：佛祖从未限制任何人，只是真正想出家的人，本身都不会再想结婚了。

在四祖寺的见闻，令我耳目一新——在我们纷纷扰扰的物质追求之外，还有那样相对纯粹的另一种生活；俗世里挣扎的我们，不一定要去信仰，但至少可以在为职场、房价、股市焦虑之余，给心灵留一寸空间，能容纳清风朗月，也能接纳自己不完美的生活。